名古屋圏の都市を読み解く

Deciphering the cities in Nagoya region

林　上
Hayashi Noboru

風媒社

名古屋市北区の名城水処理センターは，千種・東・北区と中区（一部）からの汚水を処理し，堀川に放流している。下水道の仕組みを紹介する下水道科学館も併設されている。

大正期から木材を輸入してきた名古屋港では，1968年に西部木材港が設けられた。木材の輸入形態は原木から製材用・木工製品へと変わってきた。

JR東海道本線大垣駅の東1.8kmにあるソフトピアジャパンは，IT関連企業が170以上，技術者も2,000人以上が集まる情報企業団地である。

多治見市本町一帯は美濃焼の産地卸売業の集積地であった。古い町並みの残る下街道沿い（オリベストリート）では毎年春に「たじみ陶器まつり」が開催され，焼き物の大廉価市に多くの人が訪れる。

大正初期に建設された名古屋市千種区の鍋屋上野浄水場には通常の急速ろ過方式とは別に全国的に希少な緩速ろ過方式の設備もあり，近年，改良工事が実施された。

岐阜県揖斐川町にあるイビデンの東横山発電所（1921年竣工）は、100mほど上にある貯水槽から水を流して電気を起こし、大垣方面の化学工場に送り届けてきた。出力1万3,600キロワットの発電所は、いまでは30kmほど離れたイビデン本社近くの西大垣変電所で遠隔操作されている。

和ろうそくは、櫨（はぜ）の実から取った木蝋を加熱して熔かしたものを和紙やい草からつくった芯の周りに手をかけてつくるため、断面は年輪状になる。岡崎は全国にある10産地のうちのひとつ。

恵那市明智町の「日本大正村」では、製糸業が盛んだった頃の町の雰囲気を生かしながら、大正期の文化を後世に伝えるための活動が住民主体で続けられてきた。

豊川市内を通る旧東海道の御油宿の西端から赤坂宿の東端まで約600mにわたり271本（2003年調査）の松の木が立ち並んでいる。「御油の松並木」は現在は生活道路であり、整備された歩道の脇を車が走る。

知多海運の拠点のひとつである常滑で江戸期から明治期にかけて廻船問屋を営んできた瀧田家の住宅が復元・整備され公開されている。菜種油が燃料の無尽燈や和船模型の展示から海運の歴史がわかる。

豊橋港や蒲郡港など4港を統合して生まれた三河港の神野埠頭では自動車の取り扱いが多い。東埠頭（写真手前）は国産自動車の国内移出，西埠頭（写真奥）は国産自動車の輸出と外国産自動車の輸入を行う。1990年代初頭以降外資系企業の進出が急増し，現在では全国の輸入自動車総数の約半分は三河港で陸揚げされている。

1989年の世界デザイン博覧会のパビリオン「日本庭園」として整備された白鳥庭園は，熱田木材市場の跡地にふさわしく，木曽三川の風物をモチーフとして取り入れた名古屋圏随一の規模を誇る池泉回遊式の庭園である。

港湾貨物の取扱規模が国内最大の名古屋港には飛島埠頭と鍋田埠頭にコンテナターミナルがある。なかでも4か所のコンテナターミナルのある飛島埠頭では，自動搬送台車（AGV）が導入され効率的に業務が行われている。

愛知県内には観覧車が13基（2018年調べ）もあり，11基の北海道を引き離し全国第1位の多さである。写真は刈谷ハイウェイオアシスの観覧車で高さは60m，夜は7色のイルミネーションが幻想的な雰囲気を醸し出す。

世界各国のクルーズ船が名古屋港にも入港するようになった。伊勢湾岸自動車道に架かる名港中央大橋の海面上の高さは47mで制約があるため，ガーデン埠頭（写真）に着岸できないクルーズ船は庄内川河口に近い金城埠頭に着岸する。

長良川の支流・吉田川のほとりにそびえる郡上八幡城は小ぶりながらもその秀逸な美しさで知られる山城であり，天守は現存する木造再建としては国内で最も古い。城から見下ろす城下町の佇まいも，川や用水の流れとよく調和して美しい。

春日井市都市緑化植物園（グリーンピア春日井）は愛岐丘陵の麓にあり，花のプロムナード，芝生広場，動物ふれあい広場，カスケードなどが地形を生かして配置されている。

針綱神社の春季祭礼で曳かれる犬山祭の山車（やま）13輌すべて三層構造で人形からくりを奉納する。白帝城（犬山城）の麓で繰り広げられる山車の車切り・ドンデン（方向転換）はダイナミックで見ごたえがある。

常滑市のINAXライブミュージアムの一角を占める世界のタイル博物館では，紀元前から近代まで約1,000点の装飾タイルが展示されている。モスクの天井を彩る精密なタイル・デザインから，当時の世界をリードした幾何学のレベルの高さが伝わってくる。

東名高速道路の刈谷ハイウェイオアシスに併設されているオアシス館刈谷では，刈谷市出身の著名人の紹介や地元のまつり（万燈祭）の展示などが行われており，通路の壁は情報提示に一役買っている。刈谷ハイウェイオアシスの年間入場者数は800万人以上であり，全国の上位遊園地の中で10位以内に入っている。

序文

　都市に暮らす人々は，自分たちの都市をどのように思っているのか。あるいは隣の都市やそれらを含む地域に対してどんな思いがあるのか。普段はあまり意識することはないが，何かの拍子に心の底から自然に浮かんでくるものがある。愛着心や郷土愛を意識するのはそのような瞬間である。こうした意識はその都市で長く暮らすうちにおのずと育まれるが，気づかずにいることも多い。一旦そこから離れ別の場所で暮らしはじめると，愛着心や郷土愛がどのようなものと結びついているか，ある程度，客観的に理解できる。そのとき，新生活をはじめた都市にも，同じように愛着心や郷土愛を抱く人々がいることを知る。つまり，どこの都市で暮らしていても，人はその都市と日常的に関わりをもつことで，知らず知らずのうちに土地に対して親しみを感ずるようになる。たとえ部外者の目には魅力がないように見えても，その土地にはその土地なりのおもしろさがあり，時間の経過とともにそのおもしろさは深まっていく。

　本書は，都市や地域に潜むおもしろさを見つけ出し，なぜ人はそれをおもしろいと感ずるかを考えるために著したものである。「おもしろさ」を説明することは簡単ではない。おそらくそれは文章で説明するものではなく，実感するものであろう。とはいえ，その手がかりとして，都市や地域の成り立ちに関する基本的な知識は必要である。現在の状況は，そこで暮らしている人々はもとより，部外者も種々の情報を頼りに知ることができる。しかし，その都市や地域が昔はどうであったか，あるいは過去の出来事が現在の姿とどのように結びついているか否かについては，過去の文献や資料に当たらなければわからない。現状は，過去から続く歴史的事実の積み上げである。都市や地域の空間的な広がりとともに，歴史的時間もあわせて考える必要がある。

　本書で対象としているのは，名古屋圏の都市である。名古屋圏とはおおむね東海地方のことであるが，江戸時代初期に尾張藩が成立してから約260年間，その後，明治から平成までおよそ150年の年月が経過した。この間の歩

みを振り返ると，名古屋に政治的拠点が生まれ，その拠点を引き継いだ近代以降の歴史的発展の中で，名古屋が果たしてきた役割は大きかった。現代に続く都市化や工業化の波は，名古屋を中心として周辺にまで広がっていった。もちろんこうした圏域の広がりが明確になる以前は，それぞれの都市や地域が固有の条件で発展していたという歴史がある。あくまで現状から投影して名古屋圏に含まれると思われる都市や地域を対象としている。名古屋圏に限らず，地表上のある空間が歴史的にどのように組織化され編成されていったか，そのプロセスを追い求めることは，地理や歴史の研究として興味深いテーマである。

さて本書では，はじめに都市空間の基礎と空間の読み解き方について考える。これは名古屋圏に限らず，世界中の都市に共通する空間的テーマである。利用や移動がしやすい都市空間とはどのようなものか。あるいは交通の発展で空間がどのように圧縮されたかを考える。抽象的な空間に具体性を与えるのが景観である。景観は地理学に限らず多くの学問が関心を寄せる対象であるが，地理学はどのような概念を使って景観を説明しようとしたかに触れる。こうした一般論をふまえた上で，名古屋圏の地形環境と都市配置について述べる。都市の立地や形成の過程を読み解くのに，その空間的枠組みとして地形環境をおさえておくのは有効である。またその延長として，地形上の都市が交通の発展によってその位置的状況をどのように変えたかを知っておくことも重要である。近代以降の鉄道交通や現代に入ってからのモータリゼーションによって都市の有り様が劇的に変化していったことは，説明するまでもない。

本書の後半部分では，名古屋圏の諸都市の特徴を引き出すために，産業，レジャー，政治などの側面に光を当てる。一見，これらの間には脈絡がないように思われるかもしれない。しかしながら，都市の成り立ちや人々の行動に注目すると，名古屋圏の都市の特性として見えてくるものがある。糸，土，木は名古屋圏の産業のルーツである。生糸・綿織物などの繊維産業，陶器づくりからはじまる陶磁器業・セラミックス産業，木材の流通と加工業の広がりなど，名古屋圏ではこうした地場産業から興った都市が少なくない。海洋，平野，台地，丘陵地，山岳地がワンセット揃っている名古屋圏では，古代，

中世，近世，近代を経て現代に至るまで，支配拠点として国府，城郭，県庁などが地形に適応しながら政治空間の中心にあった。地形環境はまた，温泉，海水浴場，流水スポット，あるいは宗教空間としての神社の立地とも関係した。

　本書は「名古屋圏の都市を読み解く」として，対象範囲を一応，名古屋圏に限っている。しかし本意は，名古屋圏に限らず一般的に都市の成り立ちを，地理学のやり方で説明する点にある。冒頭でも述べたように，人々はどこで暮らしていても，身近な都市や地域に対して親しみや愛着の気持ちをいだく。そのような愛着は，突き詰めていけば，都市や地域に対するこだわりから来ている。愛着心やこだわりの気持ちは，少し視野を広げれば，地元に限らずどこまでも広がっていく可能性がある。名古屋圏という比較的狭い空間に限っても，地理的多様性と歴史的重層性が結びついてなぜこのような織物が紡ぎ出されたかを読み解くのはおもしろい。名古屋圏をひとつの事例に，都市の成り立ちを読み解く手がかりのヒントを汲み取っていただければ幸いである。

　　　　　　　　　　　2019年3月　愛岐丘陵を見渡す石尾台にて
　　　　　　　　　　　　　　　　　　　　　　　　　　　　林　上

口絵 i

序文 1

第1章　都市空間の基礎と空間の読み解き
　　第1節　都市空間の理解と空間利用の歴史　7
　　第2節　利用しやすい空間づくりへの挑戦　16
　　第3節　都市の基本的区画と都市空間の圧縮　27
　　コラム1　時間・空間短縮の不均等性と交通・通信のこだわり　39

第2章　都市の立地・景観と地理学概念
　　第1節　都市の立地環境と都市景観の読み解き　42
　　第2節　都市を読み解く地理学からのアプローチ　50
　　第3節　都市の外観的記述から概念による説明へ　61
　　コラム2　ランドマークを見上げる景観と見下ろす景観　68

第3章　名古屋圏の地形環境と都市の配置
　　第1節　濃尾平野とその周辺の地形環境の特性　70
　　第2節　三河における都市の立地基盤と河川の役割　81
　　第3節　美濃・岐阜県南部における流域圏の構成　93
　　第4節　地形環境の特徴と三重県の都市配置　103
　　コラム3　海と陸の狭間にあるマージナルな空間の歴史　111

第4章　交通手段の発展とともに変わる都市
　　第1節　都市の立地・発展過程とセクター的要素　114
　　第2節　モータリゼーションから生まれた都市　124
　　第3節　自動車の生産・販売・貿易と都市構造　131
　　コラム4　社会の中のモビリティ手段としての自動車の再定義　139

第5章　小売・サービス空間の形成と変化

第1節　都市を読み解く中心地と関門の概念　142
第2節　小売・サービス空間と都市内商業地の類型　150
第3節　小売業態の進化と都市構造の変化　157
コラム5　企業サービス業の発展とサービス業概念の変化　164

第6章　窯業・陶磁器生産で発展してきた都市

第1節　窯業・陶磁器の世界と瀬戸の陶磁器生産　167
第2節　地元資源を生かした陶磁器生産と美濃焼産地　175
第3節　窯業生産で発展してきた都市の歴史と現況　183
コラム6　食文化を映し出す洋食器，和食器の評価基準　194

第7章　木材の輸送・加工とともに生きる都市

第1節　近世・近代における木材輸送の風景　196
第2節　木を素材に生まれる合板，仏壇，和紙の産地　207
第3節　木材資源に恵まれた飛騨高山の木製家具産業　216
コラム7　人に寄り添い無限の役割を果たしてきた木材　224

第8章　繊維産業の盛衰とともに生きる都市

第1節　愛知，岐阜の繊維産業の勃興と発展の歴史　226
第2節　近代における紡績業など繊維産業の勃興と発展　234
第3節　繊維にまつわる産業で生き延びてきた都市　243
コラム8　衣服に現れるアイデンティティと繊維の未来　256

第9章　城郭・海洋・名水・温泉を生かす都市

第1節　最古の木造天守，海洋観光，伊勢商人で有名な都市　258
第2節　身近な水から恵みを受けてきた人々の暮らし　270
第3節　名門・新興温泉地の歴史的ルーツをたずねる　283
コラム9　「水の惑星」における「水商売」の諸相　294

第10章　政治・宗教の視点から見る都市空間
　　第1節　県庁所在都市における県庁と市役所の位置関係　297
　　第2節　美濃，尾張，三河，伊勢の国府の場所の意義　309
　　第3節　伊勢神宮，熱田神宮，津島神社の歴史と宗教空間　323
　コラム10　神社，役所の立地と住民とのつながり　334

　　引用文献　336
　　図表一覧　347
　　事項索引　351
　　地名索引　360

第1章　都市空間の基礎と空間の読み解き

第1節　都市空間の理解と空間利用の歴史

1．空間を理解する人間の能力と利用しやすい空間

　見知らぬ土地を旅するとき，事前に地図を見ながらその土地の様子を思い浮かべる。鉄道で行くか自動車で行くかの違いはあるが，着いた土地をどのように見て回るか頭のなかで考える。マイカーで行く場合は，その土地にたどり着くまでのルートをどのように選択するかという課題が加わる。昔と違い便利なナビ機能が利用できるから，目的地の住所さえ正しく入力すれば，あとは音声ガイドにしたがってハンドル操作をすればよい。出発地から目的地まですべてカーナビの指示にしたがって移動するのではなく，いまどの辺りを走っているか情報を得るためにナビの画面を見るといった使い方もある。はるか上空にある複数の衛星からの電波を受けながら，ナビは三角測量と同じ原理で現在地を割り出しディスプレイに映し出してくれる。図1-1はこのことを示しており，ひとつの衛星からだけなら円周上にいることしかわからないが，2方向から受信すれば2つの円の交点のいずれかにいることがわかる。さらに3つ目の衛星から電波を受けることで，交点の位置が特定される。ただし市街地の中を走っていて高い建物などに邪魔され衛星からの電波がうまく受信できない場合がある。このようなときは，携帯電話基地局か

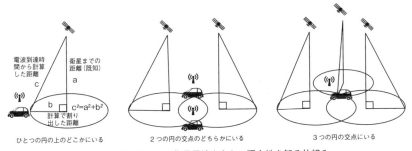

図1-1　3方向からの衛星電波をもとに現在地を知る仕組み

らの電波をナビが受けて現在地を表示する。

　いずれにしても便利な時代になったものである。方向感覚に自信のない地理音痴のドライバーでも遠くまで出かけられるようになった。もっともカーナビについては、これを利用すると自分の位置情報が第三者に知られる恐れがあるため使わないという人もいる。しかしそれは多分に誤解で、カーナビは外からの電波をただ受けるだけであり、走っている自動車から何か情報を発信しているわけではない。もっとも高度情報社会の今日、世の中の変化のスピードは思った以上に速く、最近は追跡可能な GPS システムも付けられるようになり、そのような場合、位置は知られてしまう。スマートフォンをはじめこれだけ多様な情報手段が普及してくると、利用のメリットだけでなくデメリットにも気を配る必要がある。スマートには賢いという意味もある。情報手段に振り回されることなく、賢く使いこなすよう心がけたいものである（谷口，2012）。

　さて、かりにナビ機能を使わなければ、道路標識や紙地図を参考にしながら目的地をめざすことになろう。行き先が大まかにいって都市であるか農村であるかによって違いはあるが、到着してから見て回りやすいところもあれば、そうでないところもある。同じ都市の中でも、曲がった道路が狭く入り組んでいて移動しにくい地域もあれば、道路パターンが格子状でわかりやすい地域もある（図1-2）。都市に比べると農村は集落密度が低く見通しもよいため、土地の様子がつかみやすいように思われる。しかし、なかには山地や

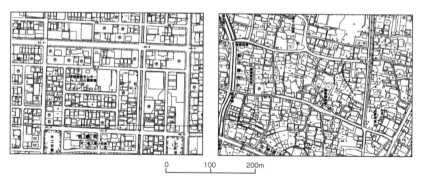

図1-2　わかりやすく移動しやすい地域とそうでない地域
出典：春日井市都市計画基本図をもとに作成。

丘陵地によって囲まれていたり，傾斜があって移動しにくかったりする地域もあるため，農村が見て回りやすい地域だとは必ずしもいえない。そもそもわかりやすいとは，どのような状況を意味するのであろうか。個人差はあるが，移動のための道路のイメージが頭に入りやすいのは，最低の条件であろう。できることなら，道路はまっすぐに走り，格子状に広がっている方がよい。四角形格子状のグラフは学校の勉強などで見慣れており，感覚がつかみやすいからである。逆に規則性のないランダム状の道路網はわかりにくい。

　紙地図にしてもカーナビの画面にしても，基本的には東西南北の軸を前提に地図が描かれている。それゆえ道路がこの方角に沿うように延びていれば，抵抗なく受け入れられる。カーナビの場合は東西南北の方角には関係なく，自動車が現在，向かっている方向が常に地図の上方になるように設定しておくこともできる。そのような場合でも，道路が基本的に東西あるいは南北に近い方向に走っていれば理解しやすい。かりに道路の方向が北東 - 南西あるいは北西 - 南東の場合でも，地図を少し傾けて見れば問題はない。四角形格子状に近ければ，あまり違和感はないであろう。こうした空間理解の特性もあってか，中国や日本で昔から採用されてきた条坊制，条里制にもとづく道路パターンは四角形格子状の特徴をもつ（条里制・古代都市研究会編，2015）。北アメリカで国土開発を進めるさいに採用されたタウンシップ・アンド・レンジシステム（略してタウンシップ制ということもある）も，同じような理由による。いずれも東西南北を基本軸とする空間分割であり，道路は分割や連絡の役目を果たした。

　いくら四角形格子状の土地区画や道路がわかりやすいからといっても，このパターンはどこでも適用できるわけではない。広い平野や台地の上あるいは盆地の中の平地など，まとまった広がりがなければ難しい。平地でなくても緩やかな傾斜の扇状地などであれば条里制が採用できたという事例は各地にある。その場合は地形の影響を受けるので，方向が東西南北になるとは限らない。いずれにしても，条里制やタウンシップ制などは，土地の区画や分割のためのひとつの制度である（金田，2015）。制度である以上，時代が変わり社会や経済の仕組みが変化すれば変わっていく可能性がある。ただし，国や時代に関係なくほぼ同じような土地区画制度が歴史的に採用されてきたと

いうことは，このような方式にメリットがあったということである。平地であれば地形的制約は少なく，基本的にどのような土地区画や道路網も可能である。しかし四角形格子状が優勢なのは，このパターンが人による空間利用にもっとも適していると判断されたからである。

2．地形条件に即した土地利用とその変更

　四角形格子状の道路網はわかりやすく，したがって歩きやすい。自動車で移動する場合も，あまりハンドルを切ることなく真っ直ぐ進むことができる。しかし，こうした歩きやすさや進みやすさは，ともすれば単調さにつながりやすい。どこまでも真っ直ぐな道路が続き，単調な印象の連続のため興味が持続しない。これはまち歩きの場面でしばしば感じられることであり，何か変わったものはないかという思いで散策している人にとっては魅力度が低い。しかしたとえ魅力度は低くても，そこで生活したり生産活動を行ったりしている人にとっては動きやすい空間である。地元民と部外者とでは空間に対する感じ方が異なる。変化に富んだおもしろい空間に人々が関心を寄せるようになったのは比較的最近のことである。日常的な生活や生産が営まれている空間を，非日常的な視点や感覚からとらえようという動きが生まれて以降のことである。図1-3は，岐阜県多治見市本町のオリベストリートのまち

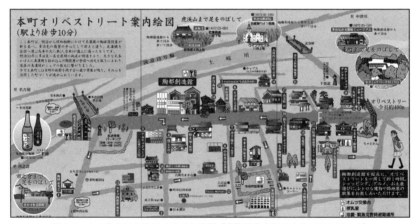

図1-3　まち歩きのためのイラスト地図（多治見市本町のオリベストリート）
出典：多治見本町オリベストリートのウェブ掲載資料（https://www.oribe-street.com/map/）をもとに作成。

歩きイラスト地図である。かつて美濃焼の集散で賑わった産地問屋街に残された古い建物を修景保存してまちづくりに生かそうという動きが地元から生まれた。これを受けて行政も支援に乗り出し，美濃焼とゆかりのある武将・古田織部に因んだ道路愛称も決められた。地場産業地域のかつての日常的な生産・生活空間が現在では非日常的な観光行動空間になっており，来訪者はこの地図を頼りに散策を楽しむ（多治見市役所都市計画課編，2003）。

　人間は歴史的に自然条件に適応し，自然からできるだけ多くの恵みを得ようと努力してきた。土地を耕すのにも道路を通すのにも，はじめは与えられた地形的条件にしたがわざるを得なかった。四角形格子状パターンが理想だとしても，実際の地形がそれを許すとは限らない。土地が傾斜していれば階段状の土地に変えるか，傾斜をなだらかにして利用した。道路の場合は迂回路を設けるか，少し距離は長くなるが緩やかな傾斜路を設けるなどした。そうすることで利用可能な空間を広げたり，より遠くまで行けるようになったりした。ただし，土地に対する適応の仕方は，目的や技術などが違えばその内容も異なる。水田耕作が支配的なアジアでは棚田や段々畑の耕作スタイルになるが，小麦や大麦など畑作が一般的な欧米では緩い傾斜の農地が広がる（木村，2017）。棚田の場合も，石材が豊富なら石垣が築けたが，それができなかったところもある。

　こうした人間の土地への対応が，その地域に固有の景観を生み出した。平地や台地の上にあまり抵抗なく築かれていった集落とは異なり，地形条件を考慮しながら種々の工夫を凝らして生まれた集落には独特な個性が感じられる。集落だけでなく道路や耕地も地形の影響を受け，単純な形状からは程遠い。何も好き好んでそのような形状をしているのではなく，自然地形が指し示した条件を人間が受け入れつつも最大限抵抗し，最終的形成へと至ったのが，眼の前の景観なのである。そのような景観を日常的な生活空間や生産空間として歴史的に受け継いできた地元民と，外からその地を訪れた人とでは景観に対する見方が異なる。それは無理からぬことであり，同じ景観でも立場が違えば違ったように見える（菊池編，2004）。

　自然地形も人間が歴史的に関わりを深めていけば，その様子は徐々に変化していく。とくに近代以降は土木技術や建築技術の発達が目覚ましく，地形

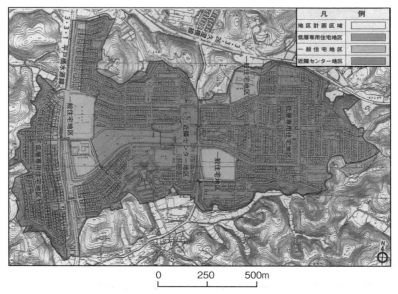

図1-4 丘陵地を造成して実施された土地区画整理事業（豊田市五ヶ丘）
出典：豊田市のウェブ掲載資料（http://www.city.toyota.aichi.jp/_res/projects/default_project/_page_/001/007/581/01.pdf）をもとに作成。

を改変する能力は飛躍的に高まっていった。それとともに地形が人間の都合のよいように変えられる可能性が広がった。結果は広大な人工地盤や直線的な広幅員道路などの出現であり、人間は効率的に土地を利用できるようになった。市街地や郊外で土地区画整理事業が実施されたところでは、かつての集落景観は一掃された。道路も四角形格子状になり、その道路に沿って最新スタイルの家屋が立ち並ぶ景観が一般的になった。土地の合理的利用は住宅地だけでなく、工業団地や企業団地など生産空間においても広がっていった。住宅地を含め、原地形に配慮して土地造成が進められたところなら、かつての地形の特徴を見つけ出すこともできる。しかし経済的理由から切土や盛土が行われたところでは、元の地形を思い起こさせるような手がかりは見られない（図1-4）。

3．土地利用の仕方を長い歴史の中で考える

　土地区画整理事業の凄さは、それ以前の道路パターンが消滅し、まったく

新しい道路パターンへと変わってしまう点にある。住宅や事業所は古くなって建て替えれば新しくなる。所有者の一存でいつでも変えることができる。しかし道路はそのようなわけにはいかない。これは道路だけでなく上下水道やガス・電気などネットワークとして繋がっているものは，途中で勝手に切断することはできない。道路地面の下や上は上下水道やガス・電気の通り道として利用されることも多い。道路は一度できて人や車が通るようになったら，勝手に変えることのできないインフラである。それゆえ土地区画整理事業によって旧来の道路網を一新してしまうことは，ほとんど半永久的に新たな道路網を使い続けることを意味する。それほど大掛かりな改変であるがゆえに，土地区画整理事業の実施には関係者全員による合意形成が不可欠である。

　日本では近代以降，都市部を中心に土地区画整理事業が進められてきた。当初は耕地整理事業として始まり，やがて住宅地建設を目的に実施されるようになった。しかし不動産価値に影響がでたり既得権益が侵されたりするなどの理由から，事業が容易に進捗しないといった事例も少なくない。その一方，土地区画整理事業を実施して成功した事例が身近にあると，これに倣って実施に踏み切るといった例もある。この場合の成功とは，四角形格子状の道路網が整備され，上下水道，電気・ガスなどのインフラも整って生活がしやすくなったことを意味する。公園・学校の用地も確保され，小売店・サービス店の立地も進む。その結果，土地の評価額も上昇し，不動産評価にも良い影響が及ぶ。しかし土地区画整理事業には経済的高評価の裏側に，歴史的景観の消滅という地域文化的側面が隠されているのも事実である。生活環境の利便性向上という表看板をまえにすると，こうした懐古的感情は打ち消されがちである（仲松, 2008）。最終的決定は関係地域住民の総意によるため，それまでに十分な話し合いの場がもたれ，当該地域が将来にわたっていかに優れた生活環境を維持できるかをよく考えたうえで，個性のない通り一遍のまちにならないような工夫への取り組みが望まれる。図1-5は，中央本線神領駅前付近における区画整理事業の前後を比較して示したものである。神領という地名から想像できるように，この地域は熱田神宮などとの関係が深く，古墳もいくつか遺されている。現代的な市街地化から取り残されてきた駅南

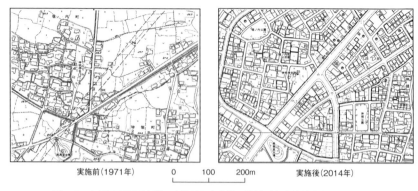

図1-5　土地区画整理事業の実施前と実施後の比較（中央本線神領駅前付近）
出典：春日井市都市計画基本図をもとに作成。

側地域の歴史的景観は土地区画整理事業によって一変した。

　土地区画整理事業は近代，現代のことがらであるが，近世以前においても土地の改変をめぐる動きはあった。戦国期が終わり江戸期に入ると，各地で城下町づくりが行われた。身分制度のもとで武家地，町人地，寺社地が定められ，人々が生活するようになった。電気・ガスなどのインフラは存在しなかったが，道路は必ず設けられた。城下町によっては水路網が整備されたところもあり，当時の生活を成り立たせるのに必要な道具立てが揃えられた。城下町では防衛や警備の目的から鍵型や枡形と呼ばれる特徴的な道路や空間が設けられたことはよく知られている。図1-6は，近世城下町・岡崎の中心部を通る旧東海道の二十七曲りを示したものである。以前は乙川の南を通っていた街道を北側に付け替え，しかもわざわざ多くの角を曲がるようにした（柏田，2001）。防衛目的以外に，商家の前をできるだけ長く通ることで，町中が賑わうようにしたためといわれている。乙川は矢作川を経由して三河湾から物資を運び入れる重要な役割を果たした。近代になって鉄道が導入されるまで，舟運は道路とともに城下町の生活を支える重要な交通インフラであった。

　近世の経済社会の発展を支えたのは，米をはじめとする穀類や，綿織物・絹織物・陶磁器・木工細工などであった。とくに米の増産は米中心経済にとって重要な意味をもっており，新田開発が各地で行われた。内陸部では未開墾

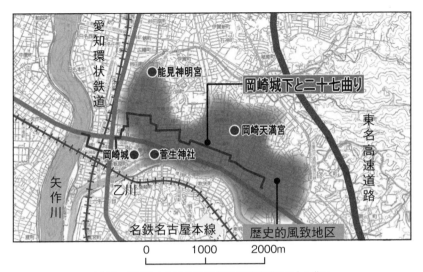

図1-6　岡崎市中心部を東西に通る旧東海道の二十七曲り
出典：岡崎市のウェブ掲載資料（http://webhp.city.okazaki.lg.jp/appli/07/2shou4.pdf）をもとに作成。

の丘や台地に鍬が入れられ，臨海部では海面が干拓によって耕地に変じた。藩領で収穫された藩米や幕府領で採れた幕米は，川や海を行く船で大坂や江戸へ運ばれ換金された。近世を通して水田化していった耕地は，近代においても耕作地として利用された。ところが現代になると状況は大きく変わり，耕地は住宅地や事業所用地へと移り変わっていく。とくに大都市の郊外では人口や事業所の都市集中で必要になった空間として耕作地が注目されるようになった。小麦など穀類の輸入増加で米の消費量は減り続け，耕作地の都市的利用地への転用が急激に進んだ。近世以来の農村的景観を残していた都市郊外の中には，先に述べた土地区画整理事業を実施したところもある。伝統的な暮らし方を一新し，現代的スタイルへと変わりたいという意思統一ができたところである。

　戦国期までの荒れ野から近世には新田地に変わって人が暮らすようになり，さらに近代から現代にかけて都市的利用が進み，地域の性格は大きく変化した。なかにはかつて海面であったとこが干拓地となり，さらにその後は農地から市街地へと移行して今日に至ったところもある。このように見てくると，現在，われわれが暮らしている土地すなわち地盤の下には，遠い過去

の利用履歴が隠されていることがわかる。たとえ最初は荒れ野であっても，それは人間が利用しなかっただけのことであり，動植物にとっては以前から生きるための空間であった。そのような土地に鍬を入れて農作物を育てるようになったのは，地球の長い歴史の中ではほんの最近のことである。

　たとえ千年の歴史を経た昔からの土地でも，米はこれまでに千回しか収穫されなかった。1年も欠かさず米が収穫できた土地は，いったいどれくらいあるだろうか。いまは米作りをやめ田んぼに土砂を入れて宅地になった土地は，しばらくは住宅地として利用されるであろう。しかし未来永劫，そのようなままの利用が続くとは思われない。道路まですっかりつくり変えられてしまった土地区画整理事業実施済みの土地といえども，現在の状態がいつまで続くか誰もわからない。土地利用のあり方は，それほどまで長い悠久の歴史的時間の中で考えなければならない。

第2節　利用しやすい空間づくりへの挑戦

1．規則的道路パターンへの志向と障害

　中国や日本の条坊制，条里制は，適用されたのが都市か農村かの違いはあるが，その基本的な空間的パターンは同じである。四角形格子の一辺の長さは都市の市街地では短く，周辺部や農村部では長い。住宅地として利用するか，あるいは農地として利用するかによって適切な一辺の長さは定まる。これと類似のことは，北アメリカ東部都市の市街地と中西部に広がる農業用地についてもいえる。東部都市のすべてではないが，たとえばニューヨークでは俗にマンハッタンスペースと称される高密度な四角形格子状道路が市街地全体に広がっている。ただし四角形格子とはいっても，一辺の長さがすべて同じの正四角形格子ではない。むしろ長方形を連続的に連ねたようなパターンである。一方，中西部の農業地域は一辺が1マイルの正四角形状の格子によって覆われている。その正四角形を縦方向に6個，横方向に6個並べたより大きな正四角形が，一般にタウンシップと呼ばれる土地区画である。

　土地が平らで障害物のない空間において，政治や商業・サービス機能を果たすために人が集まり暮らしていくのに，四角形格子状の土地区画は好都合

である。何よりもわかりやすく，人やモノが移動したり，建物を建てたりするのに抵抗が少ないからである。平安京の都市づくりにおいても，近代初期の北海道開発の拠点として札幌の都市建設が進められたときも，四角形格子状の都市プランが採用された。人の行き来やモノの運搬にとって，四角形格子状の道路は好都合である。都市の場合は公共の建物や商業・サービス業の事業所が直線的道路に沿って並んでおり，わかりやすい。ただし，たとえばニューヨークのブロードウェイのように，全体としては格子状の道路網の中に例外的に斜め方向に延びている道路がある（図1-7）。これは，1811年にニューヨークの道路網を格子状に整える計画が立てられたとき，南北方向に縦断するブロードウェイだけはそのままにされたためである。いくら効率重視の思想のもとで道路建設を想定しても，そこには思うようにはならない歴史的慣性のような力がはたらいている。

　ニューヨークの市街地中心部に相当するマンハッタン島は，北北東から南南西に向けて細長く延びている。格子状の道路は，島の東側を流れるイーストリバーと同じく西側のハドソン川の川岸にそれぞれ平行の道路と，これと直交する道路からなる。マンハッタン島を細身の身体にたとえれば，川岸

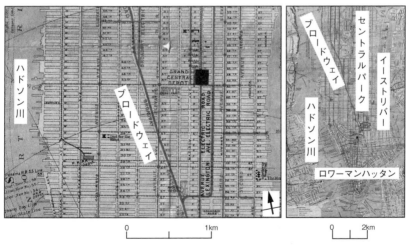

図1-7　ニューヨーク・マンハッタン島の道路網とブロードウェイ（1900年）
出典：Geographicusのウェブ掲載資料（https://www.geographicus.com/P/AntiqueMap/NewYork-broadwaycentral-1900）をもとに作成。

に平行の向きは背骨の走る方向つまり主軸ともいえる方向である。これと直交する道路は，イーストリバーの川岸とハドソン川の川岸を最短距離で結んでいる。ところがこうした効率的な道路網計画が立てられるずっと以前から，地理的にほぼ南北の方向に走る道があった。これがブロードウェイである。時代はニューヨークがオランダの支配下でニューアムステルダムと呼ばれていた頃，アメリカ原住民が利用していた南北道路をオランダ人はBrede weg（オランダ語で広い道を意味する）と称した。これがそのまま英語に訳されブロードウェイになったが，ブロードウェイは，マンハッタン島の中央付近にあるセントラルパークから南端のロワーマンハッタンまではほとんど南北の向きに延びている。このため真の東西南北方向には走っていない他の街路とは直交しようがない。ブロードウェイはニューヨークの道路交通にとってガンのような存在と言い放つ行政関係者がいるほどで，とくに7番街と交差するタイムズスクエア付近では，現在も慢性的交通混雑を引き起こす元凶になっている。

　マンハッタン島の道路網を仔細に見ると，島の南端に当たるロワーマンハッタン付近では四角形格子状の規則的パターンが維持されていないことがわかる。原因はこの島の形状にあり，川岸の向きが島の北側とは違うため，その影響を受け四角形格子状パターンを南端まで続けることができない。その結果，向きの異なる複数の格子がぶつかりあいながら折り合いをつけるようなパターンになっている。これはおそらく，植民地時代に道路が敷かれたとき，川岸からの力が陸側からの力を上回っていたからだと思われる。水上交通が重要な役割を果たしていた時代，岸辺の向きに沿って道路が設けられ，それと平行する道路が陸側に向けて順次つくられていった。それぞれ向きの違う道路がぶつかり合うところに至り，どこかで折り合いをつけなければならず，それらが折衷して現在のような道路網になったと考えられる。マンハッタン島の中央から北側にかけては，イーストリバーとハドソン川の岸辺の方向がたまたま同じだったため，真の東西南北ではないが，規則的な四角形格子状の道路パターンを実現することができた。

　ニューヨーク・マンハッタンの事例は，たとえ平坦な地形で道路網はつくりやすくても，島が独特なかたちをしていると，道路パターンはその影響を

免れないことを物語る。実際，マンハッタン島は氷河期に厚い氷河に覆われ氷食作用を受けた結果，平らで堅い地盤が露出する地形となった。西側を流れるハドソン川は，現在のオンタリオ湖の3倍も大きな氷河湖から溢れ出た洪水が流れてできた地形である。1825年に支流のモホク川とエリー湖の間を結ぶエリー運河が完成してニューヨークを出入口とする水上交通の利便性が高まった。マンハッタン島の強固な地盤は高層ビルの建築に適しており，摩天楼の誕生を促した（小林，1999）。ヨーロッパからの移民の受け入れ口としてスタートしたニューヨークが商業・金融の中心地としてさらに発展してくためには，効率的な市街地道路が不可欠であった。このため19世紀初頭，ニューヨークは四角形格子状の道路網やセントラルパークなどの公園の整備に力を注いだ。しかしロワーマンハッタン付近では地形の影響が勝り，ブロードウェイについても，歴史的慣性に抗うことは難しく，パーフェクトなマンハッタンスペースをつくり上げることはできなかった。

2．四角形格子状道路の識別と国家による幾何学的土地区画の導入

　四角形格子状の道路網は，たしかにわかりやすい。しかしその反面，同じ方向に延びる道路ばかりであるため特徴がなく区別がつきにくい。そこで人間は道路に名前をつけて区別し，混乱しないように工夫してきた。たとえば694（持統8）年から710（和銅3）年まで都が置かれた藤原京の条坊制の場合，水平方向の道路を条と名付け，基本となる水平軸から順に北一条，北二条とした（図1-8）。南側は同じように南一条，南二条となっているため，遠ざかるほど数は大きい。垂直方向に延びる道路は坊と呼ばれ，東側は東一坊，東二坊，西側は西一坊，西二坊となる。ただし水平方向の条はともかく，垂直方向の坊は実際にはあまり使われず，京都では固有の通り名で，札幌では丁目で呼ばれている。条や丁目などの名前がやたら続いていては味気ないようにも思われるが，通りの数字でその道路がどこを通っているかが簡単にわかるという利点には代えられない。

　これと同じことは北アメリカのストリートやアベニューについてもいえる。先にも紹介したニューヨーク・マンハッタン島の場合，東西（正確には東南東－西北西）方向の道路はストリート，南北（正確には南南西－北北東）

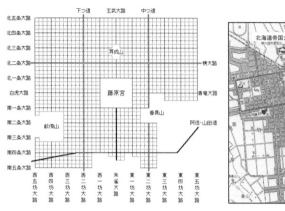
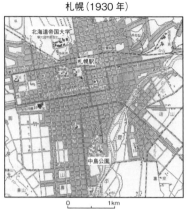

図1-8　藤原京と札幌の条坊制
出典：ウィキペディアのウェブ掲載資料（https://upload.wikimedia.org/wikipedia/commons/d/db/Fujiwarakyo2.gif, https://ja.wikipedia.org/wiki/%E5%86%86%E5%B1%B1%E7%94%BA_(%E5%8C%97%E6%B5%B7%E9%81%93)#/media/File:Sapporo_map_circa_1930.PNG）をもとに作成。

方向の道路はアベニューと呼ばれる。アベニューはフランス語由来で幅の広い道路を意味するが，マンハッタンの場合も概して広幅員な道路である。ストリートの番号は北に進むほど大きくなり，アベニューは西側ほど数が多くなる。こうした四角形格子型の呼び名はマンハッタン島の中央付近のみであり，南端部や北部は固有の名前で呼ばれている。マンハッタンの通りを日本語で表現するとき，アベニューは番街，ストリートは丁目と記す。アベニューは広幅員でストリートより格が上であり，条坊制でいえば条に相当する。ニューヨークで南北方向を幅の広い道路にしているのは東西より南北を重視する欧米の伝統によるものであり，東西方向を重視する日本では東西方向を条にしていると考えるのは，考えすぎであろうか。

　北アメリカでタウンシップ制が採用された農村部でも，場所を特定するために幾何学的名称が付けられている。農村部では道路よりも農地の位置を特定化することが重要である。そのために基準点を決めてそこからどの方角にどれくらい離れているかを問題にする。基準点は州や地域ごとに定められている。最初に，子午線と基準線が交わる基準点を中心に6マイル間隔で東西，南北に平行する線を描く（図1-9 ①）。これによって一辺が6マイルの正方形

が生まれるが，その位置を特定する必要がある。たとえば，基準点から見て南に2番目，西に2番めの正方形であれば，タウンシップ2サウス，レンジ2ウエスト呼ぶことにする。つぎに一辺が6マイルの正方形を一辺が1マイルの36の正方形に分割する（図1-9 ②）。これをセクションと呼ぶが，それらを区別するために，たとえば北東隅にあるセクションを1として，南東隅のセクション36まで数字を割り当てる。さらにこの正方形のセクションを4分割したものをクォーターセクションとし，以下，同じような分割を繰り返す（図1-9 ③）。一見すると非常に複雑そうに思われるが，大きな空間を正方形で階層的に分割し続けるという原理で貫かれている。

アメリカのタウンシップ制とほぼ同様の土地区画制度がカナダでも実施された（林，1999）。カナダではドミニオン・ランドサーベイシステムという

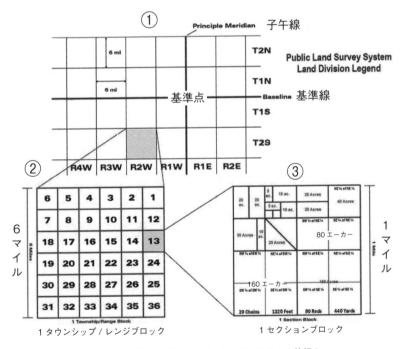

図1-9 タウンシップ・アンド・レンジシステムの仕組み
出典：the Webster Parish Assessorのウェブ掲載資料（http://websterassessor.org/Assessment-Tools/Land-Measurements-and-Glossary）をもとに作成。

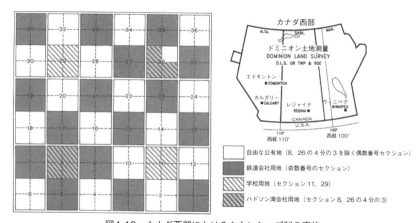

図1-10　カナダ西部におけるタウンシップ制の実施
出典：Canadian Pacific Railway Co.のウェブ掲載資料（http://saskhistoryonline.ca/exhibits/berry）をもとに作成。

制度が国土の東側で始められ，これが西部にも広がってタウンシップシステムと呼ばれるようになった。土地区画の原理はアメリカと同じで，基準となる地点を定めて一辺が6マイルの正方形を36に分割し，さらに各セクションを4分の1ずつ階層的に分けていく。興味深いのは最初の36セクションのうちのいくつかを鉄道会社や学校などの用地として優先的に区画していることである（図1-10）。しかも用地が特定のところに偏らないように，まるで市松模様のように互い違いに振り分けて定められている。開拓が進んで人口が増えれば教育施設の建設地として学校用地が必要になることは想像がつく。では鉄道会社に優先的に用地を割り当てているのはなぜであろうか。その大きな理由は，カナダが国土西部の開発を進めるにあたって鉄道会社の力を必要としたからである。海外からの入植者の輸送，入植者が栽培し収穫した穀物の出荷，入植生活を維持するための生活物資の入荷，そのどれをとっても鉄道会社なくしては不可能であった。市松模様の鉄道用地はそうした力を反映したものである。

　ストリートやアベニューに番号を符って互いに区別したり，タウンシップを幾何学的に分割して数字や方向で区別したりする方法は，きわめて合理的である。条里制の歴史は古く各地で採用されたが，それが後世まで継続し得

たかというと必ずしもそうではない。条里制の復元という言葉があるように，すでに地表から消えてしまった条里制の痕跡を探る試みも各地で行われている（井上，2004）。条里制の時代と地域は大きく異なるが，新大陸の北アメリカにおいても，原始状態に近い大地を効率的に利用するためタウンシップ制が採用された。ただし，植民地化の早かった南部や東部では新しい土地区画制度ではなく，ヨーロッパ由来の旧来の方法で行われた。たとえば，川岸の垂直方向に農地を区画する伝統のあるフランス系移民が開拓した地域では，河川に沿って短冊状の耕地が生まれた（図1-11）。その後，国土の開発が西部にも及び，効率的に土地を利用しようという機運が生まれた。アメリカとカナダの間では国土西部の国境が未決定であったという事情もあり，両国はいち早く入植を開始して既成事実をつくろうとした。国家主導のもと，上から下へと階層的に土地を区分してく方法が実施されたのは，こうした時代状況からである。条里制もタウンシップ制も，国家による土地の支配・管理体制下で生まれたという点に共通性がある。

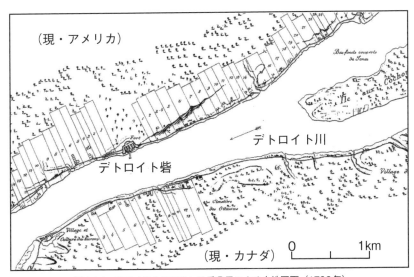

図1-11　北アメリカのフランス系農民による土地区画（1796年）
出典：ウィキペディアのウェブ掲載資料（https://en.wikipedia.org/wiki/Seigneurial_system_of_New_France#/media/File:Detroit1796.jpg）をもとに作成。

3．向きの異なる碁盤目状道路パターンの空間的折衷

　四角形格子状に道路が走るマンハッタンスペースは，北アメリカの大都市など歴史の新しい都市に多く見られる。しかし同じ大都市でもヨーロッパのパリやロンドン，ベルリンなどではほとんど存在しない。日本では条坊制を下敷きにして築かれた京都，近代になって開発が進められた札幌，それに近世初期に徳川家康による計画のもとで建設された名古屋などで，四角形格子状あるいは碁盤目状といわれる道路網を見ることができる。これらの都市では，規則的な道路網はたしかに市街地の中心部でははっきりと確認することができる。しかし，周辺に向かうにつれて規則性は薄れていく。これは河川や丘陵地など地形の影響が周辺部で顕著であるため，碁盤目状パターンが維持できないからである。京都の場合は，東西と北側で丘陵地が迫ってくるため，規則性を維持することは難しい。盆地形の中で精一杯，条坊制にもとづく都市づくりが歴史的に続けられたことがよくわかる。

　京都に倣ってつくられたといわれる札幌は，南の藻岩山を頂点とする扇形の地形すなわち扇状地の上で都市形成が進められた。西側は丘陵地であるため，碁盤目状の道路が行き止まりになるのはいたしかたない。東側を南から北に向けて流れる豊平川が市街地を東西に二分しており，これが境界となって中心市街地の碁盤目状と川東の郊外側の碁盤目状は不連続になっている。それは道路の向きを見れば明らかで，中心市街地がおおむね東西南北方向であるのに対し，川の東側は南西-北東，南東-北西の向きが支配的である。ところが，同じ中心市街地でも，札幌駅や北海道庁のある都心と，その西側で日本海に向けて広がっていっている市街地では，碁盤目状の向きが異なる。西側は丘陵地の縁の方向に当たる南東-北西方向，日本海の海岸線の方向でもある南西-北東の方向が支配的である。つまり札幌の市街地は種類の異なる碁盤目状の道路網がパッチワークのようにつなぎ合わされてできている。

　では，近世初頭に城下町として建設された名古屋はどのようになっているだろうか。名古屋は第二次世界大戦で中心市街地の6割近くが焦土と化した。しかし戦後復興の大胆な都市づくりがかつての市街地を蘇らせ，歴史的な碁盤目状の特徴を維持しながら道路の拡幅が行われた。近世の名古屋には「名

古屋五口」という言葉があった。これは城下町の出入口が5か所あったということで，5つの主要街道と城下町がつながっていたことを意味する（林，2016a）。城下町の中心から見て北西方向が枇杷島口（美濃街道），北方向に志水口（木曽街道），北東方向が大曽根口（下街道・瀬戸街道），南東方向が三河口（飯田街道），そして南方が熱田口（熱田街道）であった（図1-12）。これらの出入口は近代になって鉄道が建設されたため，あまり意味をなさなくなった。しかし道路配置パターンの上では意味はなくなっていない。

　これは他の都市についてもいえることであるが，中心市街地から郊外に向かう道路は郊外のある地点で近隣の他都市に向かう道路と接続している。そのさい，接続点付近で道路の向きが変わることがある。名古屋の場合でいえば，枇杷島口，大曽根口，三河口がそれにあたる。志水口，熱田口は市街地内を通る南北道路の延長線上にあるため，向きは変わらない。名古屋では，名古屋台地，熱田台地と呼ばれる広い平坦な地形の上に東西南北の碁盤目状の道路網が建設された。しかし，名古屋から近隣の一宮，春日井，瀬戸，岡崎などに向かうには，接続付近で道路の向きを変えなければならない。名古屋五口とはこの接続付近のことであり，異なる道路配置原理がここでぶつかり合っている。

　異なる道路パターンがぶつかり合う場所では，道

図1-12　名古屋五口と旧街道
出典：名古屋市住宅局まちづくり企画部，2011などをもとに作成。

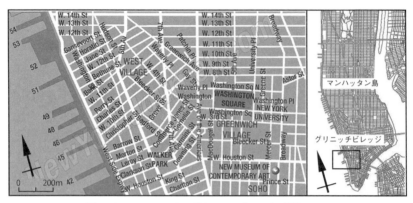

図1-13 ニューヨーク・グリニッチビレッジの道路パーン
出典：New York Journeyのウェブ掲載資料（https://www.newyorkjourney.com/west_village_greenwich_map.htm）をもとに作成。

路の向きは複雑である。交差点も錯綜しており，本来なら十字形に交差する道路が斜めに交差したり，5本の道路が交わって五叉路になったりしている。慣れないドライバーは交差点をどちらの方向に曲がったらいいのか戸惑う。曲がったとたんに方向感覚に狂いが生じ，思わぬ方向に行ってしまう恐れさえある。たとえばニューヨーク・マンハッタン南部のグリニッチビレッジ一帯は，道路網はおおむね碁盤目状であるが，向きはさまざまである（図1-13）。向きが変わるゾーン付近には五叉路もあり，街区が三角形状になっているところが数か所ある。そのようなところに建つビルの平面は，正方形や長方形ではなく三角形に近い。道路網が建物のかたちにも影響を与えている。

　名古屋市中心部では東西南北方向の碁盤目状パターンが優勢である。ところが名古屋五口のひとつである大曽根附近では，このパターンに重なるように北東-南西方向の主要道路が延びている（図1-14）。この道路は名古屋と瀬戸や多治見を結ぶ都市間道路であり，瀬戸街道や下街道と呼ばれた歴史的街道の現代版である（林，2015b）。向きの異なる道路が複雑に重ねっているため，それを処理するための交差点の配置も複雑である。JR中央本線や名鉄瀬戸線が高架でなかった頃は，踏切の遮断機が下りたままで車が動けず交通渋滞が慢性的に発生した。ニューヨークや名古屋に限らず，市街地中心部で支配

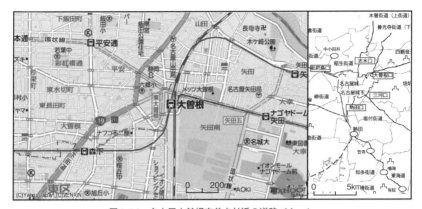

図1-14　名古屋大曽根交差点付近の道路パターン
出典：クックドアのウェブ掲載資料（https://www.cookdoor.jp/dtl/1060049276/）をもとに作成。

的な碁盤目状の道路パターンを，そのまま郊外から都市の外側にまで広げていくのは不可能である。どこかで不整合が生ずるのはやむを得ないため，工夫を凝らして混乱を抑えなければならない。

第3節　都市の基本的区画と都市空間の圧縮

1．都市空間の基本的区画の長さ

　同じ四角形格子状でも，都市の市街地では1区画の長さが短いのに対し，農村部では長さが長い。これはあたりまえのように見えるが，なぜそのようになっているか考えてみる価値はある。大きな前提として，都市では主に公共施設，住宅，事業所などの建物を建てること，農村部では耕作地として利用することが，想定されている。利用する対象が建物か農地かの違いに応じて，必要な道路の分布密度がおのずと決まる。要するに，都市的利用のための土地区画・道路か，農村的利用のための土地区画・道路かということである。かりにそうであるとして，では具体的に都市では1区画をどのように決めたのかという疑問が湧く。この点に関しては歴史的研究に多くの成果があり，それらによれば国や地域，都市によって長さに違いがあり，時代によっても異なることが明らかにされている。

　日本の代表例である平安京の場合でいえば，主要道路である大路によって

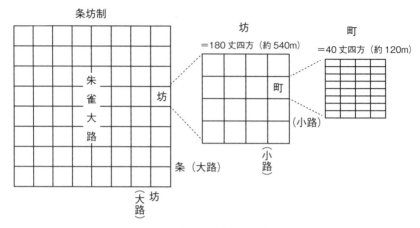

図1-15 平安京の条坊制

囲まれた一辺が180丈（約540 m）の正方形区画を坊と称した（図1-15）。坊を16個の正方形に分割したものが町で，その一辺は40丈（約120 m）である。町の一辺を4倍しても坊の長さにならないのは，町の間に3本の小路が挟まれているからである。町は長さの単位であると同時に面積の単位でもあった。尾張名古屋の城下町の場合は，道路の中心から隣の道路の中心までの長さが60間と定められた。ただし長さの単位である間には1間を6.5尺（約1.97 m）とする京間と，1間を6尺（約1.82 m）とする田舎間があり，名古屋の場合は後者の田舎間を採用した。このため60×1.82 = 109.2 mの間隔で碁盤目状の区画（碁盤割と呼ばれる）が設けられた（図1-16）。道路は3間とされたため，約5.5 m幅の道路であった。もっとも名古屋の碁盤割については，残されている文献をもとに，宅地の角から角までを京間の単位で50間としたのではないかという説もある（水谷, 1969）。

　平安京では一辺が約120 m，名古屋城下では約109 mの正方形が土地区画の単位となり，それをさらに分割するか，あるいは逆にまとめるか，いずれかの方向で大きさの異なる社会的ユニットが生まれた。一辺が1町の名古屋の場合，清洲越しによって新しい城下町・名古屋に移り住んだ商人たちは，通りに面した間口の狭い奥に細長い敷地を確保した。1町四方という限られた空間を埋め尽くすパターンはいろいろ考えられる。たとえば平安京では

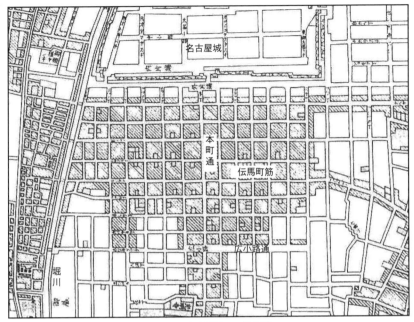

図1-16　名古屋城下の碁盤割
出典：名古屋市，1959をもとに作成。

当初，図1-17①のように東西に家が建ち並ぶ二面町が想定された。その後，住民による住みこなしの過程で図1-17②のように，東西南北に家々が建ち並ぶ四面町へと移行していった。さらに道路沿いの商業が発展するようになると，道を挟んで向かい合う家々の一体感が増し，図1-17③の両側町へと変わっていった。

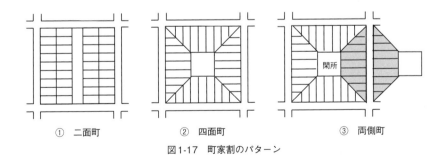

① 二面町　　　② 四面町　　　③ 両側町
図1-17　町家割のパターン

名古屋も基本的にはこのパターンであり、通りの両側が一緒になって商店街のようなまとまりをつくった。ここで注意すべきは、1町四方の町（単位区画）と、実際に構成された町が違っているという点である。単位区画の町に注目すれば、各家は道路に面しており、全体としては「キネ型」の配置である。なぜ「キネ型」かといえば、1町四方の中心部付近にまで敷地が延びる商家はなく、中心部は閑所になったためである。閑所をキネ（杵）の握り手部分に例えれば、両端の短冊状の商家群はキネの頭部に当たるため、このように呼ばれる。かりにこのような区画単位の町において、南北方向に走る通りに面して東向き玄関の店と同じく西向き玄関の店があった場合、それらは互いに背中合わせの関係にある。玄関同士が1町（約109 m）も離れていてはご近所とはいいにくい。むしろ、区画単位としての町は違うが同じ通りに面して互い向かい合って商売をしている店同士の方が隣近所らしい。その結果、通りを挟んで実質的な町が生まれるのである。ただし、名古屋で人通りの多かった伝馬町筋と京町筋では、東西方向の通りに沿って商家が軒を連ねて長く延びるパターンになっており、ほかとはやや異なっていた。

2．土地利用の基本区画が異なる都市と農村の産業発展と衰退

　平安京のように、一辺が180丈の四角形状の坊を定め、それを16分割したひとつを町とする場合、出発点となる基本の単位区画は坊である。この坊に相当する区画は、条里制では里と呼ばれる。都市部の条坊制と農村部の条里制は、類似点も多いが相違点もある。類似点は、ともに正方形を基本型とし縦方向（x、yの直交座標でいえばy方向）を条と呼ぶ（図1-18）。横方向（x方向）は条坊制では坊、条里制では里と呼ぶ。この違いは制度の名称の通りであるが、坊と里は長さの単位であると同時に面積の単位でもある点に注意する必要がある。両制度の違いは坊と里の長さにあり、したがって面積も異なる。1坊の長さは180丈（約540 m）、1里は6町（約654 m）である。この段階で条里制の基本型は長さにおいて条坊制の約1.2倍、面積では約1.4倍である。この基本型をさらに分割していくさい、条坊制では16個の正方形に、条里制は36個の正方形に分けられる。分割された正方形は、条坊制では町、条里制では坪と呼ばれる。興味深いことに、正方形の町の一辺は町、

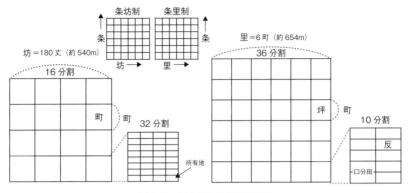

図1-18 条坊制と条里制の比較

坪の一辺も町という長さで呼ばれる。呼び名は同じでも長さは若干違っており，条坊制では約120m，条里制の場合は約109mである。条坊制で1坊の一辺を4つに割ると約135mとなり120mを上回っているのは，3本ある通りの幅が含まれているからである。いずれにしても，条坊制も条里制も基本型を分割した段階で，ともに町という長さをもつ四角形であることは興味深い。

このように，都市も農村も土地区画のあるレベルで町という同じ長さの単位で分割されていたことがわかった。しかし実際にはさらにその先があり，条坊制では町を32に分け約450㎡の土地を戸主が所有した。条里制の場合は，1町（坪）を10分割した面積を1反とし，満6歳以上の男子は2反を口分田として与えられたので，約2,376㎡である。単純に土地の広さだけを比較すれば，農村は都市の5倍ほど広い土地を利用した。この広さの違いを大きいと見るか小さいと見るかは一概にはいえない。関わる生業として一方は小売やサービスの商い，他方は農業，生きていくのに必要な生産手段が基本的に異なっている。地表の土地空間を高い密度で利用するか，あるいは粗放的に利用するかの違いでもあり，この点は日本に限らず，世界中どこの国や地域でも共通している。また古代から近世までの農業社会，あるいは近代以降の工業社会においても同じである。

このように地域や時代を問わず，土地利用の側面から都市と農村を別の存

在とみなす考え方は、ほとんど世界共通である。地表上で人の住んでいる場所のうち、産業でいえば製造業や商業・サービス業などが集まり、そこで働く人の数も多いところを都市という。都市には規模に違いがあるが、それは産業の種類や特性ごとに関わる事業所の大きさが異なり、事業所の集積量も都市ごとに違うからである。大規模生産を行う製造業や広大な商圏を抱える商業の事業所は規模も大きい。これらの製造業や商業に結びつく関連産業の事業所も多く、結果として規模の大きな都市になる。

さまざまな産業の事業所が一か所に集まっていること、すなわち集積こそが都市の本質である（亀山, 2006）。事業所どうしが近くにあれば接触, 交渉, 取引, 交換などがしやすい。距離が短ければ通勤や買物などでも好都合なため、生産地の近くに居住地も生まれやすい。経済学でいう集積の経済が産業や人口が地表上のある場所に集まりやすい傾向を説明する（表1-1）。逆に集積の経済がはたらきにくい産業が広がっているところは農村になる。農業, 牧畜業, 林業などは広い農地, 高原, 山地を必要とするため、農家, 牧畜家, 林業経営者の居住地は分散的である。もちろん、こうした産業からの産出物を集荷したり、日用的に必要な商品・サービスを供給したりする施設が最小限、集まっている場所はある。しかし都市におけるような規模の集積ではなく、農地, 高原, 山地が広く展開する景観が特徴的である。

ところで、いまは都市でもついこの間までは農村であったというところは意外に多い。日本では平成の大合併によって都市に組み入れられた農村も多

表1-1　集積にともなう経済（メリット）

①	移動に関わる経済	関連のある企業・店舗が近接立地することにより、原料・製品の搬出入や購買時の移動費が節約できる。
②	規模の内部経済	企業内で生産規模や取扱数量を大きくすることにより、製品1単位当たりの生産費を抑えることができる。
③	局地化の経済	同種の企業が近接立地することにより、単独では利用しにくい特殊な機械や技術などが低費用で利用できる。
④	都市化の経済	さまざまな種類の企業が一カ所に集積することにより、生産にともなう費用を節約することができる。

く，行政的には都市でも産業構造や生活意識は農村のままというところも少なくない。集落発祥の頃からすでに都市であったという事例は多くなく，農村的集落から徐々に発展していくのが一般的である。はじめは農業や林業が主な産業で，田畑や山林に近いところが仕事には好都合なため家々が一か所に集まる必要もなかった。もっとも，ヨーロッパなどでは防衛のために集落が円形状に塊って形成された農村もあった。より一般的なのは，余剰農産物や日用雑貨品などを取引するために自然発生的に市場が生まれていく現象である。市場の近くに家々が集り集落らしくなっていく。小売商人や物資の卸売・中継業者，あるいは市場を訪れる人を相手に飲食・サービスを提供する人たちも集まるようになった。市場を取り仕切ったり行政的に管理したりする役人たちも現れた。国や地方の中心に相当する集落であれば，為政者や支配層に連なる貴族，あるいは軍事を司る武士なども生まれた。

　いったん都市として発展すると，その都市は引き続きその地位を保ち続けられるように思われる。しかし都市自体に発展能力がそなわっているわけではなく，発展できるとすればそれは人間が都市での活動を絶やさないからである。それゆえ，都市の中には活動を維持することができずに規模を縮小していくものもある。その典型は，石炭・鉄鉱石など天然資源が枯渇したり，ライバルとなる資源の新たな登場で競争力を失くしたりして無人化したゴーストタウンである。気候変動や砂漠化のため農耕が困難になり離村した農民

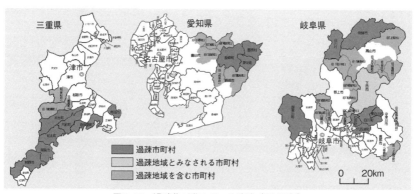

図1-19　過疎化が進んでいる地域（2017年）
出典：全国過疎地域自立促進連盟のウェブ掲載資料（http://www.kaso-net.or.jp/index.htm）をもとに作成．

第1章　都市空間の基礎と空間の読み解き

を失ったため商業・サービス業が成り立たなくなった都市もある。現在の日本のように少子高齢化で人口減少がひどくなり，過疎化が進んで都市機能の維持が困難視される地域もある（図1-19）。歴史を遡れば，古代に繰り返された遷都や，戦国期や近世初期に戦略的理由で行われた城下町の新旧交代や削減など，政治的理由で都市が廃墟になった事例も少なくない。

3. 無数の力による集合体としての都市の歴史性

　都市がゴーストタウン化するのは，時代状況の変化にその都市が適応できないからである。資源枯渇などの経済的要因にしろ為政者による決定という政治的要因にしろ，変化に対する適応のすべが見い出せないゆえに，都市は衰退や消滅を余儀なくされる。時代状況を変えるのも人間であるため，結局のところ，人間は都合のよいように都市をつくったり失くしたりしているといえる。18世紀のイギリスの詩人ウィリアム・クーパーは「神は田園をつくり，人は都市をつくった」と詠ったが，実際，人間は生きていくために己の都合のよいように都市という装置をつくり続けてきた。都市はそこに建つ建造物や施設あるいは個人やその集まりである社会集団の集積空間としてとらえられやすい。しかしその空間のすべてをあらかじめ設計したり，隅々まで管理・統制したりすることは不可能である。封建時代に為政者は都市建設の命令を下し，近代には都市計画家が設計プランを描いた。しかし都市のすべてを細部にまでわたってコントロールすることはできなかった。

　都市は無数の画家によってキャンバスに描かれた一枚の絵画に例えることができる。統一的なモチーフはあってなきがごとくである。その時代に許された，あるいは可能であったルールやテクノロジーを駆使し各自がつくった建物・施設の集合体がその時代の都市である。ルールやテクノロジーは時代とともに変わっていく。変えるのも人間であるため，都市はその時代の人間のあり様を映す鏡のようでもある。ルールやテクノロジーの中でも，歴史的にとくに重要であったのは，自由・平等などの民主主義思想や，生産能力を飛躍的に高めた産業革命である。封建的思想や手動的生産に終止符が打たれ，新たな時代に向けて扉が開かれた。これらの思想や技術が世界的に広がっていくことにより，それ以前の世界には見られなかった個性豊かで規模の大き

な都市が生まれた。なによりも経済的富の蓄積が巨大な建物や施設の建設を可能にし，人々の目をみはらせるような都市が各地に誕生していった。

現在，われわれが目にしている都市は，過去のある時期に建設され，その後，その一部が変更されたり新たに付け加えられたりして存続しているものである。再開発事業などによって広い範囲が新しくつくりかえられてしまったところもある。しかし，都市全体から見れば，古い時代につくられ現在までその姿を大きく変えることなく存続してきたところが多い。都市はパッチワーク模様の作品に例えられることもある。新旧の地区が複雑に入り混じりながら，各々のピースが接し合い組み合わさりながら完成していった姿を外に見せている。そのような目で見ると，都市は異なる時代のかけらをつなぎ合わせた芸術作品のようにも思われる。作品が仕上がるまでに要した時間の長さを考えると，一時の思いつきで歴史を断ち切ることには慎重にならざるをえない。歴史を断ち切るとは，時間をかけて維持されてきた建物やそれらが集まっている地区を，あたかも存在しなかったかのように取り払ってしまうことである。

多くの都市では過去につくられた地区を再開発して新しい地区に生まれ変わらせることが行われている。もちろん，古くからの地区には手を付けず，新しい地区を生み出していくというケースもある。新開地は既存都市の周辺部に多く，農村が都市に組み込まれることにより都市空間は拡大する。既成市街地で再開発が進むのは，土地利用の現況を変えることで経済的利益の増加が見込まれるからである。利用変化にさいしては，現在の不動産市場において評価がより高い方への変更が優先される。不動産市場を支えているのは，その時代の人々の価値観であり，歴史的蓄積に対する評価が低ければ，都市の中で古いものが残される可能性は低い。可能性を高めるには，経済的評価とは別の，たとえば市場外の社会的，文化的評価を強調して政治力に頼るか，あるいは不動産市場の評価基準そのものを変えなけれならない。

4．広がる絶対空間を相対的に圧縮してきた都市

現在の都市が過去から現在までの歴史的発展の結果であるとしても，その時間経過の仕方は一様ではなかった。とくに産業革命以後の交通・通信手段

の発達は著しく，時間・空間の短縮によって都市の在り方は大きく変わった。よく引き合いに出される東京〜大阪間の移動時間を見ると，幕末期に蒸気船で2〜3日かかっていたのが東海道本線が開通した1889（明治22）年には20時間に短縮された。第二次世界大戦後まもない1950（昭和25）年は8時間，1964（昭和39）年から走り始めた東海道新幹線で4時間，そして現在は2時間30分である。鉄道はもとより，それ以後に登場した自動車や航空機によって移動に要する時間は大幅に短縮された。時間の短縮は空間の短縮でもあり，地球が年とともに縮んでいくという表現はけっして誇張ではない。

　時間・空間の短縮は都市の発展過程にどのような影響を与えたのであろうか。地球が縮まったといっても，周の長さがおよそ4万kmの地球本体が絶対的に縮小したのではない。地表上の2点間の移動時間が短くなったのであり，相対的尺度で計測すると縮小したように見えるだけである。注意したいのは，地球や地表はどこも同じように縮小したのではないという点である。東京・大阪間はたしかに2〜3日から2時間30分に短縮されたが，在来線しか通っていないところや，そもそも鉄道のないところでは，これほど大幅な短縮は実現できていない。それでもモータリゼーションの普及にともない，以前と比べれば移動に要する時間は短くなった。しかしこれも道路やトンネル・橋があっての話であり，離島や山岳地域への移動時間は依然として長い。移動時間の短縮割合の地域差は，都市や都市圏の内部においてさえみとめられる。高速道路の建設が進み，大都市圏内部や大都市圏相互間は速く移動できるようになった。しかし路線バスの便さえない地方都市では，自動車がなければ町中へ出かけるのにも時間がかかる。

　図1-20は，名古屋市中央部へ自動車または鉄道を利用して移動するさいの時間距離別範囲を示したものである。人の移動をパーソントリップとして把握する調査が名古屋圏（中京圏）では定期的に実施されている。2013（平成25）年に行われた調査によると，同じ所要時間なら自動車利用者は鉄道利用者よりも遠方から来ていることがわかる。ダイヤが固定的な鉄道に比べると自動車は時間の制約が少なく，行動範囲が広くなることを示唆している。鉄道利用の場合は最寄り駅までの時間と下車駅から目的地までの時間が乗車時間に加わるため，ドア・ツー・ドアの自動車に比べると制約を受けやす

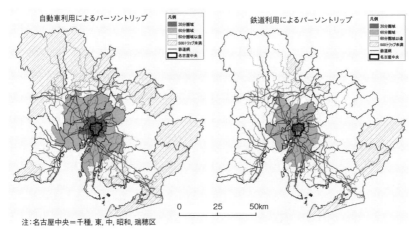

図1-20　自動車・鉄道による名古屋中央への到達範囲圏（2011年）
出典：国土交通省のウェブ掲載資料（http://www.cbr.mlit.go.jp/kikaku/chukyo-pt/persontrip/pdf/gaiyou05_02.pdf）をもとに作成。

という側面もある。この調査からは，移動全体の所要時間の平均は自動車利用が31分，鉄道利用が51分であったことも明らかになった。ラッシュアワー時の車の渋滞を考えると自動車利用もためらわれるが，終日利用ではやはり自動車利用の利便性に軍配が上がる。

　時間・空間の短縮が地域的に不均等に進んだ結果，すでに大きくなった都市に産業や人口がますます集まるようになった。集積の経済が新たな事業所を呼び込み，そこで働く人々も都市で暮らすようになったからである。経済活動の累積的発展が活動の場である空間を必要とするようになり，都市空間は絶対的に拡大した。昔なら到底，生活することができなかったような郊外でも，今なら職場へ通うのにも買い物をするのにも不便は感じられない。絶対空間としてみれば遠いところでも，移動時間は苦にならないほど短く感じられる。時間距離の短縮という空間の相対的縮小のおかげで，日常生活が送られるようになった。一般的にいって，都市の郊外から中心部に向かうにつれて，時間短縮が今日ほどではなかった時代に形成された地区が多くなっていく。都市中心部は，現在より移動に時間を要した古い時代につくられた場所である。まるで年輪やバウムクーヘンのように，時間短縮の割合が小さかっ

た中心部から徐々に大きかった周辺部へと連なるようにして都市はできている。

　図1-21は，名古屋市の実質的な市街地が時間を追ってどのように広がっていったかを示したものである。近代初頭までは名古屋の中心部にほぼ限られていた市街地は，時間とともに広がり始めた（林，2000b）。路面電車や乗合自動車（現在のバス）の時代から地下鉄，自動車への時代へと移動手段は移り変わり，都市周辺部へと市街地は広がった。しかし広がり方は一様ではなく，方向に偏りがある。河川や丘陵地などの地形条件や水田・畑の農地条件が市街地形成に影響を与えた。およそ260年間の近世期に形成された市街地が，その後の100年間でいかに急速に拡大したかを考えると，近代，現代における空間的移動手段の発展ぶりが再認識される。現代の都市では，昔の人々が移動のために何時間，何日も要した距離を短時間で移動できる。

　すでに時間短縮が十分進んだ都市にあっては，中心部も郊外も移動に要する時間はモータリゼーション以前の比ではない。しかし，都市の中に残された建造物や施設は，時間短縮の割合がある一定の水準であった時代に設けら

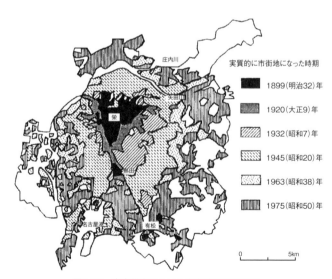

図1-21　名古屋市における市街地の発展過程
出典：名古屋市計画局編，1987, p.32, 図3-19をもとに作成。

れたものである。たとえば城下町の城郭や武家屋敷・町家などは，時速 4km の徒歩交通の時代に建設された。川や水路が近くにあれば人力で運べないものでも舟運を利用して運ぶことができた。それでもその運搬能力は現在の比ではない。移動できる絶対空間が限られていた時代に，その時代の仕組みや技術を用いてこれらの建造物や施設は設けられた。その後，鉄道の導入や自動車の普及にともない，都市として成り立ちうる空間は絶対的に拡大した。1日24時間の人の生活リズムは昔も今も変わりはないため，移動時間（時間距離）を圧縮することで人は都市や都市圏の内部にとどまることができる。絶対的に広がった空間を鉄道や自動車などの移動手段によって相対的に縮小することにより，都市での生活は維持されている。

コラム1　時間・空間短縮の不均等性と交通・通信のこだわり

　交通手段の発達にともない，空間的移動に要する時間がこれまでより短くなることは確かである。その結果，所要時間が同じなら，より遠くまで出かけようという気持ちになる。以前より早く目的地に到着できるため，その分，移動とは別のことに時間を費やそうという気持ちにもなる。あるいは出発時間を遅らせようとするかもしれない。遅く出かけても所要時間は短くなったため，以前と同じ時刻に目的地に着けるからである。いずれにしても，交通手段の発達が人間行動を変えるように作用することは明らかである。ただし，交通の場合はいくら時間短縮が進んでも，所要時間がゼロになることはない。しかし通信の場合はこれに近い状態がすでに実現している。市外通話や長距離通話の料金負担を気にしていたのは遠い昔のことになってしまった。インターネット時代の今日，情報のやりとりに要する時間の経過を意識することはほとんどない。

　「距離の科学」といわれてきた地理学は，空間的移動に要する時間の極限的短縮にともない，その学問的役割を終えたと言われたこともあった。いくぶん大げさなご宣託のようにも思われるが，距離の差がもつ意味にこだわってきた地理学としては，本当に距離の差に意味がなくなれば，学問的土台を揺さぶられたようでショッキングである。交通はまだしも通信の世界では距離の違いが意識されにくくなったため，距離は要因としてはたらきにくくなった。では地理学は距離の科学としての看板を下ろすべきだろうか。そんなことはないであろう。注意すべきは，

いくら通信手段が発達したとはいえ，地球上のすべてのところが同じように時間短縮されるわけではないということである。万人が高度に発達した便利な通信手段を等しく利用できるわけではない。こうした通信手段へのアクセスには社会経済的な格差がある。この格差がなくならない限り，依然として情報空間には格差が残る。時間・空間の短縮は一様には進まないのである。ゆえに地理学としては，なぜこうした格差が生まれるのか，格差を減らすにはどうすればよいかという，新たな研究に取り組む。

　通信に比べると交通の世界では，時間・空間の短縮の不均等性はより顕著である。重さのない情報とは異なり，重量のある人やモノを空間的に移動させるには相当のエネルギーを要する。確かに新幹線，高速道路，ジェット機などの発達で所要時間は短縮されてきた。しかしこの場合も，これらの高速交通手段へのアクセスには格差がある。所得や地位など社会経済的属性に応じて，交通手段の利用チャンスには違いがある。そもそもこうした高速交通手段から遠く離れたところにいる人は，利用が限られている。交通インフラが均等に存在していない以上，時間・空間の短縮は一様には進まない。社会全体としての交通手段の発達という一般的傾向と，個人や地域としてその恩恵に預かれる割合や程度は，区別して考えなければならない。

　一般に，交通手段は既存の都市や都市圏の相互間距離を相対的に縮める方向で発達してきた。たとえば，名古屋と東京の間を結ぶ交通は，近世の旧東海道から近代の東海道本線，国道1号へ，さらに現代の東海道新幹線，東名高速道路へと移り変わってきた。近い将来にはリニア中央新幹線が登場し，一気に所要時間は短縮されるであろう。こうした交通手段の推移を時系列的に並べれば，その進歩は称賛に値する。これによって社会全体が恩恵に預かっていることは間違いない。しかし，すべての人が新幹線や高速道路を利用しているわけではない。名古屋〜東京間の所要時間にこだわらなければ，在来線や国道を利用すればよい。新幹線や高速道路では見落としてしまう景色を電車や車の窓越しに見ることができる。同じ車両に乗り合わせた人の表情や信号待ちで横断歩道を渡る人の姿から，何かしらその土地の雰囲気を感じ取ることがあるかもしれない。たとえ時間・空間の短縮が実現できても，それに関わるか否かはその人次第である。これと似たことは，インターネットによるメールが当たり前の現在でも，改まった礼状は郵便で送る人が少なくないことにも見られる。短縮された時間の価値に匹敵するか，あるいはそれ以上の価値が在来の通信手段にあることを人は見出している。

　スピード優先の交通・通信手段よりも，むしろ古い交通・通信手段を選ぶのは，人にはこだわりの気持ちがあるからである。こだわりの気持ちは，いくらコミュ

ニケーション手段が発達しても，簡単に消えることはない。たしかに，電子メールの普及にともない，恐ろしいまでに情報交換の仕方は容易になった。いちいち出向き直に会って要件を伝える必要はなくなった。通信の発達は交通・移動の必要性を大幅に減らすというインターネット普及当初の予測は当たったように思われる。しかし実際に起きたのは，出掛けていって人と会う回数は少なくなるどろか，むしろ増えたという現実である。通信の発達は，情報だけでなく人の移動もしやすくしたのである。交通と通信はトレードオフの関係ではなく相乗効果の関係にあり，人はリアルな出会いやフェイス・ツー・フェイスのこだわりから逃れることができない。

第2章　都市の立地・景観と地理学概念

第1節　都市の立地環境と都市景観の読み解き

1．地形に刻まれる都市の立地と変化の軌跡

　歴史的に発展し，現在，われわれが目にするような姿を示している都市の芽は，そもそもいかなる場所に生まれたのであろうか。都市のルーツ探しは歴史や地理の愛好家にとって恰好の興味対象である。地理愛好家は場所の自然的条件により関心が深く，地形や気候の条件からルーツを探り当てようとする。そのさい見落としてならないのは，どのような時期に都市の萌芽ともいうべき集落が生まれたかという時代状況である。歴史により深い関心をもつ人は，世界や日本の歴史の中において当該都市がいかなる経緯で誕生したかを探ろうとする。望ましいのは地理と歴史の双方からの視点であり，特定の空間と時間がどのように結びついて都市の誕生に至ったかを明らかにすることである。都市が成り立つための地理的条件に恵まれた場所は地球上に多くある。しかしその中から一つが選ばれるには，選ばれるに至る時代的必然性があったはずである。

　都市がある特定の時間と空間の中で場所を選んで設けられるのを都市立地という。特定の時間とは時代のことであり，それは立地した都市ごとに違う。古代にすでに存在していた都市もあれば，近代以降の工業化や郊外化にともなって立地した都市もある。時代状況は都市の立地過程と深く関係しており，都市が生まれる条件を左右する。利用できる交通手段や経済体制，産業構造は時代とともに変わっていく。都市立地の舞台ともいえる地域にそなわる条件も，時代ごとに異なる。たとえば，産業革命を契機に石炭や鉄鉱石の資源としての価値に光が当たるようになれば，資源産出地に人が集まり都市が生まれる。しかし，当初は輸送が困難であった石炭や鉄鉱石が交通手段の発展で運びやすくなれば，資源産出地に製鉄業を縛り付ける力は弱まる。また海外から安い資源が輸入できるようになれば，高い国内資源の産出地から遠く

離れた臨海部に製鉄業を中心とする都市が生まれる。

　三角州，沖積平野，台地，扇状地といった地理学では馴染みの深い地形の特徴は，基本的に昔も今も変わっていない。ただし，ダムの建設や臨海部での干拓，埋め立て，あるいは丘陵地での地形改変など人間の手で特徴が変えられた部分もある。そうした改変も含めて，地形は特定の時代状況の中で社会的に評価され利用される。人為的な手が加えられていない地形，すなわちファーストネイチャーがそのまま都市立地の場所であったのは歴史的にはかなり昔のことである。人間が地形の姿を変えられるようになった時代になって以降，その時代が求める条件に合わせるように地形に手が加えられ都市はつくられていった。防衛目的で高い丘の上に石垣を築いたり，河川の中洲を固めたりして都市とした時代もあった。水上交通が大量輸送手段として利用された時代は長く，臨海部や河川沿い，あるいは河口付近の岸辺から生まれた都市も多い。

　時間という抽象的存在を具体的な出来事で充填し特徴づけたのが時代である。同じように，空間という漠然としたものを具体的な事物で埋めたものが地域である。都市はそのような時代と地域が結びついたところで生まれ，その後の時代変化や地域変化に適応しながら発展していく。発展させていくのは人間やその集団としての社会である。とくに資本主義が生まれ市場経済が成立して以降は，企業，家計，個人が経済活動と深く関わり，経済的富を増やしていった。高度経済成長は経済的あるいは社会的概念としてとらえられることが多い。しかし経済成長が実現されていったのは，歴史的に規定された具体的な時代や地域においてである。そこはまさしく特定の都市であり，成長を実現させた企業，家計，個人が集積していた場所である。逆に低成長期になって持続のための存続基盤が問われるようになった企業，家計，個人は，生き残るために戦略や生き方を変えなければならなくなった。戦略や生き方の変化は都市の土地利用変化などを通して都市空間に反映される。経済や社会の浮き沈みの軌跡は，間違いなく地形の上に刻み込まれていく。

2．地図・空中写真による都市景観の把握と関心

　都市にはかたちがある。とはいっても，都市のどこを見るか，どの視点か

ら見るかで，かたちは違ってくる。都市の本質ともいえる集積を構成しているのは個々の建物や施設であり，それらはすべてかたちをもっている。建物や施設を乗せている地盤や地形にもかたちがあり，どこからどこまでを都市といってよいのか，正直，迷うこともある。おそらくすべてが都市であり，都市は無数ともいえるかたちの寄せ集めともいえる。実際には，そのうちのいくつかがその都市の代表的なかたちとして選ばれる。たとえば都心に建つ大規模なビルや施設などは，その都市を象徴する代表的なイメージとして選ばれやすい。それは都心に多くの人々が集まり，それらのビルや施設のかたちを見る機会が多いからである。誰が見てもすぐにわかるかたちが選ばれ，都市のランドマークとして認知される。

　図2-1は，大垣市の昼飯大塚古墳，岡崎市の岡崎城，名古屋市の鶴舞公園を示したものである。大垣市街地北方の低位段丘上に築かれた昼飯大塚古墳は岐阜県内で最大の規模を誇る（中井,2001）。日本独特の前方後円墳であり，円形と方形の組み合わせには，天を現す円形側に先王が祀られ，地を現す方形側に継承者が立つという意味があるとされる。岡崎城は，菅生川（乙川）と矢作川の合流地点にある龍頭山という丘陵を利用して築かれている。丘の上の自然の山塊地形を生かした巧みなつくりで，城の下を流れる河川は舟運に利用できた。さらに名古屋市の鶴舞公園は，自然河川の精進川を新堀川に改修したさいに出た土砂を埋め立てた場所にある。ここを会場として1910（明治43）年に開催された第10回関西府県連合共進会の跡地が，フランス風と和風が融合した五角形状の公園になった。これらはそれぞれ固有のかたち

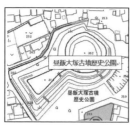
古代　昼飯大塚古墳（大垣市）
出典：大垣市のウェブ掲載資料（http://www.city.ogaki.lg.jp/0000035362.html）をもとに作成。

近世　岡崎城（岡崎市）
出典：愛知県岡崎市公式観光サイトの掲載資料（https://okazaki-kanko.jp）をもとに作成。

近代　鶴舞公園（名古屋市）
出典：名古屋市のウェブ掲載資料（http://www.city.nagoya.jp/ryokuseidoboku/cmsfiles/contents/0000060/60436/03tsuruma.pdf）をもとに作成。

図2-1　都市におけるかたちの事例

をもっており，都市を構成する一要素になっている。

　地図や空中写真など都市を上空からとらえ，その内部状況を示したものは，都市のかたちを広範囲に把握するのに優れている。今ではインターネット上の地図サービスによって都市のかたちを簡単に知ることができる。しかしこれには制約があり，地図や空中写真は都市を水平的に見たときのかたちしか示していない。中には地図や空中写真の上をクリックしたりタッチしたりすれば，その場所の風景写真が現れるソフトもあるため，前提は崩れてきているかもしれない。しかし基本的に，地図や空中写真はある方向から見た都市を示しているのであり，都市の姿をあらゆる方向から映し出すことはできない。かりに側面や斜め方向から見た都市の姿を示そうと思えば，都市の中を歩いて写真を撮るしかないであろう。その場合は対象が限定され，都市の一部しか表現することができない。近年はインターネットの地図サービスとしてストリートビューが提供されている。これを丹念に追いかければ，通りから見た建物や家々の姿を見ることはできる。インターネット以前と比べれば，都市のかたちをとらえる方法は格段に進歩したといえる。

　地図や空中写真で平面的に見ることができる都市のかたち，あるいはストリートビューや実際の都市歩きで目に飛び込んでくる建物や家々のかたちを見たとき，なぜこのようなかたちをしているのだろうと思う。鉄道や道路が直線的なのは直感的に理解できる。河川や水路が長く延びているのも，これに近い。規模の大きな工場や企業団地，最近では広い敷地をもつショッピングセンターや公園・緑地なども，それぞれ特徴のあるかたちを示している。実際のまち歩きではむしろその全容はとらえにくいが，地図や空中写真で確認すると，全体としてひとつのかたちをもっていることがわかる。こうした都市のかたちに関心を抱くかそうでないかは，人によって違いがあろう。都市を人間に置き換えて考えれば，人の容姿にどれくらい関心があるか否かである。容姿の中でもとりわけ顔に関して，どれほどのこだわりをもっているかである。これを逆に都市に置き換えれば，都市中心部の姿やかたち，すなわち都心景観にどれほど関心をもっているか否かである。大都市の中心部は地図や空中写真でも，それとわかるかたちをもっている。顔がその人の履歴を象徴するように，都心は都市発展の歴史的痕跡をどこかにとどめている。

都市全体の在り方に責任をもつ行政当局や，都心でビジネスを展開する大企業などは，人間の顔に相当する都心や主要駅前の景観には気を配っている。直接関係のない都市住民でさえ，自分たちの顔にも相当する都心の景観が見るに堪えないものであれば恥ずかしいと思う。いささかなりとも都市や都心に関わりをもつ企業や人であれば，外に見えているかたちすなわち景観を気にする。比喩としてあげた人の顔は，写真などによって記録として残すことができるが，年齢とともに変化し最後は物理的に消滅する。しかし大半の都市はそのようなことはなく，とくに都心は都市発祥の頃から歴史を重ねながらそのつど手が加えられ，姿を変えていく。戦争や大災害などよほどのことがないかぎり，物理的に消えることはなく，たとえ地上から建物がなくなっても，跡地は残る。都市や都心は永続性を帯びており，創造主である人が消えても歴史的痕跡は残る。

　図2-2は，奈良時代中頃に置かれた伊勢国の国府を示したものである。鈴鹿市広瀬町・西冨田町にまたがる長者屋敷遺跡から政庁・官衙群が発見されたことから調査を行った結果，この地に国府のあったことが明らかになった（新田，2011）。鈴鹿川流域は畿内と東海を結ぶ主要な交通ルートであり，古代から現在に至るまで人やモノの移動が盛んに行われてきた。そうした重要性を考え，律令体制下の伊勢国を管理する役所が鈴鹿川左岸の台地上に置か

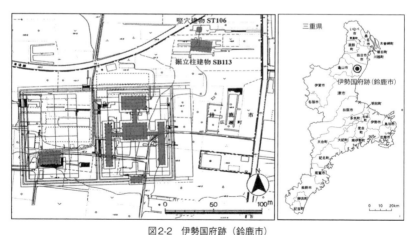

図2-2　伊勢国府跡（鈴鹿市）
出典：鈴鹿市役所のウェブ掲載資料（http://www.edu.city.suzuka.mie.jp/museum/kokufu-p.pdf）をもとに作成。

れた。ただし平安時代になると国府は鈴鹿川の右岸側に移された。以後，中世，戦国期，近世へと時代は進み，伊勢国の政治的拠点は移動していった。この間，役目を終えた国府や城郭などは放棄され，跡地だけが残された。中世の伊勢国では安濃津が湊町として栄え，その繁栄ぶりは三津七湊のうちの三津のひとつに数え上げられたことからもわかる。ところが1498（明応7）年に起きた地震による津波により安濃津の湊は全滅した。残された手がかりがほとんどなく場所が特定できなかったが，近年の発掘調査で湊の存在は確認された。近代以降，津は再び政治中心の地位を取り戻し，現在に至っている。こうしたことからいえるのは，都市や都心は短期的には不動のように思えるが，長期的視点に立てばけっしてそうではないということである。

3．都市景観美の社会性と都市景観の読み解き

　都市や都心の景観を見て人が感じたり思ったりする内容は，一様ではない。人の容姿や顔のように美しいと思う人もいれば，何も感じない人もいよう。美しいと思う人の中でも，ただそう思うだけなのか，あるいはなぜ美しいと感ずるかを考えるかなど，反応の仕方は異なる。美は美として鑑賞の対象としてただ楽しむだけか，あるいは美を構成している要素や美観表出のメカニズムにまで踏み込むかの違いである。これは人の顔や都市の景観だけでなく，芸術作品や文学作品など幅広い分野にまで共通する。作品を楽しみとして受け止めるだけのレベルと，その背景にあるもの，すなわち芸術家の制作意図や作家の執筆動機にまで入り込もうとするレベルの間には違いがある。後者は主として学者や研究者が対象に向き合う姿勢であり，芸術論や文学論として究明される。

　このように，都市の景観やその背景と人間との関わり方はさまざまであるが，大きくいって3つの側面があるように思われる。第1は，上述のように，都市の景観に対する関心が一般的か専門的かという側面である（図2-3 ①）。芸術作品にたとえれば，鑑賞者か批評家かの違いである。第2は，都市景観を生み出す主体と結果に関する側面であり，これも芸術作品などと比較すると違いが明確になる。3つ目は都市の美的評価と読み解きに関わる側面であり，これは都市という対象に対していかにアプローチするかという方法論の

問題でもある。以下で，より詳しく述べることにする。

　都市行政者，都市計画家，建築家などは，景観の構成要素や景観が生まれるメカニズムに関心を抱いている。第1の側面でいえば都市に対して専門家としての立場に立っており，第2の側面でいう都市景観の創出においても，重要なプレーヤーである（図2-3 ②）。道路，橋梁，公園，緑地などの都市における土木インフラや公共スペースの在り方は，これらの職業人に依存するところが大きい。一方，都市の中に建つ建物や個々の住宅は，企業，家計，個人の意思によって生まれたものであり，これらは都市景観の創出に深く関わっている。ただし創出される景観を統一的にコントロールすることは困難である。企業として見栄えのあるビルを建てようという意思はあろう。個人でも経済的に許されるなら，できるだけよく見えるデザインの住宅を建設したいと思っている。しかし，それらが集まって生まれる結果（outcome）としての都市景観は，出来栄えの姿をあらかじめ予想して制作される芸術や文学の個人的作品（work）とは異なる。

　ビルや住宅にはビジネスや暮らしをその中で行うという目的がある。道路，橋梁，公園などにもそれぞれ目的がある。これらの建物や都市インフラは，果たしている本来の機能とは別に，その姿を通して見る者に美的意識を覚醒させる機能をもっている。芸術作品や文学作品もまた鑑賞者や読者の美的意識や精神を呼び覚ますはたらきがある。しかし両者の間には違いもある。前者は本来果たすべき機能に付随する美的要素，すなわち機能美である。後者は卓抜した表現方法や内容からにじみ出る素晴らしさである。芸術作品や文

① 都市との関わり方

関心の種類・レベル		
都市景観	一般的関心	専門的関心
芸術・文学作品	鑑賞者（楽しむ）	批評家（背景分析）

② 都市景観の創出と評価

創出の対象・主体・評価		
創出の対象	主体	評価の対象
土木インフラ・公共スペース	都市計画家・都市行政者	機能（はたらき）美（機能美）
事業所・住宅	企業，家計，個人	
芸術・文学作品	芸術家・作家	作品内容

③ 都市の美と読み解き

アプローチ	
美的評価	読み解き
個人的評価	客観的素材
社会的評価	主観的解釈

図2-3　都市景観の社会性と都市景観の読み解き

学作品は，作品それ自体が評価の対象であるのに対し，都市の建物やインフラは果たすべき本来の機能が評価された上に，美的対象としても評価される。

　美はもともと幅のある概念であり，評価の高い美しさもあれば，まったく評価されないか，あるいは醜いとさえ思われるものもある。評価する主体が人間である以上，個人差があるのは当然で，都市と関わりをもつ人々の間でも評価は異なる。そもそも都市の中のどの景観を取り上げて論じているのか，議論が曖昧になりやすい。たとえ特定の建物や地区に限定して意見を出しあったとしても，評価はわかれるであろう。美という概念には個人差を超えて社会的差異という側面もある。社会的な価値基準は空間的あるいは時間的に移り変わる。このため国や地域が違えば社会も違い，時代が変われば社会も変わる。建設当時は審美性を重視して設けられた建物や庭園も，後世の人の目にはあまりとまらないかもしれない。時代が変われば評価も変わる。世の中で美しいと評価されているのは，そのように思う人が相対的に多いからか，あるいは美しいという評価が情報として社会全体に浸透しているからである。とりわけ，同世代の人々の価値観に影響を及ぼしやすいメディアが社会を通して流す情報の力は大きい。

　美というかなり曖昧な概念にこだわるのではなく，都市の景観がなぜそのようなかたちをしているか，その理由を突き止めようというアプローチが考えられる。これが都市との関わりで考えられる第3の側面，すなわち美的対象としての都市と読み解きの対象としての都市の違いである（図2-3 ③）。都市景観の形成メカニズムに迫るには専門的知識が必要であり，自然環境，歴史的背景，関係者の思想，建設技術などに通じていなければならない。どのような自然環境と時代性が絡んだ社会的状況の中で，いかなる目的や考えにしたがって都市が形成されていったかを，多くの文献や情報をもとに推理する。

　推理とはその場にいない者が限られた事実や材料をもとに出来事を読み解くことであり，現象の成り立ちを解釈することである。推理に当たっては客観性が求められるが，個人が行う行為である以上，主観性は排除できない。あくまで読み解くという立場であり，そのように思うという言い方になる。都市景観の多くは，自然環境に適応しながら人間が社会的状況において生み

出した結果である。その読み解き方も社会という枠組みや脈絡の中において行われる。景観美からはやや距離をおきながらも，景観を手がかりに都市の成り立ちを自然的，人文的視点から解き明かそうとする。

第2節　都市を読み解く地理学からのアプローチ

1．自然と人文を相手に研究してきた地理学

　都市の成り立ちに関心を寄せ，都市が発展していった過程と現在の姿について考える学問分野として地理学がある。地理学は英語では geography というが，これは geo と graphy を結びつけて生まれた言葉である。geo とは地球や地表のことであり，geo のつく学問は geology（地質学），geometry（幾何学）など多くある。いずれも地球の内部や表面の性質や大きさなどについて，知識を歴史的に積み上げてきた。一方，graphy はグラフ用紙やグラフィックデザイナーという言葉があるように，書いたり描いたりすることを意味する。それゆえ語の成り立ちから考えれば，geography は，地球や地表の様子を書き記したり描いたりする学問であるといえる。英語以外にフランス語やドイツ語でも地理学はほぼ同じ言葉の成り立ちをもつため，欧米の地理学は地球や地表の記述の学問とみなされてきた。

　日本における近代地理学の伝統は，基本的に欧米の地理学を受け継ぐかたちで形成されていった（岡田，2002）。それまで影響を受けてきた中国や朝鮮など東アジア由来の学問とは異なり，近代国家の国情や国勢を科学的思想のもとで体系的に整理する学問として受容されていった。それ以降，主として欧米における地理学の発展を意識しながら，日本という国を空間的，地域的に理解する学問として発展してきた。地理学が対象とする地球や地表は，人間の力がほとんど及ばない部分と，人間の力によって変えられる部分から成り立っている。前者は一般に自然と呼ばれ，後者は人文と呼ばれる。地形，気候，植生などは物理的，化学的，生物学的な力によって，その特徴が決まる。最初はそれらの特徴を書き留めたり描いたりするところから始まり，やがてその特徴がどのように生まれるのかその原因を明らかにする方向へと進んでいった。

自然の営みを究明するには，科学的な方法にしたがって研究を進めなければならない。物理，化学，生物など人間が直接関わることのできない自然のメカニズムを客観的に突き止める必要があるからである。そこでは人種，民族，言語，国家などの違いには関係のない普遍的な立場が優先される。これに対し自然とは対照的な位置にある人文は，地表上で繰り広げられている人間活動のすべてである。活動は地表上の条件に左右されるため，たとえ同じことをしても現れる現象には違いがある。衣食住という人間生活と関係の深い現象を取り上げた場合，衣服に限って考えても，原料や素材，布の織り方，衣服のデザインや縫製加工など，非常にバリエーションに富んでいる。寒ければ厚手の衣服をまとい，暑ければ薄着で通すという身体的，生理的側面での共通性・普遍性はみとめられるが，それ以外は実に多様である。そうした多様性がいかなる理由で生まれるのか，人文現象を地理学的に研究する専門家は関心をいだいて明らかにしようとする（竹中編，2015）。

　自然と人文という対照的な二面性を地理学は抱え込んでいる。しかしこれは対立や矛盾ではなく，ことがらの違いにすぎない。人間は，地球表面上の地形や気候を広い範囲にわたって直接変えることはできない。しかし身近な狭い範囲であれば地形を変えることができるし，エアコンなどにより自然な気候状況から一時的に逃れることもできる。一義的には大きく変えることができない自然環境の中で，人間は生きていくのに好都合な状況を生み出そうとしてきた。自然に対する適応が人間活動のすべてであり，意識するか否かには関係なく，自然は常に人間の近くにある。うまく適応する方法を知るには，自然の本質を見極めなければならない。そのために自然現象を究明する学問として自然地理学が存在し，実際，この学問は自然科学の研究方法を踏まえながら行われてきた（岩田，2018）。人文地理学は，そのような自然地理学の学問的成果を援用しながら，人間が自然に対していかに適応してきたかを研究してきた。

　自然と人文の関係は，都市の成り立ちを読み解くさいにも重要である。都市は人間がつくりあげたものであるが，それは地形や気候など自然環境の中において存在する。地形や気候は場所ごとに違っており，その場所の条件を見極めながら都市はつくりあげられてきた（図2-4）。当初は小規模な集落か

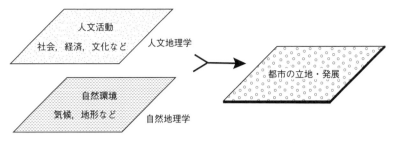

図2-4 自然環境,人文活動,都市立地・発展の関係

ら始まり,徐々に建物や施設の数が増え,やがて都市らしい市街地が形成されていった。気候は気温や降水量の違いを通して地域差を生み出す。気温が極端に高かったり,逆に低かったりすれば,人間の暮らしには適さない。降水量の多寡も重要で,多すぎても少なすぎても生活には不都合である。地形との絡みでいえば,水はけが悪いと生活しづらく,地面を人工的に高くしたり,排水設備を整えたりする。気候それ自体を変えることはできないが,降雨後の水の流れを人為的にコントロールする技術を人間は歴史的に獲得していった。都市との関係では,住まいの近くまで水を引き入れたり,逆に遠ざけたりした。防衛を目的とする河川の流路変更や,都市を囲むかたちでの堀の掘削なども行われた。自然環境に適応しながら形成されてきた都市を読み解くには,自然と人文の2つの視点をもつ地理学からのアプローチは貴重といえる。

2．都市を経済や社会の視点から解釈する

都市に関心を抱く地理学研究者は,伝統的に都市の景観的側面に注目してきた。軒を連ねるように建てられた建物や施設が集まっている様子を記述したり図で表現したりした。とくに図の場合は,建物や施設の空間的分布に注目し,地図として表現してきた。これは洋の東西を問わず,多くの都市で一般的に行われてきたことである。地図は都市の実態を正しく把握し管理するのに欠かせない資料である。正しい都市図を作成するにはそれなりの心得が身についていなければならず,専門知識をもった人間が任に当たった。専門知識の中には建物や施設の種類や機能に関する知識も含まれる。大きさや長

さを正しく測る必要もあり，測量に関する知識も心得ていなければならなかった。地理学者が都市図の作成に直接携わったか否かは不明であるが，作成された都市図が都市に関する地理学研究の素材として欠かせないことは明らかである（佐々木・芳賀編，2010）。

このように都市に関する地理学研究の初期の段階において，都市のかたちに関わる図面や地図は重要な意味をもっていた。都市の景観というと建物や施設の立体的外観をイメージしやすいが，これらが空間的に配置されている様子を平面的に表現した地図もまた景観（水平景観）である。土地利用の種類や機能を描き分けた地図に何らかの特徴があれば，その理由を知りたいと思う。地形条件の違いや社会制度が関係しているのか，あるいは距離を経済的に判断してつまり費用と考えてそのようになっているのか，理由はいろいろ考えられる。ここまでくると，単に都市図を読み解くという段階を越えて，都市の成り立ち方を明らかにする学問的段階に至る。都市図をひとつのきっかけとして，都市が形成されてきた過程にまで踏み込んでいく。歴史的考察は当然のこととして，自然に関わる知識のほかに社会，経済，文化，政治など人文的知識も考察に必要となる。

図2-5は，近世，刈谷にあった刈谷藩の城下を描いた図である。図は正徳期（1711〜1716年）頃のもので，図の左側すなわち西側に衣浦湾に流れ込

図2-5　近世・刈谷藩の城下町絵図
出典：刈谷市のウェブ掲載資料（https://www.city.kariya.lg.jp/history/kariyajou/480-itizu.html）をもとに作成。

む境川の河口があり，本丸は川に面して築かれていた。本丸を取り囲むように二の丸の堀があり，さらにその外側に三の丸の堀が巡らされていた。城郭を取り巻くように家臣団の屋敷が配置され，さらにその外側に町家があった。そこから離れると農村部で，全体としては城郭を中心に半円状の同心円を描くように土地利用が展開していた。刈谷藩の城主・水野氏は，元は衣浦湾の西側の東浦を本拠としていた。1476（文明8）年に湾の東側に移動して城を築いたが，1533（天文2）年に1kmほど北に新しく城を築き，以後，ここが刈谷城下町の中心となった（平井，2005）。衣浦湾の西から東への移動，さらに北側への移動は，物資搬目的の舟運利用と勢力圏確保のための適地選びがその理由であった。近代になると鉄道が町の北東部を通るようになったため，市街地発展の拠点は完全に駅前に移動した。その後の工業立地も駅周辺で進み，刈谷の都市構造は西の旧市街地と東の新市街地の組み合わせで成り立つようになった。河川，海洋などの地形や，交通手段変化が，この都市の歴史的発展過程を読み解く鍵といえる。

都市図を作成するのが簡単ではなかった時代，いかに正しく地図をつくるかに多くのエネルギーが注がれた。おそらく完成した都市図から何かを読み取るという余裕はなかったであろう。やがて関心は地図を作成することから図に描かれている内容の解釈に向かい，いかに説明するかという方向に進んだ。これは地理学それ自体が学問的に進んでいった方向とも一致しており，記述から説明への方向転換である。ただし，ひとくちに説明といっても，向かう方向はひとつではない。時代でいえば第二次世界大戦後に訪れた東西冷戦の時代であり，経済学，社会学，心理学など隣接の諸科学からの影響を受けながら，都市の成り立ちを説明する試みが始まった。たとえば当時の経済学は新古典派経済学が主流であり，完全競争を前提に市場や費用などの概念を駆使して都市の空間的パターンを説明するのが一般的であった。これを都市図にあてはめるなら，都市中心部からの距離に応じて土地利用のタイプが異なると考えられる。実際に描かれた都市図にそのような特徴があれば，都市を経済市場という視点から解釈することができる。

図2-6は，明治中期から昭和初期にかけて，当時の名古屋市内で工場がどのように新規立地していったかを示したものである。のちに東海道本線にそ

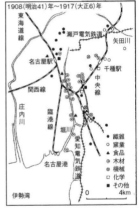
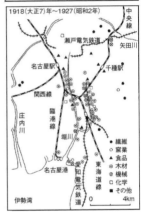

図2-6 近代・名古屋における工業の新規立地過程
出典：松原，1966をもとに作成．

の一部が組み込まれることになる武豊線が開業した頃，工場は鉄道とは関係なく堀川沿いと町中に立地していた（松原，1966）。工場はいまだ小規模で不要になった武家屋敷などを活用すれば十分であった。その後，東海道本線の開業にともない名古屋駅前に工場が立地したが，多くは市街地内での工場立地であった。1907（明治40）年に名古屋港が開港したものの，新規工場は東海道本線，中央本線，それに堀川，新堀川の近くに多い。旧市街地に立地する工場はなくなり，鉄道交通指向への傾向がはっきりしてきた。大正中期以降は従来からの傾向に名古屋港近くでの新規立地が加わった。業種や工場の数も増え，近代名古屋の工業化が本格化していった。原料や製品の輸送コストは工業立地を左右する重要な要因であり，とくに近代においては運河，港湾，鉄道利用の利便性が工場立地の場所選びを強く規定した。どの時代にいかなる交通手段が利用できたかが，都市構造を読み解くさいに重要な手がかりとなる。

距離は経済的に評価できるだけでなく，社会的あるいは心理的にも評価できる。人間は，民族，言語，文化など社会的属性が同じであれば，そうでない場合より親しい存在として意識しやすい。このため社会的に同じ集団のメンバーは空間的に集まりやすく，反対に異なる集団からは距離をおきやすい。その結果，ある種の住み分け現象が都市の中で生まれ，社会的に異なるグループが空間的に離れていたり対立していたりする（水内編，2004）。また距離が心理的に評価されるというのは，たとえ同じ社会集団に属するメンバーでも空間の認知能力には個人差があるため，人によって遠近感に違いがあるということである。この能力は経験を積めば高まるため，最初は遠いと思っていた距離も慣れてくるとそれほど遠いとは思わなくなる。しかしそれには限界があり，客観的な都市図と同じものをイメージとして自分の頭の中につくることはできない。

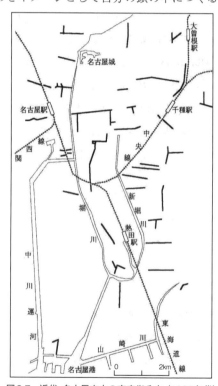

図2-7 近代・名古屋市内の商店街分布（1930年代）
出典：名古屋市編，1955, p.80の第12図をもとに作成。

図2-7は，1930年代の名古屋市内において商店街がどのように分布していたかを示したものである。いくつかの特徴が指摘できるが，商店街は東海道本線の東側に多く，おおむね東西方向に店舗を連ねて形成されていたことがわかる。これは市街地の広がり方に空間的な偏りがあることを示唆している（林，2000b）。基本的に東海道本線の西側では市街地化が遅れており，中川運河の開削とともに工業化が進んだ。当時の名古屋では郊外化は東に向かって進んでおり，路面電車や乗合自動車（バス）を利用する動きも東西方向が多かった。この図が作成された当時，商店街の形成方向について議

論されたか否かはわからない。しかし第二次世界大戦後の地理学では，都市の地域構造を人間の社会的，心理的な空間行動の観点から理解する研究が進められるようになった。人の空間選好や空間認知には偏りがあり，無意識に駅裏を遠ざけたり，行ったことのない場所は実際より遠く感じたりする（中村，2004）。こうした空間行動のバイアスが地域構造に反映されるため，特徴的なパターンとして地図上に現れるのである。

　以上で述べたように，第二次世界大戦以降，地理学は経済学，社会学，心理学などからの影響を受けながら，つぎつぎに新しい概念や考え方を生み出していった。一見すると，新しく導入された概念や考え方ほど優れているかのように思われる。たしかに，既存の概念や考え方を打ち破るために新しいものが出てきたという側面はある。それゆえ，学問の発展は時間の経過とともにより優れたものを生み出し，これまでより高い段階に立ち至ったかのように見える。しかし現実社会を対象とする地理学では，優劣や上下といった関係よりは，むしろ見方や考え方が変わったり推移したりしたとして理解する方が適切である。それは対象となる現実社会それ自体が変化しているからであり，社会を理解するのにもっとも適した方法もそれに応じて変わるからである。ともすればブームのようにとらえられがちな研究方法の移り変わりも，変化する社会の中にあって研究者自身が無意識に態度を変えていることと無関係ではない。その時代の社会を理解するのに相応しいアプローチを探し求め，それが一定限度の支持をえたとき有効な研究概念として認知される。社会あっての学問であり，その逆ではない。

3．現代日本の社会経済と都市の建物に対する考え方の変化

　日本で近代と現代という時代を区別しているのは，敗戦を境にして政治はもとより経済，社会，文化など多くの分野で2つの時代の間に大きな違いがあると考えられているからである。敗戦を契機に，軍事優先の社会体制から経済や産業に重きを置く体制へと，大きな方向転換が行われた。その後は周知の通り高度経済成長が実現し，企業や国家の富は増加して一人あたりの国民所得も着実に増えていった。しかし1970年代に入ると石油ショックが起こり，高度経済成長を支えてきた安価な資源・エネルギーが入手困難になっ

た。世界規模の不況が経済成長の足を引っ張り，産業構造の立て直しを迫った。対応策として，資源・エネルギーに対する過度な依存体質からの脱却と，生産方法や生活様式の抜本的な変更が掲げられた。省エネ対応の自動車や電化製品への移行は，国際的な企業競争力の向上だけでなく，国民すなわち消費者の意識変化に応えるためでもあった。石油ショック以前は画一的な製品で満足していた消費者の意識は，個性的でコストパフォーマンスの高い成熟度の高い製品を求める段階へと移行していった。

　モダニズムからポストモダニズムへの転換は，まさしく消費者意識の変化に対応している。近代化や現代化を象徴してきた鉄骨，ガラス，プラスチックなどの素材を多用した機能的な建物や施設から，装飾を施し個性的なイメージを外部に発信する建物へと，都市の中の建物が変わっていったのも，人々の意識変化を汲み取ったからである。しかしながら，石油ショックからいち早く抜け出すことに成功した日本は，バブル経済の形成と崩壊という，また別の時代へと移行していく。バブル期につくられた建物は，余剰感と紙一重の豊饒感に満ちていた。しかしその後に控えていた下降する経済状況のもとで余剰感は削り取られ，スリム感が時代の雰囲気に合うようになった。冷戦体制の終焉とそこから始まる新たなグローバル化，それらの動きを促進する交通・通信手段の飛躍的発展が，各地に世界都市を生み出した（伊藤編，2001）。大陸や国家を象徴する巨大都市のイメージが，情報ネットワークでつなげられたメディア空間の中を飛び回るようになった。

　日本では少子高齢化をともなう人口構造の変化のスピードが速く，高度経済成長期やバブル経済期に拡大した大都市周辺で停滞から縮退へ向かう兆しが現れてきた。地方経済も製造業の海外流出やサービス経済化の影響を受けて活気をなくしている。ここにきて企業や人口が一部の限られた大都市圏に集まる傾向がより鮮明になった。地方では人口の自然増，社会増ともにその回復を望むのが困難な状態が続いている。建築物や施設は人々の出入りがあってはじめて維持できる。従業員のいなくなった工場や人気のない住宅は，外観は以前と変わらなくても，周囲に漂う雰囲気はこれまでとは異なる。人の目は新しいビルや建物，施設に向かいやすいが，それらの終わりの姿を見届ける覚悟も必要である。役目を果たし十二分に機能を担った建物や施設に

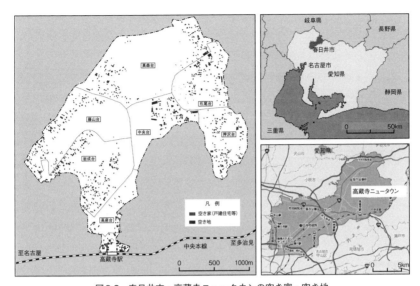

図2-8 春日井市・高蔵寺ニュータウンの空き家・空き地
出典：春日井市のウェブ掲載資料（http://www.city.kasugai.lg.jp/_res/projects/default_project/_page_/001/008/972/sumaiup2015-02.pdf）をもとに作成。

対しては，それに相応しい態度で臨まなければならない。

　図2-8は，春日井市の東部丘陵地にある高蔵寺ニュータウンにおける空き家・空き地の分布を示したものである。高度経済成長期に大都市圏に集中した人々の居住空間を確保するために，東京圏の多摩ニュータウン，大阪圏の千里ニュータウンとともに名古屋圏では高蔵寺ニュータウンが開発された。主に名古屋市への通勤・通学あるいは買い物のため，移動手段として中央本線や国道19号などが利用されてきた。開発から半世紀近くが経過し，ニュータウンの人口構造は大きく変化した。高度経済成長を支えた通勤者の現役引退や，老後を見据えた転居などが進み，空き家・空き地が目立つようになった。ただし空き地の中には当初から住宅が建設されず，未利用地のままであったところも少なくない。実際の建築需要を上回る見込み開発が結果的に空き地につながったという面がなくもない。春日井市は，長引くデフレ経済を背景に建築制限を緩和して住宅が建ちやすくしたり，児童数の減少で役割を終えた校舎を再生し図書館やカフェなどとして活用したりする事業を試みてい

る。もはやニュータウンという言葉が似つかわしくないかつての郊外ニュータウンは、産業・人口の急激な大都市圏集中とその後の推移過程を如実に現す地域といえよう（戸田ほか，2016）。

　ニュータウンもその一例であるが、建物や施設と人との関係を考えるとき、関係性が時間とともに移り変わっていく点に気づかなければならない。オフィスビルであれば、テナントとして入居している企業の移り変わりに応じてビルの性格も変化する。商業店舗の場合でも、営業している小売業種の変化に応じて雰囲気が変わる。住宅でも賃貸マンションはいうまでもなく、近年は分譲マンションや一戸建ての住宅でも、住む人が変わっていく事例が少なくない。先にも述べたように、空き家が目立つようになった地方都市や大都市郊外の住宅団地では、政策的に空き家対策が講じられるようになった。戸別のリフォームや地区ぐるみの再利用・再生化など、新築指向の強かった日本でも、建物や施設に第2、第3の用途目的で手を加える動きが普通になりつつある。石油ショックの頃とは次元の異なる、一段階レベルの高い地球温暖化防止や持続可能性など環境指向優先の建物、施設とのつき合い方が広く求められるようになった。

　このように考えてくると、建物や施設の集中する都市とその見方が、時代とともに変わってきていることにあらためて気がつく。建物や施設を建てる主体は、社会の動きを意識し、その時代と場所に相応しい建物を設けようとする。しかし時間の経過とともに経済動向や社会情勢は変化するため、建物の中には時代に合わないものも出てくる。近くで新しい建物が建てられると、地区の雰囲気も変わる。建てられた時代も特徴も違う建物の集合体、そのすべてが都市である。一方で、都市を読み解く手がかりや基準もまた、時代とともに微妙に変化していく。建物本来の機能とは別に、かたちの美しさを意識した計画的、政策的配慮はこれまでとは変わらない。読み解く方も、そのような美観に共鳴して高い評価を下す。しかし美の構成要素は時代とともに変わるため、美を再定義しなければならない。フォルムやデザインだけでなく環境、エネルギー、バリアフリー、ジェンダー、伝統、文化なども取り込まれ、機能の中に落とし込まれていく時代になった。単に外観的デザインの良し悪しだけで建物を評価する時代ではなくなったのである。

第3節　都市の外観的記述から概念による説明へ

1．都市の外観的記述から背後要因の説明へ

　都市は地理学，社会学，経済学など学問研究の対象であるばかりでなく，一般の人々がその成り立ちの歴史や現在の姿に関心をいだく対象でもある。両者を分けることにあまり意味があるとは思われないが，学問としての都市研究には方法論や概念といったものがある（林，2012a）。研究のための手順や考えるさいに手がかりとなる拠り所のようなものである。研究者の間ではほぼ共有されている共通事項や約束事であり，これらを守りながら論文が執筆されたり，著書が出版されたりする。一般の人々はそのような取り決めには興味はなく，ただ都市のおもしろさに引きつけられ関心を深めていく。しかし対象が同じ都市であれば，一般の人々の方が都市のある側面については専門の研究者より詳しいということもありうる。研究者は個別都市の詳細な部分については不案内であることが少なくない。しかし，それがどのような意味をもっているか，あるいはいかなる時代背景や地域事情のもとで生まれてきたかという点については，説明できる力をもっている。この説明力こそが都市研究の専門家にそなわる能力である。能力を高めるために，全国や世界の都市に目を配り，説明のための方法や概念を見出そうと取り組んでいる。

　都市に限らず，ある現象を見ておもしろいと感ずることと，そのおもしろさの秘密を解き明かすことは別のことである。取っ掛かりは現象に対して関心を向けることであり，そこに何か興味を引くものを見出す。ここまでは一般の人も専門家も同じである。次の段階が分かれ目であり，研究者はいろいろな道具を用いておもしろさの裏側に隠れているものを引っ張り出そうとする。それが研究のための方法論であり概念である。個人的な印象のように曖昧なものではなく，論理的な言葉によって第三者に伝えられる枠組みのようなものである。ことがらを明確にするために概念を考案し，議論がしやすくする。概念を組み立ててひとつの理論にしたり，説明をわかりやすくするためにモデルとして示したりすることもある。そこでは一般性や普遍性が重視されており，自然科学の法則性に通ずる論理的側面もある。もはや一般の人々

が入り込む余地はなく,都市は都市でなくなってしまったかのような感じさえする。

図2-9は,近世,尾張藩の藩士であった樋口好古が著した『尾張巡行記』に記載されている枇杷島市場への農作物出荷に関する記録を地図化したものである。農作物には鮮度が命の青物や日持ちがする土物などがある。どこでどんな農作物が栽培されて市場へ出荷されたかを記すだけなら,単なる記述にとどまる。この地図の上に市場を中心とする同心円を描くと,市場までの距離と農作物の種類との間に何か関係があるのではないかと思

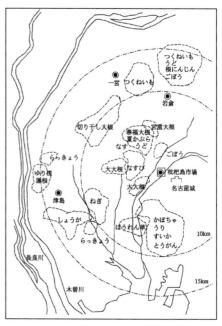

図2-9　枇杷島市場への青果物出荷圏
出典：西枇杷島町史編纂委員会編,1964,p.346をもとに作成。

われてくる。新鮮さが求められる野菜類は市場の近くで栽培されやすく,反対にいもやにんじん,ごぼうなどは日持ちがするため,比較的遠方から出荷される。農作物は気候や土壌の条件で生育が左右されるという常識とは別の,市場までの距離や輸送費といった要因が農作物出荷圏の形成に関わっていることが推測される。現象の記述から説明への移行は,それに気づくか気づかないかの違いであり,素材となる現象は時代や地域を問わずどこにでもある。

都市を研究対象とする地理学でも,説明することの重要性が指摘されるようになったのは,それほど古いことではない。それまでは,都市に関する多くの属性を調べ上げ,もっぱら記述することで都市のことは一通り理解できるとされてきた。都市景観に対する関心は集まりやすく,都市を外側から観察し把握できる事実を詳細に書き記すことが地理学者の役目とされた。ところが,そのような伝統を打ち破る動きが20世紀初頭にドイツを中心として現れ,第二次世界大戦後,こうした動きは国際的に広まっていった。形態か

ら機能へ,「かたち」から「はたらき」への関心の移行が,この動きの背景にある。研究方法としては記述から説明への転換が決定的であった。かたちは景観の代名詞である。しかしただ単に景観を見て記述するのではなく,景観の背後ではたらいている機能を取り出しそのメカニズムを説明することが,新しい地理学に求められるようになった。当初は一般の人々とあまり変わらなかった地理学者が,この頃を境に専門家としての道を歩むようになった。

　概念革命という用語でこの時代の一連の変化を表現する研究者もいる。概念の革命的変化とは見方を大きく変えることである。都市の場合でいえば,都市の外観や外貌をただ観察して記述するだけではすまされなくなった。たとえば都市図は都市の平面的土地利用を表現したものであるが,それ自体,作成のためには多大な時間と労力を要する。完成した図面には多くの情報が記されており,大いに興味をそそる。中縮尺や小縮尺の地図になると複数の都市が空間的に分布する地図として制作される。都市の規模や都市間の距離も地図から判読できる。こうした都市図が美術的鑑賞の対象とみなされることも珍しくない。それほど興味を引く対象であり,見ているだけでおもしろい。しかし20世紀初頭の地理学者は,こうした都市図がなぜこのようになっているのか,その背景を知ることの重要性に気づいた。見方を変えるということは,見る方向を変えるということだけでなく,これまで気が付かなかった見方を発見するということでもある。新しい見方は地図の裏側にあるのではなく,われわれ自身の頭の中にある。

2. 都市の歴史的発展と符合する説明概念

　都市の歴史は長いが,産業革命を契機に労働者が工業生産のために集まって都市は大きく変貌した。それまでの小さな都市的集落が急激に膨れ上がり,空間的に広がっていった。都市の中で製造業の占める割合は面積の上でも労働人口の上でも高まり,それまでの素朴で穏やかだった都市の雰囲気は活気はあるがどこか粗雑なものへと変わっていった。短期間に集中した人々は都市の中に住まいを求め,定着して生活空間を築いていった。人が集まれば商業・サービス業も生まれ,やがて製造業,商業・サービス業,住宅など

の間で土地利用をめぐる競争が起こるようになった。初期の資本主義の無秩序が都市にもたらした混乱を反省し，行政当局は計画的な都市建設を進めることに意を注いだ。やがて先進諸国では脱工業化の時代を迎え，サービス経済化する産業構造を反映するように，都市の空間構造も変化していく（林，2015a）。都市化の原動力となった工業化は都市を一大旋風の中に巻き込んだが，それも一時のことで，製造業の姿が見えなくなった都市はあたかも工業化以前の状態に戻ったかのようにも見える。しかし事実はそうではなく，産業や生活と密接に結びついた多様なサービス機能が都市内の各所に埋め込まれた広大な空間が眼前に広がっている。

　こうして慌ただしく過ぎていった都市の歴史を振り返って気づくのは，都市立地の土台ともいえる自然環境それ自体はそれほど変わっていないことである。もちろん，都市周辺の田畑や森林は都市的土地利用へと変えられ，河川や臨海部も人の手が加えられて整備された。工業化やモータリゼーションによって排出された二酸化炭素が地球温暖化を促し，気候変動を引き起こしているという事実もある。しかし大局的に見れば，都市がよってたつ地域の自然環境は人文環境ほどには変化していない。変化が大きかったのは，規模を拡大して複雑になった経済活動である。空間的側面では工場，倉庫，事務所，物流施設，大型小売店舗などの占めるウェイトが増した。社会面でも大きな変化があり，都市内の各所で住宅地が広がった。住宅地は社会経済的属性に応じて階層的に細分化され，一定の秩序を保ちながら新陳代謝を繰り返した。もっとも新しいトレンドはサービス経済化や情報化によってもたらされた。階層組織を特徴とする製造業や対面販売による伝統的小売業とは異なり，目に見えないネットワークが人，モノ，サービスを結びつける。外からは見えにくい経済活動によって都市空間が管理・維持されるようになった。

　以上で述べた経済や社会の一連の動きは，地理学がこれまで生み出してきた主要な概念と時系列的に符合している。まず自然生態概念があり，つづいて景観，さらに社会生態，経済立地へと続く。これらに続いて人間行動，政治経済，人文主義や文化・制度といった概念が，あとを追うようにして現れてきた（図2-10）。こうした時系列的符合はけっして偶然ではない。都市が通過してきた時代を特徴づける動きが説明概念として時代ごとに生み出され

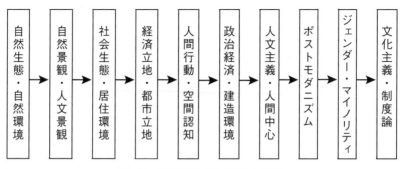

図2-10 地理学における主要概念の推移

てきたからである。これらの概念は，対象となる現象が目立たなくなると説明の効力を失う。たとえば製造業が都市の中で盛んに行われていた時代，工業立地概念（立地論）は大いに活躍の場があった（松原編，2013）。しかしいまや大都市では製造業は少数派か，活動のかたちを変えてしまった。工業立地論が学問的に取り上げられる機会は以前ほどではない。とはいえ，たとえ活躍の場が縮小されても，製造業が完全に都市から姿を消したわけではない。どこかに痕跡が残されているか，別のかたちで引き継がれているはずであり，慌てて説明概念を放棄することはない。

伝統的な地理学で有力であった環境概念は，現代では当時とは異なる認識のもとで使われている。工業化以前の時代，気候や地形などの自然環境が産業や生活をどれほど制約するかという議論が行われていた。その後，工業化が進んで大気汚染，水質汚濁，騒音，振動などが都市住民を苦しめるようになった。公害が環境問題の代名詞になり，いかにして公害を克服するかが問われた。そして現代，環境は都市レベルをはるかに越え，地球的規模でとらえなければならない。資源・エネルギーとの結びつきも射程内に入ってきたため，環境はより広範囲に，かつより深い奥行きにおいて取り上げるべき課題となった。ここに至り，環境には伝統的な意義とは異なる現代的な意義が付与されることになった。環境は再発見されたよいえよう。

3．時間・空間の視点に立つ総合的な都市の読み解き

都市を読み解く醍醐味は，その空間的広がりとともに，時間的奥行きの深

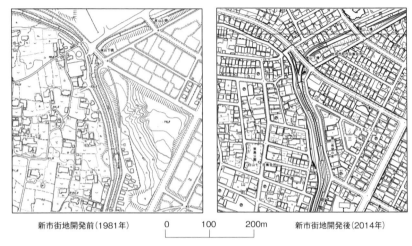

新市街地開発前(1981年) 　0　　100　　200m　　新市街地開発後(2014年)

図2-11　小河川と崖による旧市街地と新市街地の地形的境界（春日井市）
出典：春日井市都市計画基本図をもとに作成。

さにある。どの都市も歴史的蓄積の上に存在しており，都市の各所に歴史的痕跡を見出すことができる。いまは消えて想像するしかないが，ある時代的状況のもとで何らかの意思決定が行われ，都市構造に手が加えられた。やがて，手が加えられた場所にさらに新たな手が加わり，これまでの構造は消えてしまう。こうした重層的改変の結果が現在の姿である。いまはもう見ることのできないかつての都市構造の一部は，都市図や歴史的資料によって窺い知ることができる。古い地図をもって街中を歩けば，かつての道路や建物が時間の経過とともにどのように変わったかを推測することができる。ときには昔とほとんど変わっていない場所に巡り会えるかもしれない。市街地にある神社や寺院などはその可能性が大きく，逆にその周辺一帯がいかに大きく変貌したかに驚く。河川や用水路など流路が大きく変更しにくいものは，過去の都市構造の特徴を想像させる手がかりになる。

　都市の土台をなす台地，河岸段丘，扇状地などの地形は，昔と比べて大きく変わることはない。しかし外見的にはずいぶん変わったようにも思われる。それは，たとえば台地の崖が石垣やコンクリート壁によって覆われてしまっているからで，表面的印象は以前と比べると違う（図2-11）。用水路もコン

クリートの三面張で整備されていると，かつての面影は薄い。こうした変化はあるが，いくぶん大きなスケールで見れば，都市の地形条件はそれほど変わっていない。大きく変わったとすれば，それは地上の建物や道路などである。ただし道路は，リニアな性格上簡単に変えることはできない。拡幅や直線化あるいは舗装によって形状や印象が変わることはあるが，都市構造の永続性を読み解く重要な手がかりである。逆に建物は変化が激しく，とくに木造建築が主流の日本では，建て替えによって大きく変わっていく。建物については，建築周期による建て替えや，利用変化の段階性がいわれることがある。建築周期とは，耐用年数や不動産景気の影響を受けて建て替えが行われる周期のことである。また建物利用変化の段階性とは，建物の内装変化，外観を含めたリニューアル，建物本体の解体の順序で変わっていくことを意味する。

　都市の建物が新陳代謝の繰り返しで現在の姿に至っているとすれば，歴史的視点から都市を読み解くことは当然であろう。また都市は現代の姿を読み解くだけでなく，過去の時代に焦点を当てて読み解くこともできる。古地図や古写真などを手がかりに古の都市の姿を想像したり，場合によっては復元を試みたりすることもある（金行，2018）。古地図を頼りに過去と現代との間を往復しながら都市構造を時間・空間的に理解するというアプローチもありうる。そのような場合，建てられてかなり時間が経過している歴史的建造物は，建造当時の時代背景が理解の前提となる。神社や寺院などが歴史的に存続できたのは，通常の社会経済活動の施設とは異なる論理がはたらいてきたからである。都市はその場所ごとにさまざまな制度によって規制を受けている。地域地区制いわゆるゾーニングはその典型であるが，それ以外に，社会的，経済的論理が場所を規定している。

　地理学は都市を読み解く学問にふさわしい性格をもっている。地理学は経済学や社会学などとは異なり，経済現象や社会現象だけを対象とはしない。都市に関わるあらゆるものが学問対象であり，対象相互間の関係に注目しながら都市を全体として理解しようとする。対象にとらわれず全体の理解に務めるという点では，歴史学に似ている。歴史学もまた対象の種類を選ばない。地理学は主として空間や場所の違いにこだわるが，時間や時代も同時に考慮

しているため，より総合性が強い。そのような地理学において，これまで多くの空間概念が生み出されきた。空間以外に，文化，制度，ジェンダー，人間性など都市を包摂する新たな概念も学問として取り入れられてきた。こうした諸概念は都市を読み解くさいに有効であり，単に都市をおもしろい興味対象としてだけでなく，おもしろさの奥に潜むメカニズムを引き出す手がかりとなる。

コラム2 ランドマークを見上げる景観と見下ろす景観

　まち歩きをする人にとって，周りに比べて背の高いものは目に止まりやすい。それだけで目立つため，自ずと目が吸い寄せられる。塔や高層ビルなどがそれで，その地区の目印すなわちランドマークになっていることが多い。電波塔やテレビ塔などは高いところで電波を受発信する必要があり，ある程度の高さをもった構造物でなければならない。しかし中には電波以外に高所からの眺めを確保するために，建物を高くしている場合もある。大都市に建てられたテレビ塔は，高所からの眺望をサービスとして提供し，建設資金の回収を行っている。高層ビルの場合は，高い地代負担に耐えるために不動産としての建物を高くしなければならなかった。ところがその副産物として高所からの眺望が手に入ったため，テレビ塔と同じように，それを売りにするビジネスが生まれた。高所からの眺望は一種の商品であり，欲しい（見たい）という人がいれば，商売になる。高所は地上からの視点では見上げられる存在である。重力の法則のため，遠くへは行けても高くへは行けない。手の届かない存在は，自ずと敬いや尊敬の対象になりやすい。「雲上人」が生まれるメカニズムがここにある。古代は国分寺の塔，近世は城郭，現代はテレビ塔や高層ビル，タワーマンションか。

　このように，現代の都市では地表の景観のほかに，高所から見える景観も手に入るようになった。むろん小高い丘や坂の上に行けば，塔や高層ビルに登らなくても眺望は得られる。今日のように高い建造物が簡単に建てられなかった昔は，標高の高い場所を探して城や居館が設けられた。ねらいは視野を広げ視覚的に得られる情報を集めて支配・管理に役立てるためであった。国分寺の場合は，塔に登ることはできず，どの辺りから塔の先が見えるか，その範囲が問題とされた。現代はそのような時代ではないが，一度に多くのものを見たいという人間の習性は昔と変わらない。見たいという欲求とは反対に，高いところから見下されるこ

とには抵抗がある。空襲を実体験された人は少なくなったと思われるが，そのような光景を想像するだけで恐怖心にとらわれる。高い空の上を獲物を求めて滑空する鷹の姿を目にした小動物も，同じような心理状態に追い込まれるであろう。支配者や強者しか得ることのできない眺望景観は，景観の一部として地表上を這いずり回っているものにとっては，素直に楽しめる対象ではない。実害はないと思われるが，空撮された自宅屋上の映像がインターネットで簡単に見える現実をどのように考えたらよいのか，正直，戸惑うことがある。

　まち歩きの話に戻ると，ランドマークとしての塔や高層ビルなどは，場所を特定するのに好都合な対象である。自分がどこにいても視野に入っているため，現在地を確認するのに使える。地図を持ち歩いて場所をいちいち確認するのは意外に面倒である。現在ならスマホが利用できるためその苦痛は軽減されたが，それでも現実の空間と画面上の空間を照合するにはコツがいる。事前にある程度の空間情報が頭の中に入っていれば，地図やスマホはなくても，ランドマークを頼りに目指す方向に行くことができる。ランドマークはその場所の絶対的位置を示している。人はその絶対的位置を拠点として，目的地との相対的な位置関係を推し量っている。実際，見知らぬ場所へ誰かを案内する場合，駅から北へ徒歩5分とか，〇〇ビルの東100 mとか，誰もが知っていそうなランドマークを目印に相対的な位置を知らせることが日常的に行なわれている。低層の駅が視覚的なランドマークになるか疑問もあるが，たとえ見えなくても重要な手がかりであることは間違いない。

　ランドマークの多くは建物の高さが高かったり，建物本体の規模が大きかったりする。しかしそれらは基本的に点としてのランドマークである。これに対し，線としてのランドマークが考えられる。河川，鉄道，道路などであり，リニアな特性ゆえそれらを辿っていけば河口，駅，交差点などにたどり着くことができる。なかでも川の場合は，水の流れる方向から上流，下流を知ることができる。川の大きさにもよるが，大きな川は周辺地形の形成と関わっている場合もあり，そのような場合は道路や鉄道が走る方向にも河川が影響を与えている可能性がある。河川が地形に関わり，集落が地形の様子をふまえて生まれ，そこを通るために道路や鉄道が設けられるという因果関係が想定できる。川は平地をつくる一方，移動を妨げる障害ともなるため，橋を架けなければならない。道路を通すために架けられる橋は，ランドマークになる可能性が大きい。限りなくどこまでも流れが続く川の現在地を知るには，橋が有効だからである。橋もただの橋では区別がつきにくいので，素材やデザインに特徴をもたせたり，洒落た名前を付けたりして個性を出させる。四季折々に表情を変える川の流れと，そこに架かる橋がまち歩きを誘う。

第3章　名古屋圏の地形環境と都市の配置

第1節　濃尾平野とその周辺の地形環境の特性

1．地殻変動や氷河性の海面変化を経て形成された濃尾平野

　都市や地域を読み解くという場合，直接的には目の前に見えている現在の都市や地域が対象になる。しかし，より総合的に理解しようと思うなら，過去の時代にまで遡って長期的視点から考える必要がある。通常は都市や地域の歴史を辿りながら，その来歴をふまえたうえでの読み解きである。その場合の歴史とは人間の歴史であり，古代人が地表上のどこかで暮らし始め，やがて社会が生まれ経済活動が行われていったかというような内容である。しかしいうまでもなく，人間あるいは人類が地球上に誕生したおよそ150万年よりはるか前から地球の歴史は始まっている。こうした地球の歴史の長さを，われわれは普段ほとんど意識することはない。遠くに過ぎ去っていった時の流れは人間の歴史とはあまり関係のない，まして現代という時代からは切り離された存在と思いがちである。しかし，現在の都市がいかなる地形の上にあり，またどのように流れる川の水を利用しているかなどについて考えるなら，想像力の及ばないほど遠い過去に起こった地球の営みにも触れないわけにはいかない。このことは，現在の名古屋を中心として形成されている名古屋圏の都市について考える場合においてもいえる。大都市・名古屋との間に強い機能的結びつきをもつ都市は，その関係が生まれる以前からそれぞれの自然条件に応じて発展していくきっかけを得た。こうした自然条件の大本は，人間の歴史の範囲内では変わることがない。都市を読み解く大前提として，自然が用意した舞台装置の空間的特性を頭の中に入れておく必要がある。

　名古屋圏の中でも人口や産業が多く分布しているのは，濃尾平野とこれに連なる台地などの平坦地である。西三河の岡崎平野，東三河の豊橋平野，それに三重県の伊勢平野など，濃尾平野についで人口・産業集積の多い平野部もある（図3-1）。しかし何といっても濃尾平野はその規模の大きさからして

図3-1 平野とその周辺の地形（第四紀層）
出典：牧野内，1988による。

多くの人間活動が展開できる空間であり，過去から現在に至るまで数々の歴史が積み重ねられてきた。歴史は通常，人間がこれまで行ってきたことがらの時間的記録を意味する。しかし人間がこの地に住むようになる以前，あるいはもっと古く人類が登場するより前から，濃尾平野の原形がかたちづくられてきた歴史がある。つまり濃尾平野という平坦な地形が形成されてきた時代が先にあり，その後しばらく時間が経過して，この地で人間による活動が始められた。平野形成のドラマの始まりは日本列島誕生の時代にまで遡るが，途中で現れた東海湖の存在がやはり重要である。現在の濃尾平野に重なるかのようなかたちをした盆地状の湖は，その後，南側が海に向けて開けて湾になった（図3-2）。さらにその後の氷河期，間氷期の時代を経て湾の形状はさまざまに変わり，陸地上の平坦部が平野になった。

　近年，世界的に問題とされるようになった地球温暖化は，産業革命以降に進んだ工業化や都市化にともなう二酸化炭素など温暖化ガスの排出が原因の地球規模での平均気温の上昇である（日本気象学会地球環境問題委員会編，2014）。しかしこれとは別のスケールで，地球には30万年も前から氷期と間氷期を繰り返してきた歴史がある。過去4回の氷期のたびに気温は低下し，

これによって海水準も低下した。気温が上昇する間氷期になると海面も上昇し、海の波の作用で海底は平坦化した。こうした地球気温の変化による海面水準の上下変化は氷河性海水面変化（Glacial Eustasy）と呼ばれる。世界の大陸や島の海岸地形はその影響を受けてかたちを変化させた。日本列島の臨海部もその例外ではなく、伊勢湾でも東京湾、大阪湾などと同様、氷河性海水面変化によって地形が影響を受けてきた（図3-3）。日本の三大都市圏は平野部の面積が大きいという共通性をもつが、平野形成の歴史でも共通点が少なくない（貝塚、2011）。地形条件が都市

図3-2 矢田川累層堆積期（鮮新統中〜後期）の古地理（想像図）
出典：桑原，1975 による。

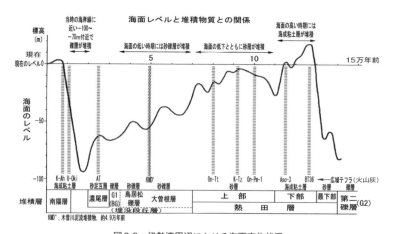

図3-3 伊勢湾周辺における海面変化状況
出典：中部地質調査業協会のウェブ掲載資料（https://www.chubu-geo.org/data/geo/pdf/jiban_01.pdf）をもとに作成。

形成のすべてを決めるわけではないが，都市が生まれ発展していく舞台としてふさわしい条件はあり，地形条件はその中に含まれる。

地形学や考古学の研究成果によれば，いまから6,000年くらい前の縄文時代，伊勢湾の海岸線は現在より内陸部に深く入り込んでいた。理由は地球上の平均気温が現在に比べて2～3度高かったからで，もっとも奥は現在の岐阜市辺りであった。現在の標高でいうと13mの等高線付近がその頃の海岸線であり，東側は名古屋市北区から岐阜市黒野に至る南東－北西のライン，北側は岐阜市黒野から不破郡垂井町に至るラインである。西側の海岸線が養老山地の麓に当たっているのは，この山地が急峻で海が内陸へ進めないからである。縄文時代に陸地の奥に入り込んだ海岸線は，気温の低下とともに退き始めた。海進とは逆方向の海退により，弥生時代の頃には木曽川でいえば稲沢市祖父江付近，長良川では安八郡安八町，揖斐川では大垣市東部付近にまで海岸線は南下した。現在の標高でいえば5m前後である。海退はこれで終わらず，この地域で人々が生活を始めた以降も続き，近世末期には現在の国道1号付近が伊勢湾最奥部の海岸線であった。

地球上の平均気温の低下とともに海岸線が後退する過程で，濃尾平野の西側ではその位置がほとんど変化しなかった。これは，この平野が東側と北側で高く，西側，南側で低いからである。西側には急峻な養老山地があり，海進，海退の影響をあまり受けない。影響を受け海退によって陸地が広がっていったのは，もっぱら東側と北側である。養老山地を境に平野が沈み込むよ

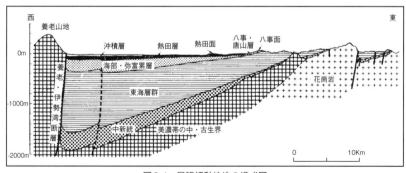

図3-4　尾張傾動地塊の模式図
出典：桑原，1988による。

うに低くなり，東側にいくにしたがって高くなっていく地形構造は濃尾傾動地塊と呼ばれる。文字通り地盤そのものが傾く運動が太古の昔から続いている（松沢，1968）。養老山地は断層運動によって生じた山塊であり，麓下の平地からいきなり切り立つように高度が上がっていく様子は，平野の東側で丘陵地の高度が徐々に上がっていくのとは対照的である。濃尾傾動地塊の証拠は，濃尾平野でボーリング調査を行うと，海進，海退によって本来，水平に堆積される地層が東高西低で傾いていることから明らかである（図3-4）。

2．濃尾平野の東側に続く扇状地・丘陵地・盆地と都市分布

　海進，海退はもっぱら地球の気温変化にともなう海岸線の位置の変化であるが，海岸線付近に河口があれば，その位置もまた移動する。海進時には奥に退き，海退が進めばそれにともなって前進する。変化はそれだけではない。河川の底すなわち河床面の高さは海水準に左右されるため，海退によって河床面は低くなり河川による侵食が進む。侵食された土砂は河口まで運ばれ陸地を広げていく。つまり平野部の平地は，海退による海底の陸地化と移動する河口からの土砂堆積の両方によって生まれる。濃尾平野の場合は，先に述べた濃尾傾動地塊の影響がさらに加わる。すなわち，地盤が養老山地を境に沈み込む動きをしているため，河川は西側，そして南側へと進もうとする。その結果が木曽川，長良川，揖斐川の河口付近での収斂である。庄内川やその支流の矢田川も流路は東から西に向かっており，庄内川は最終的には南下して伊勢湾に注ぐ。海水準変化や河口の移動，流路方向の特性など複雑な動きをともないながら，濃尾平野は形成されてきた。

　こうして生まれた濃尾平野の上に名古屋圏の主要都市が分布している。濃尾平野は地形学で沖積平野と呼んでいる平地に分類される。沖積平野とは現代も含まれる沖積世という地質年代を通して形成された平野のことで，現在，われわれが見ている河川が土砂を堆積してつくりあげた。氷河性海水面変化の影響を直接受けた部分以外に，中流部や上流部では河川の侵食・堆積作用によって平地が生まれた。一般に，上流部には扇状地や谷底平野があり，下流部では三角州が広がっている（図3-5）。このうち扇状地は，上流から押し流された砂礫や土砂が緩慢な傾斜をもちながら扇状に堆積して生まれた地

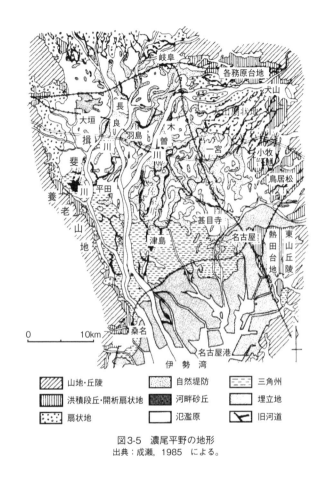

図3-5 濃尾平野の地形
出典：成瀬, 1985 による。

形である。扇状地上のもっとも高いところは扇の要にたとえることができ、扇頂と呼ばれる。名古屋圏では犬山付近を扇頂として木曽川が形成した犬山扇状地が最大規模である。扇状地の端は扇端と呼ばれるが、犬山扇状地は扇頂から扇端までの距離が12kmほどあり、南西方向に向けて広がっている。この扇端付近の標高は10m程度で、大きく弧を描く等高線は、縄文海進時の海岸線にほぼ一致している。つまりこの付近から海退にともなう平野形成が始まったと考えられる。

　扇状地と都市形成との関係で重要なのは水利用の仕方である。扇状地は水を通しやすい土砂堆積物からなるため、扇央付近は表流水に乏しい。逆に扇端では地下水が湧き出る湧水部であり、水利用に困らない。こうした地域差は人間の経済活動に影響を与え、とくに灌漑用水や汲上ポンプなどがなかった時代には農業生産に対する影響が大きかった。犬山扇状地の場合、扇頂は犬山市にあり、扇央は丹羽郡扶桑町、大口町、江南市東部、そして扇端は江

南市南部から一宮市東部にかけて広がっている。近世以前は現在のような本格的な堤防は木曽川にはなく，幾本もの派流が放射状に流れていた（図3-6）。しかし扇央では表流水に恵まれず，傾斜地形でもあるため水田ではなく畑地として利用された（丹羽，1971）。扶桑町の町名は，かつて盛んに行われた養蚕によって町が養われたことに由来する。特産の守口大根も畑地での栽培に適しており，扇央上の畑地に桑の木を植え野菜を育てる農業が行われてきた。扇端からその西側にかけては木曽川の伏流水や地下水に恵まれており，江南市，一宮市の繊維産業はその恩恵を受けてきた。

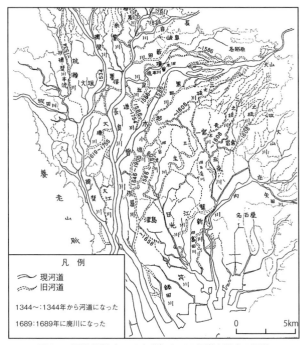

図3-6　近世前期（1600年代）までの河道と現在の河道
出典：地質総合調査センターのウェブ掲載資料（https://www.gsj.jp/data/chishitsunews/78_04_06.pdf）をもとに作成。

犬山市は愛知県の西半分にあたる尾張地方の北東端に位置している。その北側も東側も美濃地方すなわち岐阜県であり，北側は木曽川で境され東側は愛岐丘陵で区切られている。この丘陵は豊田市の猿投山辺りから岐阜県の本巣市付近に至るまで，南東－北西の方向にアーチを描くように延びている（高木・藤井，1997）。丘陵を横切るように河川が平地へ抜け出たところに扇状地があり，木曽川の場合は犬山扇状地である。本巣付近では揖斐川支流の根尾川が形成した扇状地があり，その西側には揖斐川本流がつくった扇状地が広

がっている（図3-7）。扇状地は木曽川と揖斐川に挟まれた長良川の中流部にもあり，岐阜の市街地はこの上で発展してきた。扇状地はこれだけにとどまらず，揖斐川の西に位置する養老山地が平地と接する付近にも形成された。南北に延びる養老山地は長さが25kmほどで，北部が800〜900m，南部は400mの標高である。断層活動が成因であるため濃尾平野から急角度の斜面をもち，複数の扇状地が東に向けて広がる。急斜面を下る小河川の数は多く，山地の北から南にかけてほとんど連続的に小規模な扇状地が形成されている。

愛岐丘陵を木曽川とほぼ同じ方向で貫くように流れる庄内川には扇状地が見られない。犬山に相当するのが春日井市・高蔵寺であり，犬山から木曽川の峡谷を遡って東へ進むと美濃加茂，可児に至るように，高蔵寺から庄内川の峡谷（玉野渓谷）を抜けると多治見に出る。庄内川が扇状地を形成しなかっ

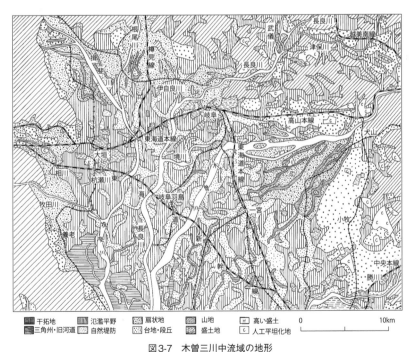

図3-7　木曽三川中流域の地形
出典：建設省国土地理院　1975年　土地条件調査報告書（濃尾地域）　第一編　総説　第二編　調査報告　p.45　図14をもとに作成。

たのは，多治見とさらにその東側に土岐，瑞浪の盆地があり，上流から運ばれてきた砂礫が盆地内に堆積してしまったことがその一因である。しかし原因はそれだけではなく，庄内川が平地に出たあとの地形が関わっている。すなわち，高蔵寺付近から下流部にかけて庄内川の両側には段丘が並行して延びており，その間隔が狭いため扇状地が形成しにくかった（春山・大矢，1986）。ただし，庄内川の支流である内津川には規模は大きくないが扇状地があり，愛岐丘陵を侵食して運ばれてきた砂礫や土砂が堆積している。ひとくちに扇状地といっても大きさには違いがあり，その上に形成される集落や都市の規模もその影響を受ける。

3．濃尾平野とその周辺に現れている構造的方向性

　濃尾平野の西の端に接する養老山地と，同じく東の端を縁取る愛岐丘陵は，ともに南東－北西方向に延びている。一方，愛岐丘陵を横切る木曽川や庄内川はこの方向と直交する方向，すなわち北東から南西に向かって流れている。これら以外の地形の向きに注目すると，庄内川の南側に川の流れと並行するように丘陵地（守山丘陵）が走っていることに気づく。木曽三川は中流から下流にかけて，養老山地と同じ方向に流れている。こうしたことから，濃尾平野とその周辺では同じような方向性を示す地形が少なくないことがわかる。すぐに思いつくのは断層線が走る向きであり，地殻運動が規則的な方向性を示しながら構造的に作用しているのではないかということである。日本列島の西半分ではフィリピンプレートがユーラシアプレートに沈み込むように動いているといわれる（中島，2018）。その方向はおおむね南西－北東である。また日本列島を東西に分けるフォッサマグナの糸魚川－静岡線は北西－南東の向きである。こうした事実と照らし合わせて考えると，濃尾平野とその周辺の地形に構造的，規則的な方向性があることは否定し難い。こうした構造的方向性は，図3-8に示したこの地域の活断層の方向性ともおおむね一致している。

　かりにこうした方向性があるとすれば，都市や集落の分布パターンにその影響があると考えても不思議ではない。たとえば河川は断層で崩れやすい箇所を見つけながら流れていく。その河川は侵食と堆積の作用によって河岸段

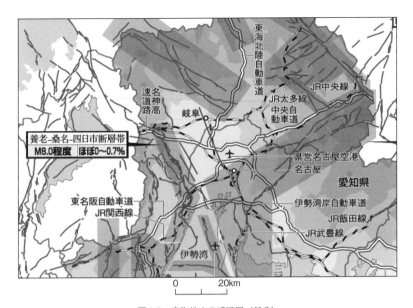

図3-8 東海地方の活断層（部分）
出典：i-Martのウェブ掲載資料（http://www.imart.co.jp/katu-dansou-japan.html#tokai）をもとに作成。

丘や谷底平野を形成する。条件次第で扇状地も形成されるであろう。河川は生活用水や農業用水，工業用水として利用価値があるし，木曽三川のような大きな河川では水上交通を目的に利用することもできた。つまり集落の発生とその後の発展，さらに都市として形成されていく過程において，河川は重要な役割を果たした。木曽川の中流部から上流部にかけて，江南市，各務原市，犬山市，美濃加茂市，可児市，恵那市，中津川市が連なるように分布している。同様に庄内川では，名古屋市，春日井市，多治見市，土岐市，瑞浪市がリニア状に連なっている。長良川の上流でも，岐阜市，関市，美濃市が南西－北東の方向で連なる。揖斐川では下流部から順に桑名市，海津市，大垣市がつながっている。つまり，河川の振る舞いが連続的な相対的低地を準備し，その上に都市が生まれていったのではないかと考えられる。

　濃尾平野の南東-北西の方向性は，縄文海進最盛期の海岸線や犬山扇状地の扇端ラインにもみとめられる。対照的に，犬山扇状地の上を流れた木曽川の派流は北東-南西方向である。木曽川本流ほどの影響力はないであろうが，

第3章　名古屋圏の地形環境と都市の配置

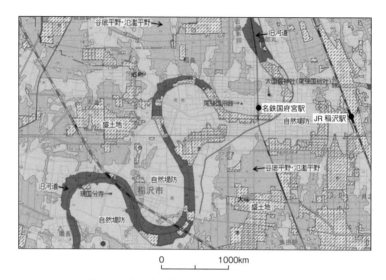

図3-9　稲沢市中心部における河川の蛇行と自然堤防
出典：史跡巡りと地形図のウェブ掲載資料（https://www.shiseki-chikei.com/ 全国国分寺跡／尾張国分寺／）をもとに作成。

小河川といえども集落の立地には何らかの影響を及ぼしたと思われる。犬山扇状地の扇端の西側は海退とともに陸地化され，それを追うようにして北東から南西に向けて河川が流路を求めながら延びていった。しかしあまりにも平坦なため直線的に流れることができず，蛇行する河川が多かった。豪雨で流量が増えると上流から土砂が流れてきて低地に積み上がり，水が引くとそこに自然堤防が残された（図3-9）。微高地状の自然堤防を取り巻くように湿地帯も生まれた。古代の人々は水害から逃れるために微高地の上に居住の場を設け，後背湿地で農業を行った。

　氾濫平野とも呼ばれる自然堤防と後背湿地からなる沖積低地は，濃尾平野の中でもっとも大きな割合を占める。水に恵まれた低地であるため農業に適しており，集落は自然堤防上に築かれた（内藤，1979）。つまり自然堤防の分布状況が集落立地に影響したと思われる。移動を大きく妨げる地形的障害はないため，何らかの理由で大きくなった集落は周囲にある小集落に対して影響を及ぼすような機能を担った。たとえば，古代の尾張の国府が置かれた現在の稲沢市国府宮や，同じく尾張一宮の位をもつ真清田神社が設けられた一

宮などである。農業社会において中心地として政治機能や市場機能を担った集落が大きめの自然堤防上にあり，周辺の小集落はその影響下にあった。木曽川の尾張側に強固な堤防（御囲堤）が築かれた近世以降，水害による危険度が増した美濃側では，木曽三川の洪水からいかに身を守るかが大きな課題になった（松原，1995）。輪中の発達はその対応結果であり，自然堤防を補強して嵩上げする工事が行われた。

第2節　三河における都市の立地基盤と河川の役割

1．愛知県における三河の位置とその特徴

名古屋圏の中核をなす愛知県は，1871（明治4）年の廃藩置県のさいに置かれた12の県が統合して生まれた（表3-1）。しかし一度に統合したのではなく，まず知多郡を除く尾張が名古屋県になり，三河と知多郡が額田県としてまとまった。翌年に名古屋県は愛知県となり，そこに額田県が加わって現在の愛知県が誕生した。この経緯は愛知県が西の尾張・名古屋と東の三河という社会政治的あるいは文化的に性格の異なる地域によって成り立ったことを物語るが，それはこれら2つの地域が自然環境の面でも特徴に違いがある

表3-1　愛知県における廃藩置県

国	1872年 第2次統合	1871年 第1次統合	1871年 廃藩置県	1869年 藩	藩主	藩庁	石高（万石）
尾張国		名古屋県	名古屋県	名古屋藩	徳川徳成	名古屋城	61.95
			犬山県	犬山藩	成瀬正肥	犬山城	3.5
三河国	愛知県	額田県	田原県	田原藩	三宅康保	田原城	1.2
			豊橋県	吉田藩	大河内信吉	吉田城	7
			半原県	半原藩	安部信発	半原陣屋	2.02
			西大平県	西大平藩	大岡忠敬	西大平陣屋	1
			岡崎県	岡崎藩	本多忠直	岡崎城	5
			挙母県	挙母藩	内藤文成	挙母城	2
			西尾県	西尾藩	松平乗秩	西尾城	6
			西端県	西端藩	本多忠鵬	西端陣屋	1.05
			刈谷県	刈谷藩	土井利教	刈谷城	2.3
			重原県	重原藩	板倉勝達	重原陣屋	2.8
信濃国（伊那県）へ編入			伊那県	三河県	慶応4.6.9新設　明治2.6.24廃止		

出典：イーエヌ・プランニングのウェブ掲載資料（http://fukuoka-enplan.com/blog/2017/07/21/歴史を紐解く（廃藩置県）-%E3%80%80愛知県編/）をもとに作成。

ことを示唆する。さらにいえば,廃藩置県のさいに置かれた12の県のうち名古屋県,犬山県を除く10の県がすべて三河にあったという事実は,三河がいかに小さな藩の寄せ集めであったかを物語る。徳川幕府の中枢の一端を担った尾張藩の近くで影響力の大きな藩が生まれないように,幕府は小藩分立政策を三河でとったともいわれる。たしかにそれもあろうが,濃尾平野とその周辺で地形的にまとまっている尾張に対し,三河には山地,丘陵,河川などが複雑に組み合わさった土地柄という自然環境的要素のあったことも考慮すべきである。

　三河の面積が愛知県全体の67.3％（2017年）を占めていることから明らかなように,面的な意味では三河の存在感は大きい。しかし人口割合では31.5％にしか過ぎず,三河の多くが経済活動にあまり適さない山地や丘陵地によって占められていることを物語る。しかし岐阜県北部などの山岳地域と比べると山地の標高は高くなく,三河高原あるいは三河準平原として紹介されることも多い。この高原状の山地は北側の長野県,岐阜県方面から太平洋側へと続いており,三河の中央付近では三河湾に面する海岸部にまで達している。標高454mの五井山や321mの三ヶ根山が乗る山塊がこの中央付近にあるため,おのずと三河は二分される。実際,愛知県は尾張に県民事務所（名古屋市）を置くほか,三河には西三河県民事務所（岡崎市）と東三河総局（豊橋市）を置いている。面積は西,東ともにほぼ同じで,県全体の34.0％,33.3％を占めるが,人口では21.4％,10.1％で西が東の2倍と多い。

　このように,全体の面積では尾張を大きく上回って一体的存在感もあるが,地形条件のため西と東に分かれる三河の地勢状況は古代から続いてきた。政治的には7世紀中頃に,三（参）河国と穂国が一緒になって三河国が誕生した。穂国とは豊橋平野を中心とする地域のことである。西側の三河国と合体して生まれた国の政治的拠点は,現在の豊川市内,音羽川と丘陵地が接する辺りに設けられた。これが三河国府であり,近くには国分寺,国分尼寺が建立された。当時,西三河には碧海,額田,加茂,幡豆の4つの郡があり,東三河にも宝飯,八名,渥美,設楽の4郡があった。西と東の郡の数は同じであったが,郡の下に位置づけられる郷の数は西が40,東が30で,すでに西の方が集落の分布密度は高かった。

三河は北は長野県（信州），岐阜県（美濃）へと続く高原，山地が広がり，南は三河湾の海へと続く。また東は南北に連なる弓張山系によって静岡県西部（西遠）と隔てられている。西の境は文字通り境川によって尾張と向き合っている。衣浦湾に注ぎ込む境川は，国境の役目を果たすような大きな川ではない。なぜこの川が昔から尾張と三河を分けてきたのか不思議に思えなくもない。西三河と東三河を分ける三ヶ根山の乗る山塊の方がよほど国境としてはふさわしい。濃尾平野を中心とする尾張では，古代から中世，近世にかけて政治中心が一宮，清洲，名古屋へと移動してきた。しかし地勢的状況は変わることなく，これらを中心として人やモノが動いてきた。一方，岡崎平野を中心とする西三河では，これも古代から近世にかけて農業社会が続いてきた。注目すべきは三河湾や衣浦湾における漁業・海運活動であり，海側に向けて人やモノの動きがあった。広大な尾張という国と背中合わせの関係になるとすれば，境川辺りを緩衝地帯とするのが理にかなっていたように思われる。地理的にはとりたてて障壁にもならないが，この附近を境にして政治的，社会的，文化的に異なる地域がそれぞれ形成されていった。近代になって両者は一体化するが，文化的基層の部分では依然として違いを残したままのように思われる。

2．西三河の都市基盤を用意した矢作川，境川のはたらき

　西三河の主な都市の配置について考えるとき，矢作川の存在を抜きにしては考えることができない。それは濃尾平野とその周辺で木曽川や庄内川に沿うように都市が配置していたのと同じ理由による。長野県下伊那郡の大川入山（標高1,908 m）を源とする矢作川は，おおむね北東から南西に向けて流路をとっている。この方向は木曽川，庄内川の流路とほぼ同じであり，やはり根底で断層運動をともなう構造的力がはたらいているのではないかと推察される。この流路に沿うように，上流から下流に向けて豊田市，岡崎市，西尾市が並んでいる。矢作川が西三河の主要河川であることは間違いないが，その西側にあって衣浦湾に流入する境川，逢妻川もまた都市立地と関わってきた。衣浦湾は細長い溝のようなかたちをしており，専門用語ではエスチャリーと呼ばれる地形である。日本語で三角江というのは文字通り三角形状に

図3-10　衣浦湾・境川周辺の活断層分布
出典：産業技術総合研究所のウェブ掲載資料（https://gbank.gsj.jp/activefault/cgi-bin/search.cgi?%20search）をもとに作成。

海側に開くかたちをしているからである。海側から順に碧南市，高浜市，刈谷市，みよし市が湾沿い，あるいは河川沿いに並んでいる。衣浦湾は西側の知多半島（尾張）と東側の三河の間を切り込むようなかたちをしており，その両側にはいくつもの断層線が走っている（図3-10）。方向は南東 - 北西であり，濃尾平野の断層線と同じである。この方向と並行する断層（猿投 - 境川断層）もあり，その東側を境川が流れていることから，境川と衣浦湾は断層地形の影響を受けて生まれたと考えられる。

　東の矢作川，西の境川に挟まれるようにして台地が南西 - 北東方向に広がっている。知立市から北側にかけては逢妻女川，逢妻男川による侵食が進んでおり，残された樹枝状の台地と河川沿いの低地が対照的である。安城市の乗る台地南部は河川がなく侵食が進まなかったので近世まで未開地が多かった。1890（明治23）年に矢作川の上流部から取水する明治用水の灌漑網が台地を広く覆うようになり，安城という都市が生まれた（竹内,2018）。碧海台地と呼ばれるこの台地の北側の樹枝状地形は豊田市の中心部まで続いているため，豊田の旧名の挙母にちなみ挙母面と称される（図3-11）。境川が上流付近で侵

図3-11 西三河西部地域の地形面区分
出典：町田ほか，1962による。

食した台地は挙母面より一段高く，これは三好面と呼ばれる（町田ほか，1962）。挙母面は豊田市の市街地西部と南部に相当するが，これら郊外と市中心部の間を結ぶ道路の向きは地形の方向とずれている。このため交通路は，いくつかの台地と低地を交互に乗り越えていくパターンになっている。開発の手が及ばなかった台地の上に設けられた大規模な自動車工場は，地形の方向を考慮して建設された。

矢作川流域は領家花崗岩が広がる地域であり，支流の乙川が矢作川に合流する位置にある岡崎市には花崗岩を加工する石材業が地場産業として発展してきた。領家花崗岩の領家とは静岡県西部の水窪川沿いの地名のことであり，中央構造線の北側700kmにわたって分布する地層を領家帯と呼ぶ。一般に花崗岩は気温変化や降水作用を受けて風化しやすい性質をもっている。マサ化と呼ばれる風化作用を受けると花崗岩成分中の雲母がいち早く流され，残りの石英や長石も雨水で流される。これらが大量に流れ出た矢作川の河床や河

川敷は白く光っており，独特の光景が見られる。花崗岩は岡崎市から豊田市を経て瀬戸市方面にも広がっている。瀬戸市では風化した花崗岩の成分が東海湖に堆積して残されたため，この粘土層が陶土原料として用いられ，近世以降，陶磁器産業が大いに発展した。陶磁器産業が盛んであった頃，現在の豊田市北部から瀬戸に向けてケーブル輸送手段で陶土原料が運ばれた。尾三索道と呼ばれたこのケーブルは，尾張と三河という2つの国にまたがる珍しい輸送手段であった。

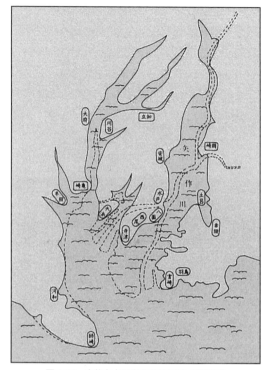

図3-12　高位海水面当時の西三河（想像図）
出典：国土交通省のウェブ掲載資料（http://www.mlit.go.jp/river/shinngikai_blog/shaseishin/kasenbunkakai/shouiinkai/kihonhoushin/060214/pdf/ref1-2.pdf）をもとに作成。

　伊勢湾と同様，三河湾でも海進や海退による地形形成があった。海進の最盛期には，現在の豊田市中心部辺りまで海岸線が入り込んでいたと推定される（図3-12）。海退とともに低地が現れ，矢作川の河口部も海側へと移動していった。上流から風化した花崗岩の土砂が運ばれて低地を埋め，ところどころに自然堤防を残した。自然堤防はおおむね南北方向の島状をなしていたため，これはその後に形成された集落のパターンにも影響した。現在の岡崎市中心部は矢作川がつくった沖積低地ではなく，その東側の台地上にある。中心が東に移ったのは台地の西の縁に城郭が築かれた頃であり，それまでは矢作川右岸の集落が矢作と呼ばれ中心であった。弓矢の作製を生業とする人々が集住していたことが地名や河川名の由来と伝えられる。岡崎という名

は，台地すなわち丘の先端をさしたことによる。天下人・徳川家康は岡崎城で生まれ江戸に幕府を開いた。地元産の花崗岩を使って築かれた城は堅固で，西三河一円に睨みを利かす存在であった。

　花崗岩を侵食しながら流れ下る矢作川は，犬山扇状地のような大規模な扇状地を形成しなかった。その理由は庄内川の場合に似ており，上流から運ばれてきた砂礫は挙母（豊田）盆地に堆積して残り，粒度の小さな砂だけが下流へ流されたからである。川の両側には段丘があって河川敷の幅も広くなかったため，土砂を堆積して扇状地をつくることができなかった。全長117kmの矢作川の長さは全国39位で大河川とはいえないが，河況係数（最大流量/最小流量）は全国平均を上回っている。つまり洪水が発生しやすい河川であり，下流部では洪水対策事業が繰り返し行われてきた歴史がある（林,2000a）。戦国末期に豊臣秀吉の命により中流部で河道の一本化工事が行われた。しかし遊水地が消滅したため，かえって洪水が増えてしまった。そこで後になって徳川家康が現在の西尾市内で矢作川本流の付替え工事を行わせ，流路は西方に移った。これは碧海台地を掘削して河道を設ける大規模な工事であり，これにより西尾藩は洪水の危険性から逃れることができた。

3．"暴れ川"豊川の特性と制御の上に立つ東三河の都市

　古代に穂国と呼ばれた現在の豊橋市を中心とする平野部は，設楽郡設楽町の段戸山（標高1,152 m）を源流とする豊川とその支流によって形成された。この平野のもっとも大きな特色は，右岸側すなわち西側と左岸側すなわち東側で地形の特徴が異なるという点にある。右岸下流部では豊川市，中流部では新城市の市街地がそれぞれ形成され，左岸の海寄りの地域に豊橋市の市街地が形成された。右岸側と左岸側の地形が大きく異なっているのは，豊川が日本列島を1,000km以上にわたって縦断する国内最大の断層線すなわち中央構造線に沿うように流れているからである。豊川市・新城市側を内帯，豊橋市側を外帯と呼んでいるのは，日本列島の主要部（内帯）とは別の部分（外帯）があり，両者が衝突して段階的に断層運動が繰り返されてきたと考えられているからである。中央構造線に沿う河川による平野形成は四国の吉野川や和歌山県の紀の川が有名であるが，豊川もその仲間に入る。

豊川両岸の地形を海の波にたとえると，右岸側は波長の短い高い波，左岸側は波長の大きな低い波として表現できる。花崗岩，花崗岩が変成した領家変成岩，流紋岩などの火山岩からなる右岸側は断層が複雑に走る不規則な地形である。これに対し左岸側では，三波系結晶片岩や古生層が南西から北東にかけて帯状に整然と配列している。なお三波系結晶片岩の三波とは群馬県を流れる三波川のことで，ここで産出した結晶片岩をこのように呼んだことによる。三波川変成帯は中央構造線の外帯に接する国内最大の変成帯であり，豊川左岸もその中に含まれる。豊川左岸の三波系結晶片岩は，南東側にいくにつれて地層年代が新しくなる。右岸側では豊川に流れ込む支流が多いが，どれも長さは短く流域面積も広くない。流れは急勾配で，流れの勢いが変化する遷急点も多い。これに対し左岸側では，距離の長い支流が多く流域面積も広い。河岸段丘は右岸と左岸のいずれにも形成されているが，右岸の方がより発達している。豊川市や新城市の市街地は中位段丘上にあり，海成層中に含まれる貝による年代測定から3万年前頃に形成されたことがわかっている。

豊川は全長が77kmで長い河川と

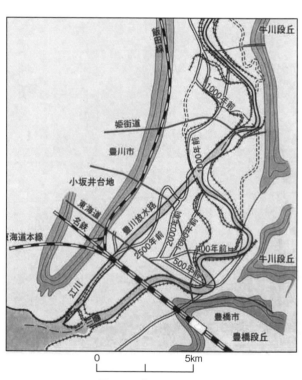

図3-13　豊川の流路変遷
出典：国土交通省のウェブ掲載資料（http://www.mlit.go.jp/river/basic_info/jigyo_keikaku/gaiyou/seibi/pdf/toyokawa-4.pdf）をもとに作成。

はいえない。しかし傾斜がきつく流量も多いので洪水を頻発し，しばしば流路を変えてきたことが知られている（図3-13）。とくに流量の最大と最小の間に大きな開きがあり，河況係数（最大流量／最小流量）8.1は国内主要河川の中でも最大である。西三河の矢作川では花崗岩が風化してできた礫は途中の盆地に堆積し，下流には砂だけが運ばれた。豊川では流れが急なため礫も下流まで運ばれ，途中で扇状地を形成することもない。これには両岸に河岸段丘が発達していることも関係している。流れが速い豊川では中流部から下流部にかけて霞堤を利用して洪水に対応してきたという歴史もある（藤田,1995）。河川が堆積した自然堤防でもある霞堤は，あえて連続させることなく洪水時に水を遊水地に誘導するように先人が考えた工夫の産物である。沖積低地上の自然堤防にも右岸と左岸で違いがあり，右岸は2m，左岸は1mほどである。

　"暴れ川"の異名をとる豊川の洪水から難を逃れるために設けられた霞堤は，真正面から川に向かって対処するような制御法ではない。洪水の恐れのない段丘上と比べると，低地の自然堤防上に暮らす人々の水への恐怖心は想像を絶するほどであった。霞堤を連続堤にすれば低地でも住めるが破堤の可能性がなくなったというわけではない。このため豊川下流部では放水路を設け，洪水が起こったらいち早く水を海側へ流し，豊川本流の勢いを抑える事業が大正時代から構想されてきた。この構想は戦後になってようやく実現し，全長6.6kmの放水路が1965（昭和40）年に完成した。中流部では連続堤の建

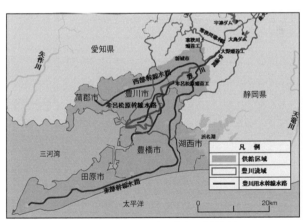

図3-14　豊川流域と豊川用水の供給区域
出典：国土交通省のウェブ掲載資料（http://www.mlit.go.jp/common/000207211.pdf）をもとに作成。

設も進められてきたが，依然として霞堤も残る。放水路が完成した3年後には豊川用水も誕生した（図3-14）。もともと水量の多い豊川の水を生かすために計画されたこの用水の完成により，渥美半島の農業生産は飛躍的に発展した。矢作川の明治用水，枝下用水の後を追うように，東三河でも地形条件を克服し天与の川の恵みを最大限利用する事業が行われた（豊川用水研究会編，1975）。

4．地理的ハンディキャップを克服してきた知多半島と渥美半島

　一般に半島地形はいろいろな点でハンディキャップを負っている。まず形態それ自体の特性ゆえ半島外からのアクセスに恵まれない。出入口が限られているため，少なくとも陸上交通で半島の先まで行く場合には苦労をともなう。半島の先端は行き止まりであるため，来たルートかそれと並行するルートを引き返すしかない。通り抜けできないということは，その空間が閉鎖的で外からの刺激が特定の方向からしか届かないことを意味する。同じ半島でもイタリア半島のように国家的規模であったり紀伊半島のように面積が比較的大きかったりすれば，農業や林業もやりやすい。しかし愛知県の知多半島や渥美半島のように細長く短い河川しかないところでは，農業に欠かせない水を得るのが困難である。たとえ降水に恵まれても川の水は短時間で海に流れ出るため，あまり役に立たない。農地より広い土地を必要とする林業経営など望むべくもない。半島の特性として，東側と西側，あるいは表側と裏側というように，2つの海岸線や浜が並行して走っている場合が多い。多くは背中合わせの関係にあるが，これは山脈を挟んで流れる河川や峡谷の関係になぞらえることもできる。半島中央の地形条件にもよるが，背中合わせが競争関係になるか協調関係になるか地形の作用は軽視できない。

　知多半島は，政治的あるいは行政的には愛知県の尾張部に属している。しかしながら廃藩置県のさい，尾張藩領の知多郡すなわち知多半島は，一時的とはいえ三河とともに額田県を構成した。ただし半年もたたないうちに額田県は名古屋県と一緒になって愛知県が成立したため，知多半島が三河とされたのはほんの一瞬であった。このように知多半島は近世を通して政治的には尾張であったが，三河にも近いという地理的条件がはたらき，二面的性格を

もっていた。先にも述べた半島にそなわる二面性がここに現れている。知多半島西岸は伊勢湾によって尾張藩の外港ともいえる熱田方面と結ばれる一方，対岸の伊勢国とも交流していた。対する半島の東側は，尾張と三河の国境でもある境川が流入する衣浦湾に面している。切り込むように細長い衣浦湾では緒川，亀崎，半田，武豊など尾張側の港と，高浜，新川，大浜など三河側の港が向き合っている。国は違うが同じ湾を共有する間柄であり，交流が行われていたのは自然である。

　知多半島が尾張に属することは，地形・地質の条件から見れば一目瞭然である（図3-15）。高くても標高100ｍ程度の丘陵や台地が北の瀬戸方面に向けて続いており，明らかに西三河の碧海台地や岡崎平野とは異なる。利用する粘土の性質は違うが，瀬戸と同じように半島西側の常滑では古くから陶器

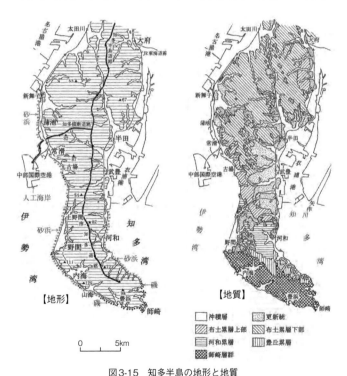

図3-15　知多半島の地形と地質
出典：須藤・有田，2007，p.38，産業技術総合研究所のウェブ掲載資料（https://www.gsj.jp/data/chishitsunews/07_11_04.pdf）をもとに作成。

の生産が行われてきた。半島最高峰の高峰山（128 m）は半島の先端近くにあり，この辺りの地形は丘陵よりも山地に近い。それゆえ交通条件には恵まれず,半島特有のアクセスの悪さがより強調される結果になっている。実際，知多半島の経済・所得状況には南北間に開きがあり，大都市に近く幹線交通にも恵まれている半島北側の経済的恩恵は南側には十分及んでいない。ただしこれも，愛知用水事業によって改善されてきた（愛知用水公団編，1961）。この用水事業は知多半島在住の篤農家が乏水環境ゆえの農業不振や生活困苦を打破するために構想し，世界銀行からの融資をもとに完成させた国家的事業である。150kmも離れた木曽川からの導水は農業ばかりでなく，工業用水，生活用水としても利用されている。知多半島に引き入れられた水は海底パイプで半島沖合の離島にまで届いている。

愛知県にあるもうひとつの半島，渥美半島も，いくつかのハンディキャップをもっている。陸上交通の場合，出入口は豊橋方面に限られており，回遊性に乏しい。河川は知多半島以上に乏しく，1968（昭和43）年に豊川用水が半島全域を潤すようになるまで，農業生産性は著しく低かった。中央部に丘陵や台地が延びている知多半島とは異なり，渥美半島は南側すなわち太平洋に面する側が高く，北側が低いという傾斜地形からなる（図3-16）。外洋に面する海岸では波による侵食の勢いが強く，それゆえ港を設けることができない。漁業が主な目的の港は北側の三河湾に面して分布している。しかしいずれも規模は小さく，半島近辺の地場産業を背景に海運業が栄えた知多半島とは

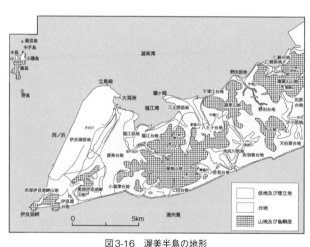

図3-16　渥美半島の地形
産業技術総合研究所のウェブ掲載資料（https://www.gsj.jp/data/50KGM/PDF/GSJ_MAP_G050_11069_2010_D.pdf）をもとに作成。

異なる。同じ海運業でも地域間の連絡機能を担う海上輸送が主であった。渥美半島は，三河湾はもとより伊勢湾全体を太平洋の荒波から防ぐような役割を地理的に果たしてきた。こうした地形配置は中央構造線の走行と関係があり，三河湾に面する海岸線のすぐ北側を中央構造線が走っているからである。渥美半島の基盤は赤石山脈，弓張山地から続く地形の延長部分にあたっており，半島は東三河や西遠（遠州西部）から伸ばした腕になぞらえることができる。

　水に恵まれない渥美半島の産業と生活を救った豊川用水は，その名のごとく東三河山間部に源流を発する豊川の水を半島先端まで引き入れたものである。給水地域は渥美半島だけでなく，東三河の蒲郡市や静岡県湖西市にまで及んでいる。最大流量と最小流量の差が著しく大きな豊川は急傾斜を流れ下るため流域では洪水が頻発してきた。この暴れ川を制御するために放水路を設けていち早く水を海へ流す一方，途中に堰を設けて水の乏しい地域に送る事業が行われた。用水を設ける構想は戦前からあり，戦国末期につくられた松原用水や明治期に設けられた牟呂用水をも組み入れながら近代的な用水網として完成させることが考えられた。愛知用水では地元の篤農家が尽力したが，豊川用水では国会議員や豊橋市長を務めた人物がリーダーシップを発揮した（嶋津，2018）。用水完成後，渥美半島の農業は大きく発展し，東京，大阪，名古屋の大規模市場への出荷を意識した野菜や花卉を中心とする生産性の高い農業が行われるようになった。この点も愛知用水と似ているが，当初は農業用水として完成させた豊川用水は，工業用水としても利用されるようになった。用水の供給を受けるようになったのは，半島の付け根に当たる三河港（豊橋港）の埋立地に進出してきた自動車，自動車部品，鉄鋼などの事業所である。

第3節　美濃・岐阜県南部における流域圏の構成

1．美濃国・岐阜県南部の自然環境と地域区分
　岐阜県の旧名は美濃であり，これは糸貫川沿いの「見延」や大垣から各務原にかけて広がる3つの野を表す「三野」に由来するなどの説がある。水の

表3-2 岐阜県における廃藩置県

国	1876年 第2次統合	1871年 第1次統合	1871年 廃藩置県	1869年 藩	藩主	藩庁	石高(万石)
飛騨国		筑摩県	高山県	飛騨県		慶応4.5.23 新設	
美濃国	岐阜県	岐阜県	大垣県	大垣藩	戸田氏共	大垣城	10
			野村県	野村藩	戸田氏良	野村陣屋	1
			高富県	高富藩	本庄道美	高富陣屋	1
			郡上県	郡上藩	青山幸宜	八幡城	4.8
			岩村県	岩村藩	松平乗命	岩村城	3
			苗木県	苗木藩	遠山友禄	苗木城	1
			加納県	加納藩	永井尚服	加納城	3.2
			今尾県	今尾藩	竹腰正旧	今尾陣屋	1.4
			笠松県	笠松県		慶応4.閏4.25 新設	
	明治3.12.23 廃藩（尾張国へ編入）			高須藩	松平義勇 明治2.6.24 廃止 高須陣屋		3

出典：イーエヌ・プランニングのウェブ掲載資料（http://fukuoka-enplan.com/blog/2017/06/23/歴史を紐解く（廃藩置県）-%E3%80%80岐阜県編/）をもとに作成。

豊かな野であったから美濃という地名が生まれたという素朴な説もある。共通しているのは「野」であり，川の近くや水に恵まれた地形的に平らな地域をさしている。美濃の「濃」には程度が濃い，強いという意味があるので，単なる平野の「野」よりも水量が豊かなことを表す「濃」という字を当てた方がよいとされたのかもしれない。いずれにしても，山地や台地から流れ出た水によって一面が覆われた地域というイメージであるが，水源に近い山地をも含めてとらえた方が実際に近い。その岐阜県は，1871（明治4）年の廃藩置県で諸藩が県となり，さらに大きくまとまって岐阜県になったのち，筑摩県に入っていた高山県も取り込んで大きな岐阜県として成立した（表3-2）。多くの藩をルーツとする美濃と広大な天領の飛騨という対照的な地域の組み合わせで岐阜県は近代のスタート地点に立った。

さて岐阜県の南部に相当する美濃であるが，この地域をいくつかに区分しようとすると，その境目がはっきりしないところがある。これは考え方の違いによるもので，どの指標をもとに考えるかで結果が異なる。現在，岐阜県は行政域の単位として，美濃地方は岐阜圏域，西濃圏域，中濃圏域，東濃圏域に分かれるとしている（図3-17）。これは，長良川，揖斐川，木曽川・飛騨川，庄内川の各流域を意識した考え方のようにも思えるが，中濃とされる地域は

岐阜県の公式区域　　　0　　20km　　天気予報発表区域

出典：岐阜県のウェブ掲載資料（https://www.pref.gifu.lg.jp/kensei/tokei/tokei-joho/11111/）をもとに作成。

出典：岐阜地方気象台のウェブ掲載資料（出典：岐阜県のウェブ掲載資料（https://www.pref.gifu.lg.jp/kensei/tokei/tokei-joho/11111/）をもとに作成。）

図3-17　岐阜県の地域区分

長良川，飛騨川，木曽川にまたがっており，流域単位とは必ずしもいえない。岐阜，羽島，各務原を中心とする岐阜圏域をひとつの圏域する岐阜県の考え方は比較的新しい。伝統的には岐阜も大垣も含めた西濃が県の西側にあり，その東側に中濃と東濃が位置すると考えるか，もしくは西濃は揖斐川流域，中濃は長良川流域と木曽川流域の一部とし，残りを東濃とする考え方があった。広めに考える西濃もしくは中濃から岐阜圏域が切り分けられた理由はよくわからない。明治初期に県庁所在地をめぐって岐阜と大垣が争った歴史まで遡る必要はないと思われるが，平成の大合併で大きくなった大垣と岐阜をこの機会に分けようという政治的意図があってのことかもしれない。

　政治的配慮があったかどうかはともかく，地形的観点から見た場合，岐阜県西部を西側と東側に分ける必然性はそれほどない。もともと県内の他地域に比べて面積がそれほど広くない西濃をあえて二分する根拠は見出しにくいからである。せめて名前だけでもというわけではないだろうが，たとえば気象庁は天気予報の発表区域として，従来からの西濃を岐阜・西濃と呼んでいる。本書では従来からの区分と名称にしたがい，岐阜県西部を西濃と呼ぶこ

とにする。このような立場に立てば、美濃は西から東にかけて西濃、中濃、東濃の3地域に分けられる。このうち西濃は、木曽川によってその南側に広がる尾張すなわち愛知県と境を接する。中濃と東濃も愛知県と境を接するが、木曽川ではなく愛岐丘陵である。ただし東濃は、恵那山から猿投山に至る山地によって愛知県の東半分に当たる三河と接する。つまり美濃は、大きな河川と丘陵地・山地という自然の障害物によって南側にある尾張・三河から隔てられてきた。こうした自然的障壁は、戦国期から江戸期を通してある種の中心 – 周辺構造が尾張と美濃の間で生まれる背景をなした。近代以降もこうした構造はなくなっておらず、近年は西三河の工業発展にともない、三河も加わる構造へと移行してきた。

図3-18 岐阜県の道路網（県土1700km骨格幹線ネットワーク構想）
出典：岐阜県のウェブ掲載資料（http://www.pref.gifu.lg.jp/shakai-kiban/doro/doro-kensetsu/11651/sanko1.data/07_1700km.pdf）をもとに作成。

西濃の西の端にあたる関ヶ原町から東濃の東の端にある中津川市まで，道路距離はおよそ110kmである（図3-18）。現在は高速道路を走れば1時間半くらいで移動できるが，隣の尾張の中でこれほど離れた位置関係の場所は見当たらない。尾張と三河を合わせた愛知県内で，西端のあま市と東端の豊橋市を結ぶ距離でさえ，90kmにすぎない。つまり美濃は東西に非常に長い国であり，それゆえ少なくとも西濃，中濃，東濃の3つに区分する必要があった。岐阜県庁は西濃の岐阜市にあるため，東濃の自治体にとって県庁との接触には時間を要してきた。中央自動車道や東海環状自動車道などの高速道路が整備される以前，すなわち鉄道で都市間を移動していた頃は，愛知県庁のある名古屋市を経由し，中央本線，東海道本線を乗り継いで岐阜県庁まで出かけていた。こうしたことは，美濃が歴史的に発展する過程で西濃を中心とする政治力が強くはたらいてきたことを示唆する。木曽川によって隔てられているとはいえ，西濃は南側の尾張平野と同じ平野地形によって多くが占められている。愛岐丘陵の東側に位置する中濃，東濃は盆地地形が支配的であり，平地は広くない。西側に平地の多い美濃では，生産力で勝る西濃が中濃，東濃を経済的，政治的にリードしてきた。この関係は尾張と美濃の間の関係に似たところがあり，類似の地域構造が階層的に存在してきたように思われる。

2．美濃・岐阜県南部を東西に走る交通路と都市の配置

　戦国末期に尾張を統合した織田信長が木曽川を越えて美濃攻略に乗り出したとき，頭の中にあったのは美濃の西部すなわち西濃を手中に納めることであった。金華山上の稲葉城を廃して岐阜城とし，長良川と山麓に挟まれたところに城下町を築いた。彼の死後，あとを引き継いだ豊臣秀吉からさらに徳川家康の天下統一へと時代は移り，岐阜城は廃されて新たに加納城が南側に設けられた。険しい山頂に城を築いて防御を固める時代ではなくなり，むしろ交通路を整備して経済を盛んにする時代へと移り変わっていた。実際，加納は徳川家康が後押しして生まれた城下町ではあるが，中山道の宿場町として地域交流の役割も果たした。南へ下れば木曽川河畔の笠松に至り，舟運を利用して桑名へ行くことができた。木曽川を渡ってさらに南下すれば尾張の新たな政治拠点となった城下町・名古屋にも通じた。

中山道は，東西に長い美濃の国を多くの宿場を結ぶことによって連絡しあう役割を果たした。全部で69を数えた中山道の宿場のうち16宿，つまり4分の1近くが美濃にあった（太田，1973）。この街道の標高の移り変わりは，西濃から中濃を経て東濃へと至る地形変化の特徴を表しており興味深い。関ヶ原付近からは扇状地を下るようにして平地へ出る。その後はしばらく低地や台地が続き，やがて中濃に至る。中濃の中心・美濃太田は木曽川と飛騨川の合流地点であり，交通の要衝となる地理的条件を備えている。このあとは徐々に標高を増していき，500 m前後の山道を一路東へと進む。木曽川左岸の山道は一旦登りきれば比較的平坦な状態で続く。大井宿で木曽川支流の阿木川を渡り，さらに中津川宿でも同じ支流の中津川を渡って一気に標高が高まる信州へと足を踏み入れる。中山道は，明治初期に東京と京都の間を結ぶ鉄道の建設候補ルートに挙げられたことがある。実現はしなかったが，このルートの一部はその後，中央本線，中央自動車道などのかたちで引き継がれていった。現在，建設中のリニア中央新幹線の予定ルートの一部もこのルートに沿っていることを考えると，中央日本を東西に連絡する内陸ルートは時代が変わっても大きく変わらないことがわかる。

　都市や集落の立地と形成が地形条件と深く関わってきたことは，岐阜県南部の美濃についてもいえる。近世までは米作中心の農業社会であり，これを補うように地元でとれる資源を加工する商品が生産されてきた。水と平地に恵まれた西濃では，多すぎる水からいかに逃れるかが大きな課題であった。近世初期に尾張藩が犬山から弥富まで全長48kmにわたって築いた御囲堤は，政治的に優位な立場にある地域がわが身大切さを優先して行った築堤事業であった。これによって水害に逢う危険性が高まった美濃では，自己防衛のために輪中が競って築かれた（図3-19）。御囲堤といういわば大きな輪中の外に小さな輪中が点在するさまは，この地域が3つの大きな河川が下流部に向かって収斂していく宿命の地であることを物語る。

　米作以外では，綿の栽培や桑による養蚕などが家計を助けた。山地で産する木の実や木材も収入源であった。富有柿の栽培は現在に続く西濃の名物であり，揖斐の山中からは大垣方面へ薪材が出荷された。近世を通し有力な藩として発展してきた大垣は，揖斐川の伏流水に恵まれ，近代以降は紡績業の

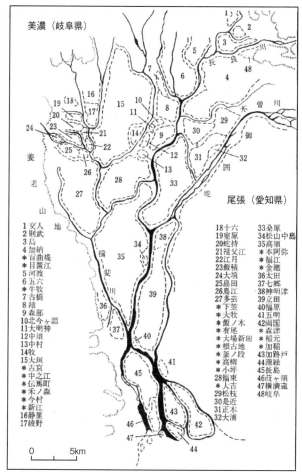

図3-19　岐阜県南西部の輪中分布
出典：安藤，1988, p.25, 第1図をもとに作成．

生産地として名が知られるようになった。近くには金生山と呼ばれる石灰岩の産地があり，近世から肥料用や酸性土壌の中和剤として掘り出されてきた（加藤，1953）。近代以降は製鉄用やパルプ用などとしての用途が広がり，現在も名古屋臨海部の製鉄工場に輸送されている。石灰はカーバイト，石灰窒素，熔成燐肥の原料でもあり，揖斐川の水を利用して生まれた電力を使って生産が行われるようになった。繊維産業のほか，石灰岩や電力など地元資源をもとにした産業の集積が進み，大垣は県内有数の工業都市になった。

　廃藩置県後の県庁誘致合戦で有力視された大垣に勝ったのは岐阜であった。戦国期には城下町であったが近世当初，幕府直轄地となり，さらにのちには尾張藩の代官・奉行所によって治められるようになった岐阜は，商都として発展してきた。明治以降は，のちに東海道本線に組み入れられることに

なる武豊線の開業を契機に市街地が南下し，加納と一緒になって県都としての地位を固めていく。主な産業は紡績，製糸をはじめとする繊維業で，とくに繊維卸売業が発展した。木曽川は近世までは美濃－尾張の南北間交通の障害であった。しかし橋が架けられた近代以降は障害の程度が弱まり，尾張からの影響が美濃側に及ぶようになる。私鉄路線網の統合により，岐阜と名古屋の一体化が進められた。

　西濃における主な都市の配置を見ると，美濃平野の北の端に近い位置に大垣，瑞穂，岐阜，その東側の台地上に各務原が帯状に並んでいる。この帯の南側には養老，安八，羽島があり，北側には垂井，本巣，関などが列をなしている。南側では高度経済成長期に東海道新幹線や名神高速道路が走るようになり，農地の住宅，工場，流通業務用地への転用が進んだ。古くからの集落は自然堤防上に形成されたが，新しい建物や施設は低湿地を埋め立ててその上に設けられたため，洪水被害に遭うこともめずらしくなかった。一方，北側では岐阜や大垣の都市発展にともなって郊外化が進み，その影響圏の中に取り込まれていった。

3．流域圏の集まりからなる中濃，東濃の都市配置

　西濃から岐阜地域を取り出し，西側の西濃と区別しようという動きがあることはすでに述べた。実際，岐阜県の行政域区分ではそのようになっているが，これを認めるとすれば，西側は揖斐川，東は長良川の流域を想定して区分けされたと考えれば，ある程度納得がいく。愛知県や三重県と同じように，岐阜県でも河川流域が都市や都市圏の形成に関わっていることは明らかである。同じような論理は，岐阜県の中央部・中濃と東部・東濃にも当てはまるように思われる。ただし詳細に検討すると，流域の論理だけでは地域は区分できないことがわかる。比較的わかりやすいのは東濃である。この地域は伝統的に東濃西部と東濃東部に分かれると考えられてきたが，それは西側が庄内川流域，東側が木曽川流域でほぼまとまっていることによる。東濃西部は多治見，土岐，瑞浪の盆地地形と地元産の陶土原料を資源とする陶磁器業で発展してきた。陶土原料を産出する恵那の一部を含みながら，土岐川はこれら3市を流域内に収めている（図3-20）。これに対し東濃東部は，木曽川支

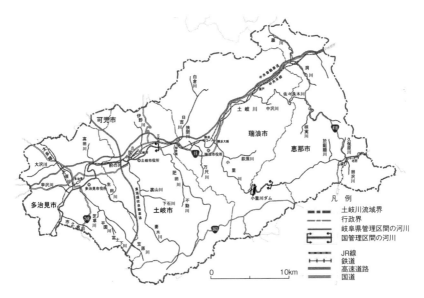

図3-20 庄内川中・上流（土岐川）流域に相当する東濃西部
出典：岐阜県のウェブ掲載資料（https://www.pref.gifu.lg.jp/shakai-kiban/kasen/kasen/11652/seibi-keikaku.data/tokigawa.pdf）をもとに作成。

流の阿木川に沿う恵那と，同じく木曽川支流の中津川に沿って形成された同名の中津川からなる。2つの支流は庄内川の流れの方向とは90度違うため，都市発展の方向も東濃西部の3都市とは異なる。産業構造も西側とは異なり，地場産業はあまり発達していない。林業，農業など第一次産業に特徴がある。

　西，東の違いはあるが，東濃がひとつの地域としてまとまりをもっているのは，庄内川，木曽川流域が回りを山地で取り囲まれているからである。昔風にいえば尾張と美濃，三河と美濃をそれぞれ隔てる山地が南側にあり，北側には飛騨と美濃を分ける山地が広がっている。ただし北西方向はつぎに述べる中濃との境が，これも山地によって地域を分けている。いずれにしても地形的孤立性の色濃い地域であり，同じ美濃すなわち現在は岐阜県でも西濃方面から見ると，かなり遠隔に位置する地域という感じが強い。それでもこの地域は中山道，中央本線，中央自動車道など歴史的に東西日本を結びつける交通路の通過地域として存在感を示してきた。リニア中央新幹線の岐阜県における唯一の駅が中津川近くの美濃坂本に設置されるのも，過去から続く

歴史の延長線上にある。中山道は，西濃，中濃，東濃を貫いていたという意味で，美濃国の一体性を保つのに貢献した。ところが明治中期に中央本線の建設が構想されたとき，中山道沿いのルートが一旦は計画されたが，最終的には採用されなかった。採用されたのは中山道のバイパスともいえる下街道沿いのルートであり，名古屋との結びつきが優先された。以来，東濃は県庁のある西濃ではなく，名古屋との関係を強めることになった。

　比較的まとまりのある東濃に比べると，中濃はまとまりに欠ける。基本的には流域をまとめた範囲であり，東側は木曽川，飛騨川，西側は長良川，板取川，津保川の流域が都市域を構成している。飛騨川は木曽川に合流するため，合流付近の美濃加茂が地域の結節点の役割を果たす。同じように，板取川が長良川に合流する美濃，津保川が長良川に合流する関が，西側では結節点として発展してきた。木曽川，長良川は下流部でこそ互いに接近して流れるが，その源流は長野県の木曽谷，岐阜県の蛭ケ野で互いに遠く離れた位置にある。木曽川中流部の美濃加茂，長良川中流部の美濃，関の距離もそれほど近いとはいえない。あたかも中流部同士をつなげたかのような地域が中濃をかたちづくっている。さらにいえば，西側の長良川流域では上流部にあたる郡上八幡が行政域として中濃に含まれる。長良川流域における郡上八幡の位置に似ているのが，飛騨川流域における下呂の位置である。ただし下呂は，岐阜県の行政域区分では分水嶺の向こう側に広がる飛騨に含まれる。いずれにしても，中濃という名称はあるが，一体性を問われると薄弱な面があることは否めない。

　中濃のまとまりの希薄さは，都市間関係によって説明できる。西側の長良川中流域は，長良川をさらに下った岐阜とのつながりが強い。美濃和紙の産地として発展してきた美濃は長良川の舟運を利用し，旧城下町で商都であった岐阜と経済的に結ばれていた。和紙が素材として使用される和傘は加納藩の特産品であり，これも盛衰を経ながら継続されてきた。美濃和紙の産地に近い関では刀鍛冶の伝統が受け継がれ，明治になって廃刀令が出されてからは挟みや包丁など日用使いの刃物産地として発展してきた。関は美濃より岐阜に近く，岐阜の郊外のような位置にある。岐阜の市街地発展にともない，住宅機能や工業機能を受け入れてきた。東側の美濃太田も，高山本線を使え

ば岐阜に行くことができる。しかし岐阜までの距離は関よりも遠く，県外の犬山，名古屋方面に向かいやすい。木曽川対岸の可児はこの傾向がもっと強く，名古屋方面への通勤人口を受け入れるため住宅地の受け皿となった。可児は多治見，土岐とも接しているため，この付近では中濃と東濃の関係が強い。

第4節　地形環境の特徴と三重県の都市配置

1．伊勢国北東端に位置する桑名のボトルネック的な地形条件

　木曽川は古来より南の尾張と北の美濃を分ける役割を果たしてきた。現在も愛知県と岐阜県はこの川を県境としており，木曽川をまたぐ橋も多くなり人の行き来も盛んになったにもかかわらず，依然として政治的には国境といった趣がある。しかし木曽川はその下流部では両県の県境役を長良川に譲っていることはあまり知られていない。河口部付近で木曽川は再び県境となるが，それは岐阜県ではなく三重県と愛知県を分ける境界である（図3-21）。最終的に愛知，三重両県の境界は，木曽川左岸で愛知県弥富市と三重県桑名市が接するところで終わる。このように木曽三川は伊勢湾に注ぎ込む河口部附近で複雑な様相を呈しているが，分流事業が行われる以前はもっと複雑であった。大河は往々

図3-21　木曽三川河口部附近の県境
出典：YAHOO Japan地図をもとに作成。

にして人の行き来を遮断する。まして3つの河川が分流もせず複雑に絡み合いながら流れていた時代は，人の移動もままならず人的交流関係は単純ではなかった。交流関係は言葉や習慣など文化面に現れるため，境界線が輻輳する地域ではほかにはない文化的差異が観察される。

言語学の方言調査によれば，木曽三川下流部付近におけるアクセントの体系的境界は長良川と揖

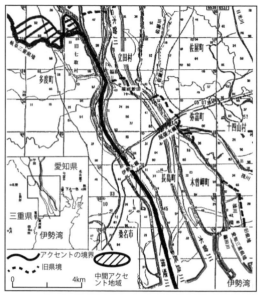

図3-22 関西風アクセントと名古屋風アクセントの境界
出典：鏡味，1998，p.91をもとに作成。

斐川の境と一致しており，その北側では養老山地の峰が境になっているという（図3-22）。俗に関西弁といわれる近畿地方独特のアクセントは，揖斐川を臨む桑名市で終わっている（鏡味，1998）。同じ桑名市内でも揖斐川と木曽川に挟まれた旧長島町や愛知県弥富市に接する木曽岬町は，尾張弁のイントネーションである。もちろん，方言のイントネーションだけが文化的指標ではない。しかし，揖斐川が名古屋圏の西と東を文化的に分ける境目であることは明らかである。

養老山地は簡単には横断できない地理的障害物であり，その北側の関ヶ原付近の鞍部が昔から通行可能な通路として利用されてきた。そこが通行不能であれば，養老山地の南側，すなわち伊勢湾岸に近いところを東西方向に移動するしかない。昔風にいえば東の尾張国と西あるいは南西の伊勢国を結ぶ唯一の陸路は，まさしくこの木曽三川河口部にあった。陸路といっても橋のない時代のことゆえ，大河を越えていくには舟に頼るほかはなかった。近世は尾張の熱田宿と伊勢の桑名宿を結ぶ七里の渡しが旅行者の足代わりであっ

た（日下，1997）。渡しを嫌う人は遠回りの佐屋街道も利用できたが，いずれにしても北東方面から伊勢国に入るには揖斐川河口の桑名を経由するしかなかった。

　七里の渡しの桑名の渡船場の近くに伊勢国の出入口を象徴する大きな鳥居が建っている。桑名から伊勢までは107kmもあり，この距離は愛知県でいえば，一宮の真清田神社と豊川稲荷を結ぶ距離80kmよりも長い。伊勢神宮は古来より信仰の対象として特別な存在と見なされてきた。桑名が伊勢神宮あるいは伊勢国の出入口であったのは，桑名を通らなければ東国からは伊勢国に入ることができなかった地理的状況を物語る。ボトルネックのような桑名の位置的条件は，河口付近で収斂する大きな河川と断層山地によって生み出されたものである。近代になり木曽三川をまたぐ橋が鉄道，国道，高速道路とつぎつぎに架けられていった。これによって愛知・岐阜両県と三重県の間の人やモノの動きは活発になり，三重県は名古屋圏の西部を構成するようになった。しかしながら，言語など文化的基層では関西風の色合いは消えておらず，県西部や南部では大阪圏の影響が濃厚である。

　濃尾平野には近世，東海道の宿場（宮宿）を兼ねた熱田に湊があり，城下町・名古屋も海側からの物資流入に依存していた。矢作川が形成した岡崎平野にも西尾や岡崎などの城下町があった。さらに豊川がつくった豊橋平野には現在の豊橋がかつては吉田藩の城下町としてあった。これに対し揖斐川河口の桑名には城下町こそあったが，岡崎平野や豊橋平野などのように大きな平野は背後にはなかった。この点で，桑名と揖斐川の関係はほかの都市とは少し異なっていた。背後に平野をもたない桑名は，伊勢ではない他国（美濃・尾張）を流れる大きな河川の河口に近かったため，舟運機能を一手に担うという幸運に恵まれた。木曽三川はかつては中流部から下流部にかけて互いにつながっていた。このため桑名は目の前の揖斐川だけでなく，長良川や木曽川の舟運の拠点でもあった。つまり桑名は，地理的には伊勢にありながら，経済的には尾張や美濃と密接な関係をもつことができた。その遠因を探れば，濃尾傾動運動という自然現象に行き当たるのは興味深い。

2．三重県の都市の並び方と鈴鹿を越える交通路

　桑名は木曽三川の河口の港町として発展してきたが，桑名は養老山地の西側を北西から南東にかけて流れ下る員弁川の河口にもあたる。員弁川は規模では木曽三川に遠く及ばないが，川の両側に細長い谷底平野を形成している。また谷底平野の両側を縁取るように台地が広がっている。員弁川が下る養老山地西側の斜面は比較的緩やかであり，養老山地東側の断層線沿いの急斜面とは非対称的である。員弁川の南にある朝明川がほぼ同じ方向で流れ，川越町一帯に平野をつくって伊勢湾に注ぎ込む。朝明川の両側にも谷底平野が細長く延びている。平野の両側は上流部では侵食の進んだ台地，下流部では 50～80 m の丘陵地である。このように，桑名から四日市，鈴鹿，津を経て松阪辺りに至る地域一帯では，西から東に向かって流れる河川と，これが形成した沖積低地が組み合わさったセットが繰り返し現れるという特徴が見られる（図3-23）。それに加え，臨海部に形成された低地は南北方向に連なるように分布している。こうした特徴をもった地域は，同じように海に面し

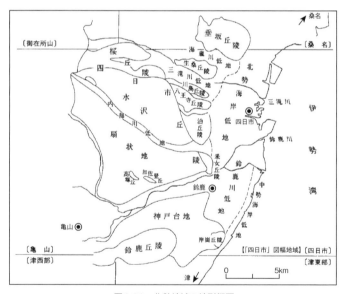

図3-23　北勢地域の地形概要
出典：産業技術総合研究所のウェブ掲載資料（https://www.gsj.jp/data/50KGM/PDF/GSJ_MAP_G050_11043_1984_D.pdf）をもとに作成。

ている愛知県には見当たらない。しいていえば岡崎平野と碧海台地がセットになったものがこれに近く，三重県ではこうしたセットが繰り返し現れるといった感じである。

　三重県側の伊勢湾の海岸線は，桑名から松阪辺りまで緩やかな曲線を描くように延びている。この海岸線の内側に主な集落が連なるように形成されており，その中の有力なものが都市として発展してきた。さきに述べた河川とその両側の沖積低地，さらにこれに続く洪積台地のワンセットが臨海部の主要都市の勢力圏になっている。近世には北から順に桑名藩，天領の四日市，津藩，松阪藩などがあり，少し西側に入ると同じく北から菰野藩，亀山藩，久居陣屋，紀州藩飛び地の田丸城などが並ぶように分布していた。こうした構造的な都市配置の遠因を考えると，伊勢湾沿岸の断層構造に思い至る。古くは東海湖が形成された地質年代にまで遡ることができるが，三重県の東側海岸部が東海湖の西の縁であったと考えれば理解しやすい。実際，現在の海岸線から3〜5km内陸に入った辺りに，海岸線と並行するように複数の断層線や撓曲線が走っていることが明らかにされている。これらの断層線や撓曲線を境にして西側の台地，丘陵地から東側の平野へと地形の特徴が大きく移り変っていく。

　谷底平野や沖積平野を形成してきた幾筋かの河川は，いずれも三重県の北から南へと連なる鈴鹿山脈や布引山地を源流とする。これらの山脈・山地は関西と東海あるいは大阪圏と名古屋圏を隔てる地理的障壁として存在してきた。2つの圏域をつなぐ位置にある伊勢国では，いかにこの地理的障壁を越えるかが課題であった。桑名を東国からの玄関口とする街道を通れば，四日市辺りまでは難なく来られる。問題はそれからで，標高の高い鈴鹿山脈を越えるのは容易ではなく，山越えの道は標高が鈴鹿山脈ほど高くない南側の布引山地に多かった（図3-24）。津（藤堂）藩の城下町・津から津藩の支城のあった伊賀上野をを結ぶ伊賀街道，津から名張を経て奈良に向かう初瀬街道のほか，松阪からは和歌山街道，伊勢からは伊勢本街道があった。こうした山越えの街道のほかに，臨海部の主要都市を結ぶ伊勢街道があった。伊勢街道はその名のように，東国からの参拝者が神宮参拝のために利用した。山越えが難しかった鈴鹿山脈の東麓では，山脈の方向と並行するように巡検道があ

り東海道と濃州道をつなぐはたらきをした。

　大阪圏と名古屋圏をつなぐ位置にある三重県は、現在でこそ名古屋圏の一部を構成するようになったが、歴史的には関西文化圏に含まれていた。それは揖斐川を境とする言語イントネーションの東西の違いからも明らかである。現在でも桑名、四日市の北勢や津、松阪の中勢までは名古屋圏の影響が及んでいるが、それより南側の南勢、東紀州になると影響力は弱まる。西側でも伊賀は奈良・大阪の通勤圏であり、行政

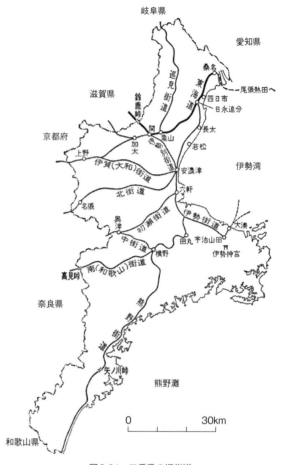

図3-24　三重県の旧街道
出典：日本地誌研究所編, 1976, p.241, 図111をもとに作成。

圏と経済圏の間には空間的な乖離がある。そのような三重県で工業化が進められたとき、やはり大阪圏からの影響が先行する一方、名古屋圏からの動きがそれを追いかけるように続いた。実際には東京圏からの全国資本の動きも重なっているため、実態はより複雑である。興味深いのは外来資本による進出が臨海部よりも内陸側の台地で進められた点である。四日市のように戦前からの海軍燃料廠の跡地に石油化学が進出してきた事例ももちろんある。し

かし産業構造がその後変化し，自動車，電機，機械，薬品などの企業が進出するようになったとき，臨海低地ではなく未開発の温存されてきた台地が工業用地として開発されていった。これは，土地条件と経済の発展段階がいかに符合していたかを示す事例である。

3．中央構造線を境に分かれる三重県の地形環境と方言

　地形条件が文化圏の形成に関わっている事例として，木曽三川とりわけ揖斐川と養老山地のケースを挙げた。愛知県でも規模は大きくないが，境川が尾張と三河の緩衝地帯として作用してきた可能性を指摘した。木曽川を間に挟む尾張と美濃の違いはいうまでもない。こうした事例は三重県という同じ県の中にもある。北・中勢と南勢・東紀州を分ける方言使用上の区分線がそれである。三重県全体は関西風のイントネーションによって特徴づけられるとしても，細部にわたって検討すると差異が見えてくる。北勢と中勢は同じグループとされ，北・中勢方言地域を構成する。鈴鹿山脈西側の伊賀はこのグループには入らず，伊賀方言地域を構成する。一方，三重県南部に目をやると，東側の伊勢・南伊勢方言グループと，西側の南牟婁郡方言グループにわかれる。このように伊賀を除く三重県では，北部・中部は北三重方言，南部は南三重方言で互いに峻別される。

　言語学的研究でこれほど明確に区別される2つの方言区域の違いは，中央構造線の走行と深く関わっている。中央構造線は和歌山県の紀の川方面から三重県に入り，伊勢市の宮川付近を通過して伊勢湾に向かう大規模な断層線である。この東西方向の軸を境に南側は険しい山岳地域となっており，南北間を連絡する交通路はきわめて乏しい。わずかに宮川支流の大山内川に沿って山岳地域を越えるか，志摩半島の東側を迂回して熊野灘に出るか，移動可能な交通路はほとんどない。山越え道は峠も多く蛇行も著しい。東側の迂回路はリアス海岸の半島の付根をつなぐように，これも蛇行を繰り返しながら進んでいく。明らかに緩やかな曲線を描く北勢，中勢の海岸線とは異なっており，リアス海岸特有のノコギリ状の地形が移動を妨げている。直線距離は短くても，道路距離はその何倍も長く，人やモノの南北間移動を妨げてきた。

　中央構造線の外帯に相当する志摩半島から南牟婁郡にかけての海岸線は，

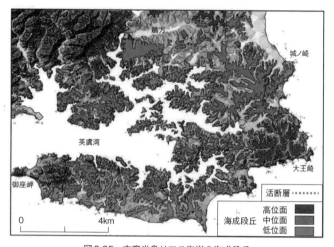

図3-25 志摩半島リアス海岸の海成段丘
出典：志摩市のウェブ掲載資料（https://www.city.shima.mie.jp/ikkrwebBrowse/material/files/group/36/keikan3.pdf）をもとに作成。

どのようにしてリアス海岸特有の様相を呈するようになったのであろうか。それは日本列島の成因とも関わっているが，付加体と海成段丘という2つの地形によって説明される。付加体とは，地球上のプレートが海溝付近で沈み込むさいに大陸側のプレートにくっついてできた地形のことである。くっつくまえは海底の堆積物であったため，性質の異なる堆積層が圧力を受けて重なったり立ち上がったりした。その後，海進や海退の作用を受けながら土地は隆起し，波の力で平らになった海食棚が三段階状の地形をつくった（図3-25）。海成段丘は性質の異なる地層からなるため，侵食されやすい層は消え硬い地層が残された。これがノコギリ状のリアス海岸である。リアス海岸は沈降海岸のイメージがあるが，ここでは土地は隆起を続けており，隆起状の山地は中勢以北との交流を妨げる地理的要因になっている。

　志摩半島から東紀州にかけての地域は，陸路では他地域からの到達が困難視される。しかし海側に目を転じると，リアス海岸は波穏やかで漁港に適した地形である。実際，三重県にある73の漁港のうち55までがこの地域にある。志摩半島南東端の大王崎を境に南側は熊野灘，北側は遠州灘と呼ばれており，ともに南からの黒潮によって運ばれてくる漁業資源に恵まれた漁場と

なっている。熊野灘を和歌山県方面へ南下すると，熊野鬼ヶ島辺りからリアス海岸とはまったく異なる直線的な海岸線になっていく。その変わりようは極端でさえあるが，これは三重県と和歌山県の県境にもなっている熊野川が排出した土砂が熊野灘の海岸部へ運ばれてできた直線状の地形である。直線状に延びる砂州によって封じ込まれて生まれたラグーンもあり，その内側は低地，さらにその内側は台地が帯状に発達している。

コラム3　海と陸の狭間にあるマージナルな空間の歴史

　2011年3月11日に起こった東日本大震災以降，海に接する陸地はネガティブに語られることが多い。あれほど大きな津波被害を被れば，無理からぬことのようにも思われる。津波に限らず台風による高潮でも海側からの攻撃にさらされる海岸部は，たしかに潜在的リスクを抱えた地域といえる。しかしそのようなリスクを切り離して考えれば，海に近い陸地は魅力的な空間である。海岸の砂浜や港の岸壁の上から眺めた海の表情は飽きることがない。何か本能的な力によって引き寄せられるように，人は変化してやまない波の動きに魅せられる。海の向こうに何があるか造像力を掻き立てるメカニズムがどこかではたらいており，時の経つのを忘れる。津波や高潮のイメージとは相反するイメージであることを承知で，一時的にせよロマンチックな気分に浸る。

　こうした海のもつ不可思議さに惹かれたわけではないが，人は海と陸の狭間で生きるための空間づくりに励んできた。古くは海岸に港を築き，遠方との間で交易をするための拠点とした。港は湊，津，浦，浜などいろいろな漢字で表現されたが，いずれにおいても，さまざまな物資が海側から持ち込まれ，また陸側から運び出された。今日のように陸上交通が発達していなかった時代，海上交通は富の移動や蓄積に深く関わった。まして四方を海に囲まれた日本では，海に近くそこに港があることは交易を通して生きていくのに欠かせない条件であった。港に集まるのは物資だけではない。むしろ遠隔地から物資とともに持ち込まれる目新たらしい文物や情報の類いが，港を活気づかせた。港は世界に開かれたゲートウェイであった。

　港は開かれなくとも，干拓事業によって海側へと生活空間を広げていく動きが

近世以降,各地で見られるようになった。米を中心とする社会ではいかに水田を広げるかは大きな関心事であり,競うように干拓によって新田が広げられていった。遠浅の海岸部や土砂排出の多い河川の河口付近は干拓に向いている。当初は塩分を含んだ土壌でも育つ綿が栽培され,やがて稲穂の実る田へと変わっていった。なかには田ではなく,養魚場や貯木場として利用された干拓地もあった。そのようなところは,半分海で半分陸の境界的空間であった。満潮時は海面下に没するが干潮になると陸地の表情をあらわにする干潟にも似た空間である。常に陸地としての表情を維持すれば,陸続きの先端として晴れて陸地の仲間入りを果たすことができる。そうでなければ,海でもない陸でもないマージナルな両性的空間として扱われる。

　遠浅の海面上に堤防を築いて陸地を広げただけの干拓地とは違い,埋立地は土砂を投下し地盤そのものを水面上に築いて生まれる。名古屋港の埠頭建設がその典型のように,海底からの浚渫土砂を埋め立てに用いる事例は多い。深い水深の航路の確保と埠頭の新設は一石二鳥の事業であり,もともと水深が深い海岸部ではこうはいかない。埠頭を鉄鋼生産や石油化学製品生産のために利用すれば臨海工業地域になる。鉱産物・農産物などの資源や石油・天然ガスなどのエネルギーを保管・貯蔵する施設を設ければ,資源・エネルギー基地にもなる。埋立地の先端は陸と海の境目が明確であり,干潮・満潮で境目が移り変わる浜辺がもっている曖昧さがない。海でもない陸でもない曖昧さや,海から陸へと徐々に移り変わる漸移性をなくさなければ,近代以降の埋立空間は生まれなかった。

　たとえ埋め立てによって砂浜が完全な陸地になったとしても,かつてそこに海岸線があったことを思い起こさせる手立てはある。たとえばオーストラリアを代表するシドニー港では,港のレストランのフロアーに1本の線が引かれており,この線がかつての海岸線であったことを客にさりげなく教えている。床に刻まれた小さな説明文に気づかなければ,どこにでもある床であろう。しかしそれに気づいた客は,遠いイギリスから島流しで連れられてきた囚人たちが,この海岸線をまたいだ時代に思いを馳せるかもしれない。シドニー港のバーリングハーバーは既に現役を退き,10km南のボタニー港にその役目を譲った。ウオーターフロントの再開発で建てられたレストランの地下には,かつての浜辺が埋もれている。浜辺が港になり,さらに商業地になっていった200年余の歴史が,この場所に積み重なっている。

　浜辺の歴史の始まりは人の想像を超えるほど古く,それぞれの浜辺でドラマが演じられてきた。名古屋港が生まれる以前の伊勢湾も同じである。伊勢湾の内部では時計回りの方向で海流が常に流れている。木曽三川や庄内川などの河口から

排出された土砂は海底に貯まる一方，波によって漂砂となり西から東へ運ばれる。このため，名古屋港やその東側の臨海工業地域が生まれる以前，知多半島の付け根付近には砂丘地形が広がっていた。文字通り白砂青松の浜辺で海水浴を楽しむことができた。やがて白浜は工業生産や資源・エネルギー基地にその場を譲り，知多半島を南へ南へと下っていった。21世紀になると巨大な海上空港が埋め立てによって出現し，臨海空間はさらに変貌した。都市や都市圏の拡大にともなって周辺農村が郊外市街地に取り込まれるように，半島臨海部も都市化の影響から逃れることはできなかった。海と陸の狭間にあるマージナルな空間は，さまざまな姿を見せながら移り変わっていく。

第4章　交通手段の発展とともに変わる都市

第1節　都市の立地・発展過程とセクター的要素

1．鉄道路線沿いに都市を読み解く意味

　大都市圏において都市や地域について語るとき，鉄道の沿線別に章や節を設けて述べるのには意味がある。読み手の立場に立てば，空間的に連続していない都市や地域をバラバラに読まされるより，同じ鉄道でつながっているところを続けて読む方がわかりやすい。理由のひとつは，大都市を中心に同じ方向にある都市や地域には共通点が多く，まとまりがあるためイメージしやすいからである。このまとまりは，同じ鉄道でつながる都市や地域の間における人やモノの動きは，ほかの都市や地域との間の動きよりも多いということからくる。たとえば通勤・通学や買い物の移動について考えた場合，鉄道利用者はその路線上のどこかを移動先とするケースが多い。郊外へ余暇目的で出かける場合でも，ほかの路線よりこの路線上にある目的地に向かうケースが多いであろう。このため，同じ鉄道の利用者はその沿線や目的地に関して情報を共有している。他人ではあるが，まったく赤の他人ともいえない共通の情報基盤の上で生活している。おのずと親近感が湧き，社会的な結びつきも強まる。同じ通勤圏や購買圏に含まれる都市や地域をまとめて書くのは理にかなっているため，書き手も鉄道沿線を章や節の単位として選ぶ。

　大都市から放射状に延びる鉄道や幹線道路などの交通路が同質的な社会集団の形成に深く関わっているという仮説は，社会学や地理学では半ば常識とされる。この仮説は，セクターモデルあるいは扇形モデルと呼ばれる都市構造モデルのもとになる考え方である（林，1991）。社会的に同質的な人々が大都市の中心から見て同じ方向に居住地を求めるため，結果的に同質的な社会集団が数珠つなぎに広がって生活する空間が生まれると考えられる。このモデルは，都心からの距離に応じて単身，核家族，大家族などの家族タイプや，都市での居住年数が異なるという考え方とは違う。都心からの距離に注

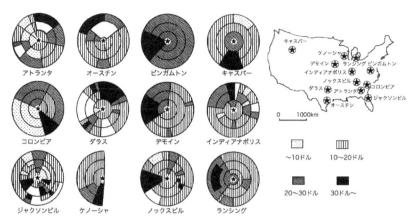

図4-1 扇形モデルを例証するアメリカ諸都市の地価分布
出典：Carter,1977,p.131,Figure 7.3をもとに作成。

目するため同心円モデルと呼ばれるこのモデルは，居住歴や家族類型の似た人々が同心円を描きながら周辺部に向けて帯状に分布するパターンを説明する（Park et al., 1925）。要するに，都市の社会集団あるいは平たくいえば住宅地は，セクター的特徴と同心円的特徴の組み合わせによって成り立っているというのが，これらのモデルのエッセンスである。

図4-1は，1930年代のアメリカにおける主要都市の地価分布を都心を中心とする同心円とセクターの組み合わせで表したものである（Carter, 1972）。印象的なのは，多くの都市において，ある特定のセクターで地価が高くなっていることである。この研究を行ったホーマー・ホイトは都市の不動産分野に明るく，それまで有力であった同心円モデルが予想するパターンが地価分布では明確でないことを示した（Hoyt, 1939）。この研究は住宅地の地価に注目しているため，商業，サービス業，工業用地の地価も含めて考えれば，より複雑になる可能性がある。ともあれ，都市構造を同心円パターンで説明しようとしてきた傾向に対して一石を投じた意義は大きい。この種の研究はその後，同心円，扇形のいずれでもない第3の「多核心モデル」へと発展していく（Harris and Ullman, 1945）。しかし，多核心モデルは個別例示的であり，一般的モデルとは言いがたい。やはり都市構造の手がかりとしては，同心円と扇形が有力な説明概念である。

このように学問的に裏付けのある都心からの距離や方向性に都市理解の手がかりがあるという考え方のもとには何があるのだろうか。同心円モデルは，都心の近くは便利で魅力があるが遠ざかるほど不便で魅力的でなくなるというように，交通費に還元できる経済的コストによって説明しようとする。たしかに，移民がつくったアメリカ都市の同心円性は，移民の流入時期とその後継世代の居住歴という社会的要素と，都心をめざす企業間の競争という経済的要素によって説明できる。しかし，一方のセクター的パターンがなぜ生まれるか，それを明確に説明するのは簡単ではない。セクターモデルは，都市が外方に向かって延びていく過程で主要交通路沿いに属性が同質的な人々が住むようになったということで，一応は説明できる。つまり交通による方向性を手がかりとする説明である。セクターの本質は偏りであるが，空間をある方向に偏らせる要因は交通路だけではない。都市ごとに事情は違っており，地形に偏りのない抽象的空間での議論を得意とする経済学ではうまく説明できない。具体的な空間にあまり関心を示さない社会学でも，深くは追究されない。

　セクターモデルでいう方向性のもとにあるものを解き明かすには，歴史と地理の両面から考える必要がある。現在でこそ規模が大きな大都市といえども，当初はそれほど大きくなかったはずである。都市拡大の背景には近代になって導入された鉄道の存在があり，鉄道が都市拡大の初期の段階で果たした役割に注目することは重要である。鉄道導入以前は水上交通くらいしか頼れる交通手段はなかった。欧米では駅馬車も使われていた。導入された鉄道がいつ，どのような目的で建設されたか，またそのさいいかなる地形条件を考慮して線路が敷かれたかに注目する必要がある。鉄道は傾斜のある地形を苦手とする。鉄道以前に利用されていた河川沿いは平地か緩傾斜であるため，ここは鉄道敷設のルートとしても適していた。河川沿いに集落や都市があればなおさらで，これらを結んで走るようになった鉄道に水上交通はその役割を譲った。水上交通でも海上を走る船舶の場合は，海岸線沿いが平坦であればそこに鉄道が建設され，やはり鉄道が新たな役割を果たすようになった。

　図4-2は，明治中期に計画された中央本線（中央西線）の建設ルートを示したものである。東海道本線がすでに走っていた名古屋を西の起点とするこ

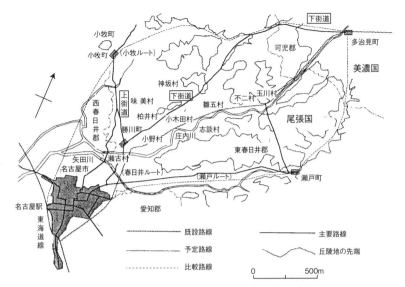

図4-2　名古屋〜多治見間の下街道と中央線建設計画ルート（1894年頃）
出典：名古屋鉄道編，1994，p.22をもとに作成．

とが決まり，名古屋から多治見方面へ向けてどのようなルートを走るか決めなければならなくなった．候補として瀬戸経由，春日井経由，小牧経由の3案が挙がってきた．瀬戸を経由するルートには，途中に1,000分の25を超える傾斜があり，当時の鉄道技術では登れないため候補から消えた．残る春日井経由と小牧経由の比較では，名古屋の市街地発展の将来性を考えると，東部を通る春日井経由が，北部を通る小牧経由より勝るとされた．瀬戸経由を含めて3案とも愛岐丘陵をいかに越えるかという課題があったが，庄内川が侵食して生まれた細い谷間を縫うようにルートを設定すれば傾斜の問題はクリアできるため，春日井経由が採用された．ただしそれでも，川沿いに14ものトンネルを掘る必要があった．この事例でも，河川が鉄道ルートを決めるさいに重要な地形的意味をもっていたことがわかる．

　同じ鉄道でも，かなり長い距離を走る都市間鉄道と，大都市圏の郊外や周辺にある都市との間を走るものとでは建設の時期や目的が異なる．歴史的には，まず都市間を結ぶ鉄道が敷かれ，これによって大都市として発展していく機会を得た都市が現れた．広域的な物資流動が盛んになり，産業集積も進

んで人口が増えていく循環的発展による大都市化である。ただし集積には限りがある。過集積でデメリットを受けるようになった工場などは都市周辺部に用地を求めて移転していった。労働人口も住宅地を周辺部にまで広げていかなければ、都市内では収容しきれない。やがて、都市の中心部と郊外や周辺部との間を結ぶ鉄道を建設し、産業の発展や労働人口の維持につとめようとする段階になる。歴史の新しい北アメリカなどとは異なり、大都市の周辺部にすでに都市や集落のあった日本では、新たに敷かれた鉄道はそれらとの連絡も考慮に入れた建設ルートが優先された。そのような場合、近世までにすでに存在していた交通路すなわち街道や河川交通路に沿って鉄道が敷かれることも少なくなかった。鉄道の役割はその後に登場する自動車によって弱められていくが、鉄道時代に形成された都市は自動車時代になってもその存在感を基本的に失うことはなかった。

2．中心地モデルの交通原理が説明する交通路沿いの都市立地

　鉄道導入以前からすでに都市や集落を結ぶ道路が存在していた地域では、交通路を通って他地域から運ばれてくる食料や日用雑貨に依存してきた。代わりに地元でとれた産物を交通路を使って他の地域へ送り出して収入を稼いだ。物資の出し入れに関わる卸売業や輸送業が、こうした都市や集落において重要な役割を果たしてきた。卸売業や輸送業の集積量が多い都市や集落は、物資の供給圏や集荷圏が広い。逆に集積量の少ない都市や集落は、供給や集荷の広がりが狭い。このため、集積量の多い都市が少ない集落を挟むように分布し、地域全体が隙間なく覆われるような空間的調整がはたらく。都市や集落のこうした空間的配置は、鉄道が導入されて以降も、基本的に変わらない。ただし鉄道は輸送量が多く、輸送速度も以前より速いため物資の供給圏や集荷圏には変化が生まれる。これによって都市や集落の規模順位が変わることはあったであろう。

　交通路に沿って都市や集落が並ぶパターンは、中心地モデルでいう交通原理という考え方によって説明される。このモデルは、ドイツの経済地理学者であるワルター・クリスタラーが南ドイツにおける中心地の分布パターンを説明するために創出したものである（Christaller,1933）。その要点は、歴史的

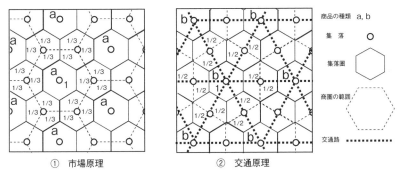

図4-3 中心地モデルの空間原理

に形成されてきた都市の分布パーンは偶然的産物ではなく，空間原理にしたがって生まれたという点にある。空間原理とは，市場原理，交通原理，政治原理のことである。このうち市場原理は，都市は競争相手からできるだけ離れて中心機能を発揮しようとする原理である。中心機能とは小売業やサービス業のことであり，同じ機能を発揮するライバルが近くにいては十分な市場が確保できない。このため，自身の供給圏すなわち商圏を確保するために，競争相手から離れようとする。もちろん，都市それ自体が空間的に移動することはなく，隣り合う都市の小売業やサービス業の間で競争が起こり，商圏が確保できれば立地でき，そうでなければ立地できない。

　図4-3 ①はこのメカニズムを説明するために描いたものである。いま，正三角形格子状に同じ規模の集落が分布しているとする。集落の周辺に広がる農地は集落圏の隅々まで耕されており，農地をこれ以上広げることはできない。土壌や耕作の条件に地域差はなく，農業が均一的に行われてきた結果，同じ規模の集落が正三角形状に分布するようになったと考える。ここである商品たとえばaを供給しようとする場合，どのような条件が満たされればそれが可能であろうか。かりに商品供給のために集落3個分の需要（商圏）が必要だとする。自集落の1個分だけでは足らないため，他の集落も確保しなければならない。しかし，もっとも近くにある集落を丸ごと取り込むことはできない。なぜなら，他の集落の小売業もその集落を商圏内に取り込もうとして競争になるからである。最終的に落ち着くのは，自集落からの供給以外

119

第4章　交通手段の発展とともに変わる都市

に，2番目に近い位置にある6つの集落もライバルとして商品aを供給するパターンである。商圏内には，自集落1個分と，ライバル間で3分割した集落1/3個分が全部で6つ，つまり2個分を合わせた全部で集落3個分の需要が含まれる。

つぎに，商品のレベルが上がり，集落4個分の商圏を必要とする商品bを供給することを考える。これが図4-3 ②である。この場合は，3番目に近い6つの集落がライバルとして商品bを供給する。分割対象の集落は前と同じ最近隣の集落であるが，この場合は2分割である。その結果，自集落1個分と，ライバル間で2分割した集落1/2個分が全部で6つ，つまり3個分を合わせた全部で集落4個分の需要が商圏内に含まれる。このパターンの場合，商品bを供給する集落を直線で結ぶと，小売業のない集落もその直線上にある。この直線を交通路と見なせば，交通路に沿って集落が並んでいるように見えるため，このような立地の仕方をクリスタラーは交通原理と名付けた。

さらに思考を広げて，かりに集落3個分を必要とする商品aと同じく4個分を必要とする商品bを同時に供給する場合を考える。商品aは，交通原理によるパターン②のもとでも供給できる。その場合は必要な商圏（集落3個分）を実際の商圏（集落4個分）が上回るため，4－3＝1の超過需要（利潤）が生まれる。ライバル間の競争が激しく，最小限の商圏を守らなければならない状況なら，図4-2 ①のパターンになるであろう。ところが，道路に沿って2種類の商品a,bを一緒に供給することで集積のメリットが得られることを優先するなら，図4-2 ②にaを加えたようなパターンになるであろう。集積のメリットとしては，共同販売による販売費用の削減，あるは消費者のワンストップショッピングによる経費削減などが考えられる。

中心地モデルの3つ目の空間原理である政治原理は，その名のように政治的あるいは行政的な目的で，都市や集落の配置を決めようとする考え方である。都道府県と市町村の関係を考えたらわかりやすいと思われるが，要は都道府県の行政域の中に市町村の行政域が完全に含まれないと不都合だということである。市場原理や交通原理の場合，都市階層において下位に位置づけられる都市や集落が，複数の上位都市に機能面で依存することは普通にありうる。同じレベルの中心機能を発揮する複数の都市が，下位に位置づけられ

る同一の都市や集落に対して影響を及ぼしている。機能発揮におけるこうした上下関係は、行政サービスでは考えられない。ある市町村が複数の異なる都道府県の指揮下に入ることはない。行政サービスには警察，裁判，保健，教育，消防などが含まれる。基本的に税金で賄われているサービスであり，公平性が保たれねばならない。同じ都市や集落に暮らす住民には同じ水準のサービスがひとつの都道府県から供給されるのがよいと考えられている。そのようなパターンの空間的表現は，われわれがよく目にする市町村を含む都道府県地図そのものである。

3．都市の理論的・幾何学的な読み解きを越えて

　クリスタラーは，南ドイツにおける都市の分布という現実から出発し，その空間的パターンを説明する理論を独創的に導き出した。それまでの地理学では，都市の景観を微に入り細に入り調べ上げて記述するスタイルが主流であった。価値の地理学に関心を抱いていたクリスタラーは，経済的距離が価値の形成に深く関わっていると考えた。企業も家計も個人も，移動に要する費用を抑えようとして行動する。費用が多ければ利益は少なく，したがって生まれる価値も少ない。これは同じドイツの経済学者であるアルフレッド・ウェーバーが工業の立地を説明するために，輸送費用の最小化を手がかりにしたのと同じである（Weber, 1909）。工業の場合は原料の性質や輸送費が生産地の決定を左右する。クリスタラーは，工業で生産された製品が供給される都市や集落の立地を対象とした。それゆえ本来なら，ウェーバーの工業立地とクリスタラーの都市（中心地）立地は統合的に取り扱うのが理想的である。しかしクリスタラーが取り上げた南ドイツは農業生産が盛んな地域であり，時代も1930年代で今日ほど工業が発展していなかった。工業活動は商業・サービス業の空間的な供給システムを歪める偏移要因として考えられてきた。そのような要因の影響が少ない地域で研究が行われたといえる。

　クリスタラーの独創的なモデルが提唱されて数年後に，同じくドイツの経済学者アウグスト・レッシュがクリスタラーのモデルをより一般化した理論を発表した（Lösch, 1943）。一般化とは，クリスタラーが唱えた3つの原理はある特殊な場合をいっているのであり，これら以外の原理も加えればモデ

ルはより一般化できるという意味である。レッシュモデルと呼ばれるこの一般化モデルは，想定できるあらゆるタイプの中心地配置をすべて組み込んだ複雑なモデルである。それゆえ現実的な妥当性において説得力に乏しいと評価する見解もある。しかし，クリスタラーが言及しなかった中心地の配置パターンをレッシュモデルから取り出して再構築すれば，クリスタラーの3つのモデルに弾力性をもたせることができる。つまり，クリスタラーが唱えた厳格な階層モデルとレッシュのいう一般的な非階層モデルの中間に相当する，より現実的なモデルが想定できる。一般階層モデルがそれで，1970年代以降，その研究が進められた（Parr, 1978）。

　工業立地論のウェーバー，中心地理論のクリスタラー，そして経済立地論のレッシュに至るまで，ドイツにおける経済立地論の研究は大いに発展した。これらの研究成果は第二次世界大戦後の経済地理学や地域経済学において受け継がれ，理論研究も大いに発展した。しかし，理論的内容を深めようと追究すればするほど，現実世界との乖離が目立つようになり，やがてこうした研究は下火になった。戦後の工業発展やモータリゼーションの普及が以前の比較的単純な都市の立地パーンを撹乱させたという側面もある。一方で，コンピュータの飛躍的発展により，都市の立地パターンをシミュレーション的手法で説明しようという試みも現れてきた。初期状態から出発してさまざまな条件を都市に与え，その発展経過を追跡して成長の要因を探ろうとする研究である。しかしより大きな時代的潮流として，石油ショック前後から楽観的な経済発展を懐疑的にとらえる動きが明確になってきた。工業生産ではポストフォーディズム，社会や文化ではポストモダニズムの思潮が広まり，古典的な立地論研究は勢いを失っていった（Pacione, 2009）。

　新古典派経済学に拠り所をおくこれまでの立地論研究の前提や観点は，見直さなければならない。古典的な立地論研究は，どこへでも自由に直線的に移動できる等方性空間を前提としてきた。もちろんそのような空間は現実には存在しない。しかしこの種の理念的空間を想定して考えると，理論をより深めることができる。また研究の目的は，空間的な立地パターンを説明することであり，新古典派経済学において中心的な概念である需要・供給，生産費の最小化や利益の最大化が説明のために利用された。これらは，価格以

外にも考慮すべき要素の多い多様性に満ちた現実世界や，利益よりも満足度を重視する生産者や消費者の登場によって説明力を弱めていった。経済市場の外部にあるとされてきた環境を内部に取り込まなければ，企業は生き残れない社会になったという点も見過ごせない。説明するといっても，経済的な費用や価値だけでなく，企業，家計，個人を取り巻く社会全体の制度的枠組みをもふまえた説明でなければ説得力が得られなくなった（Hayter and Patchell, 2011）。

　古典的な立地論研究が進められていた当時は，今日のような経済のグローバル展開は想定外であった。脱工業化がこれほど進み，サービス業を主体とする産業構造へと大きく変わるとは予想だにされなかった。クリスタラーは都市景観を微に入り細に入りして論ずる研究姿勢を批判し，経済機能に注目して都市を研究すべきだとした。景観論はクリスタラー以前から続く地理学の伝統的な研究スタイルのひとつである。クリスタラーは都市の面的側面を捨象し，抽象的な点としてとらえることで立地理論は幾何学的に深化できるとした。都市の面的側面とは，都市における土地利用や道路・建物の配置構造などのことである。都市の土地利用はフォン・チュウネンの農業立地理論を都市的に解釈したウイリアム・アロンゾによって理論化された（von Thünen, 1826；Alonso, 1964）。ここでも新古典派の価格決定理論が空間的に展開され，土地利用が均衡状態に至る過程が数理的に解き明かされた。しかしいま求められているのは，抽象的な土地利用理論ではない。個別都市の歴史的発展過程をふまえた現状の成り立ちである。人間の例にたとえるなら，履歴をふまえながらその人の人物像を描くことである。なぜそのような人柄をそなえるようになったのか，外部から表情を観察し今日に至った過程を読み解くことである。

　図4-4は，上述した地理学における都市研究のアプローチの推移をイメージ的に図示したものである。特定の都市や地域を対象としたものではない。20世紀初頭以前までの古典的な都市研究では可視的な景観が主な対象とされ，歴史的背景，建物の様式，配置，素材などが記述された。その後，ドイツの立地論的研究が注目され，産業の立地，都市の空間的配置を数理的に説明する方向へと移っていった。これを近代的立地論的アプローチと呼ぶなら，

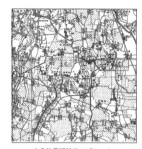
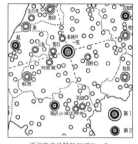

古典的景観論的アプローチ
出典:明治26年 旧版地形図

近代的立地論的アプローチ
出典:林・伊藤,1976,p.18をもとに作成。

現代的総合的アプローチ
出典:一宮市のウェブ掲載料（http://www.city.ichinomiya.aichi.jp/_res/projects/default_project/_page_/001/004/699/parts-presence_1234.pdf）をもとに作成。

図4-4　都市に対する地理学的アプローチの推移

　このアプローチは近代という時代すなわちモダニズムとともに深められた。しかし石油ショック以降の世界の変化つまりポストモダニズムへの移行とともに，新たなアプローチが模索されるようになった。都市は可視的側面だけでなく，また経済的側面だけでなく，その基盤や背後にある社会的，文化的な要素も絡めて究明される対象となった。ただし，この総合的なアプローチの中には可視要素や経済費用といったものも含まれる。過去の遺産を引き継ぎながら，急速に変化していく現代都市を文字通り多面的，総合的にとらえようとする点に特徴がある。

第2節　モータリゼーションから生まれた都市

1．自動車の発明・商品化によって変えられていった都市

　やや誇張した表現ながら，「自動車は人類はじまって以来，最大の発明」といわれることがある。ドイツのゴットリーブ・ダイムラーとカール・F・ベンツによるガソリン車の完成と，スコットランドのジョン・B・ダンロップの空気入りタイヤが結びついて自動車は現在のような姿になった。当初は自動車を何の目的で使ったらいいのかわからなかった。せいぜい一部の富裕層がピクニックに出かけるときに自動車に乗って行った程度であったのが，通勤や買物などでも利用できるようになり，瞬く間に普及していった。アメリカ・デトロイトで自動車生産を始めたヘンリー・フォードがベルトコンベ

ヤー方式による量産化に成功して価格が一気に低下したのはよく知られている（折口，1997）。量産化と低価格化の鍵は生産工程の分業化にある。高度な技術をもった職人が手づくりで生産していた自動車は，分割された工程だけこなせる経験の浅い多くの工具の手によって生産できるようになった。熟練労働者に比べて賃金の安い単純労働者を雇えば，効率的にしかも安価に生産することができる。のちにフォーディズムと呼ばれるようになる大量生産方式は，自動車以外の産業でも導入されるようになった。

　こうして量産化されつぎつぎに工場から出荷される自動車も，道路や橋梁，トンネルなどが整備されいなければ本来の機能を発揮することができない。このため国は，自動車が走りやすいように交通インフラの建設に取り組むようになった。徒歩や馬車や船とは比べものにならない速度で移動する自動車は，絶対的な距離の束縛を解き放った。以前に比べると，同じ時間で何倍も長い距離を越えていくことができる。建物や家々が凝集していた都市はそのかたちを徐々に変えていった。通勤や買物を含むあらゆる移動は，自動車を利用すれば距離を気にすることなく行えるようになった。既成市街地の外側に工場，商店，住宅などがつぎつぎに建設され，以前なら出かけていくのが容易でなかったところが自動車利用を前提とした市街地に変貌した。この間の大きな変化は，自動車普及以前に作成された地図と普及後の地図を見比べ

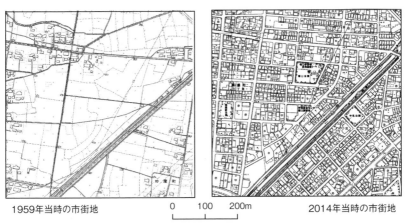

図4-5　モータリゼーションとともに変化した市街地
出典：春日井市都市計画基本図をもとに作成。

ると一目瞭然である（図4-5）。ゴム版上の一か所に塊まっていた都市は，ゴム版の端を掴んで引っ張ると周辺に向かって伸びていくように，かたちを変えてしまった。伸びたゴム版上の距離は長くなったが，移動に要する時間は以前と変わらない。

　変化は産業や生活をはじめあらゆる分野に現れ，これまでのスタイルは一変した。モノや人が集まってはじめて移動する鉄道とは違い，自動車はスケジュールに関係なくいつでも，どこへでも行くことができる。時間と空間による制約を大幅に緩めた自動車は，まさしく人類始まって以来，最大の発明といってよいであろう。乗り降りに制約の多い鉄道は自動車によって需要を奪われ，なかには経営が成り立たなくなり消えてしまったものもある。鉄道のもつ公共性を自動車が脅かすようになったという点では問題なしとはしない。しかしその一方で，自動車は交通手段としてだけでなく産業振興という側面で経済発展に大きく貢献してきたという事実はみとめざるをえない。自動車産業は裾野の大きな産業である。自動車の利用を前提として成り立つ分野は産業以外にもあり，もはや自動車以前の世界には戻れなくなってしまった。現在はガソリン車と人による運転の時代から，石油燃料に依存せず運転も自動操縦へと，新たな段階へと進みつつある。人類の歴史においてかつては存在しなかった「モータリゼーションに乗った都市」が地球上のいたるところに見られる時代となった。

　自動車に追い立てられるような存在になった鉄道は，エネルギー効率や二酸化炭素排出などの点では自動車より優れている。評価すべき点はそれだけにとどまらず，土地利用効率の点でも自動車を上回る。直線的な軌道の上を走る鉄道はわずかな空間を占拠しているにすぎない。対する自動車は広範囲に広がる道路網があってはじめて本来の機能を発揮するため，都市空間に占める割合は大きい。しかも常に道路上を自動車が走っているとは限らず，建設してみたものの，ほとんど利用されていない高速道路さえ存在する。走っていない自動車はどこかに駐めて置かなければならない。共有されない私的な自動車すなわちマイカーは，住宅地や商業施設，オフィス，工場などの近くに駐車スペースがあることが前提である。自動車は産業構造や生活スタイルの変化だけでなく，都市空間のあり方も大きく変えてしまった。

2．自動車交通が前提の都市圏と高架式高速道路の出現

　自動車の普及にともなって都市空間は拡大の一途を辿り，やがて農村部にまで深く入り込んでいった。以前なら都市へ通うことができなかった農村部から，通勤や買物を目的として出かけることができるようになった。農業の機械化や省力化も手伝い，農村部から労働力が都市へ吸い取られ，都市の企業で働きながら収入を得，農業も片手間に行う兼業農家が増えた。家庭電化製品も手に入って生活スタイルも都市化し，都市と周辺の農村が経済的，社会的に一体化した都市圏が各地に現れるようになった。自動車の増大で渋滞が懸念されるようになった都市とは対照的に，道路整備が進んだ農村部では交通混雑もなく，快適に自動車生活が営まれるようになった。都市周辺の農村こそが，自動車普及によってもっとも大きな恩恵を受けるようになったといえるかもしれない。

　年々，増え続ける自動車の増加で，都市部では交通マヒが頻発するようになった。朝夕ラッシュ時の渋滞はもとより，通常の時間帯でもノロノロ運転を余儀なくされ，自動車のもつ高速移動性が十分発揮できない状態が常態化した。やがて都市の中に高架構造の道路を設けて渋滞に対処する方法が検討され，大都市では実現していった。日本では 1964（昭和 39）年開催の東京オリンピックがその契機になった。高架式の高速道路は信号もなく，地上の交通渋滞を尻目に自動車はスピードを出すことができる。ここにおいて都市は，地上と高架上という二重の移動空間をもつに至った。絶対的には同じ都市空間でありながら，下と上では相対空間が異なる（図 4-6）。高架式高速道路の出入り口を境に，二つの異なる移動空間がつながっている。

　交通渋滞でマヒ状態に陥った都市は，高架式高速道路の出現で再び活気を取り戻した。交通アクセスの改善が新たな企業の都市集中を促し，都市とりわけ大都市はますます集積密度を高めた。当初は東京，大阪などに限られていた高架式高速道路は他の都市でも建設されていった。名古屋では公害問題を恐れた住民の反対運動で 10 年以上建設がストップしたが，時代の趨勢には勝てず，建設は再開され完成した。この間，低排出ガスや低騒音など自動車の技術革新も進み，受け入れを認めざるをえない状態になった。やがて，

都市内部の高架式高速道路は東名，名神などの都市間高速道路ともつながるようになり，地上の道路網とは完全に切り離された高速道路網へと発展していった。新幹線の誕生でこれまでとは異なる都市連結空間が実現したように，自動車交通においても新たな都市間移動空間が生まれた。

高架式高速道路が都市内に生まれ

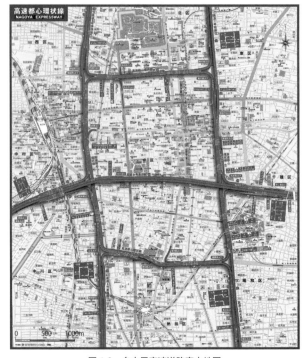

図4-6　名古屋高速道路案内地図
出典：名古屋都市高速道路公社のウェブ掲載資料（http://www.nagoya-expressway.or.jp/guide/map/index.html）をもとに作成。

たことにより，都市の景観にも変化が生まれたように思われる。道路が地上に限られていた頃は，建物は地上から眺めるものであった。ところが高架上を道路が走るようになり，建物は高いところから見下ろされる存在になった。もちろん，この間，中高層ビルの建設も進んだため，高架上から見上げるビル群も増えた。しかし多くの低層建築物は見下されるという立場になった。京都，仙台，札幌など高架式高速道路のない大都市では，走る自動車から見下されるという建物はない。建物が主で自動車が従という関係はないのかもしれないが，新しく登場してきた自動車に見下されるという違和感は主従の逆転を認めたくないという感覚に近いように思われる。

こうした違和感をよそに，多くの大都市では高架式高速道路の建設・整備が進み，並行して中高層ビルの建設も進められている。まるで高架式高速道

路の建設が中高層ビルの建設を促しているようである。建物は地上にへばりつくように建っているのが普通という常識を覆すように，道路が先行して高架構造をもつようになった。常識が覆され規制がなくなった都市では，建物が後を追いかけるように，続々と背伸びをし始めた。まるで，高架式高速道路が先導した新たな垂直空間に建物が呼応するように，都市空間がつくり変えられていった。高層建築物によって都市の空中空間に進出した人間は，空中空間を移動する手段も獲得した。

3．多様な自動車文化と自動車利用を意識した商業文化・移動空間

　自動車文化という言葉はあるが，いったい何を意味しているのであろうか。思うにそれは，自動車が利用できるようになった人間による文化活動全般をさしている。あまりにも漠然としているが，徒歩，駕籠，馬車，舟ではなく自動車を日常的に使うようになり，新しい生活スタイルが生まれてきた。所詮は移動手段に過ぎないが，この便利な移動手段を手に入れ，維持・管理するにはそれなりの努力を必要とする。たとえば私的移動手段としてのマイカーの場合，車庫の確保はもちろん，ガソリンスタンドでの給油や洗車，運転中に聞きたい音楽や情報など多岐にわたっている。現在ではGPS機能付きのカーナビは必携であり，それ以外の防犯装置や各種アクセサリーなどマイカーに装着されているものは種類が多い。あまり一般的とは思われないが，通常の自動車を好みに合わせて改造する人もいる。チューニングに熱心な人にとって，自らのアイデンティティを自動車によって表現したくなるほど，クルマは魅力的な存在である。

　自動車は単なる移動手段とは思えないほど，人々の心をつかみ個性的な工業製品として磨き上げられていった。とくに高速で走る必要はなくても，あたかもそのように走れそうなデザインでスポーツカーは製造されている。家族形態に合わせるように，大きさやスタイルに工夫を凝らした自動車がテレビコマーシャルで流され，ディーラーの店頭に並べられる。ここには移動という基本的目的を超えた，さまざまな要素が組み合わされた商品としての自動車が存在する。自動車メーカーは，多様な趣味・思想・信念の持ち主であるユーザーを想定しながらも，最大公約数的なモデルに絞り込んだ製品を市

場に提供する。購入したユーザーは，愛車を好きなように乗り回し，文字通りマイカーへと変えていく。かつて愛馬を購入するために家族揃って出かけていく習慣のあったヨーロッパでは，現在でも家族揃ってディーラーまで出かけ，購入した自動車に乗って家へ帰るスタイルが残っている。生活に不可欠な一製品として以上の意味合いを，自動車はもっている。

　現在では自動車の存在があまりにも一般的になりすぎたため，自動車文化の特性がつかみにくいのかもしれない。ショッピングセンターや行楽地の娯楽施設などでは，自動車駐車場の存在は当然である。これらの施設では，幹線交通路からアクセスしやすいことが前提条件となっている。自動車利用ありきの施設配置であり，いかに抵抗なく自動車利用客を呼び込めるかがポイントになっている。近年はほとんど見かけなくなったドライブインシアターは，まさしく自動車と映画文化を結びつける存在であった。代わりにドライブスルーでハンバーガーを販売するファストフード店などが増えており，自動車は食文化の領域にも直接浸透するようになった。ドライブインシアターにしてもドライブスルーにしても，消費者の好みを先取りした営業スタイルである。前者は時代とともに相容れなくなって廃れ，後者は受け入れられて支持を得るようになった。

　自動車文化の地域性ということでいえば，自動車が利用しやすい都市の郊外や周辺部において文化は深みを増している。たとえばアウトレットモールは，同じブランド品を割安価格で販売することを武器に，都市の郊外や周辺

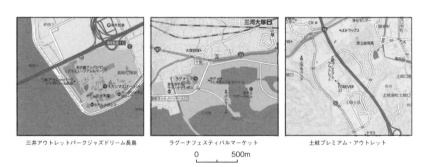

図4-7　名古屋圏内の主なアウトレットモール
出典：マーケットピアのウェブ掲載資料（http://www.homemate-research.com/shopping/outlet_mall/area/tokai/）をもとに作成．

部に立地している（図4-7）。都心部と郊外・周辺部の立地場所の違いがブランド・レベルの違いに反映されていることを意識した商法である（石井・神頭, 2016）。鉄道など公共交通によるアクセスが主の都心が上にあり，自動車利用の都市郊外・周辺部はその下に位置づけられている。商業地の地価の違いという大きな前提があるが，自動車利用客は郊外の新興住宅地域や大都市圏の周辺部に暮らす人々に多いという経営側なりの判断が，ブランドの価格差設定の根底にある。ブランド品というもっとも文化性と結びつきやすい商品の販売において，消費者市場を評価するさい自動車利用が考慮されている。

かつて，鉄道会社が線路を都市の郊外にまで延ばし，そこに遊園地や娯楽施設を設けて都市住民を運び，運賃収入を稼いだ時代があった。このスタイルは現在でも残っているが，大半は鉄道の代わりに自動車利用になった。さきに述べたアウトレットモールもその一種であるが，テーマパークやレジャー施設など自動車利用客を当て込んだ施設がつくられていった（奥野, 2003）。共通しているのは用地が広いことであり，都市郊外や周辺部の地価の安い場所だからできる。多くはないが，なかには自動車サーキット場のように，広大な敷地それ自体が自動車利用と一体化した施設さえある。こうした事実は，自動車が広いスペースと相性がよく，それゆえ都市郊外や周辺部に自動車に関わる文化が生まれやすいことを示唆している。鉄道とは異なり，自動車は利用者自身が自由に移動することである種の快感を味わうことができる。都市郊外や周辺部をドライブすること自体が目的化することさえある。気分転換やストレス解消という本来の目的とは異なる欲望が満たされる空間がそこに広がっている。

第3節　自動車の生産・販売・貿易と都市構造

1．自動車産業の発展とともに変わる都市構造

現在，日本国内で製造業出荷額が最大の産業は自動車産業である。製造出荷以外に販売やリースなど自動車に関わる産業を加えて考えると，非常に大きな割合を占めていることがわかる。コンピュータやスマートフォンなど情報処理や通信端末の機械器具の進化は目覚ましく，関心がそちらに向かいや

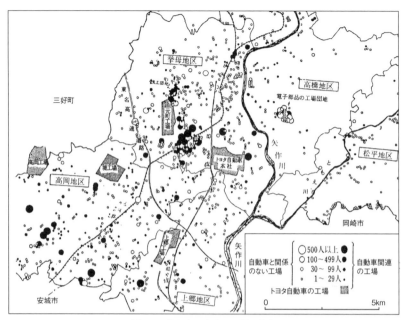

図4-8 豊田市における工場の分布
出典:豊田市総務部編,1982, p.62による。

すいことは確かである。しかし,生産や販売の規模とそれに携わる従業者の多さにおいて自動車産業を上回るものは見当たらない。情報通信もさることながら,まずは移動できなければ社会は成り立たない。現代社会を成り立たせている移動基盤として自動車は欠かせない存在であり,製造や販売の実態におのずと目が向けられる。とくに都市の形成や発展の点から見て,自動車産業がこれまでに関わってきた点は無視できない。自動車それ自体を生産している都市は国内でもそれほど多くはない。しかしアセンブリー産業の典型ともいえる自動車産業に関わりをもつ産業は数多くの都市に分布している。自動車を販売するディーラーは全国各地にあり,これらを含めると都市構造との関係で自動車にはもっと関心の目を向けるべきと思われる(林,2007)。

　周知のように,日本で国産の自動車を最初に量産したのはトヨタ自動車である。自動織機を製造してきた企業から自動車を独自に生産する部門が独立し,最初の工場が建設されたのは愛知県の挙母町であった。それ以来,戦時

期を挟みながら工場の数は増え，生産台数もうなぎのぼりに増加していった。高度経済成長期の市場拡大を背に受け，増産に継ぐ増産で企業は大きく発展した。元の自動織機の本拠地は刈谷市にあったが，新天地として選ばれた挙母町は挙母市となり，さらに豊田市へと変貌していった。小規模な旧城下町は，巨大な自動車メーカーの存在感がすこぶる大きな一大企業城下町へと変わった（図4-8）。この間，男性が主体の労働力は地元はもとより全国各地から集められた。とりわけ炭鉱離職者が多く就業機会に恵まれなかった九州地方から多くの労働者が豊田市に流入した。労働者が住むための住宅や生活のための商業，医療，教育施設が工場周辺に設けられていった。

　企業城下町という比喩的表現には，幾分，批判的な意味が込められている。封建社会の城下町では為政者が政治のすべてを取り仕切った。近代以降の都市では，市民によって選ばれた代表者が行政組織を使いながら都市運営に当たるのが基本である。しかし特定の企業からの税収入が多く，市民の中に企業関係者が多くなれば，おのずと企業の意向は行政にも反映されていく。市民が享受する社会サービスの源泉に占める企業からの税金の多さを考えると，直接，企業と関わらない市民といえども，企業の存在を無視することはできない。ただし，その存在感があまりに大きすぎると息苦しさを感ずる市民も現れてこよう。年々，規模を増し，知名度が全国的に高まり，さらに海外でも広く知られるようになるにつれ，誇らしさと同時に，企業レベルと市民レベルとの間にあるギャップが意識されるようになる（都丸ほか編, 1987）。企業名は知られていても，同じ名前の市のことがどれほど知られているのか，戸惑いを拭い払うことはできない。

　特定の企業や産業に大きく依存する都市は，景気の動向に左右されやすいといわれる。景気は数多くの産業の動きの総体的結果であるが，特定の企業やその企業が含まれる産業が成長すれば，依存度の大きな都市はその恩恵を直接受ける。逆に停滞や衰退に向かえば，マイナスの影響も直接的である。ほかの産業で相殺することができないため，影響は大きくなりがちである。実際，アメリカが震源地であった2008（平成20）年のリーマンショックのさい，対米貿易依存の大きかったトヨタ自動車が受けた影響は大きく，それは豊田市の財政をも直撃した。通常の歳出歳入額が大きいだけに，企業収益の増

減が市財政や行政サービスに与える影響も小さくないのである（丹辺ほか編，2014）。豊田市は他の自治体がうらやましがる地方交付税の不交付団体を続けてきたが，世界規模の大不況に直面し，一時的とはいえ財政危機に追い込まれた。

　リーマンショックと同じくらいか，あるいはそれ以上の世界的な経済危機が過去にもあった。1970年代に2度あった石油ショックがそれであり，各国はこのショックを乗り切るために知恵を絞った。すでに産業全体に大きな割合を占めていた自動車産業では，日本企業が省エネ型の小型自動車の開発に成功し，その後，世界市場を席巻するようになった。その先頭を切ったのがトヨタ自動車である。生産工程の見直し，すなわち改善を積み上げて完成したジャストインタイムをいち早く実践化した（洲崎，1987）。自動車生産の国際標準にもなったこの効率的な方式のポイントは，組立工場と下請け工場の連携を時間的，空間的にいかに無駄なく実現するかである。このために前提となるのは，工場間を連絡する道路システムの完璧性である。都市内あるいは都市間の道路交通がこの生産方式に適合するようになっていなければ実現できない。公共性の強い道路を企業の生産目的にいかに合わせられるか，道路の建設構想段階からその意図が徹底されていなければならないことはいうまでもない。

2．都市郊外に集積する自動車ディーラー

　社会の中において，自動車は住宅に次いで高額な商品ではないだろうか。車種や排気量の大きさにもよるが，普通車なら200〜300万円払わなければ自動車は購入できない。これほど価格の高い商品は身の回りには見当たらない。原則として専用の駐車スペースがなければ購入できないことを考えると，自動車は贅沢な乗り物という見方は否定できない。しかし反面，贅沢な自動車が日常生活で不可欠な都市の中でわれわれは暮らすようになった。地域にもよるが，いまや生活必需品のひとつとなった自動車を手に入れるには，どこかのディーラーにまで足を運ばなければならない。自動車を販売しているディーラーや，それと似たような業務を行っている小売店は結構身近な存在である。通常，ピアノや宝石などやはり高額な商品を販売している小売店は

その数が限られている。ところが自動車販売店は数が多く，中古車を取り扱っている店なども含めると，日常的な商品を販売している最寄り品店にも匹敵しそうなくらい数が多い。これは，いかに自動車が日常的な商品であるかを物語る。日常生活の中で自転車に乗る人は若い人を中心に多い。しかし自転車に乗れなくても自動車には乗れるという人は無数といってよいほど多い。

　これほどまでに多い運転免許保持者を対象として，自動車ディーラーは各所で販売のチャンスをうかがっている。しかし自動車という商品の特性から，地価の高い都市の中心部で店舗を構えることは難しい。自動車の展示以外に点検や修理なども行えるスペースが最小限必要であるが，そのような広い敷地は中心部では手に入らない。そのため，多くの自動車ディーラーは都市の郊外か周辺部で店舗を構える。まれに中心部でディーラーを見かけることもあるが，ほとんどショウルーム機能に限られている。何台もの新車を優雅に展示するほどスペースに余裕はない。小売業の特性として，店舗はできるだけ消費者の近くに立地するのが望ましい。この点でも，自動車のように購入前にあれこれ検討が必要な商品を住宅の多い郊外で販売するのは，理にかなっている。

　店舗立地に影響を与えるいまひとつの要因は集積の経済である。互いにライバル関係にある自動車ディーラーであれば，距離を置いて離れて立地した方が得策のように思われる。しかし事実はその逆で，複数の自動車メーカーの商品を見比べたい消費者の立場に立てば，近くにいくつかのディーラーが集まっていれば訪れるのが楽である。ディーラーごとに扱っている車種やブランドも違うため，それらを見比べることで希望するデザインや価格の自動車を見つけることができる。ライバルといってもコンビニのように，取り扱っている商品の種類がほとんど同じ小売業とは性格が異なる。半径500mという狭い範囲を確保することで成り立つコンビニは，同業他店舗がその範囲を脅かすことに神経質である。コンビニに比べると顧客の来場範囲が広い自動車ディーラーの場合は，ターゲットとなる市場が重なっていても気にはならない。できるだけ広い範囲から顧客が来店して比較検討の末，自動車を買ってもらえればよいのである。

　その結果，都市の郊外や周辺部の幹線道路沿いには複数の自動車ディー

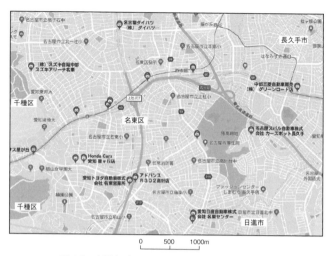

図4-9　自動車ディーラーの分布（名古屋東部郊外）
出典：GoogleMapの地図（https://www.google.co.jp/maps/search/%E8%87%AA%E5%8B%95%E8%BB
%8A%E3%83%87%E3%82%A3%E3%83%BC%E3%83%A9%E3%83%BC/@35.1561946,137.0115029,
14.41z?hl=ja）をもとに作成。

ラーが軒を並べるように集まっている地区が生まれる。自動車街（automobile row）という専門用語さえあるように，国や地域を問わず，自動車を販売する店舗は都市郊外の一角に集まりやすい（図4-9）。集積にとくに計画性があるとは考えられず，何らかの偶然性がはたらき，1店, 2店と出店が続き，気がついたら多くの自動車ディーラーの集まる専門地区，自動車街が形成されていたというのが実態に近い。自動車の商品特性ゆえ，幹線道路やバイパス道路など自動車が走りやすいところは自動車ディーラーの立地場所としても相性がよい。自動車という商品は，都市において広い道幅の道路空間を要求するだけでなく，自らを販売するために広いスペースをも要求する存在である。

3．自動車の輸入と輸出が支える港湾都市

　先進諸国の中で日本ほど輸入自動車台数が総登録台数に占める割合の低い国はない。先進諸国が陸続きのヨーロッパでは，国境の向こう側で生産された自動車を購入すれば外車すなわち輸入車になる。アメリカは隣国のカナダ

からはもとより，ヨーロッパの自動車生産国や日本，韓国などからも多くの自動車を輸入している。自国の生産台数だけでは需要を満たすことができず，大量の輸入車を加えて巨大な自動車市場を構成している。しかし近年は自動車生産台数で中国がアメリカを抜き世界一の地位に躍り出た。中国もまた世界各地から自動車を輸入しており，自国生産と合わせて自動車市場は拡大する一方である。

　自動車の輸入関税がほとんどゼロの日本で輸入車の台数が多くないのは，国産車の質が高く大多数の日本人から支持を得ているからである。しかしそれでも，輸入自動車の絶対数は年とともに増え続けており，都市の中で輸入車を見かけることが多くなった。かつては高嶺の花であった輸入自動車は，可処分所得の増加，円高傾向，海外メーカーの価格見直しなどの効果がはたらき，日本人購入者の数を増やしていった。消費者の好みが多様化し，国産車にはない雰囲気やデザインを求める人も増えていった。靴や鞄，アパレル製品などすでに海外のブランド品が市場で普通に購入されているように，輸入自動車もまた購入メニューのひとつとみなされるようになった。ただし同じ輸入車でもメーカーを地域別に見ると，かなりの偏りがある。シェアが大きいのはヨーロッパの中でもドイツであり，他の国は多くない。アメリカからの輸入も限られている。しかし注意すべきは，メーカーはドイツでも実際に生産しているのは，東欧諸国や南アフリカ，メキシコという場合のあることである。この点，消費者はあまり気に留めている風はなく，本社がドイツにあるメーカーに信頼をおいて購入しているように思われる。

　同じ海外からの輸入品でも，靴や鞄，アパレル製品と自動車では大きな相違点がある。それは，輸入車を国内で走らせる場合，その自動車が道路交通法に適合しているか否かを事前にチェックする必要があるという点である。海外製のバッグやシャツにそのようなチェックはない。この事前チェックのために，輸入自動車は荷揚げされた港湾の近くに留め置かれる。検査以外に，自動車の車体にキズはないか，塗装はハゲていないか，確認しなければディーラーに手渡すことはできない。日本のユーザーは新車の仕上がり状態に対する要求水準が高いといわれているため，なおさら念入りにチェックする必要がある。こうした一連の検査をするためには広い敷地が求められる。

主な輸入車市場は東京を中心とする東京圏，大阪を中心とする大阪圏，それに名古屋が中心の名古屋圏である。なかでも東京圏の規模が大きいため，従来は横浜港や千葉港などで荷揚げし，その近くで検査が行われてきた。しかし輸入自動車の増大にともない，検査用地の新規確保が難しくなってきた。このため20年ほどまえから三河港が自動車輸入の主要港になり，現在では輸入車の2台に1台の割合で三河港において検査を終えた輸入自動車が全国のディーラーへ送り出されるようになった（林，2014）。

　三河港は自動車の輸入港であると同時に輸出港でもある。厳密にいえば，三河港のうち豊橋地区が輸入，田原地区，蒲郡地区が輸出をそれぞれ担っている（図4-10）。三河港というのは総称であり，豊橋港，田原港のほかに蒲郡港なども含む広域的な港湾がその実態で，それぞれ固有の歴史をもって発展してきた。田原地区にはトヨタ自動車の工場があり，主に北アメリカ向けの自動車を生産し，そこから直接輸出してきた。トヨタ自動車は豊田市をはじめとする西三河に主力工場を設けて発展してきた。しかし増産のために新たに用地や労働力が必要になり，東三河の田原のほかに福岡県，岩手県にも工場を建設した。田原工場で生産された自動車は田原港から輸出される。西

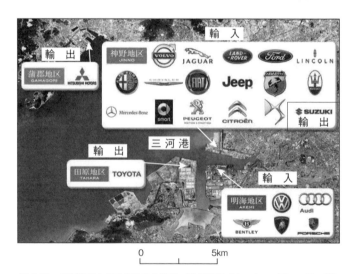

図4-10　三河港における自動車の輸出・輸入取扱（メーカー・ディーラー別）
出典：三河港振興会のウェブ掲載資料（http://www.port-mikawa.jp/harbor/gallery.php）をもとに作成。

三河の工場群から出荷される輸出車は，名古屋港にあるトヨタ自動車専用の埠頭から船積みされている（林，2015d）。名古屋港からはトヨタ以外のメーカーの自動車も輸出されているが，それらは公共埠頭からの積み出しである。年間100万台近くを輸出するトヨタ自動車をはじめ名古屋港からの自動車輸出額は全体の半分近くを占めており，港湾の持続的発展という点から見ても，その存在感は圧倒的である。

　トヨタ自動車の本拠地は豊田市にあり，工場も市内と近隣を中心に西三河地区に多い。トヨタグループに属する自動車関連企業の活動も西三河を中心に展開されている。しかし名古屋圏の自動車メーカーはトヨタ以外に，ホンダ，三菱，スズキなどもあり，国内向け生産以外に輸出用の自動車を生産してきた。自動車輸出台数が多いのは名古屋港であり，専用埠頭をもつトヨタ製の自動車以外に，ホンダや三菱の自動車が公共埠頭から送り出されている。工場が鈴鹿にあるホンダは近くの四日市港からの出荷が多いが，リーマンショック以降，ホンダは海外生産比率を高めているため輸出台数は増えていない。三菱は岡山県の水島がメインの工場であり，ここから内航船で運ばれてきた自動車と岡崎工場で生産された自動車を合わせて名古屋港から輸出することもある。スズキは三河港から輸出してきたが，近年は静岡県の御前崎港からの輸出が多くなっている（林，2017a）。名古屋港の輸出額の約半分が完成自動車，4分の1が自動車部品であることが物語るように，自動車は都市港湾を支える屋台骨の役割を果たしている。

コラム4　社会の中のモビリティ手段としての自動車の再定義

　自動車の進化がとまらない。わずか100年ほど前に量産化が実現して多くの人が自動車を手に入れることができるようになった。1970年代の石油ショックまでは，安価な石油を前提にモータリゼーションが広まっていった。石油ショックの大波は省エネカーの開発で乗り越え，排ガス問題も環境規制や技術革新で克服した。こうしてつぎつぎに現れる課題に対して答えをだしてきたが，さらに地球温暖化というよりスケールの大きな問題が登場してきた。これまで自動車利用と縁のな

かった途上国でもモータリゼーションが始まり，資源問題と温暖化問題の両方を解決しなければならなくなった。石油に代わる自然再生エネルギー利用は最適解に近く，電気や電池で動く自動車への移行は時代の流れであろう。

　自動車を動かすエネルギー源の革新と並行して進められているのが，自動運転システムの開発である。燃料消費の最適化やGPSによるカーナビなど，コンピュータによる自動車走行のシステム支援はすでに実現している。センサー装置を駆使した自動ブレーキを備えた新車も街中を走るようになった。自動運転への傾斜はもはや止めようがなく，メーカー各社は先頭争いに邁進している。競争は既存の自動車メーカーだけではない。自動車本体は生産しなくても自動運転システムを開発して他社の自動車と組み合わせれば，それだけでビジネスになる。このためICT企業も開発競争に加わり，一番乗りをめざしている。まさに百花繚乱の自動運転システム開発競争である。

　ところで，自動運転で走行する自動車は，交通違反をすることがあるだろうか。素朴な疑問であるが，運転システムの不具合で暴走状態になったり，赤信号を見落としたりすることはないかと思う。二重三重に安全装置がはたらき，そのような事態になることはないと信じたい。おそらく考えられるあらゆる状況を想定したうえで自動運転システムが作動するように設計されるであろう。それゆえ人が運転する場合に起こりそうな不注意や見落としによる事故は回避されるであろう。法定速度を超えるスピードでの運転や煽り運転といったマナー以前の自動車走行もないと信じたい。完璧な自動運転システムが完成した暁には，現在の交通事故の大半はなくなるものと期待したい。

　しかし，こうした理想的な交通環境がすぐに実現するとは思われない。現実はあまりに複雑多様であり，それらすべてに対応できるシステムが短期間に生まれるとは考えられないからである。かつてOAすなわちオフィスオートメーションという言葉が盛んに使われた時代があった。たしかにパーソナルコンピュータがパソコンと言い換えられ，オフィスはもとより一般家庭においてもあたりまえのように置かれるようになった。普及はパソコンにとどまらず，インターネット，スマートフォン，タブレット端末など，オフィスや家庭で使用される情報機器類は移り変わっていった。現在もなお進行中であり，これからもさらに進むであろう。OAという言葉では表現できないほど広範囲で高度なシステム類が現れ，現実が言葉を追い越していった。車の自動運転についても，その中身が幅広く奥深くなればなるほど，簡単には表現できないシステムが生まれてくるように思われる。OAの最終形がいまだ見いだせないように，開発が始まったばかりの自動運転の未来の姿はしばらくの間，見ることはできないであろう。

いくら自動車の運転が自動化されても，車の走る道路や道路が張り巡らされた市街地が旧態依然のままでは，交通問題は解決しない。都市に集中する自動車が引き起こす渋滞にともなう不経済を数量的に計算し，いかなる対策をとるべきか議論されてきた。一部の都市ではあるが，ロードプライシングやバス優先レーンの設置など，自動車交通を抑制するための対策はすでに実施されている。路上駐車の規制が緩かった日本では規則を厳しくし，副産物としてコインパーキングがビジネスとして成り立つようになった。近年は駐車場とカーシェアを結びつけたビジネスも生まれ，所有からレンタル，シェアへと自動車に対する意識も変わりつつある。自動車が社会的地位や趣味・嗜好などを表現するための特別な乗り物ではなく，移動手段にすぎないという意識変化もたしかにある。しかしこうした意識変化がどこまでも進むとは考えられない。人類が生み出した最大の発明品ともいわれる自動車は，現代資本主義社会の隅々にまで入り込み根を下ろした商品であるだけに，人間社会の階層分化が進めば，さらにそれに沿って自動車の社会的意義も多様化すると考えられるからである。

　社会，経済，文化など世界のあらゆる分野と深く関わりをもつ存在になった自動車は，人々の暮らしをより良くする方向で進化していくべきである。自動車なくしては成り立たなくなった世界では，自動車の存在を否定するのではなく，いかに幸福の実現に役立たせるか前向きにとらえるべきである。公共交通の利点を十分評価・認識したうえで，なおも自動車が活躍できる場面を追求し，総合的に人やモノの移動のあるべき姿を追い求める必要がある。自動運転システムの開発・実現はそのためのものでなければならない。過去1世紀にわたる自動車の歴史は，これからも積み重ねられていくであろう未来へと続く歴史の序章にすぎない。資本主義社会の中にあって高額な経済商品として生産されてきた自動車を，社会，文化，福祉，厚生など幅広い分野で空間的移動を支えるモビリティとして再定義する必要がある。

第5章 小売・サービス空間の形成と変化

第1節 都市を読み解く中心地と関門の概念

1．近世から近代への都市変化を中心地と関門で読み解く

　近代になって鉄道が導入され，近世までの都市構造が変化していったことは前章で述べた。ではいったいどのように変わっていったのであろうか。ポイントは，人が都市に出入りする場所が変わることで人の集まる場所も変わるということである。これは近世から近代への移行という時代の転換点だけでなく，同じ時代においても交通手段が変われば一般に生ずる現象である。徒歩か舟運くらいしか交通手段のなかった近世から，機械的な蒸気エンジンを搭載した鉄道が人やモノを運ぶようになった近代への移行は，まさに革命的変化であった。日本で初めて鉄道が走った新橋〜横浜間の列車運行のさいに明治天皇も体験乗車していたという事実は象徴的である。鉄道は文明開化のシンボルとして日本の国土を走り，人々に新しい時代が訪れたことを知らせた。当初は乗車運賃も高く，庶民が気楽に乗れる交通手段ではなかった。しかし全国各地に線路が敷かれ鉄道が走り出すようになり，旧来の産業や生活に影響が及ぶようになった。とくに鉄道が停車する駅が人が乗り降りし，モノが積み降ろされる新たな結節点となった。近世までは明確に意識されなかった陸上での交通起終点が，鉄道駅の出現で目に見える存在として現れてきた。

　日本では最初の全国的鉄道は民間資本によって実現されていった。その後，政府が鉄道による国家支配の重要性に気づき，鉄道の国営化に乗り出すようになった。日露戦争後，国内と朝鮮・中国との一貫輸送体制を構築するために，また軽工業から重工業へと産業構造を移行させるために鉄道国有化を求める動きが高まってきた。1906（明治39）年3月に鉄道国有法が公布されたことにともない，32の私設鉄道は国によって買収された。経営が私設か国営かには関係なく，都市に鉄道駅ができれば鉄道を利用してこれまでより遠

くへ出かけられるようになる。逆にこれまでより遠くからも都市を訪れられるようになる。鉄道導入の効果でもっともはっきりしているのは、都市を中心とする移動範囲が拡大したことと、鉄道駅が新たな結節点として浮上してきたことである。鉄道以前は徒歩や馬車、船などを使って都市の中に集まってきていた。人の集まる場所に市場が現れ、市場をめざして周辺から人が集まるというパターンが普通であった。川湊や海の港があれば、荷物の積み降ろしを兼ねて商家が集まり、人もまた集まるという風景が見られた。

　ところが鉄道の敷設と駅舎の設置は、こうしたこれまでの人の動きを大きく変えた。鉄道が都市との関係でどこを通り、駅舎がどの位置に設けられたかが大きなポイントである。直線的な交通手段であり物理的障害にもなる鉄道は、既存の市街地とはあまり相性が良いとはいえない。しかし鉄道がもたらす利益が大きいことは誰もが知っており、地形や集落の分布状況に配慮しながら、既成市街地とは付かず離れずの関係で建設された。一旦鉄道駅が設置されれば、そこはその都市の新たな玄関口として認知されるようになる。遠方から来客があれば、出迎えに出かけていく場所であり、また逆に遠方に行く場合は見送り人と別れの挨拶を交わす場所でもある。大きな都市の駅や、既成市街地から距離が長い駅の場合は、乗り換え用の交通手段も利用された。鉄道駅は人の乗り降りだけでなく、荷物の積み降ろしの場所でもあったため、近くに貨物取扱所や倉庫が設けられるのも一般的であった。

　図5-1は、1897（明治30）年に名古屋〜多治見間が開通した中央本線（中央西線）の千種駅周辺のルートを示したものである。始発の名古屋駅を出た列車は一旦、南下し方向を変えて北東に向かって千種駅に到着する。このような湾曲ルートで建設されたのは、近世までの市街地が逆三角形状の熱田台地（名古屋台地）の上に形成されたことが背景にある。人家の多い市街地を迂回し、その外縁沿いに路線が敷かれた結果、このような湾曲ルートになった。千種駅は西の玄関口・名古屋駅に対して東の玄関口という意味合いで開設された（林,2000b）。このことは、栄町から千種駅前まで新たに延伸した広小路通を西進すれば名古屋駅に至るという空間的配置からもわかる。千種駅は三河・信州方面との間で重要な役割を果たしてきた飯田街道との連絡もよく、この駅を新たな玄関口として位置づける意思が地図から伝わってくる。

図5-1 既成市街地の東縁ルートを走る中央本線
出典:「名古屋市全図」(明治39年刊行) をもとに作成。

名古屋駅や千種駅のように,近世都市の市街地中心とは別の場所に,鉄道駅という新たな中心が生まれたことが,近世から近代にかけての大きな変化であった。地理学では比較的狭い範囲から人やモノが集まってくる場所を中心地と呼ぶ。これに対し,都市の範囲を超えて遠方から人やモノが集められたり,逆に人やモノが遠方に送り出されたりする結節点を関門(ゲートウェイ)と呼んでいる(Bird, 1970)。中心地と関門の違いは,移動範囲の広狭つまり距離の長短の違いや,移動の日常性・非日常性の違いとしてとらえることができる(林,2013)。鉄道駅は関門の一種であるが,港湾や空港も関門である。注意すべきは,歴史の発展にともない人やモノの移動範囲が広がっていくことであり,明治期の鉄道による非日常的な移動範囲は現代の日常的な移動範囲より狭い場合がある。つまり関門は時代に応じて変わりうる概念である。

2. 鉄道建設支援線・武豊線の途中駅として開業した名古屋駅

現代都市の空間構造が過去からの歴史的発展の積み重ねであることはいうまでもない。しかしながら,その発展の過程はけっして連続的なものではなく,同じような速度で発展してきたものでもない。資本主義社会では経済発展に周期性があることはよく知られている。平時においてさえ都市発展に周

期があるうえに，戦争という大きな国家的イベントがあれば，それによる都市への影響は計り知れない。戦争とはいえない局地的な戦いは，長い日本の歴史の中でも繰り返し起こされた。しかし近代以降は国内での戦いはなくなり，戦いは大陸的スケール，さらに世界的スケールへと変わり，文字通り戦争と呼ばれる国家的戦いに人々は巻き込まれていった。結果的に歴史はそのような方向に向かってしまったが，近代の初期においてはまずは国内統一を確かなものにし，足元を固めることが優先されるべき国家政策であった。列強からの開国要求を受け入れて国を開いてからは，富国強兵政策のもとでいち早く国土インフラの建設に取り掛かる必要があった。

　国土インフラの中でも鉄道建設は優先順位が高く，政府は東の都・東京と西の都・京都・大阪を結ぶ国家的幹線鉄道「両京線」の建設を急いだ。建設ルート案として旧東海道沿いと同じく旧中山道沿いが提案されたが，太平洋海岸部を通る旧東海道沿いは軍事的理由から外された。京都方面から中山道をめざして工事は進められ大垣付近までのルートが完成した。ただし，この間のルートのうち滋賀県の馬場（膳所）と近江長浜の間は琵琶湖を水上交通で結ぶというものであった。大垣からさらに東へ工事を進めるためには，品川方面から建設資材を伊勢湾にまで運び，さらに陸路を運び入れる必要があった。資材の積み替え港として選ばれたのは知多半島の武豊港であった。名古屋港はまだなく遠浅の熱田湊は選ばれなかった。現在は衣浦港と総称されるが，その一角を占める武豊港は近世以来，知多海運の主要港として知られていた（青木，1997）。この港を起点に北に向けて鉄道を敷けば，鉄道資材は内陸まで送り届けられると考えられた。

　こうして1886（明治19年）3月，まず武豊〜熱田間に鉄道が開通した。この時代，日本人が独力で鉄道を建設するのは困難で，お雇い外国人である英国籍のウィリアム・ピッツが陣頭指揮を執った。武豊線は以後，名古屋，一宮方面へと延伸されていくが，明治政府はちょうどこの頃，中山道沿いから東海道沿いへ国家幹線鉄道のルートを変更することを決めた。総延長，建設費，所要時間，営業収入のどれを比較しても東海道沿いの方が優っており，経済的合理性が軍事的脅威を退けた。1886（明治19年）4月，武豊線は加納まで延びていくが，名護屋（名古屋）駅の開業は1か月遅れの5月であった。

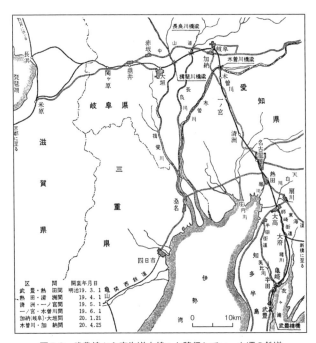

図5-2　武豊線から東海道本線へと移行していった頃の鉄道
出典：日本国有鉄道編，1969，p.216による。

遅れた理由は、駅周辺が広大な湿地帯で地盤整備に時間を要したからである。湿地埋め立て用の土砂を取るために金山付近の熱田台地が切り崩され、その結果この部分は両側が壁の半地下式線路になった。その後、旧東海道沿いでの線路敷設工事が急速に進み、1889（明治22）年7月に新橋〜神戸間600.2kmの東海道本線が全通した（図5-2）。

　ようやく開業にこぎつけた名護屋駅への取付道路として笹島街道が設けられた。この街道は広小路通をまっすぐ西に延ばして新駅に向かうものであるが、住民は駅をここに設けることに必ずしも賛成ではなかった。先にも述べたように、駅設置予定地は湿地帯の中にあり、近世までの中心市街地から遠かった。江戸時代の名古屋の市街地中心は、熱田神宮と名古屋城の正門を結ぶ南北の本町通とこれと東西方向に交わる広小路通の交差点付近にあった。広小路通は江戸初期に名古屋で大火があり、その教訓で災害時の避難空間を兼ねて広幅員にした通路であった。祭礼のさいに大勢の人出で賑わう通りでもあり、明治初期にあっても繁華街として知られていた。当時の名古屋区長・吉田禄在が広小路通を延長して武豊線に突き当たる位置を新駅の場所として選んだのは、それほど不思議なことではない。名古屋城には鎮台（明治前期の陸軍軍事機構）が置かれ、当時の官庁街は広小路通の東端にあった。新駅

からまっすぐ東へ進めば繁華街を通り抜けて官庁街に至るという都市構造も，当時としては理にかなっていたように思われる（林，2012b）。

3．名古屋駅の関門機能としての発展過程

前項で述べたように，名護屋駅は武豊線の途中駅として1886（明治19）年5月に開業した。残された資料によれば，駅前には溜池が数か所残っており，ここがいかに湿地帯であったかがわかる（図5-3）。引き込み線もあり，名古屋で最初の名古屋倉庫が進出していた。旅館や市場もあって人家も増えていったと思われるが，基本的に名古屋台地より標高が10m以上も低い土地であり，排水設備がなければ人が住むのに適した場所とはいえなかった。吉田禄在は新駅への取付道路を設けるのに住民からの寄付を募ったが，積極的に応ずる者は多くなかった。鉄道は開通したが，当初は運賃も高く，気楽に利用できる乗り物ではなかった。ちなみに最初に開通した武豊〜熱田間の運賃は31銭で，所要時間は1時間45分であった。参考までに当時の女性の日雇い農業賃金を調べると5〜7銭であったため，日当の5倍程度支払わなければ武豊からの熱田神宮詣ではかなわなかった。

明治政府が国家幹線鉄道の建設ルートを旧中山道沿いから旧東海道沿いへ変更したことにより，武豊線の本来の役割は消滅した。しかも，緒川と大高の途中にある大府から東へ岡崎，豊橋方面に向けて鉄道が建設されていったため，大府〜武豊間はローカル鉄道の

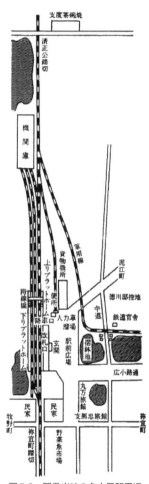

図5-3 開業当時の名古屋駅周辺
（略図）
出典：名古屋地下鉄振興株式会社30年史編纂委員会編，1988，p.35による。

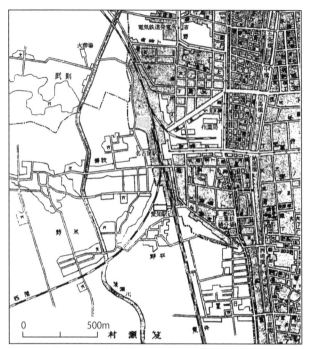

図5-4　関西鉄道愛知駅とその周辺（明治39年頃）
出典：「名古屋市全図」（明治39年刊行）をもとに作成。

地位に甘んずることになった。大府以北の旧武豊線は東海道本線に組み込まれた。名前は東海道本線であるが、熱田以西は旧東海道には沿っておらず、この部分の大半は旧中山道の宿場をつないだかたちになっている。なお当初の武豊線は大垣から近江長浜を通って最後は福井県の敦賀に達していた。つまり本州中央部において太平洋側と日本海側を直接横断する鉄道であり、朝鮮・中国大陸を重視した明治政府の建設意図を反映していた。

　名護屋駅は名古屋駅と書き改められ、文字通り名古屋の玄関口としての地位を得ていく。玄関口すなわち関門としての位置づけは、その後の鉄道建設で強化されていった（林，2002）。まず、四日市に本社を置く私営の関西鉄道が、難工事であった木曽三川を越える架橋工事を克服して名古屋に進出してきた。名古屋側のターミナルは愛知駅といい、官鉄の東海道本線名古屋駅の南側にあった（図5-4）。民営，官営の両鉄道は名古屋～大阪間の利用者獲得をめぐって競争を繰り広げた。サービス，料金，所要時間とも関西鉄道に軍配が上がったが，国は関西鉄道を買収することで競争に終止符を打たせた。この鉄道は，のちの国鉄すなわち現在はJRの関西本線である。名古屋駅の関門としての役割は，中央本線の西の起点が名古屋駅になったことで決定的

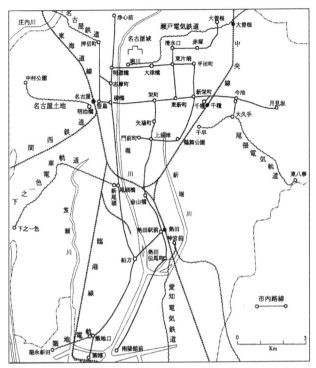

図5-5 名古屋鉄道から名古屋市へ譲渡された市内路線（大正11年8月）
出典：名古屋鉄道編，1994年，p.117の2-11図をもとに作成．

となった．幻に終わった旧中山道沿いの「中山道鉄道」の構想ルートとは異なるが，国土中央の内陸部を東西に結ぶ鉄道を実現するため，国は八王子と名古屋の間に中央本線を建設することを決めたからである．こうして東は東海道本線と中央本線，西は東海道本線と関西本線というように，名古屋駅で十字状に交わる鉄道網が建設されていった（林，1997）．

東西の大都市と連絡する名古屋駅の関門はこうして実現していったが，名古屋圏スケールの関門はまた別の鉄道網によって生まれていく．すなわち現在の名古屋鉄道がその主役を担う民間鉄道網である．この鉄道会社の出発点は，名古屋駅と官庁街を結ぶ路面電車の開業である．路面電車の運営にはこの鉄道会社以外にも乗り出すものがあったが，次第に淘汰され一社独占に近い状態になった．大正期に「電車公営論」が全国的に唱えられるようになり，

名古屋では市内路線と市外路線を切り離すことになった（林，2000c）。以後，市内は名古屋市営，市外は現在の名鉄が経営することになる（図5-5）。名鉄はその後，岐阜の美濃電気軌道，知多・三河の愛知電気鉄道を取り込んでローカル鉄道の雄となるが，最終的には国鉄名古屋駅隣の新名古屋駅を総合ターミナルとする路線網を完成させた。この間，一方の国鉄名古屋駅は場所をやや北に移すが，基本的には武豊線名護屋駅当時の位置から大きくは移動していない。敗戦後，焼け野原となった名古屋の市街地で大きな被害を免れたのは東洋一の規模を誇った国鉄名古屋駅であった。1985（昭和60）年の国鉄民営化を機にJR東海は高層階の本社ビルを建設し，今日見る高層ビル群出現の端緒を切り開いた。ここに至り，近代にその萌芽が生まれた名古屋の関門機能は完成段階に近づいたといえる。

第2節　小売・サービス空間と都市内商業地の類型

1．小売・サービスの立地タイプ

　日本における主要都市の多くは城下町を起源としており，近世を通じて城下の中に人々が集まる中心地があった。そこには呉服や小間物などを商う店舗が軒を連ね，買い物客が立ち寄る姿が見られた。ところが近代になって鉄道や電車が導入され，新たに現れた駅が人の集まる場所になった。都市の規模が小さければ，伝統的な中心地と新興の駅前中心地はそれほど離れていない。ところが大藩由来の大きな都市の場合は2つの中心地は距離的に離れている。このため旧市街地の繁華街として発展してきた中心地と，乗降客が増えて大きくなっていく駅前の中心地は，別の存在と見なすのが一般的である。名古屋はまさしくこのタイプであり，伝統的な繁華街である広小路・栄地区とは別に名古屋駅前地区が新たに登場してきた。しかしそれでも基本的に，百貨店や専門店の集積量では広小路・栄が群を抜いており，市内はもとより市外から多くの消費者を引きつけてきた。商業立地論の研究によれば，商業集積には①アンカーストアとして顧客を吸引するタイプ，②アンカーストアの来店客をその前後で待ち受けるタイプ，③交通乗り換え地点で顧客にサービスするタイプの3つに分けることができる（図5-6）。この分類にしたがえ

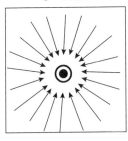 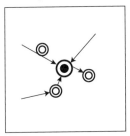 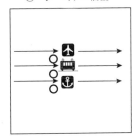

① 核店舗　　　　　② 付随店舗　　　　　③ ターミナル店舗

→ 消費者　　◉ 核店舗（アンカーストア）　　◎ 付随店舗　　○ ターミナル店舗

図5-6　店舗立地と消費者の関係の類型

ば，広小路・栄は①②であり，名古屋駅前は③ということになる。③は，鉄道・電車などの乗り降りや乗り換えのために訪れた人が，待ち時間を利用して買い物をするというタイプである。

　③のタイプは鉄道駅以外に，空港や港湾などにも現れる可能性がある。現在の港湾では考えにくいが，船が人を運ぶのが一般的であった頃は乗船客を目当てにした小売・サービス店舗が埠頭近くにあった。近年は空港に商業施設が集まることがニュースになる時代であるが，旅行客目当ての小売・サービスは昔からあった。こうした交通乗り換えタイプの小売・サービスは，いわば例外的存在であり，一般の商業立地を考えるなら①や②が正統といえるであろう。名古屋圏に話を戻せば，広小路・栄という伝統的な商業地区が正統であり，名古屋駅前は新参の成り上がりのような存在とみなされてきた。大阪でいえば心斎橋に対する大阪駅前の梅田，京都なら四条河原町に対する京都駅前であろう。東京の場合は正統の銀座と東京駅前が近いので新宿，渋谷辺りがこれに相当するかもしれない。いずれにしても，近世の頃から続いてきた商業中心地こそが都市内で集積量のもっとも大きな，いわば都市の顔としてとらえられてきた。大都市の都心といえば，まずこの商業中心地が思い浮かぶというのが日本の都市構造の特徴であった。

　ところで，大都市の都心の範囲はどれくらいであろうか。地理学ではかつて都心の範囲をめぐって議論が行われたことがあった。この議論を進めるにはその前提として，都心とは何か，また都心を代表する都市機能は何かを明

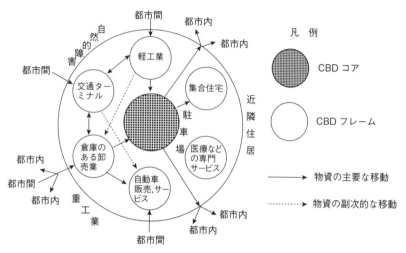

図5-7 都心部（CBD）のコア＝フレーム・モデル
出典：Horwood and Boyce, 1959 をもとに作成。

らかにしておく必要がある（沢田，1985）。これは国や都市によって違いはあるが，商業なら高級デパートや老舗家の専門小売店などがまず挙げられる。商業以外の企業ビジネス，オペラハウス，大劇場，それに官庁・公的集会施設なども含まれよう。いずれにしても，大都市あるいは大都市圏をベースに小売，サービス，営業，管理などに関わる機能が果たされている場所である。しかしこれらの機能が分布している範囲を画定するのは簡単ではない。範囲を明確にするには基準や根拠が必要となるが，例外事例も多く明確に定めるのは難しい。種々の研究が行われた成果，合意が得られたのは，都心はコア空間とフレーム空間の二重構造から成り立っているということである（図5-7）。より都心らしい場所と，それを取り巻く場所との組み合わせからなる（Horwood and Boyce, 1959）。しかしこれとて相対的であり，概念として都心地区のイメージを示すことはできるが，実際の範囲を地図上に描くのは簡単ではない。

都心の空間的範囲が定めにくい一因は，都心は時間的に移動しているからである。短期的には変わらないように見えても，ある程度時間が経過すると中心が微妙に移り変わっていることに気づく。路面電車から地下鉄・バスな

どへと交通手段は変化していく。路面電車は地表の小売・サービス業には都合が良いが，地下鉄は駅間距離が長いため地下鉄駅から遠い小売・サービス業は敬遠されやすい。名古屋では過去に路面電車の建設に反対した商人の多かった本町通から路面電車が通るようになった南大津通へ，繁華街が移動したことがあった（林，2000c）。路面電車から地下鉄に移行したため近隣商業地は衰退に追い込まれた。代わりに地下街のある都心商業地が，遠方からも顧客を集めるようになった。しかし，地下街発展のあおりを受けて一時は衰退に向かった大須の商業地が，ポストモダニズムやレトロブームの波に乗って息を吹き返したという事例もある。時代の移り変わりにともない，都心空間の内部も周辺部も変化を繰り返している。

2．商業集積地の類型と都市内における分布

　大都市の商業中心地は世界中どの国の大都市にも見られる。しかも大都市ともなれば，商業中心地はひとつだけではない。市街地の面積が広いため，ひとつだけでは消費者を満足させることができない。このため都心のほかに副都心が生まれ，場合によれば副々都心も現れる。これも名古屋の場合でいえば，かつては今池，大曽根，黒川などが副都心に相当するといわれた。しかし市街地の拡大や郊外化が進んだ結果，ひと回り外側の八事，星ヶ丘，藤が丘などがそれらしい商業中心地としての性格を帯びるようになった。地理学では商業中心地の階層性とその空間的配置を図式的に理解しようという研究が行われてきた（Davies，1972）。それによれば，都心の商業中心地では百貨店や大型専門店などによってあらゆる種類の商品やサービスが提供される。副都心クラスになると百貨店はないか，あったとしても規模は小さくなり，副々都心ではスーパーがアンカーストアになる。実際はこれほど単純ではないが，商業中心地を空間配置のモデルとして考えると，このようにまとめることができる。

　上で述べた商業中心地は，小売業やサービス業が集まるセンターのようなものである。いわば点のような存在であるが，実際の小売・サービス空間は通りに沿って帯状に連なっていることが多い。日本のでは商店街のイメージに近い。北アメリカでは大通りに沿って店舗が立地するリボン状の商業地が

これに近い（Berry, 1959）。こうした帯状あるいはリボン状の商業地域を北アメリカでは，その名もずばり ribbon development と呼んでいる。リボン商業地は，アンカーストアが核となって店舗群が集積するセンター商業地とは形態が異なる。たしかに，センター商業地では電車・地下鉄・バスなどでやってくる消費者が多い。対するリボン商業地の場合は，マイカーなど自動車利用客が多い。もっとも昔の日本の商店街では，徒歩での来店が一般的であった。しかしいまはそれも珍しくなり，シャッター街と揶揄される残念な状態が続いている。

　商業地の中にはセンター商業地，リボン商業地のいずれとも違う第三の商業地タイプがある。地理学ではこれを特殊商業地と呼んでいるが，特殊とは特定分野の商品やサービスを取り扱う小売・サービス業が集まっている状態をさす（Berry and Parr, 1988）。センター商業地は，一般的な消費者が必要とする商品やサービスを提供している。最寄り品，買回り品のように購入頻度や価格の違いによって区別はされるが，都市内のどこかで普通に売られている。これに対し特殊商業地は，何らかの理由で都市内のある特定箇所に形成されている。誰もが必要とする商品やサービスではないため，空間的に偏りなく提供される必要はない。欲しい顧客はたとえ不便な場所にあっても出かけていく。ある種マニアックな商品やサービスを提供しているのが特殊商業地の特徴である。古書，古着，プラモデル，フィギャー，パソコン部品などを扱う店舗が集まっているところが，そのような事例である。各店舗の取扱商品やサービスには個性があり，同じ業種とはいえ中身はそれぞれ異なる。このため競合することはなく，顧客は専門的な多くの商品・サービスの中から好きなものを選ぶことができる。

　古書店は東京の神田・神保町界隈に代表されるように，遠隔地からわざわざ訪れる顧客を迎え入れている。かつて神田の青物市場があった跡地に生まれた秋葉原のパソコンショップ街は，時代とともに取り扱う商品・サービスを変えていった。名古屋なら上前津や鶴舞公園西の古書店街が知られており，大須もパソコンショップから古着店などへと，時代に応じて業種・業容を変えてきた（図5-8）。古書や古着は現在ではリサイクルショップとして市民権を得て，各地に取扱店舗が現れるようになった。一度市場に出回ったあ

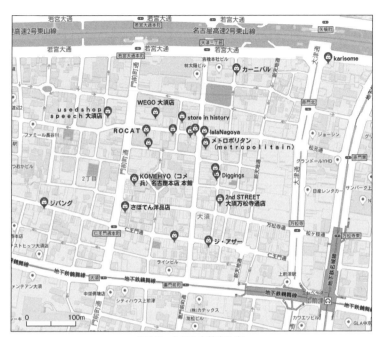

図5-8 大須の古着店分布

出典:Google Map ウェブ掲載の資料(https://www.google.co.jp/search?client=opera&hs=IvG&q=大須+古着店&npsic=0&rflfq=1&rlha=0&rllag=35160548,136902457,99&tbm=lcl&ved=2ahUKEwi2-9y_ptLdAhUDa7wKHfv9CR0QtgN6BAgFEAU&tbs=lrf:!2m1!1e2!2m1!1e3!3sIAE,lf:1,lf_ui:10&rldoc=1#rlfi=hd:;si:;mv:!3m8!1m3!1d5172.98?905632075!2d136.9024619041577!3d35.16204909738717!3m2!1i1366!2i1218!4f13.1)をもとに作成。

と回収され,再度,商品になるという点では中古自動車も同じである。自動車ディーラーはスペースを必要とするため都市の中では周辺部に店舗を構えるしかないが,新車を扱うディーラーの近くに中古車店があれば,消費者にとっても好都合である。このほか,日本ではあまり見かけないが,診療科目の異なるクリニックが集まっている医療センターが北アメリカでは普通に存在する。裁判所の近くに弁護士事務所が集まっていたり,新聞社・放送局の近くに情報メディア関連のオフィスが集まっていたりするのも,専門性の高いビジネスが集積する立地タイプである。

3. 商業地の背後に広がる商圏の階層化

　地理学で商業地の類型化を試みた結果,センター商業地,リボン商業地,

特殊商業地の3つのパターンが得られた。このうち特殊商業地は空間的に偏って現れるため，その場所をあらかじめ予測することができない。他の2つは空間的に偏りがなく，どこでも現れる可能性がある。実際，都市計画的に商業地を発展させていこうという試みでは，センター商業地を人口の分布に応じて配置している。リボン商業地も道路が新しく開通すれば，自然に小売業・サービス業が交通路に沿って立地していく。こうした理念的あるいは計画的な立地パターンはイメージしやすいが，現実の世界はそれほど単純ではない。人口分布で表される商圏ひとつとってみても，都市の中のどこであるかによって消費者の属性は異なる。すなわち社会経済的属性の異なる人々がそれぞれの場所で生活しており，けっして均一ではない。とりわけ人種・民族などの属性が多様なアメリカでは，都市の中にそれぞれ固有の性格をもった地域がある。そのように性格の異なる地域を商圏とする企業は，商圏の特性に応じた品揃えをしようとする。いくら高級な商品やサービスを並べてみても，所得の高くない地域では売れそうにないからである。つまり，商圏の特質に応じたセンター商業地やリボン商業地が都市の各所で現れてくる (Davies, 1972)。

　かつて日本はアメリカほど所得格差の大きな社会ではないといわれた。しかし経済の高度成長が終わり，石油ショックやバブル経済，平成不況を経て現在はデフレ経済が続いている。この間，実質賃金水準は低下の傾向にあり，低価格でないモノは売れない体質が根付いてしまった。非正規雇用が常態化し，所得格差が目に見えて感じられる社会になってきた。しかしその一方で，新規ビジネスで成功した人々や，グローバル企業で働き欧米並みの給与水準の人々もいる。デフレ経済でコストパフォーマンスに優れた商品やサービスを提供できる企業は収益率も高い。こうした企業の商品やサービスは広い支持を得て全国的規模で供給されている。格差は所得だけでなく，年齢，ジェンダー，職業などと複雑に絡み合いながら生ずる。多様な属性が絡まった社会経済的格差で特徴づけられる地域が，都市の内部にまだら模様で現れてきている。北アメリカのような階層的な住宅地域ではないが，それに近いものが日本にも現れつつある。

　欧米の都市で一般的に観察されたジェントリフィケーションに似た現象が

日本の都市でも見られるようになった（藤塚，2017）。日本では都市周辺部や郊外を引き払って都心部に建設されたマンション群に移住する「都心回帰」がマスコミなどで盛んに取り上げられた。欧米のインナーシティ問題はジェントリフィケーションで緩和された感があるが，日本の場合はバブル経済の崩壊で企業が放出した未利用地・低利用地にマンションが建設され，そこに郊外からの移住者が住みついて旧市街地は再生への課題に対し答えをだした。郊外が本当に衰退しているか正しく検証する必要はあるが，空き家が各地で生まれているのは紛れもない事実である。こうした地域では日常的な小売・サービス需要が大きく増える見込みは少なく，郊外の住まいを引き払った人々を追うように，小売・サービス業も店を畳んでいる。根底にはデフレ経済と少子高齢化・人口減少の動きがあるが，その土台は一様ではなく，まだら模様である。そのまだら模様に合わせるように，種々の小売・サービス業が起業され個別の需要を獲得しようとしている。センター商業地やリボン商業地も，都市内で多様化した需要分布に呼応し対応の仕方を変えてきている。

第３節　小売業態の進化と都市構造の変化

１．都市における百貨店の立地とその推移

　前節で紹介した商業地の３つの類型モデルは，商業地形成の空間的パターンに注目して導き出されたものである。このうちセンター商業地では百貨店などの大型小売店がアンカーストアとなって顧客を吸引している。百貨店は19世紀中頃から続く長い歴史をもっており，大都市小売業の顔として君臨してきた（飛田，2016）。諸説あるが，1852（嘉永5）年にパリで営業を始めたボンマルシェが世界最初で，それから半世紀後の1904（明治37）年に日本では三越が「デパートメント宣言」をして百貨店が誕生した。以後，東京，大阪などの繁華街を中心に百貨店は登場していくが，発祥地のフランスで grand magasin すなわち大型店舗と称したのをアメリカでは department store（部門別店舗）といい，そして日本では何でも売っているという意味で百貨店と呼ぶようになった。意味に多少ニュアンスの違いはあるが，これま

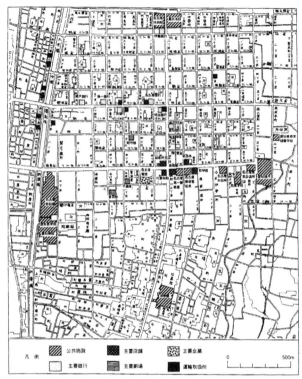

図5-9 明治20年代の名古屋中心部
出典：林，1997, p.191による。

でなかったような大きさの店舗内に各種商品を取り揃えて販売する点に新しさがあった。店舗規模と豊富な品揃え，そして正価による現金販売が特徴で，掛売りが普通のこれまでの取引習慣が大きく変わった。百貨店の登場は商業習慣の近代化という意味ももっていたのである。

東京，大阪に挟まれた名古屋で百貨店が登場したのは1910（明治43）年3月5日のことで，これは同じ3月16日から名古屋市内で半年間にわたって開催された第10回関西府県連合共進会をにらんでのことでもあった。近世，尾張藩御用達の有力商人であったいとう呉服店が満を持し，繁華街の一等地にルネサンス様式3階建ての豪華な店舗を構えた（末田，2018）。当時，いとう呉服店は名古屋城正門に近い茶屋町に本店があり，東京，大阪，京都，岡崎，岐阜，亀崎にも店舗があった。すでに関東，関西に拠点があったのに加え，近世に有力であった近在の城下町や港町でも商いを行っていた。名古屋・栄の一等地とは，東西方向の広小路通と南北方向の南大津通が交わる交差点の南西角であった。ここには以前，名古屋市役所があった。市役所の近くには愛知県庁や名古屋商法会議所（商工会議所）もあり，その当時は一帯

が官庁街をなしていた（図5-9）。南大津通を路面電車が走るようになったのは，当初，建設が予定された本町通を通る路面電車が地元で反対にあったため，やむなく東側に並行する南大津通に変えられたからである。栄角地に市内随一の百貨店が生まれたことにより，南大津通は広小路とともに繁華街の仲間入りを果たし，官庁街が商業地区に変貌するきっかけが生まれた。

　その後，いとう呉服店は1925（大正14）年に南大津通を南に下った現在地により大きな店舗を開店し，あわせて企業名を松坂屋に統一した。栄角の旧店舗はさかえやデパートとして営業を続けることになるが，ここは現在メルサ栄本店になっている。名古屋では松坂屋に加えていくつかの百貨店が誕生し，戦前から戦後にかけて小売業界をリードしてきた。日本の百貨店は近世までの呉服屋を出自とするものと，近代以降の電鉄企業が親会社となって生まれたものが代表的である。名古屋の場合は松坂屋，丸栄，それに名古屋三越の前身であるオリエンタル中村が呉服屋系列に属する。とくに2018（平成30）年6月に閉店した丸栄は創業が1615（元和元）年の十一屋呉服店であり，400年以上も続いた老舗百貨店であった。オリエンタル中村も前身は中村呉服店であり，1954（昭和29）年に百貨店としてスタートしたが石油ショック後の経営不振で三越の傘下に入った。一番手を走ってきた松坂屋も，2007（平成19）年に大阪資本の大丸と共同持株会社J.フロントリテイリングを設立し，その直接子会社になった。このように，1世紀以上にわたり大都市小売業の雄として君臨してきた百貨店は，大きな曲がり角にさしかかっている。

　百貨店出自のいまひとつの系列である電鉄系は関東，関西にはその数が多い。名古屋では名古屋鉄道に連なる名鉄百貨店が代表格である。1957（昭和32）年に当時の国鉄名古屋駅の南側にターミナル型の百貨店として生まれた（名鉄百貨店社史編纂室編，1985）。北は岐阜県南部，東は三河，南は知多方面から名古屋鉄道の路線網を使って買い物客を運ぶ戦略であった。名古屋鉄道の前身である名岐鉄道と愛知電気鉄道は，それぞれ柳橋と神宮前をターミナルとしてきたが，合併を機に新名古屋駅（名鉄名古屋駅）を新たな起終点とするようになった。名鉄は同じ1957（昭和32）年に岐阜乗合自動車などとともに新岐阜百貨店の開業に関わり，1969（昭和44）年には丸栄百貨店と共同で旧一宮駅跡地に名鉄丸栄百貨店を開店させている。これらはいずれも鉄

道関連での百貨店開業であり，電鉄系百貨店が得意とする立地戦略によるものである。松坂屋が1974（昭和49）年から2010（平成22）年までの間，名古屋駅前で百貨店を経営していたこともあわせて考えると，鉄道導入以後の都市では，市街地中心部の繁華街とは別に鉄道ターミナルの近くが百貨店立地の有望地と見なされていたことは明らかである。

2．小売業の世代交代と新業態・大型小売店立地の規制・緩和

　都市で長い間経営を続けてきた百貨店は全般的に勢いをなくし，とくに地方都市では新興のスーパーや大型専門店に市場を奪われて姿を消すものが現れるようになった。大都市でさえ企業統合や廃業に追い込まれる状況であり，いよいよ百貨店は冬の時代に入ったか，あるいは世代交代の時期を迎えたように思われる。商業論の分野では「車輪の理論」という考え方がある（McNair, 1958）。既存小売業は技術革新を掲げて登場する新業態に市場を奪われて消えるが，その新業態もその後に現れるより新しい業態に地位を譲らざるをえなくなる。つまり轍の上を進む車輪の上部は常に変化しているように，市場で支持される業態は時間とともに移り変わっていく（図5-10）。小売業の技術革新とは販売スタイルの革新である。市場の動向を正しく把握し，つぎの世代に受け入れられるスタイルを開発して提示しなければ生き残ることができない。百貨店のつぎに現れきたスーパーも，さらにその後に登場した大型専門店，コンビニエンスストア，100円ショップも，当初は異端視された。

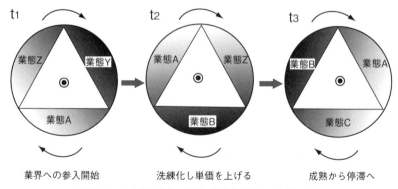

図5-10　小売業の参入・発展・停滞を説明する車輪の理論

市場をめぐる争いが経済的競争を越え，市場外の政治勢力を巻き込むこともあった。

　1974（昭和49）年に制定された大規模小売店舗法（大店法）は，まさしく技術革新を掲げて現れた新興勢力を政治力で抑制しようというものであった（大野，2012）。この法案のモデルはフランスのロワイエ法であり，独立小売業の多いフランスでも旧勢力が新勢力を抑え込もうとして政治力に頼った。つまり車輪の理論は国の違いを問わずに当てはまる考えであり，また商業分野に限ったものでもない。日本の大店法は最終的には日米構造協議の場でアメリカ側が問題にしたこともあり，撤廃の方向に向かった。日本に対して貿易摩擦問題を抱えるアメリカは，自国の大型店を日本に進出させてアメリカ製品を売るのに大店法が障害になると考えた。バブル経済の崩壊で不況感が広まり，商店街を主体とする既存小売業勢力も反対するエネルギーを失くしていた。国はこの法案を改正し，新たにまちづくりや環境保全の条件をつけて大型店と既存小売業勢力が共存する道を見出そうとした（根田編，2016）。しかし改正法は十分な成果を生んだとはいえず，大型店立地は実質的に規制の枠から離れた。大型店といえば当初はもっぱら生鮮三品と雑貨を販売するスーパーストアがその代表であった。その後はショッピングセンターやショッピングモール，アパレル，雑貨，スポーツ用品，家具，電気製品など特定の商品を専門に販売する大型専門店が登場してきた。

　当初は商店街の近くに店舗を構えていたスーパーストアは，スケールメリットを求めて市街地の周辺部や郊外に店舗を設けるようになった。人口の郊外化が進んで商圏が周辺部にも広がっていったことが，こうした動きを加速させた。しかし都市の周辺部や郊外に新たな出店場所を見出すのは簡単ではない。広大な駐車場が不可欠であり，用地の買収や取得を一から始めようとすると時間がかかりビジネスチャンスを失う。名古屋圏の場合，都市周辺部や郊外には未利用の工場跡地があったため，ここに新店舗をつくれば敷地を貸す方にも借りる方にもメリットがあった。両者の利害が一致し，工場跡地がショッピングセンターに生まれ変わっていった（図5-11）。とくに名古屋圏では繊維工業の跡地が転用される事例が多かったが，これは近代にこの地域で盛んだった紡績業が構造不況化して未利用地状態になっていたからで

①モレラ岐阜(本巣市)　都築紡績糸貫工場　2006年開業　敷地面積約185,000㎡　P5,000台
②イオンナゴヤドーム前ショッピングセンター(名古屋市東区)　JT名古屋工場跡地　2006年開業　敷地面積62,853㎡　P2,800台
③ロックシティ大垣(大垣市)　帝国繊維大垣工場　2005年開業　敷地面積64,161㎡　P2,100台
④ダイヤモンドシティキリオ(一宮市木曽川町)　倉敷紡績木曽川工場　2004年開業　敷地面積約95,000㎡　P4,000台
⑤イオン熱田ショッピングセンター(名古屋市熱田区)　大同特殊鋼高蔵製作所　2003年開業　敷地面積65.719㎡　P3,200台
⑥オーキッドパーク(岐阜市香蘭)　旧国鉄貨物駅跡地　2001年開業　敷地面積約13,000㎡　P630台
⑦カラフルタウン岐阜(岐阜市柳津町)　豊田紡織岐阜工場　2000年開業　敷地面積約134,000㎡　P3,000台
⑧イオン岡崎ショッピングセンター(岡崎市)　日清紡戸崎工場　2000年開業　敷地面積約90,000㎡　P3,500台
⑨リバーサイドモール(本巣市 旧真正町)　2000年開業　敷地面積81,600㎡　P3,600台
⑩マーサ21(岐阜市正木)　カワボウ(旧川島紡績)正木工場　1988年開業　敷地面積約60,000㎡　P2,100台

図5-11　紡績工場などの跡地に立地したショッピングセンター
出典：Milch's blogのウェブ掲載資料（https://blog.goo.ne.jp/sakura707_2006/e/45ad72c6eb7ddf476bd6570861a337e5）などをもとに作成。

ある。紡績工場は繊維産業が隆盛を極めていた当時の状況に応じて建設された。しかし時代はそれから変わっており，都市や都市圏における工場跡地やショッピングセンターの立地場所が市街地形成との間で空間的に整合性がとれているわけではない。自動車利用がこの乖離を克服し，市街地から多少離れた場所でも不便とは思われなくなったという時代的状況ではあった。ただし，ドイツやイギリスでは都市周辺部における大型小売店の立地が厳しく規制されたことを考えると，名古屋圏に限らず日本での状況は問題なしとはいえなかった（阿部，2001）。

3．交通手段，人口分布，商業空間によって構成される都市構造

　近代になって都市に鉄道が導入され，新たに駅前が人の集まる場所になった。その後に登場した百貨店が繁華街の中心地と駅前に立地していったのは，近代以降の商業立地の変遷を考えるうえで示唆的である。都市では路面電車が面的に広がり，市街地の拡大に合わせて商店街という商業地が形成されいく。繁華街，ターミナルの百貨店，それに住宅地近くの商店街が都市内の商業構造を空間的に構成する時代が長く続いた。ところが戦後になり，高度経済成長で増えた所得が消費意欲を促し，百貨店と商店街という既存の小売業態では十分に対応できなくなった。勝機到来を見込んだ小売業改革者が販売スタイルの技術革新を掲げて登場し，勢力を広げていった（舘沢，1994）。都

市では路面電車から地下鉄・バスへと交通手段は変化し，郊外鉄道の発展で駅前ターミナル性が強まった。所得増加は自動車普及も促し，郊外化のさらなる拡大によって新興の小売業態は都市中心部から周辺部へと活動の場を広げていった。しかし都心繁華街での立地にこだわる百貨店は，郊外化に十分対応できなかった。都心から離れることは百貨店のプライドを失くすことであり，ブランド力を維持するには都心に居続けなければならない。これは有名ブランド店が都心立地にこだわり，郊外は廉価ブランドのアウトレットモールで対応する姿に似ている。既成市街地をベースに発展してきた商店街も，夜間人口の減少で売上を減らした。これもまた，都市構造の変化に十分対応することができなかった。

このように考えると，都市における交通手段の移り変わりと小売業態の間に対応関係のあることがわかる。両者の間には住宅地や人口の分布変化という市場要素があり，交通，市場，商業がトータルとして都市構造を構成していることがわかる。この構造は常に変化する可能性をもっており，事実，移動の仕方，暮らし方，そして商品・サービスの提供の仕方は近代から現代にかけて変化し続けてきた。こうした変化は，インターネットを中心とする情報化の進展により，さらにその先へと進んでいこうとしている。テレビショッピングというある意味古典的な通信販売から最近のネット通販まで，実店舗を必要としない小売業のシェアが高まりつつある。既成小売業もこうした動きを無視することができず，リアルとヴァーチャルを融合した新たな販売方法を模索するようになった（荒井・箸本編，2007）。利便性を最大の武器として発展してきたコンビニエンスストアは，いまや都市生活に不可欠な生活インフラにさえなりつつある。ここでは商品販売以外に情報サービスの提供も増えており，省力化の先の無人化経営さえ取り沙汰されている。進化は限りなく，業態変化の道はさらに進む。

都市の商業空間は，基本的には商品・サービスの受け渡しが行われる取引空間である。しかし単に経済的取引が行われる空間以上の意味をもっている。これは近世以前の市場空間以来の伝統であり，不特定多数の人々が出会う交流空間でもある。これがあるゆえ，都心の繁華街や駅前空間は人々の集まりで埋め尽くされる。とくに買いたいものがなくても，出かけてみたくなる空

間であり，ウインドウショッピングを楽しんでいる人は少なくない。こうした性格の空間は都市の中では限られており，社会的あるいは文化的観点から商業空間をとらえる必要がある（井尻ほか編，2016）。商店街に勢いがあった頃は，売り手も買い手も同じ地域社会の一員であった。取引には経済的な意味のほかに社会的取引すなわち人間交流の意味もあった。都心部の老舗百貨店でも得意客と店員の間に金銭取引を越えた長い付き合いがあった。しかしこうした伝統的な人間関係は合理性を追求する現代的な小売業態の進化とともに失われていった。新しい時代にはその時代にふさわしい人間関係や交流があり，小売・サービス業だけがそれを担う空間とはいえないかもしれない。しかし，商品やサービスの取引行為の中に埋め込まれた人間関係や交流の伝統は，いくら時代が変わっても消えることはない。

コラム5　企業サービス業の発展とサービス業概念の変化

　製造業と比較すると，小売業やサービス業と消費者との間の距離は短い。製造業は卸売業や小売業を間に挟んで最終消費者につながっているのに対し，小売業やサービス業は直接，消費者を相手にしているからである。こうした流通の仕組みは都市の空間構造に反映されており，小売業やサービス業は消費者が集まっていそうな場所や消費者が訪れやすそうな場所をねらって立地しようとする。対して製造業はというと，消費者の近くにいる必要はなく，むしろ原料の調達や労働力の得やすい場所に立地しようとする。都市が小さかった頃は市街地の内部やその近くにも製造業に適した場所があった。しかし，都市規模や生産規模が大きくなるのにともない適地が見出しにくくなった。このため都市の郊外や地方に立地場所を求めて移動していった。いまや海外にまで立地場所を求めて移動する事例も珍しくなく，製造業と消費者の間の距離は長くなるばかりである。

　小売業やサービス業が消費者志向的な産業であることは今も昔も基本的に変わらない。ただしサービス業については，大きな変化があった。以前はサービス業といえば，個人の身の回りに関するサービスを提供するものが大半であった。理美容店，クリーニング店，クリニックなど住宅地のすぐ近くにあって，日常的なサービスを提供するというイメージが一般的であった。ところが，いわゆるサービス経済化が進み，これまで企業が内部で行っていた業務の一部が外部化されるようになった。外部化には専門性の追求と合理化の二面があり，企業内部では手に負

えない高度な専門的サービスを外部に依存したり，コストダウンを図るために外部の安価なサービス労働を利用したりする。結果として企業はスリムになり，専業分野に注力して競争力を高めることになる。

　個人の身の回りのサービスを提供する伝統的なサービス業に対し，主として企業を相手に外部からサービスを提供する事業所は企業サービス業と呼ばれる。近年，サービス業の成長が著しいのは企業サービスの分野においてであり，労働力もこの分野で増加している。しかしここにはひとつ落とし穴があり，かつて製造業で行われていた業務が外部化されると，それはサービス業の業務になるという点に注意する必要がある。デザイン，広告・宣伝，経理，法律など業務内容は大きく変わっていないが，製造業からスピンアウトするとサービス業の仕事になる。こうした注意点はあるが，製造業の現場で自動化や省力化が進む一方，自動化を進めるためのアプリケーション開発や機械化になじまない業務は，依然として人が担当しなければならない。サービス的業務は産業の種類を問わず増えており，その結果，産業全体に占めるサービス業の割合は高まっていく。

　よくサービス業は何をしているのか解らないという声を耳にする。製造・加工・組立の現場がイメージできる製造業や，モノを店頭に並べて販売している小売業の仕事内容は理解しやすい。しかしサービス業は何をどのように扱っているのかイメージしにくいというのである。これに答えるには，「サービス業は状態を変えることで価値を生んでいる」と返答すればよい。たとえば，不健康（病気）を健康に変えるのが医療サービス，空間的位置を変えるのが交通サービス，未熟な学力を高めるのが教育サービスの各業務である。いずれも悪い，遠い，低いという状態を良い，近い，高いという状態に変えることで価値を生んでいる。製造業のように対象の性質を物理的，化学的に変えるようなことはしていない。あくまで対象の状態を変えているに過ぎない。しかしそのことが次の活動が円滑に進むように手助けしている。目には見えにくい価値をサービス業は身近なところで生んでいる。

　サービス業は身近なところにいる人々を相手にするローカルな産業ともいわれてきた。したがって，製造業のように都市の外から所得をもたらすベーシックな産業ではないという低評価にも甘んじてきた。しかし，このような見方も変えなければならない時代になった。グローバル経済化の進展にともない，国際的にサービスをやりとりすることが多くなり，それを仲介するサービス業が経済的富をもたらすようになったからである。持っていくことができないとわれたサービスも，インターネットの普及で送ったり受け取ったりできるようになった。文字・画像・映像・音声などによって伝えられる情報それ自体が大きな価値をもつようになっ

たため，製造業製品とは別種のソフトウエア，アプリケーション，アートの類が商品として地球上を飛び交うようになった。ネット通販の情報サイトやホームページもすべてサービス業の成果であり，サービス業は企業と消費者との間の距離の意義も変えてしまった。

第6章　窯業・陶磁器生産で発展してきた都市

第1節　窯業・陶磁器の世界と瀬戸の陶磁器生産

1．窯業・陶磁器の世界と地理学からのアプローチ

　窯業はもともと粘土などの天然原料を火で焼いたものと定義されてきた。しかし現在では，窯を利用しての焼成や溶融など高温操作によって生み出される製品の総称と定義される（日本セラミックス協会編，2005）。ポイントは窯の中で原料を高温焼成する点にある。陶磁器，レンガ，瓦をはじめ研削材，セメント，ガラス，フェライト，炭素製品，断熱材などが製品であり，変わったものとしては合成宝石も含まれる。より最近では耐熱性，耐食性，硬度に優れ，さまざまな機能特性をもったファインセラミックスが電子材料，磁性材料，構造材料として製造されており，これらもまた窯業の一分野を占める。これだけ用途が多岐にわたっていると，窯業と都市の関係をひとことで説明することは簡単ではない。歴史的には陶磁器，瓦，ガラス，タイル，レンガ，セメントなどが先に登場し，そのあとで各種の工業用材料が開発されていった。瓦，タイル，レンガなどは日常的に目にするが，建築材料としての認識であり，とくに親しみを抱く対象ではない。ましてファインセラミックス製品などは，日常的に使用する製品の中に組み込まれているであろうが，その存在を認識することはほとんどない。このように広範囲に及ぶ窯業の世界を細かに識る機会は限られている。

　窯業の世界の中でもっとも親しみがわくのは陶磁器やガラス器であろう。とくに陶磁器は焼き物の別称で呼ばれ，日常生活の多くのシーンで使われている。もっとも厳密にいえば，陶器と磁器は原料が違うため区別して考えるべきかもしれない。陶土が原料の陶器は比較的簡単につくることができるのに対し，陶石を原料とする磁器は製造技術が難しく，日本で焼成されるようになったのは，戦国末期以降のことである。朝鮮に出兵した豊臣秀吉の軍隊が引き揚げるさいに，朝鮮半島から磁器が製造できる陶工を連れ帰り，九州・

有田の泉山で焼かせたのが最初である（姜，2012）。中国・朝鮮では早くから生産されていた磁器は硬くて割れにくく表面に光沢があるため，陶器より高価な器と見なされた。とくに焼き上がったときの白さが際立っており，どこにでもありそうな粘土をただ焼き締めただけの陶器とはまったく別物である。有力大名が磁器の出来栄えに惚れ込み，朝鮮から陶工を連れてきてまで焼かせた背景には，このような事情がある。

　窯業の世界も広いが，その一部をなす陶磁器の世界もまた広い。なぜなら，陶器あるいは磁器でできた器の歴史は人間の歴史と同じくらい長く，その歴史の中で人間はいかに質の高い器を生み出すか悪戦苦闘をしてきたからである（吉岡・宮内，2001）。それは現在も続いており，優れたデザイン性や色彩，形状の陶磁器を生み出すためにさまざまな試みが繰り広げられている。一例が全国の陶磁器産地で開催される陶磁器まつりや焼き物まつりである。百貨店やスーパー，最近では100円ショップで簡単に購入できる陶磁器をわざわざ産地まで出かけていって手に入れようとする。その目的は，廉価な器や掘り出し物を入手することだけではないであろう。陶磁器産地がもつ独特な雰囲気の中で，その産地を特徴づける器を自ら選んで手にすることに意義がある。質の高い陶磁器もさることながら，それが現在に至るまで生産され続けたきた土地を訪れることにより，固有の風土を自らの肌で感じ取りたいという思いがある。普段の食生活のシーンの中で欠かせない陶磁器は，大きさ，形状，色彩，図柄など実に多様であり，飽きることがない。国産だけでなく産地を海外にまで広げて考えれば，多様性はさらに増す。

　このように歴史も長く地域性も豊かな陶磁器の世界を地理学の視点から考えると，実に多様なアプローチの仕方があることに気づく。まずは陶磁器のもとになる原料であり，これは風化した花崗岩の堆積物である粘土や陶石をはじめ多くの鉱物資源がどのように地球上に存在するかという疑問に関わる。つまり自然地理学の研究対象になりうる。合成した原料を用いて成形し下絵を描いて焼成したあとも，さらに上絵付けなどの加飾を施す。こうした一連の作業工程は社会的な分業体制で行われることが多い。地理学には地場産業を対象に研究を行う工業地理学という分野もある（井出編，2002）。さらに完成した陶磁器は産地から流通網を経て消費地まで運ばれ，最後は消費者

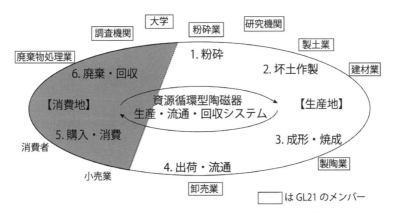

図6-1 資源循環型陶磁器生産・流通・回収システムの構成
出典：GL21のウェブ掲載資料（http://www.gl21.org/index.html）をもとに作成。

の元に届けられる。この間の流通システムは経済地理学や商業地理学という分野からのアプローチが考えられる（佐藤，1998）。こうした陶磁器の原料から消費までの生産・流通とは別に，近年は陶磁器の産地へ消費者が出かけていってその雰囲気を味わう観光行動も目立つようになった。一般には産業観光というが，こうした現象は観光地理学の研究対象になる（奥野，2018）。このように考えると，豊かな陶磁器世界の広がりが，これまた多様な側面に関心を抱く地理学の守備範囲に呼応していることがわかる。

　図6-1は，一旦，市場に出回った陶磁器を消費者の元から回収し，それを陶磁器産地で粉砕して再資源として活用する事業を示したものである。燃えないのは当然として，割れにくく腐敗もしない陶磁器の長所はときとして裏目に出る。捨てようと思っても処理に困り，最終的には土の中に埋めるしかない。しかし埋立地にも限界があるため，各地の自治体は頭を抱えている。岐阜県の美濃焼産地で長年取り組まれてきた資源循環型陶磁器の生産・流通・回収システムの開発は，こうした課題に対してひとつの答えをだすことに成功した（林，2010）。古紙や金属の回収など多くの分野では常識になっている資源循環型利用が，陶磁器の分野でもようやく可能になった。世界で最初の成功であり，陶磁器の長い歴史に新しいページを書き加えた。環境重視や持続可能性などの要素を生産・流通・消費の面に組み込むのが新たなトレ

ドになりつつある今日，陶磁器の世界でもデザインやブランドなど伝統的な価値とは異なる価値が評価される時代が到来しつつある。原料，生産，流通，消費に加え回収，再生産というルートを総合的に究明するのも，また地理学研究に含まれる。

2．豊かな原料と先進技術の導入で栄えた瀬戸の陶磁器業

　日本には六古窯といわれる歴史の古い窯業産地がある。瀬戸，常滑，越前，信楽(しがらき)，丹波立杭(たんばたちくい)，備前のことで，陶磁器研究家の小山富士夫が1940年代に唱えた（小山，2006）。小山は中国河北省で「幻の窯」といわれた宋代の定窯（唐後期以降の名窯）白磁の窯跡を発見したことでも知られるが，日本各地で忘れられた存在だった古陶磁窯の再評価にも熱心であった。意外なことかもしれないが，九州の有田や北陸の九谷は入っておらず，岐阜県の美濃も含まれていない。赤絵と白磁が美しい柿右衛門窯で全国的に知名度の高い有田焼や，国内生産でシェアを高めてきた美濃焼が入っていないのは，歴史的な古窯と地場産業として発展している陶磁器産地の間にずれがあることを物語る。小山は全国的規模で古窯跡の調査を実施し，近世までに規模の大小を問わなければ2,000から3,000の窯があったのではないかとも述べている。その多くは近代になって失われていく。理由は政治体制の変化と産地間競争で，幕藩体制のもとで各藩が殖産興業の一環として行っていた陶磁器生産が維持できなくなったこと，さらに交通手段の発展によって有力な産地が市場占有力を高めるようになったからである。

　近世までは国焼きという言葉で表現される地方独特の焼き物が各地で行われていた。江戸時代の文化文政期は，経済を立て直すために陶磁器生産が殖産興業として進められた時代である。地方の藩財政を潤す産業として陶磁器生産は魅力的で，各藩は競って事業に取り組んだ。しかし原料となる耐火粘土類，磁器土，陶土はどこでも簡単に手に入るものではなかった。たとえあったとしても作陶や焼成のための技術が十分でなければ成功できなかった。このため瀬戸，京都，有田，信楽などの先進地から陶工を招聘したり，原料を各地から主に舟運を利用して運び入れたりした。起業に成功して生産が本格化すると産地間の競争が激しくなった。価格を引き下げれば競争力が高まる

ため費用削減をねらい，地元産の原料を多く使用する方向へと向かった。これが産地で出土する陶土原料を用いた陶磁器生産のはじまりである。原料調達と製造工程を地元で完結させる産地が現れてきた。産地固有の特徴をもった焼き物の生産は最初からあったのではなく，競争を回避するため個性化や差別化を進めた結果，生まれたのである。

　六古窯の中でも筆頭に挙げられる瀬戸の焼き物の歴史が古いことは，窯跡群の考古学的研究によって明らかにされている（藤澤，2005）。平安時代かそれ以前にまで遡ることができ，13世紀初頭の南宋に渡った加藤景正なる人物が帰国後，瀬戸で窯を開いたとされる。この人物を陶祖として祀った陶彦神社が瀬戸市内の中心部を流れる瀬戸川右岸上にあり，春のせともの祭がこの神社一帯で開催される。瀬戸にはもうひとり焼き物の神様として讃えられている人物がいる。それは江戸時代後期の陶工で，1804（文化元）年に九州の天草，三川河内，有田に行って染付磁器の製法を学び，新技法を瀬戸に持ち帰った加藤民吉である。この新技法による磁器焼成が新製焼あるいは染付焼と呼ばれたのは，それまでの陶器を生産してきた本業焼と区別するためである。陶器と磁器を比べると明らかに磁器の方が高級感がある。先行する九州の磁器生産に押され気味の瀬戸を救うために，民吉は当時，門外不出とされていた磁器製造技術を苦労して瀬戸に持ち帰った（示車，2015）。民吉は陶祖とは別に磁祖として陶彦神社の北西600 mにある窯神神社に祀られている。秋のせともの祭は，民吉翁を偲んで開かれるのが習わしである。

　加藤民吉による九州地方からの技術導入によって瀬戸の磁器生産はその後，隆盛に向かう。しかし注意すべきは，九州産の磁器と瀬戸の磁器の間には原料に関して違いがあるという点である。有田の泉山で朝鮮からの陶工が発見した陶石は，その後，近隣の天草で産出する天草陶石に代わられっていった。この陶石は天草島の西海岸一帯で産出するカオリンとセリサイトを含む粘土鉱物の珪長石（フェルサイト）である（中川・白水，1986）。磁器の素地にも釉薬にも使うことができ，現在でも国産の陶磁器原料の80％近くを占める。天草陶石がいかに優れているかは，磁器発祥の中国では瓷石とカオリンを合成して磁器を生産しているのに対し，天草陶石は単体で磁器ができるという点からもわかる。

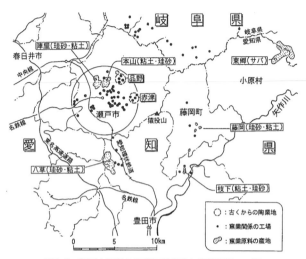

図6-2 瀬戸市周辺の窯業原料産地と窯業関係の工場
出典：須藤・内藤、2000、p.31、第2図による。国立研究開発法人産業技術総合研究所のウェブ掲載資料（https://www.gsj.jp/data/chishitsunews/00_08_04.pdf）をもとに作成。

ところが瀬戸には天草陶石のような陶石はなく、木節粘土や蛙目粘土など花崗岩が風化した成分が堆積したものが原料となる（図6-2）。木節粘土はその名のように、炭化物が混じった可塑性のある黒ぽい粘土である（内藤・須藤, 2000）。蛙目粘土は水をかけると蛙の目のように光ることからこの名があるが、これを水簸という水を使った選別によって粘土から分離した珪石が磁器化するため、陶磁器の素地土として使える。要するに陶石の代替となる硅砂を粉砕したものに他の成分を混ぜた合成磁土を使って磁器が生産されているのである。硅砂はガラスの原料であり、これを使えばガラス製の器はもとより板ガラスも生産できる。しかし陶器や漆器を使うのが普通の日本ではガラス器使用の習慣がなく、加えて板ガラスは製造技術水準が高いため、近代以降にならなければ登場しない。瀬戸では粘土層と並んで硅砂が層別に堆積しているが、ガラス生産に利用されることは現在においてもほとんどない。東京、大阪方面の板ガラス工場向けに名古屋港まで瀬戸から輸送し、原料産地としての役割を果たしている。

3．御用窯から輸出向けの陶磁器・ノベルティ生産へ

瀬戸は瀬戸物が陶磁器の代名詞になるほど全国的にその名が知られた産地である。しかしそのようになるのは、鉄道によって陶磁器が全国に向けて輸送されるようになってからのことである。それ以前は水運が主で、関西より

西側の地域では唐津物という呼び名が一般的であった。有田焼や伊万里焼などは唐津地方の港から船に積まれて運ばれたため，このように呼ばれた。江戸後期，それまで磁器生産で九州の産地に遅れを取っていた瀬戸は，加藤民吉による磁器生産の新技術導入で復興へと向かう。民吉が瀬戸産地における中興の祖といわれるのは，そのような事情による。本業焼と呼ばれた従来からの陶業は一家一人制とされたが，新製焼は二男以下でも陶業に就くことが許された。本業焼から新製焼へ転業する者もおり，いつしか磁器生産は陶器生産を上回るようになった。こうして隆盛に向かっていった瀬戸の陶磁器業は，地元はもとより尾張地方全体にとっても好ましいことであった。

　江戸期の瀬戸窯業は尾張藩による御用窯のもとで行われていた（仲野，1991）。御用窯とは，藩が陶磁器の生産・取引に直接関わることでそこで得られる利益を藩財政に組み込むための窯である。蔵元制度と呼ばれた流通取引は，もともと瀬戸村，下品野村，赤津村の各御蔵会所で行われていた陶磁器の検品を瀬戸村の御蔵会所に統合し，ここで検品したあと名古屋の蔵元（御用商人）の手を経て江戸，大坂，京都の問屋を通じて販売するシステムである。下品野村は中心部の瀬戸村から見るとその北側，赤津村は東側に位置しており，近代以降もこれらの産地では伝統的な和食器が生産された。かつて瀬戸村の御蔵会所があった場所には現在，瀬戸蔵と名付けられたミュージアムが建っており，建物の中に入ると瀬戸窯業の歴史をパノラマで示すジオラマを見ることができる。瀬戸蔵のある辺り一帯が瀬戸の旧市街地中心部であり，中央を流れる瀬戸川の両岸に沿って瀬戸物を販売する店舗が軒を並べるように建っている（図6-3）。かつては陶磁器を扱う産地卸売業も中心部に集まっていたが，流通近代化が進められた1970年代に市北側の丘陵地を造成して生まれた卸商業団地に移転した。

　さて，時代は前後するが，明治維新とともに統制的生産の時代は終わり，自由な生産と販売ができるようになった。すでに幕末期に輸出向け陶磁器の依頼が京都，名古屋などから瀬戸に寄せられていたが，維新後は政府の殖産興業政策のもとで輸出向け陶磁器の生産が本格化していった。このことは，横浜の森村組（のちの日本陶器）から瀬戸に生産依頼があった1883（明治16）年頃，陶磁器の輸出依存率が70%近くにもなっていたことからもわかる。

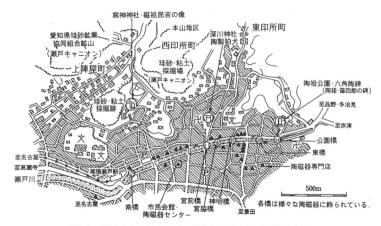

図6-3　瀬戸市中心部の珪砂・粘土採掘場と陶磁器関連施設
出典：須藤・内藤, 2000, p.31, 第1図による。国立研究開発法人産業技術総合研究所のウェブ掲載資料（https://www.gsj.jp/data/chishitsunews/00_08_04.pdf）をもとに作成。

　他産地には見られないこうした変貌ぶりは、瀬戸の生産技術が優れていることに加えて、瀬戸が時代の変化に適応していく高い能力をもっていることを示す。現状変革の精神は、江戸時代後期の加藤民吉による磁器製造技術の導入時にもあったし、明治以降に食器以外のタイル、レンガ、玩具などセラミックス製品をつぎつぎに生み出していった積極的行動にも見られる。日本陶器が自ら陶磁器を生産するために東京や京都ではなく名古屋に進出したのも、連携できる瀬戸の陶磁器生産能力を高く評価したからである。

　日本陶器が進出してきた名古屋では、瀬戸で生産された陶磁器を半製品として仕入れ、これに絵柄をつけて完成品にして輸出する加工完成業者が多く現れた。瀬戸と名古屋による分業関係は、尾張藩時代の蔵元制度を思い起こさせる。白地の生地にさまざまな模様を上絵付けすることで上代価格は高くなるため、名古屋の加工完成業者は十分利益を得ることができた。中央本線の建設ルートから外れた瀬戸の有力者が大曽根の住民と一緒になって瀬戸電気鉄道を開設し中央本線と結んだのは、両都市の経済的、社会的絆を強化するためであった（池町, 1992）。そのために、大曽根駅の設置を国に請願し、用地を無償提供して実現させることも行われた。さらに、開港した名古屋港と堀川を介して連絡するため、瀬戸電気鉄道を堀川口まで延伸させた。これ

は，第三師団が駐屯する旧名古屋城の外堀を線路用地として利用するという奇策が功を奏して実現した。

このように，瀬戸という都市を歴史的に読み解いていくと，丘陵の多い平地に恵まれない空間の中で陶磁器の原料調達，生産，流通，販売が繰り広げられ，生産者や労働者の集まる窯元・事業所・工場や住宅・集落・社会が形成されてきたことがわかる。瀬戸川を挟む比較的狭い空間は斜面が多く，計画的なまちづくりに適しているとはいえない。斜面地形は初期の登り窯には適していたが，大正期以降は平地の石炭窯で焼くのが一般的となり，輸出向けの洋食器やノベルティなどが大量に生産された（十名，2008）。欧米で人気の高い陶磁器製玩具を瀬戸の陶工が芸術的センスを駆使して仕上げるというのも，食器生産が当たり前という他産地にはない光景である。しかしこれも，1980年代に進んだ円高傾向で国際競争力を失い低迷への道を歩むことになったのは残念である。すでにその頃から瀬戸では産業構造の転換が進められ，市街地の北側に大規模な工業団地を造成して名古屋方面から窯業とは関係のない企業を誘致した。しかし工業団地の中には地元窯業から研究開発を進めて業種転換を図った企業も含まれており，陶磁器生産のDNAが完全に断ち切られたわけではない。

第2節　地元資源を生かした陶磁器生産と美濃焼産地

1．同じ資源を利用する産地が歩む異なる歴史

全国の焼き物産地を紹介する書物には，陶磁器の特徴や歴史を産地ごとに記述したものが多い。産地によって陶土や釉薬の性質が異なり，出来上がった食器の見た目や手触りなどが違っているからであろう。一見してどの産地の焼き物であるかがわかる場合も少なくなく，逆にそれを全面に出して差別化を図ることもある。実際，陶土や粘土と通称されるが，それらを構成している鉱物成分は多様であり，いくつかの素材を混ぜ合わせて原料とするのが一般的である（高嶋，1996）。自然状態で存在する粘土は，河川や湖沼の堆積作用によって文字通り自然に生み出されたものである。しかし磁器の原料は石英，長石，珪石などの硬い鉱物であり，これらは人工的に粉砕して粉状に

しなければ粘土にはならない。つまり陶器や磁器は，自然状態に近い粘土や力を加えて粘土状にした原料をもとに生産される。しかも，異なる成分を調合することで固有の原料となって成形される上に，焼成のための窯の種類や，燃料，温度の違いなども作用するため，結果として器がそれぞれ違うのは当然といえる。もとはといえば，地球が生み出した多様な鉱物を組み合わせて熱を加え，本来鉱物がもっている硬い状態に戻す作業にほかならない。そのさい人間は思い描いたイメージに近づけるために工夫を凝らすが，使用する原料が似ていれば，生まれる陶磁器の性質も似たものになる。先進産地の質の高い陶磁器に近づくために，類似の原料を探し求めて追いかけようとするのは，こうした背景からである。

　実際，瀬戸で江戸後期に九州から磁器製造の技術を導入したのは，地元では産しない陶石に似た原料を使用して九州産地の食器に近いものを生み出すためであった。輸送手段が昔と比べて発達している今日では，他産地の原料を取り入れることは難しくない。海外から調達するのも簡単である。しかしそのようなことが容易でなかった昔は，地元でとれる原料を主に使うしかなかった。自然状態に近い粘土は堆積層として存在するのが一般的である。こうした粘土層は，花崗岩などの鉱物が風化作用を受けてバラバラになり水に流されて湖沼などに堆積してできる。堆積層の多くは地中にあるため，掘り出さなければ利用できない。しかし稀にではあるが，堆積層の上を川が流れて侵食が進み，堆積層が崖や斜面の表面に顔を出している場合がある。そのような場所を入り口として堆積層を掘り出せば，自然状態に近い陶土が得られる。花崗岩を侵食する河川は山地の高いところから標高を下るようにして流れる。同じ花崗岩の山地から幾筋かの川が流れるため，陶土の採掘場所は山を囲むように分布している。

　先に述べた瀬戸の陶磁器産地は，現在の西三河から岐阜県の東濃西部にわたって広く分布する花崗岩の二次的堆積物の上にある（図6-4）。かつて存在した東海湖の東端に当たっており，湖へ流れ込む河口近くで堆積が進んだと考えられる。瀬戸層群と名付けられたこの二次的堆積物から陶土が採掘され，これを原料として陶磁器生産が行われてきた（安藤ほか，1991）。標高629 mの猿投山がこの花崗岩山地のピークであり，瀬戸は主に東から西に向かって

流れる川沿いに形成された。南に向かうのが矢作川の支流となる河川であり、この分水嶺が尾張と三河を分ける。猿投山の北側には標高693 mの三国山という別の峰があり、これは名前のごとく美濃、尾張、三河の三国をわける。花崗岩はこの山の北方、すなわち東濃西部一帯にも広がっており、主に

図6-4　復元された東海湖と周辺の地質分布
出典：須藤、2000、p.25,第5図による。国立研究開発法人産業技術総合研究所のウェブ掲載資料（https://www.gsj.jp/data/chishitsunews/00_08_03.pdf）をもとに作成。

東から西に向かって流れる庄内川とその支流は瀬戸と同じ条件下にある。つまり花崗岩の二次的堆積物が分布しており、それらはいずれも陶土が採掘できる場所である。東濃西部とは岐阜県東部地域のうちの西側半分のことであり、庄内川の流域にほぼ一致する。つまりここは、花崗岩の山地とそれが風化作用を受け二次的に堆積した地域にほかならない。花崗岩の山地を挟んで瀬戸と反対側に位置するここでも、陶磁器が歴史的に生産されてきた。岐阜県東濃西部の美濃焼産地である。

　瀬戸や東濃西部のように、地表上に有用な鉱物を含む資源があり、それをもとに経済活動が行われ都市が形成される事例は珍しくない。資源は山地に含まれていることが多いため、分水嶺を隔てて向きの異なる場所に資源利用の集落が形成される。瀬戸焼と美濃焼は同じ資源を南と北で利用し合い、ともに産地形成をしてきた。瀬戸の南の三河には岡崎があるが、ここは堆積物ではなく花崗岩本体をそのまま活用して石材業を発達させてきた（長坂,

2006)。石都・岡崎の歴史的発展である。当初は同じかもしくは類似の資源を活用して活動が始まるが，その後は生産，技術，労働，流通，販売などの点で違いが生まれ，それぞれ別の道を歩むようになる。近世，近代，現代という歴史的経過の中で産地を取り巻く状況も変化する。政治体制や生産体制なども作用し歩む道も一様ではなくなる。資源依存には限りがあり，都市の発展や生き残りのための戦略もおのずと変化していく。ルーツは似ていても，その後に歩んだ道程の違いから，現在ではかなり印象の異なる産地になったという事例は少なくない。

2．量産体制で発展してきた美濃焼産地の行方

　瀬戸と美濃のいわば背中合わせの関係は，ほかにも事例がある。たとえば信楽焼（滋賀県）と伊賀焼（三重県）は鈴鹿山脈で背中合わせの関係にある。両産地はほぼ同じ陶土を原料として使用しており，互いに区別しにくい面がある。伊賀焼は無釉，信楽焼は水簸をせず石英や長石を含んだ粘土を使用するため表面にぶつぶつした突起状の模様があるという特徴がある（満岡，1989）。同じ陶土を使いながら産地の個性を出すため，それぞれ工夫を凝らしている。有田焼（鍋島藩，佐賀県）と波佐見焼（大村藩，長崎県）もそのような例であり，歴史的に藩や県の所属は異なるが互いに近い位置にあって磁器を生産してきた。歴史は有田の方が古く，波佐見では天正年間（1571～1591年）に生産が始められた。知名度は有田焼の方が上であるが，近世は有田焼，波佐見焼ともに伊万里港から出荷されたため，伊万里焼とも呼ばれた。鉄道導入以後，波佐見焼は最寄りの有田駅から送り出されたため，有田焼の陰から逃れることができず，知名度で損をしてきた。さらに，関東の2大焼き物産地といわれる笠間焼（茨城県）と益子焼（栃木県）は，標高194 mの仏ノ山峠を挟んで隣り合っている。江戸に近い笠間では安永年間（1772～1781年）に信楽から陶工を招いて陶業が開始され，笠間藩の仕法窯としての保護のもと，甕・摺り鉢などの日用雑器が生産された。対する益子焼は1853（嘉永6）年に笠間焼から派生するかたちで生産が始められたが，1920年代に民芸運動の拠点となったため知名度が高まっていった。

　同じ花崗岩の山地を背にしながら，かつての国や現在の県が異なるため，

瀬戸焼と美濃焼は違う産地と見なされてきた。しかし両産地は距離的に近く，言い伝えによれば，瀬戸の陶祖・加藤景正に連なる者が美濃へ行き，各地で窯を開いたという。実際，美濃でも陶祖は景正とされており，その子孫がそれぞれの村で陶祖として祀られている。瀬戸と美濃は近場での技術伝承であるが，専門技術を必要とする陶業では先進産地から陶工が移動して新たに窯を開くという例が少なくない。今風にいえば技術者ネットワークによる技術伝播が中世や近世に行われていたということである。これは地場産業をベースとする都市発展の系譜にもつながる興味深い現象である。瀬戸から移り住んだ加藤景正の子孫も，美濃の資源状況を確かめながら，各地に散らばって技術を伝承した。瀬戸は瀬戸川や水野川の低地を底とする盆地形をしているが，美濃は瀬戸以上に盆地形の特徴がはっきりしている。それだけ閉鎖的な資源環境であり，直線距離は短いが，峠を越えなければ隣村に行けなかった。こうした地形的，資源的環境が，村ごとに特徴の違う陶磁器を生産する専門分化の背景にあった。

　美濃焼産地は，現在では東濃西部と一括りにして呼ばれる。しかし近世はさまざまな勢力による分割支配地域であり，尾張一藩に支配された尾張とは性格をかなり異にする。それでも，陶磁器生産では多治見の西浦家が美濃で産する陶磁器を集荷し，これを尾張藩内の名古屋商人に売り渡すというシステムがあったため，統一性がとれていた（山形，1983）。つまり，瀬戸で生産されたものではないが，瀬戸産の陶磁器と一緒に江戸，大坂，京都へ送られた。このことは，美濃という産地名は世間では認知されず，美濃産の焼き物は瀬戸や尾張の一部として使われていたことを意味する。近代になって東濃西部は土岐郡という行政区域でまとめられるが，町や村の独自性が消えることはなかった。庄内川を軸にして，下流側から順に多治見盆地，土岐盆地，瑞浪盆地が連なっている（図6-5）。各盆地には地元で土岐川と呼ばれる庄内川に合流する河川が幾筋かあり，その支流ごとに同じように軸に沿って町や村があった。つまり非常に複雑な樹枝状の陶磁器産地が形成されたのである。

　かつての土岐郡は昭和の大合併で大きく3つの市に再編された。これが現在の多治見，土岐，瑞浪という都市の誕生につながった。市制施行以降，各市は地場産業である陶磁器業の発展に取り組み，生産額では兄貴分の瀬戸を

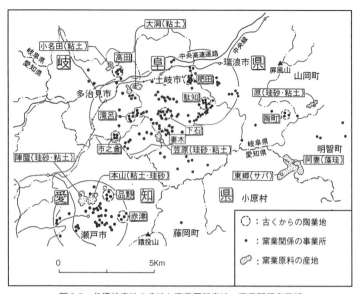

図6-5　美濃焼産地の盆地と窯業原料産地・窯業関係事業所
出典：須藤・内藤，2000, p.33, 第１図による。国立研究開発法人産業技術総合研究所のウェブ掲載資料（https://www.gsj.jp/data/chishitsunews/00_09_05.pdf）をもとに作成。

大きく上回るようになった。全国の生産額シェアでも九州の産地を超え，全国一の陶磁器産地にまで発展した。その要因は，陶磁器製食器の量産化に成功したことである。高度経済成長の波に乗り，大量の需要に応えるため，本来は手仕事の多い生産工程の自動化や省力化を推し進めた。九州産地の製品と比較すると質ではやや劣るが，価格では負けないものを生産し続けた。機械ではなく手づくりによる生産にこだわった九州産地とは異なり，工業化が盛んな愛知県に隣接する岐阜県では，機械化で生産性を上げなければ生き残れなかった。瀬戸は窯業分野の高度化や多角化の道を選択し，食器生産にはこだわらなかった。窯業以外の他産業にも力を入れたのは，名古屋市や自動車産業が盛んな豊田市に隣接しており，生産性の低い窯業だけでは都市経済が維持できなかったからである。九州産地や瀬戸とは異なる発展過程を示した美濃焼産地も，バブル経済崩壊後の陶磁器製食器に対する需要の激減をまえに，大きな方向転換を迫られているのが現状である。

3．市場環境の変化に対する美濃焼産地の対応

　東濃西部の3都市は，市の面積と人口の順位が逆の関係にある。多治見は91.3km²で一番狭いが，人口は10.9万人で一番多い。土岐は面積116.0km²，人口5.6万人でいずれも第2位である。瑞浪は面積こそ174.9km²で最も広いが，人口は3.8万人で最小である。こうした違いは産業構造，通勤・通学などの流動人口，河川流域の面積などによって説明できる。いずれもかつては陶磁器産業が主産業で都市経済を維持してきた。このうち多治見は陶磁器の生産地であるだけでなく，上流側の土岐や瑞浪で生産される陶磁器を集荷して消費地へ送り出す役割も果たしてきた。産地卸売業の集積する都市であり，上流側産地の事業所に対して製品発注や技術指導をする役目も担ってきた。このことは，卸売業だけでなく陶磁器試験場や意匠研究所など研究・教育機関が多治見に置かれてきたことからもわかる。とくに意匠研究所は，もともとは地元の窯業分野で就業する人材を育成する目的で設立されたが，作陶ブームの到来で陶芸家志望者が各地に現れるようになり，その人達を全国から集めるようになった（池畠，1985）。3市の中でリーダー的位置にあることは，再生陶磁器の実用化を市内にある県立試験場と地元企業がタイアップして成功させるだけの能力をもっていることからもわかる。国内はもとより世界で唯一，市場に出回った陶磁器製食器を回収し，それを粉砕して再生陶磁器に変えることを実現させた（長谷川，2014）。これは単なる話題づくりではなく，省資源・エネルギー，循環型社会への方向性に合致した革新的試みである。

　近代には土岐郡の郡役所のあった土岐は，陶磁器生産量が3市の中で最も多い産地である。多治見のような司令塔的な機能はもたず，ひたすら陶磁器生産に励んできたといえる。市内には土岐川の支流域ごとに産地が分散しており，産地には小規模ながら卸問屋もある。しかし陶磁器の需要低迷で生産量も減少しており，メーカーも問屋も数を減らしている。名古屋から距離的に近い多治見が郊外住宅都市としての性格をもったのに対し，やや距離の遠い土岐は蚊帳の外といった感がなくもない。しかし多治見との市境に当たる丘陵地が東海環状自動車道のルートになったため，俄然，立地優位性が高まった。この一帯が第4次全国開発計画で研究学園都市に指定されたことも追い風となった。ただし肝心の研究・学園施設の進出は捗々しくなく，代わりに

誘致したアウトレットモールが予想以上に広い範囲から買い物客を吸引するようになった（関谷，2017）。現在までのところ，この巨大商業施設と地元産業との間に強い結びつきはない。

　土岐川の最上流域に当たる瑞浪の陶磁器業は，生産規模の点では他の2市には及ばない。むしろ陶磁器原料の供給地として大きな役割を果たしてきた。電力がなかった昔は土岐川支流に設けた水車を動力として使い窯業原料の生産に励んできた（室田，1985）。標高が高いため窯業原料が露出する丘陵地に近く，釉薬にも使用される地元で石粉と呼ばれる長石の供給役を引き受けてきた。いまひとつの特徴は，他の2市とは異なり，輸出向け陶磁器の生産に励んできた点である。これは，東濃西部の主要交通路である国道19号とは別の国道363号が南側にあって瑞浪南部と瀬戸，名古屋を結んでいるという地理的条件が大きく作用している。名古屋や瀬戸の加工完成業者から注文を受け，輸出向け陶磁器を生産してきた。しかしこれも，1980年代からの円高によって国際競争力を失い産地衰退への道を辿ることになった。ところが近年，同じ瑞浪市内の陶磁器業者の間から大量生産ではない多品種少量生産による製品の海外輸出が試みられるようになった。フランクフルトの国際的見本市・アンビエンテにMIZUNAMIというブランド名で出店するなど，積極的な市場開拓行動が功を奏している（林，2009）。

　かつては瀬戸焼の陰に隠れるような存在であった美濃焼は，高度経済成長期以降，生産額の増加にともない知名度を高めてきた。しかし量産化産地としてのイメージが付いて回り，高級感に今一歩届かないもどかしさを，地元業界は感じてきた。そのような中で，MIZUNAMI・みずなみ焼は美濃焼のイメージを超え，海外で高めたの知名度を国内でも活かそうとする戦略である。しかしその一方で，食器に対して飽和感を抱く消費者が多い昨今の国内市場を考えると，陶磁器製食器を売るより，消費者を陶業産地へ呼び込んでサービスを提供する方がビジネスとしてチャンスが大きいのではないかとも思われる。名古屋大都市圏という大きな市場に近いという利点もあり，陶磁器業を産業観光の視点からプロデュースする試みが多治見や土岐で行われている（熊田，2013）。多治見には戦国期の茶人・古田織部に因むオリベストーリーと名付けた古い町並みを観光客が歩く仕掛けがある。さかずき生産に特

図6-6　多治見市市之倉町のオリベストリートとさかずき美術館
出典：「さかずき美術館」のパンフレットなどをもとに作成。

化した，その名も「さかずき美術館」と名付けた施設に誘導し，楽陶体験を提供するサービスもある（図6-6）。土岐ではこの地方最古の元屋敷窯跡を観光資源として整備し，観光客を呼び込もうとしている。ライバルとなる類似の観光地がひしめく中，差別化は容易ではない。しかし陶磁器業の地場産地として生き残るための方向として間違ってはいない。

第3節　窯業生産で発展してきた都市の歴史と現況

1．歴史の長い常滑焼の近年における変貌

　日本の陶磁器生産の半分以上は美濃焼，瀬戸焼など名古屋圏の産地が占めている。シェアはそれほど大きくないが常滑焼，万古焼，伊賀焼もこの中に含まれており，まさにこの地域は九州地域と並んで一大生産地を形成してきた。常滑は美濃，瀬戸から見て南東方向にあり，かつて地質時代に存在した東海湖に堆積した粘土層を資源として成り立ってきたという点で，美濃，瀬戸と同じ条件下にある（杉崎・村田，1988）。専門的には東海層群常滑累層と呼ばれる厚さ2～3mの粘土層と砂層の互層が知多半島の丘陵地に分布する。美濃，瀬戸と違うのは常滑が伊勢湾に面しているという点であり，海上交通を使えば大きな陶器でも遠方まで輸送できた。このことが古来より常滑焼の瓶や壺などを全国各地に分布せしめた要因である。原料の粘土が田畑の地下

に分布するというのも臨海低地に開けた常滑らしい特徴であるが,市街地開発にともない採土は丘陵地上で行われるようになった。

近代になり生活様式の変化が進んだため,瓶,壷から土管への製品転換が行われた。上下水道や電線など地下埋設物用の土管が必要とされるようになったからである。輸送手段は海上輸送から鉄道輸送へ切り替えられ,生産・輸送量の増大とともに,「土管の町」として常滑の名前が知れ渡るようになった。大正期になると土管にタイル,衛生陶器も加わった建築用陶器と,急須,食器,置物などの日用陶器が主な生産品になった。しかし,土管はやがて塩化ビニール管へ,焼酎瓶はガラス瓶へと変化していく。その一方でタイルは昭和初期に全国の主力企業の上位3社が常滑にあったことからもわかるように,大きな国内シェアを維持していた。1938(昭和13)年には、衛生陶器の製造技術が確立した。一方,日用品や工芸品の分野では,急須や盆栽鉢,園芸鉢,花器,置物の需要が増えたため,その対応が進められた。とくに急須の生産で有名になり,朱泥をはじめとする茶器が常滑を代表する製品になった。

近年,全国的に陶磁器生産が減少していくのと軌を一にするように,常滑でも生産額は減少の傾向にある。そうした中,

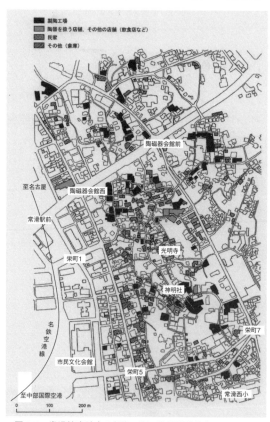

図6-7 常滑焼産地内の製陶工場・陶器関連小売・サービス
出典：市田,2009による。

常滑ではかつて陶磁器が盛んに生産されていた場所一帯を「やきもの散歩道」という名前で保存し，内外の訪問者にその雰囲気を味わってもらおうとする試みが始められた（浦山・坂本，2006）（図6-7）。臨海低地から丘に向かう起伏に富んだ地形であるため坂道や擁壁箇所が多い。もとはといえば地元の人々にとって生活や生産のための道路であった。金をかけずに道路を維持するため，身近にあった製品になり損ねた土管や瓶を用いて道路を「舗装」し，土砂が崩れないように擁壁を固めた。意図してかどうか道路地面に幾何学的な模様が現れ，無数の瓶を積み上げて完成した壁面は独特な雰囲気を醸し出すようになった。「土管の町」として全国に知られるようになった常滑の「やきもの散歩道」を特徴づけているのは，地元産の土管や瓶だけではない。レンガや多孔陶管，エゴロなど一般にはあまり馴染みのない窯業関連の素材も利用されている。また道路や壁面だけでなく，民家の土台や周りを取り囲む塀などでもさまざまな陶器や磁器の廃品が活用されている。一見，計画的に利用されているように見えるが，なかには「遊び心」を楽しんでいるかのような「作品」にも出会う。

　常滑焼の産業空間をおもしろくしているのは，土管や瓶が敷き詰められた道路だけではない。生活のための道路とは別に，焼き物が生産された工場の生産設備，あるいは工場を覆う壁が空間に個性を与えている。焼き物に窯や煙突は付きものである。ただし，松材から石炭，そして重油，ガス，電気へと燃料が変化していくのにともない，焼成窯の形態は変わっていった。常滑の場合，石炭が使用されなくなって以降，煙突は不要になった。しかし，いまなお煙突が数多く現存しているのは，廃業した製陶工場が撤去費用を惜しんで結果的に放置されているか，あるいはその歴史的価値が評価されて残されているか，いずれかの理由による。なかには崩壊の恐れがあるため，低層化して残されているものもある。いずれにしても，他の窯業産地では見かけなくなった煙突が町中に立っている姿は，ここが焼き物の産地であることを身をもって示す景観以外のなにものでもない。

　生産手段としてはまったく役に立たなくなったが，焼き物産地の空間をシンボリックに表象する重要な要素として，煙突は「現役」の役目を果たしている。焼成窯に付随する煙突はレンガを使って組み上げられており，全体と

しては土管や瓶と同じ濃いめの赤色，すなわちレンガ色をしている。多くは愛知県内の半田，西尾方面，あるいは名古屋市内で生産されたレンガを使用している。レンガも広い意味では焼き物の一種である。原料や製品の重量が重いため，遠くまで運ぶのは経済的とはいえない。県内産のレンガが使用されているのは，そうした理由からであろう。結果的に，地元に近いところで生産されたレンガを使用した煙突が焼き物の生産に役立った。

　景観論の分野では「地域色」という概念があるが，特定の地域に産する資源がその地域の産業に生かされ，結果的に都市景観の色調として表出する（市田，2009）。まさに常滑の煙突はそのような事例である。地域色との絡みでいまひとつ忘れてならないのは，黒壁の存在である。「やきもの散歩道」を歩いていて気づくのは，道に沿って建っている事業所や民家の外壁が一様に黒いことである。この黒の正体はコールタール性のペンキであり，もともとは潮風から建物を保護するために塗布されたものと思われる。しかし目的はそれだけではない。防腐目的以外に，煙突から吐き出される煤煙による影響を考え，たとえ煙で壁が汚れても目立たないようにする目的があったと考えられる。「常滑の雀はみな黒い」という言い伝えがある。かつて常滑には焼き物の町全体が黒色をまとっていた時期があった。1970年代になり石炭からガスへ燃料が転換されて黒煙が出なくなっても，壁は黒く塗られた。すでに常滑の建物の色として定着していたため，あえて逆らうことはためらわれた。かくして，土管，瓶，レンガの赤とともに，黒が常滑を象徴する地域色として認知されるようになった。

　焼き物の町として発展してきた常滑も，他の陶磁器産地と同様，伝統的な食器類の生産だけでは都市発展を支えることが難しくなってきた。タイルから衛生陶器へと生活様式の変化をリードしながら成長を続けていった大企業も，もちろん存在する。この企業がタイルやトイレなどの歴史を過去の製品を展示しながら紹介する博物館は一見の価値がある（折戸，2007）。こうした窯業分野とほとんど関係のない巨大な交通施設・中部国際空港（セントレア）が常滑沖2kmに2005（平成17）年に完成したことにより，常滑のイメージは大きく変化した。沖合の空港の手前側に生まれた埋立地・前島に大規模なショッピングモールも出現し，知多半島西海岸の細長い低地の南北交通とは

別の人の動きが活発になった。空港の乗り継ぎ時間を利用したオプショナルツアーやセントレア到着後に始める観光ツアーの見学先として,「やきもの散歩道」の人気は高い。歴史も背景もまったく異なるものが,近くにあるという縁で結びつくことはある。常滑の焼き物と空港はそのような事例である。

2. 都市の建物に欠かせない瓦屋根と三州瓦産地

　都市は多くの人々が集まって暮らすところであるが,それはその中に人が入る建物が集まっているところでもある。建物が雨風から人を守ってくれるから人は生きていられる。その建物をどのようにつくるか,とくに建物の天辺・屋根の部分をどのようにするかは極めて重要である。屋根と聞くだけで瓦屋根をすぐに思い浮かべてしまうほど,日本では屋根は瓦で葺くものだと一般には思われている。しかし,屋根の材料には,藁材,木材,石材,銅板なども考えられるし,近代的なビルではコンクリート造りの屋上などもあり,そもそも屋根のない建物も多い。粘土が原料の瓦はタイルのように単体のパーツをつなぎ合わせることで屋根全体を覆うため,コンクリートのような連続的構造体ではない。日本では古くから寺院や城の屋根に使われ,ある時期から民家でも使われるようになった（坪井, 2014）。ただし,中国から伝わった瓦は奈良時代に国府,国分寺,国分尼寺の建設ブームが起こると地方にも広がったが,平安時代になると一転して檜皮葺の寺院が優勢となった。これは,この時代に盛んになった最澄や空海による密教の寺院が山奥にあったため,重い瓦を運ぶより近くで伐れるヒノキの皮を利用する方が好都合だったからである。これによって寺院は檜皮葺というイメージが広まり,さらにその後,台頭してきた鎌倉の武士は質実剛健を尊んだため,値の張る瓦は遠ざけられた。

　安土桃山時代から江戸時代初期まで,瓦の使用は寺院や城郭に限られてきた。当時の瓦は平瓦と丸瓦を組み合わせた本瓦葺といわれるものであった。重量があったので,建物自体がよほど頑丈でなければ耐えられなかった。1674（延宝2）年に近江・三井寺の用人であった西村半兵衛が平瓦と丸瓦を合わせた桟瓦を発明した。軽くて製造コストも小さい桟瓦が登場したことで,一般家屋向けの瓦屋根の普及が始まった。ただし,これだけでは瓦生産を地

場産業として発展させるほどの産地が生まれる条件としては不十分である。陶器と同様，粘土が原料の瓦は製品重量が重くて嵩張るため，原料産地の近くで生産するのが理にかなっている。このため当初は，手に入れるのが比較的簡単な粘土を使って瓦をつくる産地が各地に生まれた。それらの中から有力な産地が登場してきた背景として，①瓦に対する需要が急激に増えたこと，②重量のある瓦を大きな市場へ輸送する条件に恵まれていたこと，の2つを指摘することができる。

　三州瓦の名前で全国的知名度の高い愛知県・高浜市は，これらの条件を満たしていた。高浜市内にある春日神社に奉納された狛犬に「享保八年，三州高浜村瓦屋甚六……」という文字が彫られていることから，1723（享保8）年には瓦の専門業者が当地にいたことがわかる（宮川，1995）。高浜は衣浦湾に面しており，矢作川にも近い。衣浦湾には知多海運の名で広く知られる多くの港がある。これらの港からは，幕府が開かれ人口も集まって建物需要が急増した江戸方面へ向けて，瓦以外に米，木綿，酒などが海上輸送された。瓦の原料となる粘土は瀬戸方面から続く堆積層の中に含まれる。多くは地表面から比較的浅い部分に分布しているため，採掘するのにまったく問題はない。この粘土層は知多半島の常滑で焼き物を生み出したものと基本的に同じである。ここの粘土層は農業にあまり適しておらず，土地を耕地としてではなく原料採取の場所として活用した方が利益が大きかった。

　瓦の大市場である江戸も，最初から条件を満たしていたわけではない。1657（明暦3）年に俗に振袖火事と呼ばれる大火があり，多くの犠牲者を出した。それまで瓦屋根は武家屋敷に限られており，庶民が暮らす屋根は草葺きか板葺きであった。大火後，幕府は瓦屋根を奨励すると思いきや，それとはまったく逆の土蔵以外の瓦葺きを禁止するというお触れを出した。理由は，火事の消火のさいに瓦が落ちてきて危険というものであった。しかしいかにも説得力に欠ける理由であり，60年後にこの禁止令は解かれた。これ以降，瓦屋根は奨励されていくが，重い瓦屋根を支えるには家の構造を強くしなければならない。このため，建物を所有する町名主たちは簡単には同意しなかった。最終的に，大岡裁きで有名な大岡越前守が町名主の説得に当たり，了解を取り付けて江戸で瓦屋根が広まっていった。

江戸やその後の東京でいくら瓦屋根の需要が多かったといっても，すべてが三州瓦で葺かれたわけではない。関東にも瓦産地はあり競争は激しかった。三州瓦が今日見るように大きく発展していったのは，近代以降，国内市場ばかりでなく，輸出向け瓦の生産に取り組んだことが大きかった。これは，瀬戸の陶磁器産地で，明治以降に輸出用陶磁器が増えていったのと似ている。最初はフランス瓦の輸出であった。日本瓦とは様子が異なるためフランス人技師を招き，1917（大正6）年に高須金之助が「日本洋瓦」という会社を設立した。当初は試行錯誤の連続であったが，3年後には輸出ができるレベルにまで達した。この会社の成功に倣い，高須の工場の近隣にフランス瓦をつくる窯元が増えていった。フランス瓦に続いて登場したのがスパニッシュ瓦である。輸入されたスペイン産の瓦はモダンな印象を与え好評だったので，早速，三州で製造が始まった。時期は大正末期頃で，日本の風土に合うように改良が施されS型瓦と呼ばれる瓦が大量に生産された。

　三州の瓦産地の知名度が高まっていったのは，伝統的な日本瓦にとどまらず，新しい瓦の開発に取り組んだことも大きかった。フランス瓦やスパニッシュ瓦のほかに塩焼き瓦が1928（昭和3）年に製品化された。塩焼き瓦は焼成途中に塩を投入して瓦を焼くもので，熱分解で塩はガス状になり水蒸気と反応して酸化ナトリウムと塩化水素に分解される。この酸化ナトリウムが粘土中の珪酸とアルミナと化合して珪酸ナトリウムとなり，これが赤褐色のガラス状の皮膜をつくる。これによって瓦は堅く焼き締り表面の光沢も増す。この製法は常滑の土管製造の技術にヒントを得たもので，類似の地盤産業が近くにあったことが有利にはたらいた良い事例である。塩焼き瓦は丈夫で含水率も小さいので凍害に強く，寒冷地への出荷量が拡大した。さらにこの瓦は伝統的な燻瓦（いぶしがわら）に比べて一度に焼成できる量が多いため，1953（昭和28）年には燻瓦の出荷量を上回るようになった。塩焼き瓦は三州の粘土でないと独特の美しい小豆色が出ず，その焼成法の難しさもあって塩焼き瓦といえば三州瓦といわれるほどこの産地の全国的名声を不動のものにした（高浜市やきものの里かわら美術館編，2010）。

　図6-8は，高浜市・碧南市における瓦生産事業所と窯業関係の機械メーカーの分布を示したものである。瓦を生産している事業所は，高浜市役所南側の

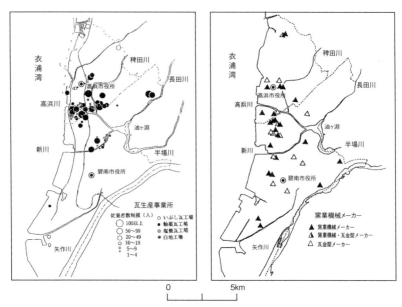

図6-8 高浜市・碧南市における瓦生産事業所と窯業機械メーカーの分布
出典:宮川,1995,p.42,43,九州大学リポジトリーのウェブ掲載資料(https://catalog.lib.kyushu-u.ac.jp/opac_download_md/8559/scs01p029.pdf)をもとに作成。

高浜川,稗田川の両側に集積している。碧南市の油ヶ淵西の新川沿いにも瓦生産の事業所がある。河川沿いは鉄道導入以前は原料・製品の舟運輸送に好都合であった。高浜市では「かわら美術館」が有名であるが,瓦生産に関するモニュメント・彫刻類が街中に置かれウォーキングコースが設定されている。一方,碧南市では瓦生産に欠かせない窯業機械や瓦金型のメーカーが高浜市との市境から碧南市役所にかけて分布している。焼成用の窯や粘土製造の真空土練機などの機械がなければ瓦生産が不可能であることを考えると,高浜,碧南の両市は互いに助け合いながら三州瓦の発展を支えてきたといえる。

3.輸出用高級陶磁器の生産から始まったノリタケの発展

瀬戸,美濃,常滑,高浜など陶磁器をはじめとする窯業産地では,新しい製品を生み出すための技術革新が絶えず試みられてきた。同じ製品の質を高

める技術や速く大量に生産する技術，あるいは省エネルギー生産のための技術などである。なかには製品を回収し再資源として利用する技術も開発されてきた。窯業というと陶磁器のイメージが強いが，本章の冒頭でも述べたように，食器はセラミックスがもっている多様な性質のうちの一部を利用したものにすぎない。器以外の別の使い方，たとえばタイル，瓦，土管は，水などの液体を内部に染み込ませない，あるいは外に漏れないように流すといった用途での利用である。しかしセラミックスはほかにも性質があるため，その性質が発揮できる製品を生み出せばビジネスとして成功するだけでなく，世の中の暮らしを良くすることができる。ただしそれを実現するには研究・開発のために多くの時間とエネルギーを必要とする。

　名古屋を拠点に窯業分野で多くの製品を生み出していった森村組の創業者は，静岡県森村出身の森村市左衛門の6代目である（大森，2008）。幕末・維新の頃，横浜港で商館貿易を手がけていた6代目森村市左衛門は，日本から大量の金が海外へ流出するのを目の当たりにし，「金を取り戻すには，輸出貿易によって外貨を獲得することが必要だ」という福沢諭吉の言葉に感銘を受けた。彼は，1876（明治9）年に東京・銀座で貿易商社「森村組」を創業し，弟の豊をニューヨークに派遣して輸入雑貨店「モリムラブラザーズ」を運営させた。当初，日本から輸出したのは骨董品や雑貨であったが，しだいに陶磁器が増え，その売れ行きの良さから陶磁器輸出に将来性があると考えるようになった。10年ほど経過し，森村市左衛門は，1889（明治22）年にパリで開催された万国博覧会に出品されていたヨーロッパ製の磁器を見て大いに感動した。ただ目を見張っただけでなく，このように美しく精緻に絵付けされた磁器を自ら製造したいという気持ちにとらわれた。その8年後，最新技術を学ぶために技術者をヨーロッパに派遣し，国産原料を使った白色硬質磁器への挑戦を始めた。

　白色硬質磁器生産のめどを立てた森村市左衛門は，1904（明治37）年に「日本陶器合名会社」を創立し，愛知県鷹場村大字則武（現：名古屋市西区則武新町）に，近代的な設備を備えた大工場を建設した。しかし工場は完成したものの，生産を軌道に乗せるのに時間がかかり，1914（大正3）年にようやく日本初のディナーセットを生産することに成功した。早速アメリカに輸出された洋

食器は人気を博し,「ノリタケチャイナ」のブランドが世界中に広まっていった。ノリタケとは,本社工場のある則武にちなむ。日本陶器（ノリタケ）が同業他企業と違ったのは,洋食器の製造で培った「粉砕」「混練」「成形」「焼成」「印刷」などセラミックスに関わるさまざまな技術を追究し,新たな製品分野に挑戦していった点である。まず1939（昭和14）年に,食器の仕上げ加工用に内製していたセラミックス製砥石の製造技術をもとに,工業用研削砥石の製造と販売を開始した。この流れは現在も続いており,研削砥石のほかに,ダイヤモンド・CBN工具,研磨布紙などを自動車や鉄鋼,電子・半導体などの製造業に提供している。こうした工業機材事業の分野では国内最大級の研削研磨メーカーである。

　日本陶器は工業機材事業のほか,食器の画付に使用する転写の印刷や絵具を調合する技術を電子部品や蛍光表示管製品に応用し,自動車やエネルギー,医療などの分野で活用するセラミックス・マテリアル事業も立ち上げた。さらに,セラミックスの製造に欠かせない焼成や乾燥などのプロセス技術の開発も進め。エンジニアリング装置として電子部品や電池材料などの製造工程に提供するエンジニアリング事業にも取り組むようになった。このように事業分野が広がっていったため,1981（昭和56）年に社名を日本陶器㈱から㈱ノリタケカンパニーリミテドに改めた。2018（平成30）年現在,ノリタケグループの国内拠点は図6-9のように展開されている。

　ここまでは日本陶器あるいはノリタケ本体の企業史の概要である。この企業の真の多様性は,「一業一社」の理念の下で,セラミックスの分野で新たな製品が生まれると,そのつど関連会社を誕生させて専業メーカーとして育てていった点に見出される。1917（大正6）年に日本陶器の衛生陶器部門を分離して東洋陶器（現：TOTO）を設立させたのを皮切りに,1919（大正8）年に碍子部門を分離して日本碍子（現：日本ガイシ）,同じ年に大倉陶園を切り離した。さらに,1924（大正13）年に伊奈製陶（現：INAXからトステムと統合しLIXILE）,1936（昭和11）年に日東石膏（1985年にノリタケカンパニーリミテドに合併）と日本特殊陶業（日本ガイシNGK点火栓部門等より分離独立）を分離させた。

　都市形成の点で日本陶器・ノリタケの果たした役割について付言すれば,

図6-9　ノリタケグループの国内拠点
出典：Noritakeのウェブ掲載資料（https://www.noritake.co.jp/pdf/ja/company/about/annai2018-06.pdf）をもとに作成。

関連企業の分離や自社の事業を空間的に展開することで，名古屋圏を中心に産業景観の形成に深く関わってきた点に目を向けるべきであろう。陶磁器の生産メーカーは一般に小規模で互いに集積して地場産業地域を形成しやすい。ところが大企業である日本陶器は工場の規模が大きく，グループ企業の日本ガイシ，日本特殊陶業，旧伊那製陶なども大規模な工場で都市の中での存在感が大きい。工場も生産の拡大にともない，名古屋市内の既存工場以外に名古屋市を取り巻く周辺部にも立地していった。生産事業が続けられなくなった市街地では，かつての工場跡地を博物館型のテーマパークへと変身させ，見学者や観光客を集めている（中川,2006）。もちろん海外生産も展開済みであり，国内では高品質な製品を生産し続けることで雇用を守り，都市の経済と景観をともに維持する取り組みが続けられている。

コラム6 食文化を映し出す洋食器，和食器の評価基準

　一般に消費者は陶磁器製の食器をどこで購入しているのであろうか。数は少なくなったが陶磁器を専門に販売する店舗がかつては商店街の一角にあった。現在はスーパーの食器売場や100円ショップの食器コーナーで買い求めるのが一般的かもしれない。そのような中にあって，スーパーや100円ショップではまずお目にかからない高額な陶磁器製食器がある。商店街にある陶磁器専門店でもあまり売られていないかもしれない。それは高級ブランドで有名な国産あるいは海外メーカーの食器である。たいていは都心にあるデパートの陶磁器売り場に並べられ，食器にしてはかなり高額という雰囲気の中で販売されている。海外メーカーはイギリス，ドイツ，フランス，デンマークなどヨーロッパの企業によるものが多い。それらの中にあって日本の有名メーカーの食器がヨーロッパ企業のブランド品と競うように，消費者の目を引きつけている。

　こうした高級陶磁器メーカーの食器の多くは，ジャンル別でいえば，いわゆる洋食器である。すぐ近くには和食器を販売するコーナーもあるが，ここに並べられているのはスーパーや100円ショップの食器とは異なり，産地や窯元の名前を強調した高級和食器である。産地名や窯元の名前が一種のブランドとして扱われており，手の込んだ細工による和食器として仕上げられている。そもそも洋食器と和食器という区別はどこで判断されるのであろうか。中国料理を盛り付けるときは，洋食器か和食器か，あるいは「中国器」というジャンルを別に設けるべきなのか。この辺りは非常に曖昧である。これは陶磁器製食器に限られた話ではなく，洋間や和室，あるいはそこに置く家具，調度品についてもいえる。洋装，和装・きものなど衣料の分野についてもいえることを考えると，元の違いは衣食住の生活様式の違いにある。それがグローバル化にともない，ジャンル間の違いが見えにくくなっている。

　陶磁器製食器の場合，洋食器は西洋料理を盛り付けるのが常識で，同じように和食器は日本料理を盛り付けるものと思われている。それゆえ，ヨーロッパの陶磁器メーカーの食器はそのほとんどが西洋料理のための食器として売られている。どんな料理を盛り付けようと消費者の勝手ではあるが，少なくとも店頭での販売概念はそのようになっている。そこでヨーロッパメーカーの食器を手にして気づくのは，色，柄，デザインが非常に繊細で，和食器にありそうな微妙な濃淡やぼかしがほとんどないという点である。言ってみれば精巧な工業製品としての食器であり，計算しつくされたデザインにしたがって生産されている。同じ食器が2つ

あれば，ほとんど区別ができない。形状に歪みはなく，高さも均一に揃えられている。不純物が混じって計算外の粒状の斑点が表面に残っているということもない。まさに完璧性を追求して焼き上げた一品が，堂々とその容姿をさらけて消費者の眼の前に並んでいる。

　陶磁器製食器はまぎれもなく工業製品ではある。しかし，成型から施釉・絵付けを経て焼成に至る過程，さらに焼成を終えて窯から取り出すまでの間，かなり高度な技術がなければ，思い描いた通りの製品として完成させるのは難しい。そうした高度な製造技術を武器にヨーロッパ企業は陶磁器製食器を日本市場に投入している。同じ洋食器の市場でヨーロッパ企業としのぎを削っている日本企業にとっても，ねらいは同じである。寸分の狂いもない計算通りのデザインで仕上がった国産の洋食器が，日本人消費者からいかに評価されるか，そこが分かれ目である。洋食器である以上，主たるモチーフは洋風の生活様式にマッチしたものになる。同時にヨーロッパ企業が当然視する工業製品としての厳密性は保持しなければならない。

　こうした洋食器市場では普通の製品基準の厳格さと比較すると，和食器市場の基準はあってなきがごとくである。産地や窯元をブランド名に掲げる高級和食器といえども，色，柄，デザインに多少の不揃いがあっても，それは許容範囲内とされる。むしろ，同じデザインの食器でも実際には1個,1個が微妙に異なっているという点が評価される。機械を使って量産したのではなく，職人が手づくりや手描きで仕上げた風情がまたよしとされる。窯の中で偶然に生まれた変形やシミの類も一種の窯変であり，個性的でおもしろいと好意的に受け止められる。ここには洋食器と和食器の背後に広がる食文化の違い，それを育ててきた民族の思考回路の違いがある。計画性と偶然性，工業製品と手づくり品など，長い歴史的文化の中で培われてきたエッセンスが食器に反映されている。

　食器と食文化が密接に結びつき，背景に民族の長い歴史があるとすれば，食文化の変化は食器の変化にもつながる。生活スタイルが欧米化してすでに長い時間が経過した日本では，洋食の普及とともに洋食器も一般に使用されるようになった。近年，海外でも日本料理が食べられるようになったとはいえ，日本で洋食が普及しているのと比較するとまだ大きな違いがある。海外展開している日本料理店向けには，日本から既に和食器が輸出されている。経済成長が著しい中国を始めとするアジア諸国を含め，日本料理の海外での浸透は日本からの陶磁器製食器の輸出にとっても好機である。陶磁器製食器の国内需要が最盛期の3分の1にまで減少した今日，海外市場でも受け入れられる融通無碍の遊び心をデザインした和風テイストの食器を海外に売り出すことがもっと考えられてよい。

第7章　木材の輸送・加工とともに生きる都市

第1節　近世・近代における木材輸送の風景

　居住空間を構成する素材として，古今東西，木材はさまざまな使われ方をしてきた。もちろん，降水量が少なく樹木が育ちにくい地域では思うような利用はできなかったかもしれない。しかし，たとえ地元に木材がなくても，輸送手段を使って他地域から木材が取り寄せられるなら，それらを加工して種々な用途に利用できる。温帯モンスーンに属し国土面積の70％近くが林野に覆われている日本は，木材資源に恵まれた国である。しかしながら，鉄骨，コンクリート，アルミニウム，プラスチック等々，住の分野で木材以外の利用範囲が広がるのにともない，木材の利用は減少気味である。ようやく近年になり，木材が本来もっている暖かさや温もりが再評価されるようになり，意識して木材を利用しようという動きが現れてきた。その背景には国内資源の活用を地域産業の振興や環境問題の解決に結びつけようという人々の思いがある（山本，2017）。身近な資源を産業や生活の場面で生かす試みは，もっと注目されてよい。

　日本は木材資源に恵まれているが，だからといって国内で必要とする木材をすべて国内産の木材でまかなってきたわけではない。大正期頃から木材の海外輸入が始まり，現在は国内需要の70％近くを海外産の木材に依存している。国際的な輸送コストがスケールメリットの実現で低下するようになり，国内の山奥で伐採した木材を高所から遠路運び出すより，海外から安価な木材を輸入した方が経済的と見なされてきた。とくに1980年代の円高で，国産木材は国際競争力をなくした（山田，2013）。市街地に建つ一般住宅は外見からだけでは，国産材を使用しているのか海外の木材なのかわからない。住宅の中に入っても，よく注意して見ないと違いは判別できないかもしれない。木材以外の素材も住宅用にたくさん使用されている今日，国産材だけで建てられた木造住宅は稀有な存在といえるかもしれない。

木材は自然に生えているのではなく，林業経営による育林という手間のかかる仕事が前提である。毎年，収穫できる農産物とも異なり，長い時間を経ないと素材として利用できる資源にはならない。かなり特殊な生物的資源でもあるため，製造・加工の仕方は金属や石油などのそれとは異なる。そもそも木材の場合，通常の意味での製造工程がない。製造は生育であり，これは植物である木が自ら行っている。生育した木を伐採し，それを加工あるいは組み立てることが木材加工業としての仕事である。住を構成する身近な存在としての木材の多くを海外に依存しながら，日本人の生活は成り立ってきた。
　当初は国内の山奥から集めた木材を，また近代以降は海外から輸入した木材を取り扱ってきたのは，主に川湊や海の港であった。これは木材の素材としての特殊性と関係があり，農産物のように小ロットで運ぶのが難しい。石炭や鉄鉱石などの鉱産物とも異なっており，加工前の段階ですでに大きく嵩張った素材として存在する。鉄道導入以前は河川を利用し，丸太や筏として川湊付近に集められた。
　国内の他地域や海外からも運び込まれるようになると，木材は海側の港湾付近に集められた。保管形態においても木材特有の性質が利用され，水面に木材を浮かべて保管する方法がとられた。このため川湊や港湾の近くには貯木場が設けられ，加工のために陸上に引き揚げられるまで木材は水面に浮かんでいる。木材を取り扱う場所が時代とともに移り変わっていったのは，①木材需要の増大，②木材の供給先や輸送方法の変化，③港湾における他の土地利用との競合，などのためである。こうした歴史的変化は，城下町・尾張名古屋の外港でもあった熱田湊や，近代なって建設された名古屋港において典型的に見ることができる（林，2015c）。近世，「尾張川」とも呼ばれた木曽川は，支流の飛騨川とともに，その流域で多くの木々を育む一方，伐採された木材を川下げで運搬するために利用された。木曽川流域を所領していた尾張藩は，川下げした木材の取引で多くの利益を上げることができた。名古屋港の開港後もしばらくは熱田に木材市場があり，木材が流通や加工の場面で都市景観を彩った。その後，貯木場は名古屋港に移るが，全国における木材輸入の4分の1近くを占めた名古屋港は木材港と呼ばれたほどである。港内の至るところで木材を見かけたり，港に通ずる水路沿いに製材所や合板工場

が軒を連ねたりするなど，木材は名古屋港や名古屋の町を特徴づける要素であった。

図7-1は，1930年代に名古屋の堀川から名古屋港にかけて貯木場がどのように設けられていたか，また木材加工を手がけていた製材所，木製の箱を製造していた事業所がどのように分布していたかを示したものである。近世までは熱田・白鳥に木材市場があり，維新後は所管が県や国に移るがそのまま木材取引が続けられた。近世以来の堀川とその東側で近代になって整備された新堀川の両岸に，製材所や製缶業が集積していた。缶すなわち木箱はインド方面で紅茶輸送の梱包箱として需要があり，名古屋港から輸出さていた。すでに川下げはなくなり，国産材は鉄道によって白鳥市場まで運び込まれるようになった。海外からも木材が入ってくるようになると，名古屋港に近い河川や運河の周辺に貯木場が

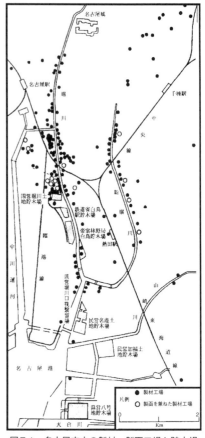

図7-1　名古屋市内の製材・製函工場と貯木場
（1933年）
出典：名古屋市編，1955，p.106をもとに作成。

新設されてく。多くは民間が経営する貯木場であったが，名古屋港8号地には愛知県が経営する貯木場も設けられた（林，2016b）。

2．木曽川の川下げで木材を運搬した風景

　かつて木材港とも呼ばれた名古屋港での木材取り扱いの起源は歴史的にどこまで遡れるだろうか。大方において了承されるのは，尾張藩成立後，藩領の中に飛騨川の一部と木曽谷一円が組み込まれ，そこから多くの木材が木曽

川を使って運ばれるようになった時期である。木曽川を下った木材は桑名を経由し、さらに熱田まで運ばれた。しかしこれは尾張藩を中心に考えたとらえ方であり、かりに木曽谷の木材利用それ自体に注目するなら、7世紀中頃まで遡ることができる。天智天皇と所縁のあった尾張地方や美濃地方の有力者が、木曽谷からはるばる当時の都へ貢木していたことが知られている。15世紀初頭に鎌倉の円覚寺が焼失したさい、木曽材が木曽川を下り、桑名を経て海路、鎌倉まで送られたという記録も残されている。全国的に見ても評価の高い木曽材は多くの寺社や城の建材として重宝され、戦国期に豊臣秀吉も木曽から畿内に向けて木材を搬出させている。しかし江戸幕府の開闢とともに始まった各地の城下町建設により、これまでにもまして多くの木材が必要とされるようになった。ここに至り、木曽谷の木材は大量伐採の時代を迎えるようになる。1658（万治元年）から1661（寛文元年）までのわずか4年間で270万本以上の木材が木曽谷から送り出されたといわれる。短期間では生育しない木材のことを考えれば、いかにこれが乱伐であったかは明らかである。実際、尾張藩は1665（寛文5）年に非常に厳しい内容の山林取締制度を制定した。

　木曽川の流れを利用して木材を輸送する方法は、桑名経由で鎌倉の円覚寺に送り出した頃から始まったといわれる。それ以前は木曽の山道を陸上輸送したようで、8世紀初頭に完成した中津川～藪原間の木曽山道（岐蘇山道）が使用された。木曽川はその流域面積が全国第5位の大河川であり流量も多い。しかし冬場は木曽地方の気候は厳しく、流量も少なくなる。夏場は台風や集中豪雨のために水量が多すぎて利用しづらい。このため、水量が安定する秋口をねらって筏を組み、川を下る方法がいつしかとられるようになった。そのため伐採した木材は木曽川支流へいったん落とされ、それから綱場と呼ばれる中継地に集められた。木曽川では現・八百津町の錦織、飛騨川では現・川辺町の下麻生に綱場が設けられ、ここで20本ほどの筏が組まれ、人が乗って下流へと運ばれた（図7-2）。木曽川中流部の笠松にある円城寺湊まで運ばれた筏は、さらに大きな筏に組み直され、その後は筏川や鍋田川を下って伊勢湾へと送られた。尾張藩は円城寺湊に川並奉行を置いて流材の監視を行った。

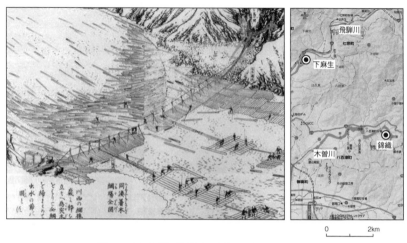

図7-2　江戸末期・飛騨川下麻生の綱場の風景と位置
出典：国土交通省中部地方整備局木曽川上流河川事務所のウェブ掲載資料（http://www.cbr.mlit.go.jp/kisojyo/child/011.html）をもとに作成。

　木曽の藩領で切り倒された木材は，300日ほどをかけて熱田まで運ばれてくる。尾張藩は木曽材の集散場として熱田白鳥・堀川東岸に御材木場を設けた。そこでの管理を行うために白鳥御材木奉行所を置いた。置かれた時期は明確ではないが，1615（元和元）年から1629（寛永6）年の間だといわれている。陸上の材木置き場は現在の単位で表すとおよそ3.5万㎡の広さがあり，堀川を挟んで反対側に当たる西側には太夫堀が設けられた。堀川の西側では材木置き場の拡張が繰り返し行われ，1673（寛文13）年までに3.1万㎡にまで広げられた。ちなみに太夫堀の太夫とは，徳川家康の命を受けて堀川の掘削事業に取り組んだ安芸の国広島城主・福島左衛門太夫正則に由来する。堀川は伊勢湾の浜辺から8kmも内陸側に設けられた城下町・名古屋のまちづくりに欠かせない存在であった。この人工運河は生活物資を輸送する役目を果たしただけでなく，両側に倉庫，作業場，店舗を配置させるなど，生産のための空間をも提供した。木曽の木材は尾張藩に運上金を納めて取引することが許された8軒の材木問屋に払い下げられ，これらの問屋を通して他の材木屋へと流れていった。木材を取り扱いながら材木屋と名乗れたのは，堀川沿いの木挽町と材木町の住人に限られていた。

熱田での木材取り扱いにとって，明治維新は山林資源の所有者であり管理者でもあった尾張藩という後ろ盾を失うことを意味した。実際，廃藩置県により1872（明治5）年に領主所有の土地と山林は愛知県に引き渡された。白鳥材木役所と材木置き場も県の所有物となり，しばらく材木置き場は使われなかった。ところが，4年後の1876（明治9年）から内務省地理局が木曽山での木材の伐採を始めたため，翌年4月から白鳥貯木場が地理局の下で運営されることになった。一度は愛知県の所有になった土地，建物が地理局に引き渡され，1878（明治11）年3月から木曽の木材は官材として公売されるようになった。貯木場の土地は堀川を挟んで東側に3.5万㎡，西側に9.7万㎡の広さであった。西側が広いのは，近世までの貯木場に加えて，かつて尾張藩が御船蔵として使用していた土地が新たに加わったからである。御船蔵とは藩が用いる船を係留しておく堀と造船や修理などのための建物が置かれた場所のことであり，かつては堀川に通ずる堀に「朝日丸」「名古屋丸」「大阪丸」などの船が留め置かれていた。

　1889（明治22）年に木曽と裏木曽一帯の官有林は皇室財産の御料林に編入された。これにともない，同年8月に白鳥貯木所は御料局が管理・運営する貯木場になった。伐木事業は順調に進められ，堀川西側の貯木場は北へ向けて広がっていった。東側では御貯木場御料地が名古屋官材木材組合に払い下げられた。1919（大正8），20（大正9）年のことである。官材の取引はますます隆盛し，これに携わる官材業者は全国的規模で木材を売り捌いた。しかし，やがて時代は河川交通から鉄道交通，自動車交通へと移り変わり，木曽川を使って木材を輸送するスタイルは少なくなっていく。木曽川上流で進められたダム建設が，こうした動きを加速させた。しかし，河川交通に代わって登場した鉄道と名古屋港の開港が，従来にもまして名古屋の木材取引を発展させることになる。国鉄中央本線や高山本線を使って運ばれた木材は，白鳥貯木場の近くに設けられた国鉄白鳥駅まで輸送された。

3．移入や輸入で膨れ上がる木材と貯木場の風景

　名古屋港の開港は1907（明治40）年11月で，翌年4月に北海道の小樽から最初の木材船が入港した。この年の木材の総入貨量は11.5万トンで，そ

の内訳は汽船積み2.1万トン，帆船積み5.2万トン，筏によるもの4.2万トンであった。筏による移入を木曽谷産と考えれば，この時点でそれは総移入量の4割を下回っていたといえる。木材は名古屋港における総入貨量の17%を占めており，開港当初から主要な貨物のひとつであった。こうした動きは名古屋港の拡充にともなう輸入材の増加によって，ますます強まっていく。すなわち1921（大正10）年から始まった北アメリカ材とソ連材（沿海州）の入貨量は，初年度の3.8万トンから翌年には25.7万トンへと急増した。名古屋港全体での総入貨量も前年に比べて2倍の60万トンに増えた。これほど急激に木材の輸移入貨量が増えたのは，日本経済の発展とそれにともなう木材需要の大きな高まりがあったからである。とりわけ日露戦争後の工業化はめざましく，名古屋はもとよりその周辺において多くの木材が必要とされるようになった。

　遠隔地から名古屋港へ運ばれてくる木材の中では樺太材が群を抜いて多かった。1926（昭和元）年の場合，樺太材62万トンは総移入量の77.6%を占めており，第2位の北海道材8.1万トンを大きく引き離していた。北海道より北に位置する樺太では結氷により冬季の積み出しが困難であったため，5月から10月までの限られた期間に大型船によって輸送された。入貨が時期的に集中したため貯木場が足らず，貯木場の増設に向けて期成同盟が結成された。1935（昭和10）年頃から北海道材が多く移入されるようになったが，太平洋戦争のあおりを受けこれまでのように汽船で運ぶことが難しくなった。このため帆船による輸送が主力となり，産地も距離的に近い紀州や伊勢から移入されるようになった。

　名古屋港の開港当初から木材輸入は総入貨量の2割近く占めてきたが，この割合はその後も変わらず続いた。貯木場という言葉は水面に木材を浮かべて保管しているところというイメージが強い。しかし，貯木場は水面だけでなく陸上にもある。1916（大正5）年12月，国内有数の広さを誇る筏整理場と陸上集積場からなる白鳥貯木場に専用駅として国鉄白鳥駅が誕生した。これにより，中央本線や高山本線など鉄道を利用して木材産地から直接，消費地近くの集散場へ運び入れる仕組みが完成した。筏による輸送に比べると所要時間は短く，大量に運び入れることができるようになった。到着した木材

を取り扱うには従来からの貯木場だけで十分とはいえず，スペースを新たに確保しなければならなくなった。当時，堀川周辺には帝室林野管理局名古屋支所の貯木場（水面 9.4 万㎡，陸上 5.9 万㎡）のほかに，尾三貯木場（水面 7.6 万㎡），材摠木材貯木場（水面 1.1 万㎡）などがあった。しかしこれらだけでは十分とはいえず，収容しきれない木材は堀川にそのまま浮かべるしかなかった。

　木材の一時的な貯留場所として運河の岸辺やその近くの土地を利用するのはやむを得ない。しかしこうした中途半端な利用は，ときとして大きな災害の発生原因となる。なぜなら，海や運河の状態が気象の影響を受けて変化し，木材が流れ出す恐れがあるからである。木材の流出という経済的損失にとどまらず，木材それ自体が周辺の施設や人命に危害を加える恐れさえある。港湾地区で扱われている貨物の中でこのような性質をもったものは木材のほかには考えられない。ある意味で非常に特殊な存在といえる。恐れていた最初の事態が 1912（大正元）年 9 月に生じた。大型台風にともなう風雨と高波で堀川口の堤防が決壊し木材が流出したからである。この台風で堀川左岸にあった日本缶詰の養魚場が泥沼化した。台風後，ここを養魚場として復活させるより貯木場に転用する方が賢明であるという判断が下され，翌年 1 月から工事が始められた。工費 3 万円をかけて 1914（大正 3）年春に完成した 4.3 万㎡の貯木場は熱田貯木場と命名された。この貯木場は名古屋の有力材木商が借り受けて使用し，新たに組織された熱田貯木組が取扱業務を請け負った。翌年の 1915（大正 4）年には，熱田貯木場の南隣に別の貯木場が生まれた。日本缶詰と同じように養魚場を営んでいた名古屋土地が，養魚場を 6.6 万㎡の貯木場に転用したからである。名古屋土地は 3 年後の 1918（大正 7）年に西側の養魚場も貯木場に利用転換した。この面積も 6.6 万㎡と広かった。

4．台風被害を教訓とする貯木場の移転とその後。

　1959（昭和 34）年 9 月 26 日の夜半に東海地方に襲来した伊勢湾台風は，未曾有の被害をこの地方一帯にもたらした。被害は複数の県にまたがる広域的なものであったが，名古屋港の貯木場は被害を受けたと同時に，二次的被害の発生源になったという点で微妙な立場に立たされた。当時，名古屋港内

には名港，加福，八号地貯木場をはじめ大小の貯木場が所狭しと分布していた（図7-3）。戦前にも貯木場は台風被害を受けたが，状況はそれらとは比べものにならないくらい大きかった（中須・神長，1990）。輸入規模が拡大していたということに加え，貯木場を取り巻く周辺の市街地状況が戦前とは大

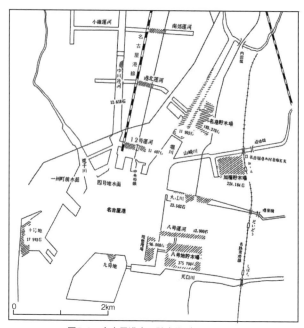

図7-3　名古屋港内の貯木場（1950年代）
出典：中須・神長，1990をもとに作成。

きく変わっていた点に目を向ける必要がある。やや酷な言い方かもしれないが，結論からいえば，台風襲来に対して貯木場から木材が流出しないような措置をしておくべきであった。木材が貯木場から流出して周囲に被害をもたらしたことは過去にもあった。にもかかわらず，想像を絶する量の木材の流出とこれにともなう災害が発生したのは，対策が十分でなかったからである（名古屋港管理組合編，1985）。かりに貯木場に木材がまったくなかったなら，このような大惨事は起こらなかった。もっとも，木材流出による被害はなかったかもしれないが，高潮による市街地の破壊という大きな災害は食い止められなかったであろう。これは結果論であるが，市街地に近接して貯木場が設けられていたという都市計画的配慮の欠如も問題であった。いずれにしても，伊勢湾台風による貯木場からの木材流出は，港湾設備，産業政策，都市政策，社会問題など，多くの面で解決すべき課題のあることを浮かび上がらせた。

名古屋港管理組合は，伊勢湾台風が襲来した1959（昭和34）年9月の3

か月後の12月に「名古屋港と木材について現状と将来の考え方」を発表した。名古屋港の管理・運営全般を担当する管理組合は，木材港を建設しその背後地に木材コンビナートを設ける案を作成し，木材業界に提示した。これを受けて翌年1月に名古屋木材街建設促進協議会が業界内で発足した。業界の代表者からなる協議会は，提案された構想の実現をめざして名古屋港管理組合と協議することになった。1960（昭和35）年10月，管理組合と協議会との間で協議が交わされ，その結果が公表された。それによれば，「西部木材造成計画」と名付けられたこの計画構想の目的は大きくいって2つあった（名古屋木材街建設促進協議会編，1983）。ひとつは，大規模な木材船停泊地と貯木場を設けることである。木材取り扱いの専用施設を設けることにより，これまで問題となっていた筏運行や港内木材貯留による問題を解決することができる。2つ目は堀川筋一帯に集中している木材関連企業の集団移転である。木材港の直近背後地に企業を計画的に配置することにより，木材取扱業務の合理化・協業化を進めることができる。要するに，これまで計画的とはいえなかった名古屋港での木材取扱業務を一か所に集約し，輸入木材の増加に対応できる体制づくりのための

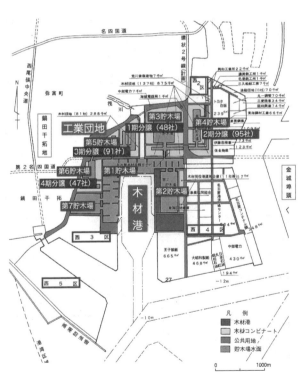

図7-4　名古屋港西部地区に計画された木材港と木材工業団地
出典：名古屋港管理組合，1976をもとに作成。

第7章　木材の輸送・加工とともに生きる都市

一大プロジェクトである。図7-4は，このプロジェクトを実現するために，名古屋港西部地区に計画された木材港と木材工業団地を示したものである。南側手前に木材港が建設され，その奥に第1〜7の貯木場が計画的に配置されているのがわかる。各貯木場を取り囲むように分譲地が割り当てられ，1期から4期に分けて希望する事業者に分譲されていった。

木材工業団地と木材港は1968（昭和43）年7月から活動を開始し，翌年7月までの1年間で124隻の木材船が入港した。しかし1973（昭和48）年の石油ショックによって住宅着工件数が激減し，工業団地も港も木材取り扱い能力を持て余す状態が続いた。1973（昭和48）年の全国における木材需要量は1億1,758万トンであり，そのうち57.4％に相当する6,747万トンは製材用材が占めた。製材用材とは，丸太状の原木を製材するなど一次的に加工した木材のことである。ところがそれ以後，製材用材の全体に占める割合は低下の一途をたどっていく。輸入の割合が高まったのはパルプ・チップと合板であり，1980年代中頃のバブル経済期の高い需要を支えたのはパルプ・チップと合板の需要であった。製材用材のシェアが低下したのは，主な用途である住宅の着工件数が石油ショックを契機に減少したからである。1973（昭和48）年の190万戸がピークであり，一時は150万戸まで持ち直したが，1979（昭和54）年の第二次石油ショックで110万戸にまで落ち込んだ。

このころはまだ原木の状態で木材を輸入するのが一般的であった。たとえば国内で合板を製造するために，フィリピンを中心に多くのラワン材が丸太の状態で輸入された。ところがその後は，合板そのものが輸入されるように状況が変わっていく。これはラワン材輸出国において，対外的な貿易政策が変更されたからである。すなわち日本向けに大量のラワン材を輸出してきたフィリピンでは乱伐が原因でしばしば災害に見舞われるようになった。このためフィリピン政府は，1982（昭和57）年に造木林を除くすべての原木の輸出を禁止したのである。

近世から近代そして現代へ，伐採された木材を産地から消費地へ輸送する手段は大きく変化してきた。都市生活に深く関係する木材の流通経路上での扱われ方も同じように変化してきた。大地に根を下ろして育つ木材は昔も今も変わらないのに，政治体制，輸送技術，交易・貿易システム，市場動向の

変化にともない，木材運び方と扱われ方は変わっていった。陶磁器とは異なり，原料から製品になる過程で物理的，化学的に性質が変わるわけではない。衣料品のように人が身にまとうものでもない。木材自体が植物として生物学的にそなえた性質に対して人が若干手を加え，それを利用しているにすぎない。日本では，そのような木材が都市の景観面で大きなウエイトを占めた時代があった。しかし木材以外に利用可能な多くの素材が出回るようになった今日，木材が表舞台に出る機会は大幅に減少した。都市の中で木材と出会う機会が減ったために，われわれは木材に対して言い知れぬ郷愁の念を抱くようになったのかもしれない。

第2節　木を素材に生まれる合板，仏壇，和紙の産地

1．名古屋で生まれた合板の技術と生産の経緯

　単板と合板のどちらが優れているか？これはギターの音色を比べたとき，一枚板で仕上げたギターと，スライスした何枚かの板を張り合わせた合板製のギターを比べるときの問いである。単板はよく鳴るが耐久性が劣るのに対し，合板は長持ちするがボディーに伝わるはずの弦の振動が損なわれやすいという欠点がある。合板には板と板を接合するために接着剤が使用されており，これが禍して振動の伝達を妨げてしまう。しかしこの接着剤がなければ合板は生まれないため，接着剤をうんぬんされると，合板支持派は立つ瀬がない。ギターのように構造体の質の高さが問われる合板の用途分野は多い。しかしそれにも増して多いのは，一枚板ではできない広い面積を必要とする側面材や，伸び縮みが許されない板材として合板が利用される分野である。合板にはこれら以外に，重さの割にその強さが大きい，切断，釘打ちが容易，乾燥木材だから電気伝導性が少ない，などの特徴がある。こうした特徴ゆえに，現在では生活のあらゆるところで合板は使用され，われわれの暮らしを豊かにしている。

　合板を都市との関係で見ると，大きく①住宅・建物に関するもの，②日常生活に関するもの，③交通・通信などに関するもの，に分けることができる。このうち①は，建築土木用に使われる天井板，内装材，床板，コンクリート

型枠，足場板などのほか，プレハブ建築用のパネルも合板でできている。完成した住宅の中で使用する家具にも合板は使用されており，探せばきりがないほどである。こたつなど暖房器具の側板や裏板，展示やディスプレイで用いる看板，小道具なども合板製が多い。②の日常生活では用途の幅がもっと広く，冒頭で述べたギターをはじめピアノ，オルガン，ハーモニカなどの楽器，電気音響機械器具やラジオ・テレビ受像機の天板，側板などに使われている。運動用としてはスキー，サーフィン，卓球台，学校教育・事務で使う黒板，製図板，スケッチ版，書類バサミ板などがある。娯楽機器用・玩具用としてパチンコ台，麻雀台，羽子板，児童乗物などもある。最後に③は木造船の軽量舟艇，鉄道車両の天井板，腰板，羽目板などとして合板が利用されている。

　まさに経済や社会の発展とともに合板は使用用途を広げてきたといえる。いまではありふれた存在ともいえる合板は，木材という天然由来の素材をスライスし，複数の薄い板を接着剤で張り合わせることでできる。ポイントは木材をスライスすることと，良質な接着剤を見つけることである（本山・永田，1988）。これらをめぐって人間は長い間，努力を積み重ねてきた。歴史を遡れば，古代エジプトで薄く剥いだ板を接着したものがピラミッドの中から発見されている。日本でも奈良の正倉院にこれと似たものが収められており，接着剤としてにかわが使用された。現代の合板製造につながる重要な発明が行われたのは，19世紀中頃のロシア・サンクトペテルブルクにおいてであった。当地で機械製造を手がけていた実業家イマニュエル・ノーベルが，針葉樹の丸太をかつら剥きする機械を考案し，得られた単板を張り合わせて合板をつくった。名前から想像されるように，この発明家はアルフレッド・ノーベルの父である。発明で築いた資金で息子に複数の家庭教師をつけさせただけでなく，化学を学ぶためにパリやアメリカへ留学させた。父の合板の発明がなければ，のちのダイナマイトの発明，そしてノーベル賞は生まれなかったかもしれない。

　イマニュエル・ノーベルが発明した木の皮を剥く機械，すなわちロータリーレースを日本ではじめて製造したのは名古屋の桶職人・浅野吉次郎である。浅野の家業は，代々，尾張藩御用達の命で樽や桶などをつくることを生

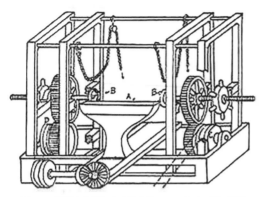

図7-5 浅野吉次郎による日本初のロータリー第1号機
出典：日本合板工業組合連合会のウェブ掲載資料（http://www.jpma.jp/gouhannohi/index.html）をもとに作成。

業としてきた。1905（明治38）年にある貿易商から相談をもちかけられたのが，日本版ロータリーレース製造のきっかけであった。当時，名古屋ではインド向けに紅茶葉の箱を製造して輸出していた。名古屋港開港2年前のことである。湿気が大敵の紅茶をインドからイギリスへ運ぶために，密閉性の高い木製の茶箱が必要とされた。実際，開港後の名古屋港からは陶磁器とともに，多くの茶箱が送り出されたことが記録に残っている。そのインド向け茶箱が，合板でできた安価なイギリス製の茶箱に押されシェアを奪われそうだったため，浅野は相談を受けたのである。早速，浅野はイギリス製の合板を取り寄せ，どうすれば木材の皮が薄く剥げるのか，またどの接着剤を使用すればよいかを研究した。そして2年後の1907（明治40）年にロータリーレースを完成させ，合板を生産することに成功した（図7-5）。当初，接着剤としてにかわなどが使われたが，耐久性に難があり合板は剥がれやすいものというイメージがあって安物扱いされた。しかしその後，耐水性や接着性に優れた接着剤が生まれ，耐久性のある建材として多くの分野で使用されるようになった。

　日本の合板が名古屋の職人・浅野吉次郎によって発明されたということもあり，名古屋は合板製造の中心地として，その後発展の途を歩んでいく（中村，1983）。もともと木材が多く集まる市場のあった近世都市が，名古屋港の開港で国内外から木材を集める近代都市へと変貌していった。それに合板という革新的な新素材が加わり，木材加工業は大いに発展する機会を得た。名古屋港の水域を内陸に向けて延長した部分に相当する堀川や新堀川に沿って木材加工業が軒を並べるように立地した（図7-6）。木材加工業は昭和初期に完

成した中川運河沿いにもその後，立地するようになり，最盛期には日本における合板生産の80％は名古屋で生産された。合板は完成品ではなく中間製品であるため，さらにこれを加工する事業者が生まれる。それは必ずしも名古屋の企業とは限らない。名古屋は合板の供給地としての地位を築き，近代都市のさまざまな分野で必要とされる合板を生産し送り続けた。

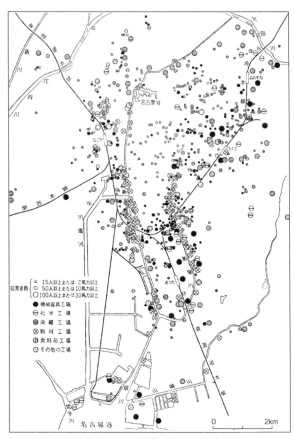

図7-6　名古屋市における製材工場などの分布（1928年）
出典：日本地誌研究所編，1988，p.140をもとに作成。

2．地域性を反映する名古屋仏壇と三河仏壇の歴史と文化

　日本人の宗教別割合で多くを占めるのは仏教と神道である。葬儀は仏教で，正月の参拝は神社でというイメージが一般的であるように，これら2つの宗教は日本の社会の中で歴史的に定着してきた。その宗教を日常的な生活空間の中で感じる場所として仏壇と神棚がある。すべての家にあるとは限らないが，かりにある場合，仏壇の豪華さに比べて神棚はやや小ぶりで質素なように思われる。どちらも素材として木材が使用されているが，仏壇には多くの装飾が施され厳かな雰囲気が醸し出されるような工夫が施されている。対す

る神棚は白木をベースに簡潔な飾りでまとめられている。ともに家の中にあるとはいえ，存在感の大きさで仏壇は神棚を凌駕している。仏壇は宗教心とは別に，その様式・色彩のデザイン性，製造技術，産業構造などの側面から考察の対象になりうる条件を備えている。木材加工業から派生した仏壇製造業がいかなる精神風土を背景に歴史的に発展してきたかを明らかにする研究であり，広い意味での木材利用の文化性を問う研究でもある。

仏壇の始まりは天武天皇の時代，すなわち今から1,000年以上も前にまで遡るといわれている。686（白鳳14）年に聖武天皇から「諸国の家ごとに仏舎を作り、仏像や経巻を置き、礼拝供養せよ」という勅が出されたということが「日本書紀・第二十九巻」に書かれていることが，その根拠とされる。仏舎すなわち仏壇は仏像や位牌を安置する家庭用の厨子であり，本来，寺院で仏を安置する御堂であった厨子を一般の住宅に小さくして持ち込んだものである。仏壇には最上段に一段高くなったところがある。須弥檀と呼ばれるこの場所は，仏教の求める最高の理想の世界・須弥山をかたどっている。こうした仏壇を日本家屋の床の間に置くようになったのは室町時代中期以降のことで，この頃に生まれた書院造の床の間と深い関係がある。床の間が生まれる以前には仏壇はなく，祖先を祀る祭壇や鎮守が家の中に置かれているだけだった。仏壇が家の中に置かれるようになった経緯については，2つの説がある。ひとつは貴族が屋外に持っていた持佛堂を屋内に入れたという説，いまひとつは盆に先祖や新仏の霊を迎える祭壇，これは魂棚と呼ばれたが，これが仏壇になったという説である。

こうして床の間に置かれることになった仏壇は，全国各地の仏教系の宗教事情に応じて製造され買い求められて，現在に至っている。仏壇が多くを占める宗教用具の全国生産に占める都道府県別割合（2014年）で，愛知県は京都府の15.9％についで第2位（12.3％）である。京都府が第1位なのは全国的に有名な寺院が集まり歴史も長い土地柄であることから納得しやすい。愛知県が第2位であるのは，名古屋仏壇，三河仏壇という2つの産地が地元を中心に商圏をもっているからと推察される（塩見・梅原編，2013）。しかしその商圏の成立条件は明確ではない。これを明らかにするには，原材料である木材の入手条件や生産条件も含めて，背後圏の歴史的な宗教事情について検

討する必要がある。

　まず名古屋仏壇であるが，その始まりは尾張藩・名古屋城下で1695（元禄8）年に高木仁右衛門という人物が仏壇専門店「ひろや」を創業したときと伝えられる。当時，かつて宮大工や寺大工職人であった者たちが既に仏壇を製造していたと思われる。その後，仏壇業者は尾張藩の保護を受けながら発展を続けていった。木材調達地や寺院との位置関係を考えると，本町通で大須観音のあった辺りに業者は集まっていたと推察される（名古屋仏壇商協同組合，1977）。大須観音は南寺町と呼ばれる城下町南部に位置しており，その西側には堀川が流れている。堀川は熱田の白鳥木材市場に通じているため，原材料の木材を入手するには好都合であった。名古屋仏壇を製造する事業所は現在60近くを数え，いずれも昔と変わらぬ場所で生産を行っている。

　名古屋仏壇は宗派ごとに固有の様式をもって製造されている。その大きな特徴は，仏壇の台の部分が高く「まくり」と呼ばれる部分を備えている点にある。これは宮殿御坊造と呼ばれる豪華な構造であるが，台を高くしている本当の目的は，木曽三川の水害から尊い仏壇を守るためである。名古屋仏壇は，「八職」（実際には十一職）と称される職人たちによる手づくりから生まれる。「八職」とは，仏壇造りに欠かせない八部門の専門職人たちの総称で，木地師，荘厳師，彫刻師，塗り師，蒔絵師，外金物師，内金物師，箔置き師の八部門からなる。ほかに天井師，呂色師，仕組師がおり，これらすべての職人がいなければ仏壇一基を仕上げられないほど製造工程は細分化されている。

　つぎは三河仏壇であるが，ここでは浄土真宗が伝播した鎌倉時代を経て室町時代になり，広くこの地方の民衆の間に根付きはじめ，その頃から仏壇が製造されるようになった。徳川家康の生誕地でもあった現在の岡崎市が幕府の庇護を受けたことが，仏壇の一大製造地として発達していくきっかけとなった（伝統的工芸品産業振興協会，2007）。岡崎には愛知・岐阜・長野の県境に流れを発し知多湾まで，全長およそ117kmに及ぶ一級河川の矢作川が流れている。もともと小さな支流の集まりであったこの川は，徳川家康の命によって治水事業が推進されたことにより，水運利用に欠かせない河川となった。矢作川を伝い上流から流れ着く松や杉，檜などの木地は仏壇製造の素材

として適していた。さらに，三河北部で良質な漆が採取できたこと，地元に高度な鋳造や鍛造の技術が伝わっていたことが，仏壇製造にとって好条件であった。

　1704（元禄17）年に仏壇師の庄八家が三河仏壇を製造したのが，岡崎での三河仏壇の始まりである。三河地方では昔から仏壇を押入れの中に置くという習慣があった。このため台を低くつくり，日々のおつとめがしやすいように工夫が凝らされた。押入れの幅と高さと奥行きに合わせて仏壇の台を低くし，三杯引き出しをしつらえる設計をもとに製造されているのはこのためである。三河仏壇では，押入れの大きさに合わせてつくる工夫に加え，仏壇を豪華に見せるための工夫もなされている。工夫の跡は，欄間の彫りや屋根の小長押に見られる「うねり長押（なげし）」という仕様に表れている。このうねり長押によって美しい宮殿（くうでん）がよく見え，ご本尊と仏像を拝みやすくなっている。

　仏壇は，今を生きる人々と，その祖先の御霊をつなぐ精神的装置であり，第三者の目には余り触れることのない調度品である（秋山，2000）。墓地は屋外にあって普段は出かけることはないが，他人の目に触れることはある。仏壇は家の中にあり，家族や親戚縁者など一部の限られた人々にのみ開かれた空間である。個人よりも家族・家系という血縁的・歴史的につながるグループが共有する極めてプライバシーの濃厚な空間でもある。そのような空間をいかなる様式で構成するか，この点にすべてが凝縮されている。しかし実際のところ，宗教的にそれぞれいわれのある装飾や形式を個人で決めることは難しい。いきおい，その宗派や地域の習慣にしたがい，仏壇製造者が提供するものの中から気に入ったものを選ぶことになる。マンション住まいが一般化する中で，仏壇の生活空間の中での置づけも微妙に変わってきている。海外で生産した仏壇の輸入も増えており，仏壇をめぐる空間は今後もさまざまな方向に向かって変化していくことが予想される。

3．文字記録の保存とあかりの二役を兼ねる美濃和紙の世界

　木材の多くは建材や家具材など立体的にかたちのあるものを生み出すために使用される。しかし同じ植物由来の木の中に，紙の原料として使用されるものもある。木材チップやそれを薬品処理したパルプは洋紙になり，楮（こうぞ），三

楮
また
，雁皮
がんぴ
は和紙の原料として使用される。このうち楮はクワ科の落葉低木で成木は3m余り，栽培は容易で毎年収穫できる。繊維は太く長く強靱なので障子紙，表具洋紙，美術紙，奉書紙など幅広い用途に原料として多く使用される。しかし近年は，国内産楮の生産量が急激に減少したため楮の価格は急沸気味で，タイなど価格の安い楮が輸入されるようになった。全国に多数の和紙産地がある中で，2014（平成26）年に島根県の石州半紙，岐阜県の本美濃紙，埼玉県の細川紙がユネスコの無形文化遺産に登録された（こどもくらぶ編，2016）。この3つの和紙産地に共通するのは，①原料が国産の楮のみを使用している，②良質な水を持つ川が近くにある，③伝統的な製紙技術が受け継がれてきていること，であった。このうち美濃は日本三大和紙といわれる越前紙，美濃紙，土佐紙の中にも含まれる。なぜ美濃和紙はそこまで評価が高いのか，その理由を探ってみる価値はある。

　美濃和紙の起源がおよそ1300年前の737（天平9）年頃とされるのは，奈良時代に「正倉院文書」として使われた戸籍用紙が美濃和紙であったからである。原料の楮に恵まれ紙漉きに適した清流も利用できたため，都へ納める官営の製紙場も置かれていた。当時から特別扱いされる和紙の産地で，平安時代には「宣命紙」という良質の和紙が漉かれた。貴人の間だけでなく民間でも広く美濃和紙が使われるようになったのは，室町中期の文明年間（1469～1487年）以後である。美濃の守護職土岐氏が製紙を保護奨励し，紙市場を大矢田に開いた。紙市は月に6回の六斎市として開かれ，出入りした近江の枝村商人の手により京都，大坂，伊勢方面へも運ばれたことで，美濃和紙は広く国内に知られるようになった。大矢田の紙市は，1540（天文9）年に上有知
こうずち
（美濃町）に移された。移転の理由は，和紙輸送の交通の障害を解消するためであった。大矢田と枝村との交通は急峻な山間部のため危険が多かったのに対し，上有知から長良川を下れば一夜で交易港の桑名に到着できたため，危険も少なく安全であった。

　江戸時代に入って美濃和紙の産地は大きく発展していった。きっかけは1600（慶長5）年に金森長近が徳川家康からこの地を拝領したことであり，長近は長良川畔に小倉山城を築城した。1606（慶長11）年頃には城下町の町割りが完成し，さらに川湊灯台として知られる上有知湊が開かれた（図

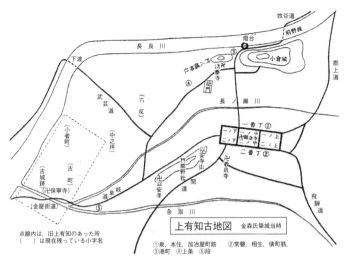

図7-7 金森氏築城当時の上有知古地図
出典：美濃市郷土史編集委員会編，1964年をもとに作成。

7-7)。上有知湊は舟運による物資集散の拠点として，また和紙を中心とする経済活動の拠点として発展していった。ところが金森長近の没後の1615（元和元）年に，上有知藩の領地は尾張藩領となった。以後は尾張藩による保護と和紙需要の増加に恵まれ，美濃和紙は幕府・尾張藩御用紙として名声をさらに高めた。美濃和紙を扱う商人の豊かさを表す言葉として，「うだつがあがらない」の卯建がある。卯建はもともと屋根の両端を一段高くして火災の類焼を防ぐために造られた防火壁のことで，裕福な家を象徴する言葉である。美濃では卯建をあげた商家が19棟も残っており，これだけ集中して見られるのは珍しい。

　明治維新により，それまで紙漉き業に必要だった免許制限がなくなり製紙業が急増した。国内の需要の高まりや海外市場への進出などもあり，美濃は紙と原料の集積地として栄えた。しかし，濃尾地震（1891年）による被災，太平洋戦争による物資不足，人材不足などが生産に大きく影響し，美濃和紙産地の発展に陰りが見られるようになった。全国の製紙業では機械化が進み，戦後は石油化学製品の普及で，美濃和紙の存在感は縮小する一方であった。1955（昭和30）年に1,200を数えた生産者は，1985（昭和60）年にはわずか

40を数えるだけになった。洋紙生産が勢いを増していく中，伝統的な手漉き和紙を振興するために，1983（昭和58）年に美濃手すき和紙協同組合が設立された（美濃手すき和紙協同組合編，2008）。2年後には通産大臣から伝統工芸品として指定を受けることができ，美濃和紙は再び勢いを盛り返すきっかけを得た。毎年10月に開催される美濃和紙あかりアート展は年とともに有名になり，和紙のもつ柔らかく暖かい光が江戸情緒溢れる美濃の町並みと解け合い，独特な雰囲気を醸し出している。

「洋紙は100年，和紙は1,000年」という言葉があるように，和紙と洋紙では紙の耐久性に大きな違いがある。木材パルプとインクを使用した洋紙は多くの薬品を使いほとんどが酸性のため，100年も経つと黄ばんでボロボロになってしまう。対する和紙は天然の植物繊維を漉くことで繊維を絡ませるため，強靭で保存性に富む。和紙には時間とともに光線にあたって白くなる性質がある。長く大事に使うことで味わいがにじみ出るのも和紙の特徴である。手に取るとすっとなじむ和紙ならではの触感は洋紙にはない。美濃和紙あかりアート展は，都市に暮らす人々が忘れかけてしまった淡いあかりが和紙一枚を通して周囲を照らす優しさを思い起こさせる（坂口，2009）。美濃和紙を通して，書かれた文字を記録として長くとどめ置く役割と，微妙な光を通して空間にアクセントを与える役割の2つを兼ね備えた和紙の奥深さを知ることができる。

第3節　木材資源に恵まれた飛騨高山の木製家具産業

1．木材資源に恵まれた飛騨高山から生まれた木製家具産業

　家具は日常生活の中でも一番と言っていいほど馴染みのある調度品である。なかでも木製家具は，無機的になりがちな都市空間に人肌に似たぬくもりを感じさせるアイテムとして貴重な存在である。岐阜県北部の飛騨高山はそのような木製家具の代表的産地のひとつである（表7-1）。しかし今日の地位を築くまでにはいくつかの障害を乗り越えなければならなかった（林編，2018）。近代初期までは，資源としての丸太状の木材が川下げによって江戸（東京）や大坂（大阪）などに送り出された。標高の高い飛騨高山の山岳地域で育っ

表7-1 木製家具産業の産地別生産状況（2014年）

産地名	A 事業所数	B 従業者数	C 製造品出荷額等（百万円）	D 現金給与総額（百万円）	E(C/A) 一事業所あたりの製造品出荷額等（百万円）	F(C/B) 従業者一人あたりの製造品出荷額等（千円）	G(D/B) 従業者一人あたりの現金給与額（千円）
愛知県知多・衣浦	22	1,503	57,215	5,813	2,601	38,067	3,868
福岡県筑後	164	2,833	47,670	8,086	291	16,827	2,854
岐阜県岐阜	41	1,062	21,458	4,198	523	20,205	3,953
岐阜県高山	25	1,201	19,057	4,423	762	15,868	3,683
静岡県静清・大井川	105	1,415	16,655	4,150	159	11,770	2,933
群馬県前橋・伊勢崎	29	528	10,944	1,898	377	20,727	3,595
佐賀県佐賀	23	436	8,074	1,477	351	18,518	3,388
北海道旭川	42	702	6,955	1,893	166	9,907	2,697
岐阜県中濃	17	275	6,480	1,055	381	23,564	3,836
徳島県東部	28	548	6,479	1,641	231	11,823	2,995
大分県日田	22	515	5,380	1,292	245	18,518	2,509

出典：平成26年工業統計調査（従業員4名以上）をもとに作成。

た大木を遠くの消費地へ送り出すには，太平洋側へは飛騨川・馬瀬川，日本海側へは神通川・庄川を利用して川下げが行われた（図7-8）。大正の頃に遅ればせながら地元で木製家具業が興り，昭和になってようやく開通した高山本線が，丸太に加えて家具製品を運び出すのに利用できるようになった。木製家具業としては遅れて登場してきた産地であるが，建築技術に秀でた飛騨の匠を歴史的に多く輩出してきた土地柄ゆえ，臨海平野部の競合他産地に追いつくのにそれほど時間はかからなかった。

　とはいえ，経済動向の影響を受けやすい木製家具業が変化の激しい時代の波に合わせていくのは簡単なことではない。戦前はアメリカ向けの安価な椅子を大量に生産したり，軍事用の木工品を生産したりすることもあった。戦時中の企業統制をくぐり抜けて迎えた戦後，新たな時代の到来にいかに対応していくべきか，産地では試行錯誤が繰り返された。飛騨高山というと歴史的観光都市としてのイメージが強いが，観光だけで都市を支えていくのは困難である。余るほどある木材資源を他地域のために素材として供給するだけでなく，質の高い価値ある木製家具として送り出す。当たり前のように思わ

れるが，市場から遠く離れた山間の小都市が自律的に発展していくためには，観光サービスとは別の価値あるものを市場に送り出していく必要があった。

1960年代に入ると日本経済は高度な成長を示すようになる。国民の生活スタイルは所得の伸びとともに変化していった。洋風の木製家具を購入して家の中に置けるスペースも，徐々にではあるが広がっていった。増加する家具需要に対して，飛騨高山の産地は体制を整えて対応しようとした。対応策のひとつは，木工団地や匠団地など集合団地形式の工業用地を建設して生産能力を高めることである。土地利用を集約化して生産性を高める方法は，他の産地や業種でも進められた。いまひとつの対応策は，高山木工会や木工連合会など業界内部において組織を再編し，また共同化を推進することであった。生産空間の集中化と企業・組合の組織化は，高度経済成長を促す上で大きな力となった。

国民所得の増大にともなって木製家具需要が拡大していく一方，これまで生産額に占める割合が大きかった輸出用家具のシェアが縮小した。外需依存から内需指向への移行である。洋風の生活様式が国内で一般化したため，日本人の好みに合った洋風の木製家具が多く求められるようになった。忘れてならないのは，国内に豊富な木材資源があるにもかかわらず，海外からの木材輸入が急増していったことである。一見，矛盾しているように思われるが，経済の国際化や輸送手段の発展により，国産の木材を伐採して加工地まで運ぶ

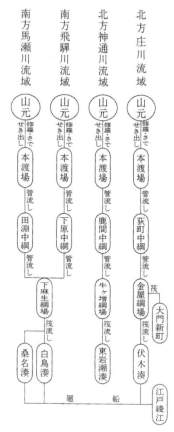

図7-8　江戸時代における飛騨地方からの木材輸送経路
出典：高山市制五十周年・金森公領国四百年記念行事推進協議会編，1986をもとに作成。

より，安価な外国産木材を輸入した方が有利という状況が生まれてきた。木材に限らずエネルギーや食料などを海外から輸入した方が経済的に合理的という考え方が，高度経済成長を促した。近くの山の森林資源には目もくれず，港湾に運ばれてくる外材を用いた家具生産が主流になっていった。

海外原料に多くを依存する日本経済は，1973（昭和48）年の石油ショックによって，文字通り大きなショックを受けた。石油にばかり目が向けられるが，石油に連動して資源全般が値上がりし，企業活動は生産コストの増大と需要減のダブルパンチを受けて低迷状態に陥った。石油ショックは国際的スケールで影響をもたらしたため，飛騨高山からの家具輸出はさらに減少の道を辿っていった。1972（昭和42）年の輸出額28億円が1976（昭和46）年には8,600万円にまで落ち込んだことが，このことをよく示している。以後，飛騨高山から海外へ木製家具が輸出されることはなくなった。石油ショックによる国内不況は木製家具に対する需要全体を萎えさせたため，輸出減と合わせて生産が低迷した飛騨高山の木製家具業界は冬の時代を迎えた（岐阜県シンクタンク，1979）。

高度経済成長の継続を信じていた当時の日本人にとって石油ショックは大きな衝撃であった。しかしこれを契機に産業や生活のあり方を見直す動きが生まれ，事実，日本経済は先進国の中では一番早く石油ショックからの脱出に成功した。とはいえ，飛騨高山ではこれまでテレビキャビネットや暖房器具の木部などを生産していた企業が木製家具の生産に参入するなど，業界内部では競争が厳しくなった。石油ショックは量産方式を見直すきっかけにもなったため，伝統的な技術や製法を再評価する動きも顕在化した。1975（昭和50）年に飛騨春慶と一位一刀彫が国の伝統的工芸品に指定されたのは，そのような時代状況においてであった。飛騨の匠の技術に憧れて，クラフト・木工をめざす若手が飛騨高山で新たな活動を始めたのも，同じような文脈からである。従来型の生産方式以外に，手工業的な家具生産方式が加わり，産地の多様性は増していった。

2．家具不況脱出のためのデザイン力，機械技術・販売力の強化

1980年代の木製家具業界は，家具の多様化，デザイン重視の家具製造，

消費地への積極的攻勢によって特徴づけられる（岐阜県産業経済研究センター，1998）。家具の多様化は生活スタイルの多様化に連動しており，これまでのように家の中に置いて使う家具以外に，最初から部屋に据え付けて使用するコントラクト家具が現れるようになった。家具を生産する企業も従来の家具専門企業以外に，たとえばピアノ生産の企業が家具生産に乗り出すなど，異業種からの参入が珍しくなくなった。こうした動向は，基本的には冷え切った消費者の購買意欲を高めるために企業が生き残りをかけて行った活動にほかならない。しかし結果はというと，コントラクト家具にしても飛騨高山でも試みる動きはあったが，満足できる成果にはつながらなかった。

　日本の産業構造が高度化への道を歩み始める中で，木製家具産業は構造不況産業のレッテルを貼られるようになった。伸びない需要に対して生産力は温存されたままなので，不況に耐えきれない企業が続出した。飛騨高山でも需要減に対処するため，操業短縮に踏み切る企業が現れた。こうした状況から脱出するには，消費者の購買意欲を刺激する画期的な木製家具を製造しなければならない。その近道としてデザイン性の向上を唱える声は大きいが，こればかりはそう簡単にはいかない。伝統的な木製家具や標準的デザインの家具をつくり慣れてきた飛騨高山では，克服すべき大きな障壁があった。試みられたのは，産地外のデザイナーにデザインを依頼し，それを飛騨高山で生産するパイロットデザイン家具の生産である。外部デザイナーによる家具のデザインは非常に新鮮であり，業界に大きな刺激を与えた（図7-9）。

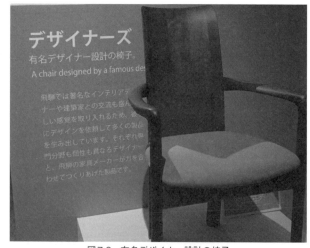

図7-9　有名デザイナー設計の椅子
出典：飛騨の匠ミュージアムのパネル写真による。

いくら優れた製造技術をもっていても，それが最終的な製品として実現しなければ意味がない。デザインには製品化を後押しする力があり，製造技術力とデザイン力の結合が決め手となる。要は市場の中心をなす都市で暮らす人々がいかなる生活スタイルを志向しており，どのような木製家具を手に入れたいと考えているかを，直に確かめることである。それを踏まえてデザインをしなければ，消費者の心をつかむことはできない。飛騨高山の木製家具業界が1983（昭和58）年に東京でデザイン重視の家具展示会を開催したのは，まさしくこうした考えを実践するためであった。この展示会をきっかけに，以後，大都市を中心に展示会が開かれるようになった。1980年代中頃はプラザ合意を契機に円高傾向が進んで輸出が難しくなったため，木製家具を含め企業は国内需要重視の路線を選択していった。

　デザイン重視の流れとともに進んでいったのが，製造現場での機械化や情報化の進展である。これまで製造不可能であったデザイン性の高い家具を精密な方法で製造するには機械の力を借りなければならない。伝統的な手工業生産を再評価する動きもあるが，より多くの消費者に確かな機能性と洒落たデザインを兼ね備えた家具を提供するには，CADなどコンピュータの能力に依存せざるを得ない。他の業界では当たり前の高度な製造技術を木製家具の業界でも取り入れなければ生き残っていけなくなった。高山高等技能学校が設立されたのは，そのような時代の要請に応えるためである。市場開拓のためこれまで大都市で開催されてきた展示会が，1989（平成元）年からは地元・飛騨高山で開催されることになった。消費地のバイヤーや消費者が自ら飛騨高山を訪れるということは，それだけネームバリューが高まったことを意味する。完成品の木製家具だけでなく，それを製造している産地の生産環境を含めて市場に訴える体制が整えられていった。

3．バブル経済とその崩壊，経済グローバル化で変わる市場への対応

　バブル経済真っ盛りの1980年代末期，東京で開かれた飛騨高山の木製家具展示会のキャッチフレーズは，「いま，飛騨・高山パーティ気分」であった。当時の時代的雰囲気をよく表す言葉も，その後に訪れたバブル経済崩壊という嵐の中では空々しく虚ろに響く記憶でしかない。石油ショックとはまた別

の時代変化が国内全体を覆うようになり，かなり深刻な社会経済状態が待ち受けていた。しかしそれでも経済的な立て直しをしなければ，地元産業の明日はなく，また人々の暮らしも立ち行かない。1990年代は中国をはじめとする新興工業国の台頭や，東西冷戦終焉後の国際化の進展によって特徴づけられる。木製家具産業に即して言えば，海外から安価な家具が大量に輸入されるようになったことと，日本的スタイルの家具が海外でも評価されるようになったことが大きい。

　これら2つの動きは，いずれも平成不況やデフレ経済によって覆われた日本の社会や経済が生き延びていくために選択した戦略のうえで生まれた。ひとり飛騨高山の木製家具業界にかぎらず，企業はこの新たな苦しい時代を乗り越えていくために，国内では低価格製品の供給に注力し，海外では日本の高品質やデザイン性を武器に差別化を図った。大規模小売業の規制が撤廃されたのを契機に，大型の家具専門店が途上国で生産した廉価な家具を国内市場に流通させるようになった。この動きは家具だけでなく，多くの日用雑貨品においても共通しており，所得が実質的に目減りした消費者には歓迎された。主導権を握るようになったのは家具メーカーではなく，製造卸小売業と呼ばれるサプライチェーン全体をコントロールする企業である。

　この種のビジネスモデルは，家具よりもむしろアパレル業界において顕著である。国内市場はもとより世界市場をひとつのものと見据えるアパレル企業は，ビジネスのグローバル展開を猛烈な勢いで進めてきた。家具類を取り扱う海外企業による国内市場への参入にも目を見張るべきものがあり，北欧系のグローバル企業が多種多様な家具を市場で販売するようになった。こうした低価格路線市場に価格で立ち向かうのは困難である。国際的に見ると高コストな日本の家具製造業が活路のひとつと見なしているのが，海外の富裕層をターゲットとした日本スタイルの家具の輸出である。家具生産の伝統が長いヨーロッパで勝負するには，日本企業にしかできない商品で挑むしかない。世界中の家具がインターネットで簡単に比較検討できる現在，消費者の購買意欲を掻き立てるには，よほど訴求力のある商品でないと太刀打ちできない。

　こうした時代の流れを敏感に受け止めた産地では，さまざまな試みが行わ

れるようになった。飛騨高山では，岐阜県の産業観光推進の動きとタイアップし，歴史観光都市・高山のイメージを絡ませながら家具づくりと販売を手がける動きがある。「飛騨デザイン憲章」を制定し，飛騨高山で製造されたことを訴える戦略が，原産地呼称というヨーロッパではすでに歴史のある仕組みを参考にしながら打ち出された。これらは，グローバル時代にあってローカルな地元が埋没しないように，個性を強調するブランド戦略である。さらに，一部の企業は岐阜県内にある複数の地場産業と連携し，岐阜県産であることを総合的に訴える戦略を採用した。飛騨高山の木製家具，美濃焼，美濃和紙などを組み合わせた日本的イメージを全面に押し出すことで海外の消費者の目を引こうという試みである。

　飛騨高山の木工産業の発展過程は，日本における社会経済の推移の反映そのままといえる。好景気には木製家具の売れ行きはよく，逆に不況になると売れなくなる。耐久消費財としての一面もそなえる木製家具は，機能性ばかりでなくデザイン性も消費者の商品選びを左右する。デザイン性の中には美的フォルムだけでなく，形，色彩，手触りが複雑に絡まり合いながら漂わせる独特な個性が含まれる。それは普遍性を帯びているが，どこかに日本や飛騨高山がもつ雰囲気やテイストを感じさせる要素が潜んでいる。産地ブランドという言葉だけでは言い表せない，飛騨高山で歴史的に積み重ねられてきた風土性にも通ずる要素である。社会経済の変化に応じて生産されてきた木製家具は，産地の風土性を常にまといながら市場へ送られていく。地場産業とはよくいったもので，飛騨高山の木製家具は地場カラーを帯びつつ，それを普遍的レベルにまで引き上げる努力をしながら今日まで進化してきたといえる（飛騨木工連合会編，2012）。

コラム7　人に寄り添い無限の役割を果たしてきた木材

　あまりに身近な存在で普段は気に留めることもないが，よくよく考えると人の暮らしに寄り添うように役に立っている。木材はまさしくその典型であり，その用途の多さにあらためて驚く。生物，植物としての樹木はその葉陰で夏の直射日光を遮り，道路沿いに植えられていれば自動車騒音の軽減にも役立っている。住宅地にあれば生け垣として通りからの見通しを遮断したり，侵入を防ぐ役割を果たしたりしている。しかも地震などで崩れ落ちたら危険極まりないブロック塀などとは異なり，安全かつ柔軟にその役目を果たす。住宅の中や外からの見た目も優しく，花をつける樹種なら季節の移り変わりを示してくれる。風の通りを完全に断ち切るのではなく，流れにも余裕を残す。光や風や音をすべて遮るのではなく，緩やかに抑える役割は憎いばかりの所業である。

　生きてこれほどの役目を果たす樹木は，伐り倒されて木材となってからも数え切れないほどの役割を担う。むしろこれからが本番であり，木材にそなわる多様な機能が引き出されていく。その幅は広く，住宅用の建材から食事に欠かせない箸や爪楊枝に至るまで，さまざまなスケールで加工されてきた。ただし住宅やビルなどでは，鉄骨，アルミニウム，コンクリートなどライバルの登場で苦戦する場面が少なくない。寺社仏閣の建材としての利用は現在もあるが，かつては城郭，陣屋，役所，橋などの建設素材として利用された。地表上に固定された建物とは別に，移動手段である船，大八車，籠などの用材としても木材は利用された。不動産，動産を問わず，人間生活を基盤的に支える素材として，木材ほど多用されたものはない。かつて「日本の家屋は紙と木でできている」と言われたが，これは事実で身の回りに余るほど存在する木材を日本人は生きるために活用してきた。逆に言えば，あまりに恵まれた資源として木材が容易に手に入ったがゆえに，木材に代わる資源を必要としなかったともいえる。

　木材住宅の中で使用される家具，調度品の多くも木材を加工して生まれた。椅子に腰掛ける生活スタイルが欧米から持ち込まれる以前は，畳や板張りの上に置く座り机や長持ち，箪笥，仏壇などが木でつくられた。洋風の生活が始まり，所得水準も向上してテーブル，椅子，ベッドなどこれまでなかった木製家具類が登場してきた。金属やプラスチックなど木材の代りの役割を果たす素材も普及するようになると，こうした木製家具は木にそなわる自然らしさや温もりを強調するようになった。企業は耐久性を重視してスチール製のデスクやキャビネットを選ぶようになったため，ビジネスの世界では木製製品の使用割合は低下していった。

これには鉄筋コンクリートのビルや鉄骨・スレート構造の工場などの建設が一般化していったことが大きい。企業内と家庭内の空間の違いを意識し，木製家具は家庭内すなわちプライベート空間で使用する傾向が生まれていった。

　木材には建設や家具など素材として役に立つ以外に，芸術的な表現方法の手段として利用できる可能性を備えている。木彫はそのひとつであり，木それ自体を素材として利用し，木が本来備えている性質を引き出して作品に仕上げる。江戸時代に男性のお洒落として流行した根付の中には木彫りのものが少なくなかった。また半ば芸術品の域にまで達していた木製のお盆や文箱などは，木材ならではの性質を生かし生活に潤いを与えた。子供の情操教育のために木製の積み木やおもちゃを使うことも一般的である。木には手にぬくもりを感ずる何かがあると言われるが，それは木が樹木として育ち，用材として加工されたのちも，年輪や節目に生きた証を残しているからであろう。木は薪として燃やされることでも人に役立っている。誕生から消滅まで，これほど多くの役割を果たす資源・素材はほかには見当たらない。

　木にそなわるいまひとつの特性は，比重が軽く水に浮くという性質である。この特性は鉄道やトラックなどの交通手段がなかった頃，すなわち近世以前において輸送面でおおいに発揮された。山奥で育った木は伐採され，網場で筏に組まれ川下ろしで運ばれた。いくら年月を経て大きく育った良材でも，木材を必要とするところまで届かなければ役には立たない。たとえば，国内有数の山林資源に恵まれた木曽川流域でとれた木々は，筏流しで川を下り海に浮かべて熱田の木材市場まで運ばれてきたことで，はじめて役に立つことができた。熱田には白鳥庭園という日本式の回遊庭園があるが，これは近世から近代初期までこの地に木材市場があったことを記念し，その跡地に設けられたものである。中に入ると，木曽川の源流でもある御嶽山をイメージした小高い築山や，熱田の浜を象徴する水辺が目に入ってくる。木曽，長良，揖斐の木曽三川を模した水の流れ，岩間を流れ落ちる滝なども設けられている。要は木曽，美濃，飛騨の山奥から尾張の湊に至るまで，木材が筏流しで運ばれてきた経路を立体的に表現したのが，この庭園のモチーフである。テーマパークほど広くはないが，箱庭よりも大きなこの手頃な広さの庭園を散策すると，この地域で育てられた木々がこの地域のために役に立っていた時代のことが自然に思い浮かぶ。

第8章　繊維産業の盛衰とともに生きる都市

第1節　愛知，岐阜の繊維産業の勃興と発展の歴史

1．絹から綿へと発展していった三河繊維産業の歴史

　衣食住の衣は，人が生活していくさいに身を守るだけでなく，自分らしさを表現する素材としての役割を担っている。地域や季節ごとに異なる環境に適した衣料を選び，家族，コミュニティ，学校，企業の中で自らの立ち位置を示すために衣服を身にまとう。普段はあまり意識していないかもしれないが，人は衣服という小さな環境により身体的あるいは社会的に守られながら日々を送っている。都市はそのような衣服をまとった多様な人々が集まって生活をしている空間である。都市を読み解く場合も，衣服を手がかりに考えを深めるというアプローチもありうる。衣服は天然由来の素材をもとに自作した時代から，繊維を大量に機械的に生産し，縫製加工を経て市場で大規模に商品販売する時代へと発展してきた。多くの国や地域，都市ではまず繊維産業に取り組み，それを産業発展の足がかりとしてさらに高度な産業分野を切り開いていったという歴史がある。都市での暮らしや社会，経済，産業の読み解きに対し，衣料や繊維は重要な素材を提供してくれる。

　近世から近代にかけて衣料繊維の中心をなした綿は，日本では室町時代の後期頃から本格的に栽培されるようになった。暖かく丈夫で着れば着るほど，また洗えば洗うほど肌ざわりがよくなる木綿は，徳川幕府の奨励もあり庶民の生活に欠かせない衣料となった。綿の元ともいえる綿種が日本に伝わったのは799（延暦18）年のことで，現在の愛知県西尾市，旧幡豆町辺りであったと伝えられる。伝えたのは，この地に漂流してきた崑崙人であった。しかし残念ながら，もたらされた綿種は三河の気候風土に合わず綿花は繁殖しなかった。日本の気候風土に適した綿花が伝来したのは応仁の乱が終結を迎えた1482（文明9）年頃で，中国から朝鮮を経由して綿種栽培の方法が伝えられた。これ以後，各地で綿花栽培が始まるが，三河以西の温暖な地方では明

応・永正年間（1492〜1521年）に綿作と綿布生産が広まっていった。

　名古屋圏の中では伊勢湾・三河湾に近い三河は北側に山地を控えており，綿作が広がる以前は山地で収穫できた天然由来の繊維を衣料の素材としてきた。そうした歴史は，三河国から貢ぎ物として羅・綾・絹白糸などが納められ，送られた絹は上質な糸として珍重されたことが文献に残されていることから明らかである。すなわち，750（天平勝宝2）年の「正倉院文書」やその2年後の「雑物請用帳」によれば，貢絹した11の国の中にあって三河の絹は「白絹布」と記されている。精白な細糸で経糸・緯糸の密度が高く，他国産の絹糸より高く評価された。9世紀の「延喜式」にも三河産の犬頭白糸は最上級の絹であり，納品量も他国産を凌駕していたことが記されている。犬頭白糸という名の由来は，この絹糸が雪のように白く，光沢をおびた上糸であったことによる。三河犬頭白糸は蔵人所に納められ，天皇の衣服として織られるまでになった。

　綿花は近世・元禄年間（1688〜1704）に多くの綿種が外国から伝えられ，年をおって関東から西の諸国にかけて広がっていった。天然由来の苧麻に比べると収穫段階では高価であるが，安価な農家労働力のおかげで綿布を大量に織ることができた。織られた綿布は元禄期頃から棒手振りと呼ばれた綿布の小買人によって買い集められていった。小買人はそれを仲買商に売り，さらに仲買商は問屋に納めた（図8-1）。最後は平坂・大浜港から船積みされ，江戸の木綿問屋に送られた。有力な買次問屋として幡豆郡荻原村（現・西尾市吉良町）に糟谷縫右衛門がおり，綿花だけでなく肥料の干鰯・米・味噌・煙草・酒なども手広く扱った。三河からは綿布だけでなく，繰綿・のし綿あるいは実綿のまま買取られ，塩と同じように馬に乗せられて信州や各地に売られていくものもあった。三河は，海側と山側の両方へ綿布や綿を送り出すはたらきをしていた。

　三河の絹糸が都で高く評価されたことは先に述べたが，江戸時代の三河の綿作はどのような水準にあったであろうか。最終製品ではなく中間の綿作に限って他地域と比較すると，とくに優れていたとはいえなかった。境川から矢作川にかけての西三河における近世綿作の研究によれば，綿作は田，自然堤防上の畑，洪積台地上の畑，新田砂畑，の以上4つの土地条件に応じて行

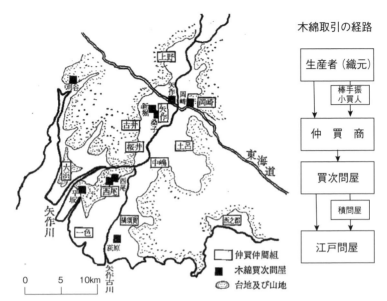

図8-1　西三河における木綿仲買仲間組の分布と木綿取引の経路（1890年代末）
出典：岩崎公弥，1984　歴史地理学会のウェブ掲載資料（http://hist-geo.jp/img/archive/026_015.pdf）
などをもとに作成。

われた（岩崎，1984）。もっとも規模が大きかったのは自然堤防上での綿作であった。綿花は地力を維持するために稲や雑穀との輪作で栽培され，収穫量の経年変化は大きかった。三河の綿作は歴史が古かったが，当時の先進綿作地域であった畿内地域と比べると，生産性で見劣りがした。畿内では多様な商品作物と組み合わせ，集落の近くで高い密度で栽培が行われたのに対し，三河では綿花は単作が主流で田や畑も集落から遠く粗放的に栽培された。

2．愛知県尾西地域における毛織物生産の興隆過程

　衣服は時代や地域を問わず，いつも人はそれを身にまとっている。それほど一般的な存在であるのに，あるいは一般的であるがゆえに，衣服の素材や糸あるいは織物の有り様は実に多種多様である。木綿はその中でも利用されてきた歴史が長く，現在でも幅広く使われている織物の素材である。木綿の前には苧麻や絹などがあり，その後には毛織物，化学繊維などが現れてくる。絹や綿は中国方面からの渡来であり，毛織物もヨーロッパからの伝来で

ある。化学繊維の製法も欧米起源であることを考えると，日本人の衣服の歴史は海外から伝えられた繊維素材を国産化し，それをもとに布を織って衣服に仕立て上げていく歴史であったといえる。名古屋圏では繊維産業が以前から盛んであり，現在もなおアパレル分野で存在感を示している。外来の繊維・織物技術をうまく生かしながら産業として育て上げ，繊維に関わる人口を増やしてきた地域である。名古屋圏の中でも愛知県東部の三河は，近世から近代にかけて綿花栽培や綿織物の産地として発展してきた。愛知県西部の尾張も綿作・綿織物産地としての歴史が長く，そのうちの北側すなわち尾西地方は近代になって毛織物の一大産地として全国的に知られるようになった。そのきっかけは何だったのか，毛織物産地のイメージは尾西地方の都市にいかなる影響を与えたか，探ってみる価値はあろう。

　江戸時代，各地で綿花栽培が普及するようになり，一宮を中心とする尾西地方でも綿が栽培された。この地方では麦作のあとに生綿を栽培したので，秋祭りの頃は畑一面が見渡す限り白で溢れる景色が見られた。旧盆がすぎる頃に綿や糸を買い集める小買商人が綿作農家を訪れ，そこで買い上げて山のようになった綿花の荷物をもって一宮へと帰っていった。それはまるで真清田神社の森に集まる鴉の姿に似ていたので，一宮カラスと呼ばれたという。持ちきれないほどの綿花を山のようにして運ぶ姿は，一宮商人のバイタリティと仕事の厳しさを彷彿とさせた。1844（天保15）年に29軒を数えた繰綿問屋は，幕末には50～60軒にまで増えた。繰綿問屋とは，農家から集めたまだ種子のついたままの実綿から種子を取り除いて繰綿にする問屋のことである。一宮の繰綿問屋からは名古屋やその他の地方へ送り出されていった。一宮では実綿を他所へ出荷するだけでなく，織物に仕上げることも行われた（川浦，1970）。細い手紡糸を用いて織り，表面は滑らかで光沢があり絹にも似た桟留縞や，綿と絹を使って織った絹綿交織の結城縞はとくによく知られている。縞織物は，貴族的な染模様とは違い，着破るまで褪色しない大衆的な織物であったため，一般民衆の間で喜ばれ平常着となった。

　時代は明治維新を経て近代になり，尾西地方は実綿の出荷地ではなく織物の産地としてさらに発展していった。明治初期の特徴は絹綿交織の隆盛にあり，結城縞，桟留縞に加えて1872（明治4）年には絹絣，翌年には双子縞ま

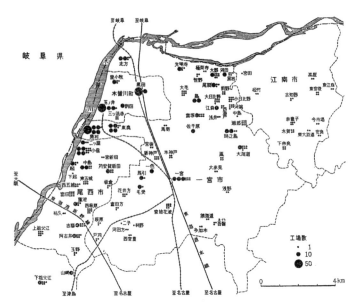

図8-2　尾西地域における織物工場の分布（1880年代）
出典：日本地誌研究所編，1969，p.182をもとに作成。

たは東京双子と呼ばれる織物が登場した。絣とは，白地や藍染め地に十字や細かい線などをちりばめた幾何学模様が特徴的な布のことである。また双子縞は，輸入した洋糸を正藍で染め，経を双子（2本の糸を撚ったもの），緯を単糸で織り上げた布である。一宮を中心とする愛知県の綿織物業は，1884（明治17）年の統計で大阪府についで第2位となり，まさに当時のリーディング産業として地域経済を牽引した（図8-2）。ところがこうした隆盛は長くは続かず，自然災害と国際貿易の変化で産地は大きな危機を迎えた。1891（明治24）年の濃尾地震で工場・設備や民家が受けた被害は大きく，再起を危ぶむ声も聞かれた。追い打ちをかけるように，安価なインド綿を輸入して大企業が低価格の綿布を大量に生産するようになったため，太刀打ちするのが難しくなった。

　こうして衰退への道を歩み始めた明治30年代から40年代にかけて，産地では毛織物の生産に向けて数々の取り組みが始められた（石井，2018）。競争が不利な分野から未知の分野へ転換を図って産地を再興しようという動きで

ある。ただし毛織物についてはまったく知識も経験もなく，すべて先進国から学びながら試行していくよりほかに手はなかった。ポイントは大きくいって2つある。ひとつは，1901（明治34年）に片岡春吉がドイツ製セルをモデルにセルの製織に着手し，機械も技術もきわめて幼稚であったが，ともかくも製織に成功したことである。なおセルとは，サージ（serge）が転訛したものでセルジスともいい，経緯（たてよこ）ともに梳毛（そもう）（羊毛の長い繊維）糸を使って平織したものである。2つ目は，当地で困難であった毛織物の染色・整理・仕上げを実現するために，綿織物の整理業者であった墨清太郎が，ドイツ製の整理機を据え付けて1908（明治41）年に開業にこぎ着けたことである。これが，のちに毛整理業界の一大勢力となる艶金興業（つやきんこうぎょう）株式会社の始まりであり，「仕上げの尾州」としての地歩を築き上げる礎石となった。

毛織物産地として先駆的事業に成功した尾西産地では，大正末期からはラシャ類の製織も盛んになっていった。この頃，毛織物業は綿・絹を圧して主流となり，大正末年における愛知県の毛織物産額は全国比着尺セルで97％，洋服地では66％を占めるにまでなった。昭和に入って婦人子供服が普及すると毛織物のウェイトはますます高まり，生産金額のみならず生産数量においても綿・絹をはるかに凌ぐに至った。これにともない，産地の就業構成や織機も大きく変化した。着尺セル中心の頃は農家副業による賃織業者が多かったが，洋服地が盛んになると専業化する者が多くなった。

3．焼け跡から始まった岐阜駅前繊維卸売業問屋街の進化

戦国後期に織田信長が築いた城下町として栄えた岐阜も，江戸時代は尾張藩の領地として代官に支配される商都であった。廃藩置県によって岐阜県が成立したさい，大垣と県庁誘致をめぐって競った末，誘致に成功した。歴史的中心は金華山下の長良川の渡河地点付近にあったが，やがて南へ向けて市街地は広がっていった。岐阜の南にあって城下町と中山道の宿場町を兼ねていた加納と一緒になったことが南方への広がりを促進した。武豊線から東海道本線へと路線名の変更はあったが，岐阜駅（旧加納駅）が新たな玄関口となって地域間の交流は広まっていった。そのような岐阜駅の駅前北側に，第二次世界大戦後，繊維問屋街が形成されていった。岐阜周辺には戦前から織

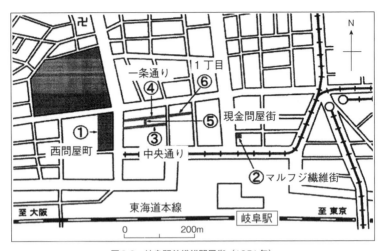

図8-3 岐阜駅前繊維問屋街（1951年）
出典：荻久保，2017，p.5 大阪経済大学のウェブ掲載資料（www.osaka-ue.ac.jp/file/general/19075）などをもとに作成。

物・縫製加工など繊維関係の事業所が多かったが，そこでつくられる衣服類を卸売する問屋機能を果たす地区が生まれていった。ただし形成開始時期が戦後まもない頃であったため戦地からの引揚者が多く，俗にハルビン街と呼ばれた（根岸，2012）。

　空襲を受けて焼け野原状態となった国鉄岐阜駅前に，旧満州からの引揚者はバラック然とした小屋をつくり古着や軍服などを売るようになった。やがて古着とは別に，一宮や羽島方面から仕入れた布や，布を自ら仕立ててつくった衣服も販売するようになった。ハルビン街の知名度は高まり，岐阜駅近くには市場や共同販売所，また一条町，西問屋町，中央通には問屋の事業所が建てられていった（図8-3）。問屋数が増加したため岐阜繊維問屋町連合会（現在の岐阜ファッション産業連合会）も結成され，増加する衣料品需要に応えていった（荻久保，2017）。高度経済成長が始まり，これまで以上に衣料品が市場に出回るようになった。しかしやがて「つくれば売れる」という時代ではなくなり，求められるデザインや素材の良い商品の価値の高まりに応えるためには，新しい商品開発や縫製加工技術の深化に取り組まなければならなくなった。商品も，ジャンパーなどの新服から，婦人服・子供服・スポーツウ

エアなど華やかな衣服の取り扱いが多くなっていった。1956（昭和31）年に九州や東北・北海道で県外展示会を始めたのは，地元中心の販売から全国的販売へと商圏を広げていくためであった。

　1961（昭和36）年に開催した「第1回岐阜メード展」は，衣服が既製服中心の大量生産・大量販売の時代になったことを象徴するイベントであった。岐阜を中心とする産地では尾西の毛織物産地から仕入れた布や化学繊維を使った衣服をつくり，綿織物中心のアパレルの幅を広げていった。岐阜アパレル産地という名前も定着し，販売先も地方都市から全国の大都市へと広がっていった。こうした産地での販売拡大は，1969（昭和44）年に従来の問屋街の西方に岐阜繊維卸センターを，さらに翌年には東海道新幹線岐阜羽島駅南に岐阜羽島繊維卸センターをあいついで設立したことからもわかる。同じ駅前でも，在来線の既成市街地と開発の緒に就いたばかりの新幹線駅前では性格が異なる。新天地での余裕空間と広域的接触を求めて新たな繊維卸センターが建設された。

　1970年代に2度にわたって起きた石油ショックは，アパレル産業にも大きな影響を与えた。世界規模での不況や消費者の買い控えに対処するには良質で個性ある商品をすばやく提供しなければならない。このため，アパレル業界全体の体質を変えるための努力が積み重ねられ，景気の動向にあまり左右されずに成長が持続できるようになった。この頃から国際的視野に立った生産や販売が意識されるようになった。1978（昭和53）年に岐阜市とイタリア・フィレンツェ市が姉妹都市になったのをきっかけに，ヨーロッパとの間でファッション情報を交換するようになる。1983（昭和58）年には従来からの岐阜メードを岐阜ファッションフェスタに模様替えし，翌年にはフランスから有名デザイナーを招いてアパレルポリス岐阜21フェアーを開催した。

　1980年代は円高傾向が顕著になり，組合傘下の企業の中から海外に縫製加工の生産工場を移すものも現れきた。本格的なグローバル化の始まりであり，高い知名度を聞きつけて台湾・香港・シンガポールなどの外国人バイヤーが問屋街に顔を見せるようになったのも，この頃のことである。こうしてアパレル産業が円熟化していくのにともない，情報化やサービス化が強く意識されるようになった。通商産業省が提唱したニューメディアコミュニティ構

想において「ファッション産業先端化型」のモデル指定を受けたのは，このような文脈からである。総合展示会という名称を岐阜ファッションフェアに変更したり，世界のファッション工房 GIFU をめざして毎年，岐阜国際学生ファッションコンテストを開催したりするようになったのも，産地がアパレルを中心に幅広いファッション産業へ発展していくことを願ってのことである。

廃墟然とした国鉄岐阜駅前の問屋街から始まったアパレル製造卸売業は，岐阜を中心とする西濃の産業構造の一角を占めるまでに発展した。単なる卸売だけでなく製造も兼ねている点がポイントであり，アパレルの企画・デザインから縫製加工を経て仕上げに至る多くの工程を総合的にコントロールしている。しかもこれらの工程はすべて自社内で行われるのではなく，下請けや孫下請けのように，複雑な生産組織に支えられながら実現されている。それだけ多くの事業所が岐阜市を中心に分布しているということであり，産業構造の中にしっかりと組み込まれていることを意味する（岩坂，2008）。流行のサイクルが目まぐるしいアパレル製品は，生鮮食品のように鮮度が命ともいわれる。低価格品を市場に送り込むために海外生産に徹している大規模製造小売サービス業からの攻勢は大きい。厳しい競争に打ち勝っていくには，大手にはない小回りのきく柔軟性が必要である。焼け跡からスタートしたこの業界の挑戦はこれからもさらに続く。

第2節　近代における紡績業など繊維産業の勃興と発展

1．近代紡績業の基礎となった三重紡，名古屋紡，尾張紡の合併

中東湾岸諸国の男性たちが身につけている民族衣装は一般にカンドゥーラ（kandola）と呼ばれるが，生地はトーブ（tobe）と称される。大半が輸入品なのは，乾燥気候では大量の水を使って繊維を生産するのが難しいからだといわれる。輸入されるトーブのおよそ半分は日本製であるが，中でも高品質ゾーンの7割近くは東洋紡績の製品がシェアを抑えている。トーブの多くは綿製品によって占められてきたが，東洋紡が開発したポリエステル長短複合糸を使った生地が好評を博すようになった。それは40年ほど前のことで，

綿とは違い洗濯をしても丈が変化しないことが市場で受け入れられた理由だと思われる。噂が噂を呼び，今では TOYOBO がトーブの代名詞になるほど同社の製品は中東湾岸諸国に浸透している。東洋紡は繊維による濾過技術にも定評があり，中東湾岸地域の海水淡水化プラントにおいては 50％のシェアをもっている。これは生活用水に換算すると 640 万人分の水に相当しており，造水の分野でもこの地域と深く関わっている。

　このように日本を代表する繊維企業の東洋紡は，同業他社と同様，海外市場において大いに活躍している。この企業のルーツを辿ると，1931（大正 3）年に三重紡績と大阪紡績が合併したことになっているが，合併前の三重紡績は名古屋で設立された 2 つの紡績会社と合併していた過去がある。1885（明治 18）年設立の名古屋紡績と，その 2 年後の 1887（明治 20）年に設立された尾張紡績がそれである。つまり現在のグローバル企業・東洋紡の社歴の中に名古屋で誕生した 2 つの紡績会社の名前を見つけることができるのである。三重紡績自身，設立年は 1886（明治 19）年であるため，これら 3 社はほとんど同じ時期に誕生した同業社であったといえる。三重紡績を設立したのは四日市の伊藤伝七（10 代目）であり，会社設立にあたっては渋沢栄一から助力を得ている。渋沢栄一は「日本資本主義の父」とも称される人物であり，江戸時代末期から大正初期にかけて武士，官僚，実業家として活躍した。第一国立銀行や東京証券取引所など多種多様な企業の設立・経営に関わったことでも知られる。

　さて，企業名としては短命であったが，三重紡績にともに吸収された名古屋の 2 つの紡績会社は，設立時は互いにライバルの関係にあった。明治期名古屋における企業活動を考えるさいに，大きく 3 つのグループが互いに切磋琢磨していたという事実は理解の手助けになる（表 8-1）。第 1 のグループは土着派と呼ばれる清洲越しの昔から続く老舗の企業集団である。ちなみに清洲越しとは，名古屋城築城のときに，それまで尾張の中心地であった清洲から名古屋へ集団で移住したことを意味する。第 2 グループの外様派は明治維新以降に名古屋で事業を起した企業家による集まりであった。最後に第 3 のグループは近在派といわれ，これは名古屋の北に位置する丹羽郡出自の呉服太物商を中心とする集団であった。これら 3 つの企業集団は，金融，電灯（電

表8-1 明治期名古屋財界のグループ構成企業

外様派	住所	伝馬町	愛知郡熱田町	伝馬町	正木町	正木町	南長島町	松重町	
	社名	明治銀行	尾張紡績	名古屋生命保険	愛知材木	愛知燐寸	名古屋電気鉄道	名古屋製氷	
	形態	株式会社	株式会社	株式会社	株式会社	株式会社	株式会社	株式会社	
	設立年	1896	1897	1893	1897	1896	1889	1900	
	資本金(千円)	3,000	1,200	100	1,500	150	500	75	
	住所	泥江町	南伊勢町	伝馬町	伝馬町				
	社名	名古屋倉庫	名古屋株式取引所	愛知実業銀行	愛知貯蓄銀行				
	形態	株式会社	株式会社	株式会社	株式会社				
	設立年	1893	1893	1898	1893				
	資本金(千円)	200	95	150	30				
土着派	住所	茶屋町	茶屋町	玉屋町	正木町	玉屋町	玉屋町	玉屋町	
	社名	伊藤銀行	伊藤貯蓄銀行	愛知銀行	名古屋紡績	十一銀行	丸八貯蓄銀行	百三十四銀行	
	形態	株式会社	株式会社	株式会社	株式会社	株式会社	株式会社	株式会社	
	設立年	1881	1893	1896	1885	1897	1898	1897	
	資本金(千円)	100	100	2,000	500	200	100	100	
近在派	住所	伝馬町	伝馬町	宮町					
	社名	名古屋銀行	名古屋蚕繭布取引所	尾三農工銀行					
	形態	株式会社	株式会社	株式会社					
	設立年	1983	1897	1987					
	資本金(千円)	500	50	75					

出典:橋口, 2014, p.47-68, 関西学院大学のウェブ掲載資料 (https://kuir.jm.kansai-u.ac.jp/dspace/bitstream/10112/.../1/KU-1100-20140610-03.pdf) をもとに作成。

力),倉庫など紡績以外の分野でもつばぜり合いを繰り返していた。

　最初に設立された名古屋紡績は,村松彦七を中心とする名古屋財界土着派の人々の出資によるものであった。村松は江戸時代からの豪商・小野組の名古屋支配人であったが,明治になって小野組が倒産したため名古屋七宝で社員をしていた。1878(明治11)年にパリで開かれた万国博覧会に愛知県出品人総代としてフランスに行き,万博終了後,旅行中に知り合いになった松方正義(のちに首相になった)に誘われてフランス,イギリスの産業事情をつぶさに見学した。これがきっかけで,日本有数の綿産地である愛知県で紡績工場を設立することを思い立った。名古屋紡績は当初,動力を水力発電から得ることを考えて葉栗郡宮田村(現・江南市)の木曽川沿いを工場適地としたが,思いの外費用がかかることが判明したため,名古屋区正木で火力発電によって操業することにした。

　村松彦七が計画を推進し土着派からの出資を受けて設立された名古屋紡績は,その後順調に発展した。1888(明治21)年には第2工場を建設し,資本金も当初の3万4,700円から12万円へと大幅に増えた。名古屋紡績の成功

ぶりを見ていた他の商人たちも，遅れてはならじとばかりにライバル会社を興すことになった。その名も名古屋より広い尾張を冠した紡績会社でライバル心むき出しの新会社設立だった。尾張紡績設立の主唱者は，元尾張藩の藩士で味噌・醤油製造で財をなし名古屋で多くの有力企業の設立に関与した奥田正香であった。奥田には紡績の知識がなかったため繊維業界で急成長していた親友の近藤友右衛門に相談を持ちかけた。近藤友右衛門は美濃国高須藩の農家の出身で，開港後の横浜で直接洋糸・洋反物を買い付け，尾張を中心に販売していた綿糸商であった。尾張紡績の創業は1887（明治20）年で，資本金は名古屋紡績を上回る36万円，役員に近在派の瀧兵右衛門や森本善七も名を連ねていたことから，外様派と近在派の連合体であったといえる。工場は愛知郡熱田町大字尾頭橋で，先行する名古屋紡績と同様，堀川沿いに設けられた。

　名古屋に生まれた2つの紡績会社は，1900（明治33）年の対清輸出不振を契機にともに経営不振という事態に直面した。単独で企業を存続するのは難しく，愛知県と隣の三重県の紡績会社が一緒になることで難局を乗り越えようという機運が高まった。そこでイニシアティブを発揮したのが尾張紡績を引っ張ってきた奥田正香である。紡績会社の規模を表すのに紡績錘数が用いられることが多いが，1903（明治36）年当時の紡績錘は三重紡績が8.1万であったのに対し，名古屋紡績は3.0万，尾張紡績は2.7万であり，三重紡績が圧倒していた。愛知県には知多紡績，津島紡績など規模の小さな会社もあり，三重紡績は尾張紡績がこれらを統合したのち，三重紡績と合併する案を主張した。これに対し奥田は，三重紡績，名古屋紡績，尾張紡績が合併したのちに，これら小規模企業を吸収する案を主張した。交渉過程では三重紡績の後見人でもあった渋沢栄一を巻き込むこともあったが，最終的には奥田案が通った。この3社合併案に対して尾張紡績出資者の近在派は反対したため，土着派と外様派が融和する一方，外様派と近在派の間に溝が生ずる結果になった。

　図8-4は，1904（明治37）年に三重紡績と一緒になった名古屋紡績と尾張紡績が合併後，さらに三重紡績と大阪紡績が1914（大正3）年に合併して東洋紡績になったため，それぞれ東洋紡績の名古屋分工場，尾張分工場になったことを示している。三重紡績は愛知の紡績会社と合併する10年以上も前

の 1893（明治 26）年に愛知分工場を設けていた。この分工場は名古屋駅南の堀川に近い場所にあった。このため東洋紡績の名古屋市内の分工場は，いずれも堀川沿いにあったことになる。三重紡績が東洋紡績になった 1914（大正 3）年の名古屋市にお

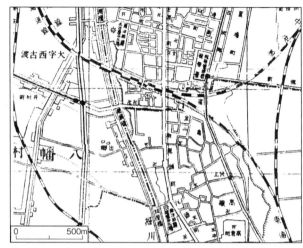

図8-4　東洋紡績の名古屋分工場と尾張分工場（1915年当時）
出典：松岡利助　著作・発行「名古屋市全図」（大正4年）をもとに作成。

ける工業生産額に占める繊維産業の割合は 44.8％であった。第一次世界大戦で工業生産が振るわないヨーロッパに代わり，アメリカや日本が世界シェアを高めていった。三重を間に挟む大阪，名古屋の紡績業が繊維産業をリードする役割を果たしていった。

2．一宮市内に遺された煙突が物語る近代紡績業の盛衰

愛知県一宮市の市街地内にある競輪場の駐車場の一角に，地元で「イッセンの煙突」と呼ばれる直径 2 m，根本幅が 5m 近い巨大な煙突が産業遺産として保存されている。現役の頃は地上から 40 m もあったが，台座から 7 分の 1 ほどにカットされた状態で遺されることになった。イッセンは一宮染色の略であるが，1997（平成 9）年まで染色会社がこの煙突を使用してきた（図8-5）。煙突の台座に 1908（明治 41）年に芝浦製作所が製造したことが記されていることから，実に一世紀以上にわたって一宮の町の発展を見てきたことになる。染色会社が使い始めたのは戦後のことで，かつて大日本紡績一宮工場の煙突として使われたことがあった。一宮工場は第二次世界大戦の開始で海外輸出が途絶したため，1941（昭和 16）年に閉鎖された。工場は 2 年後に

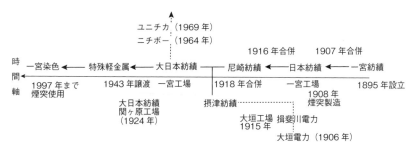

図8-5 イッセン（一宮染色）の煙突の所属をめぐる時間の流れ

傍系会社の特殊軽合金株式会社に譲渡されたが，終戦直前の1945（昭和20）年7月の空襲で全焼した。しかし煙突は残り，先に述べた染色会社に引き継がれた。大日本紡績は社名をニチボー（1964年），ユニチカ（1969年）に変えて現在に至るが，大日本紡績という社名は，1918（大正7）年に尼崎紡績と摂津紡績が合併したさいに命名されたものである。

「イッセンの煙突」が1908（明治41）年製であることから，この煙突は大日本紡績誕生以前から一宮にあったとことになる。当初，この煙突は日本紡績一宮工場の煙突として建設された。日本紡績は1916（大正5）年に尼崎紡績によって合併されたため，煙突の所有企業は日本紡績→尼崎紡績→大日本紡績と変わっていった。煙突を据え付けた日本紡績の工場が一宮にあったのは，1907（明治40）年に地元の一宮紡績を合併したからである。つまり一宮紡績を合併した1年後に，この煙突をつくった。その一宮紡績はというと，この会社は1895（明治28）年に設立されたガス糸紡績会社である。ガス糸とは，主に木綿糸をガスの炎の中を高速度で通過させ，表面の毛羽を焼き取って滑らな光沢をだした高級綿織物用の糸である。しかし一宮紡績は日清戦争後の不況により創立当時から経営が芳しくなかった。このため，日露戦争後の反動不況に遭遇したさいに合併話が持ち上がった。当初は三重紡績との合併が論議されたが，同じガス糸の生産が主であることから，日本紡績と合併することになった。

以上は，一宮紡績が日本紡績，尼崎紡績を経て大日本紡績につながっていった経緯である。実は名古屋圏には，大日本紡績につながるもうひとつの

系列すなわち摂津紡績の社歴に関わる事項が別にある。それは，1913（大正2）年に摂津紡績が大垣に新工場を建設したことである。工場建設のきっかけは，1906（明治39）年に大垣電力の関係者が資本金500万円で紡績会社の設立を企画したことである。準備も整い証拠金も徴収して発足しようとしたやさき，1907（明治40）年2月に株式が暴落した。日露戦争後の深刻な不況に見舞われてしまい計画は頓挫した。しかし地元の熱意は変わらず，尼崎紡績の役員で大垣出身者がいたため工場誘致をはたらきかけたが，尼崎紡績は別の工場建設に取り組んでいる最中であった。このため相手先を摂津紡績に変えて誘致をはたらきかけた結果実現した。摂津紡績の工場誘致にあたっては揖斐川電力からの電力供給が条件となったが，戦前の戦時体制下で電力が国家管理になったさい，摂津紡績の後継である大日本紡績が全株式を取得するほど，両者の関係は深かった。摂津紡績は大垣駅の北方に3万1990坪の土地を購入し，従来の煉瓦積みとは異なる平屋建て鉄筋コンクリートづくりの最新工場を1915（大正4）年に建設した。当時あった摂津紡績5工場の中でも主力といえる大規模な最新鋭工場だった。摂津紡績の進出が大垣に与えた影響は大きく，大垣が繊維産業を核に近代産業化を進めていく契機となった。

　先に述べたように，摂津紡績は1918（大正7）年に尼崎紡績と合併して大日本紡績となった。新生・大日本紡績は大垣の西側にある関ヶ原に新たに工場を設けた。1924（大正13）年のことであるが，これに先立つ5年前の1919（大正8）年，関ヶ原に工場誘致を進める委員会が地元に結成された。こうした地元からの熱心な誘致運動を受け，大日本紡績は合併後としては国内で最初となる工場を関ヶ原に建設した。こうして大垣，関ヶ原を中心とする西濃地方で紡績工場が増えていった。一本の遺された工場の煙突を辿っていくことにより，近代日本の紡績業の歴史的歩みを知ることができる。

3．近代・三重県の産業をリードした紡績会社が遺したもの

　JR関西本線富田駅の東100 mのところに大規模なショッピングセンターがあり，220台の自動車が駐められる駐車場が店舗を取り巻いている。その駐車場の隅にいかにも古そうな切妻造り赤レンガの倉庫5棟（桁行約18 m，梁間約9 m）が，遠慮がちに建っている。ショッピングセンターと関西本線

の間には旧東海道・国道1号が走っており，自動車，鉄道ともに交通至便な場所であることがわかる。ショッピングセンターへの来店客の大半は自動車利用であるが，駅の東隣なので鉄道利用も期待できる。いまはこのように商業目的の利用であるが，かつては東洋紡績の富田工場がここにあり，5棟の倉庫は引込線で運ばれてくる原綿を保管する施設として使われていた。1918（大正7）年に建設された20万㎡もの広さをもつこの工場敷地の東側には四日市港につながる塩役運河が控えており，海側からのアクセスにも向いていた。ここではかつて紡績のほかミシン糸が主に生産され，東洋紡績の主力工場のひとつとして活躍していた。登録有形文化財の指定を受けた5棟の倉庫は，そうした過去の生き証人として静かに建っている。

　東洋紡績が1914（大正3）年に三重紡績と大阪紡績が合併して生まれた企業であることは本書においてすでに述べた。そして三重紡績が名古屋で生まれた名古屋紡績と尾張紡績と統合した過去があることも触れた。その後，三重紡績は桑名紡績，津島紡績なども合併していったので，愛知，三重両県で生まれた初期の紡績会社はことごとく三重紡績，そして東洋紡績に組み込まれていくことになった。名古屋圏から大阪圏にかけて活動の場を広げていった東洋紡績は，対等合併や吸収合併を繰り返した結果，昭和期には総勢66工場と100の関連会社を持つ大企業にまで発展した。三重県が本拠地のひとつでもあった東洋紡は県内に重要な工場を建設していったが，先に述べた富田工場はそのうちのひとつである。いまでこそ住宅地やショッピングセンターが広がる市街地であるが，工場が建設される以前は，塩水混じりの不良田が多く農業には適さない葦原状の土地であった。しかし，海上交通は便利で工場建設に有利な条件を備えていたため工場立地には向いていた。当時の三重郡富洲原の村長・議員らによる工場誘致が功奏して工場が建設されたのは，1918（大正7）年のことであった。

　富田工場の建設時には第1工場・第2工場・第3工場があった。その後も建設は進められ，ミシン糸工場，原綿倉庫，ガス焼室，事務所，教育をする学院施設，講堂棟が生まれた。生産施設ばかりでなく，松原元町社宅，松原宮町社宅，松原町社宅，男子寮，女子寮なども建設された。全体の設備が揃ったのは，1934（昭和9）年である。工場と関連施設，それに従業員の住宅な

どが一体的に揃った敷地の規模からいえば，東洋紡績の中でも最大級といえた。終戦前年の1944年（昭和19）年12月7日の東南海地震で紡績第1工場の一部が破損したが，それ以外は無傷であった。戦後も富田工場での生産は続けられたが，繊維業界の低迷を受けて1997年（平成9）年に工場は閉鎖された。跡地には2001年（平成13）年にジャスコ四日市北ショッピングセンターが開業した。ジャスコ発祥の地は四日市であり，地元つながりという点から見れば納得しやすい利用転換であった。

　四日市が発祥の地である三重紡績は，大阪紡績と合併して東洋紡績になったあと，先に述べた富田工場以外に南部の伊勢にも工場を建設している。1922（大正11）年の東洋紡績山田工場がそれであり，建設目的のひとつとして，世界恐慌の影響を受けて不振状態にある三重県の産業振興が掲げられた。山田工場の操業開始の4年後に実施された調査によれば，職員32人，工員3,082人（うち女性2,549人），その他の従業員167人で，年間生産額は697.8万円であった。生産規模は暫時増大し，生産設備として精紡機を61,708錘，織機を2,016台，撚糸機3,200台を保有するまでになった。しかし1945年（昭和20年）7月の宇治山田空襲で工場設備の大半は失われてしまう。戦後，東洋紡績山田工場は工場再建のための事業を実施し，1950年（昭和25）年に紡績部門第1工場を復元して精紡機69,600錘，織機1,364台，撚糸機12,000錘の設備で操業を続けた。1972年（昭和47）年に工場名を東洋紡績山田工場から東洋紡績伊勢工場に改名する一方，社員向けの教育に力を入れ，東洋紡山田高等実務学校と東洋紡准看護婦養成所を開設している。しかし構造的な繊維不況で生産額は減少し，1999年（平成11）年12月に東洋紡績伊勢工場は閉鎖されることになった。東洋紡をはじめ近代初期の産業を担った草分け的存在の紡績業は，規模の経済を追求して企業合併を繰り返し，大企業として発展していった。しかし現代に入ると，時代環境の大きな変化がこれまでのままの存続を許さなくなり，やがて企業として産業として生き残れる新たな道を見出さねばならなくなった。

第3節　繊維にまつわる産業で生き延びてきた都市

1．名古屋駅・栄駅に挟まれた伏見・長者町の行く末

　長者とは仏教用語で資産があって徳をそなえた者の通称である。日本ではとくに京都にある仏教寺院・東寺の長官のことを長者といい，全国にある著名な寺院の門跡から選ばれ一の長者，二の長者というように四の長者までおかれた。それが裕福で学識のある在俗信者も長者と呼ばれるようになった。こうした人々が集まっているところがいつしか長者町と呼ばれるようになったという説明はわかりやすい。北は山形県鶴岡市の長者町から南は広島県福山市の長者町まで，全国10か所以上に長者町がある。名古屋圏でも名古屋市，岐阜市，犬山市に長者町という地名がある。ただし名古屋の場合は，効率的な郵便配達を優先する余り住所変更が行われた結果，歴史的地名である長者町は消えてしまった。ただし通り名としての長者町通は残っている。通りの両側に繊維関係の卸売業者が軒を並べるように集まっている地区は，長者町繊維問屋街として親しまれてきた。名古屋の長者町もご多分に漏れず，江戸時代初期に清洲から名古屋へ城下町を移したさい，元の城下町の清洲から地名をそのまま移したものである。つまり清洲にも長者町という地名があり，そこで商いをしていた人々が新都市・名古屋に移り住んで再び活動を始めた。長者町通は，名古屋の市街地を南北方向に貫くメインストリートの本町通から１本西側にある。長い通りであるため，名古屋城の正門に近い方は上長者町という。東西方向のメインストリートである伝馬町筋や広小路通と交差する辺りは下長者町と呼ばれた。長者町繊維問屋街は下長者町を中心として形成された。

　自動車や家庭電化製品などのなかった昔，人々の消費の対象として衣料すなわち呉服は大きな割合を占めた。このため着物を扱う呉服商は多くの富を蓄えることができた。明治後期に有力な呉服商人の中から百貨店が登場していったことを考えると，このことはよくわかる。学識があり徳を備えていたか否かは別として，多くの資産があり裕福な暮らしをしていた人々であったことは想像できる。長者町で商いをする人々のすべてではないとしても，呉

服商や衣料を扱う商人の多くが地名の通り長者の資格をもっていたであろう。ただし呉服や衣料はどこかに製造業者がおり，そこから仕入れた商品を目貫通りに並べなければ客の手には入らない。つまり分業体制で成り立っているため，流通段階のどこかで全体をコントロールしなければならない。繊維問屋街の問屋などは製造と小売の中間にいてこの役割を果たす。それだけ重要な役回りである。

　呉服や衣料品は種類の多い商品であり，生産地も多く広く分布している。このような多品種商品は生産地の近くで品揃えをして消費地に送り，消費地近くで各地から集まった商品を再び揃えて小売商に販売するのが一般的である。つまり，生産地と消費地の両方で品揃えをする卸売商つまり問屋を必要とする。名古屋圏は全国的に見て繊維産業が盛んであった歴史がある。この場合の繊維産業には，生産地つまり糸の段階から布の段階を経由し呉服や衣料品として商品になるまでのすべての過程が含まれる。こうして生産された商品は品揃えされて小売商の手に渡され，最終的に消費者の手元に届く。名古屋は名古屋圏の中心に位置しており，背後に多くの繊維品生産地を抱えると同時に，大消費地を地元にもつ。つまり種類の多い呉服・衣料品を集荷する機能と分散する機能の両方をもっている。この点がもっぱら消費地指向の繊維卸売業が多い札幌，福岡，仙台など他の大都市との相違点である。

　さて，現在は名古屋市中区錦二丁目と呼ばれる長者町繊維問屋街は，近年，かつての活気が見られなくなったといわれる。これは，伝統的な流通経路が交通・通信の発展によって大きく変わり，大都市の中心市街地で繊維品を実際に扱うのが難しくなってきたことが大きい。高速道路や幹線道路の近くに流通センターを設けて荷捌きすれば，都心の慢性的な交通渋滞で時間を損することもない。国内に工場をもたず海外生産品を直接自店舗で販売したり，インターネットを通して販売したりすることが増えれば，高地価の都心部でかつてのように大量に衣料品を荷捌きする必然性も低下する。ビジネス環境の変化は待っていてはくれない。当初はこうした変化に戸惑いが見られたが，意識を変え，地の利を活かした脱・繊維問屋街を志向する動きが次第に高まりを見せるようになった（大和，2014；名畑，2015）。

　一連の取り組みのきっかけとなったのは，2000（平成12）年に開催された

「長者町50年祭」であった。この時，会場でシャッターペイントやクリエーターによるフリーマーケットを実施したところ，2日間で6万人もの来場者があり，これがその後の活動の原動力となった。翌年からは地元企業やフリーマーケットが出店する「ゑびす祭」が秋の恒例行事となった。さらにその翌年には地元有志の協同出資による有限会社「長者町街づくりカンパニー」がカフェやインテリアショップなどからなる「エビスビルPart1」を空きビルを借りてオープンさせた（荘，2006）。これを足がかりに，「Part2」，「Part3」が次々にオープンし新しい人の流れをつくった。2008（平成20）年には地元店舗が扱う商品をネット販売する「ゑびすモール」も開設された。こうした地元からの動きに触発されて名古屋市も産業振興の視点から応援に乗り出した。「伏見・長者町ベンチャータウン構想」がそれで，空きビルをITやデザイン分野など都市型産業ベンチャーが入居できる小規模オフィスに改修する場合，ビル所有者への補助や入居者への家賃補助を行うようになった。これによって再生された3棟のビルは「Nagoya I.D. Lab」と呼ばれている。

　長者町での活動は，イベントや商売中心からまちづくり全体へと移りつつある。2004（平成16）年にはまちづくり連絡協議会が発足し，住民や働く人から募集した短歌による「まちづくり憲章」が作成された。2008（平成20）年には「まちの会所」が開設され，まちづくりを専門とする大学研究室の活動やまちづくりの会合の拠点となった。以前から続く都心回帰の動きの中で，長者町（錦二丁目）は名古屋駅と栄の中間という場所の良さからマンションなど大型の建物が外部資本によって建設されている。何もしなければ資本の論理でまちの構造や雰囲気は統一感もなく変わっていくであろう。それに対しては地元民の間に違和感があり，歴史的伝統と現代的アートが融合した生活空間を創り出そうという取り組みが続けられている。ゑびす祭りの開催中は歩行者天国となる長者町通の両側には，手づくりの品を売るクリエーターや，古本屋，野菜市，屋台が並び，大道芸人によるパフォーマンスや神輿行列などもある。しかし圧倒的な存在感を示すのは地元の問屋による「激安」衣料品販売であり，繊維問屋街の本領が発揮されている。

　図8-6は，東西方向に走る桜通と広小路通，南北方向の伏見通（国道19号）と長者町通に囲まれた長者町地区で，新たにビルが建設されることを報じ

図8-6　名古屋・長者町地区での再開発ビル建設予定
出典：朝日新聞デジタル版に掲載された資料（https://www.asahi.com/articles/photo/AS20171120005183.html）をもとに作成。

た新聞記事である。このビルは超高層マンションを中心とする複合ビルで，2018（平成30）年末に着工し3年後に完成予定だと新聞は報じている。名古屋駅から1.4km，地下鉄栄駅からは1km足らずの位置にあり，地下鉄伏見駅，丸の内駅からは至近距離である。交通利便性では申し分ない条件を揃えており，都心での生活を希望する人にとっては文句のつけようのない場所であろう。2027年開業予定のリニア中央新幹線を当て込んだ駅前再開発が目白押し状態で，その余波が長者町地区にも及んでいる。名古屋駅前や栄駅前にマンション機能をもったビルを建設することは難しくても，伏見・長者町界隈なら可能である。2つの都心から幾分，距離（心理的距離も含む）をおいた場所であることが，この地区の性格決定を左右している。

2．東海道の旅人相手に始められた有松絞りと歴史的街並み

　伝統的な地場産業地域には，その製品がそこで生産されるようになった時代的背景と経緯，それに生産が今日まで続けられてきた要因といったものがある。なかには言い伝えの類に近く真偽が疑われるものもあるが，大方はそれなりの根拠をもって生産が始められ，現在に至っている。名古屋の有松絞りの場合は，江戸初期の街道整備にともなう新村の開設とそこでの経済活動が庇護の対象となって発展していった点に特徴がある（有松しぼり編集委員

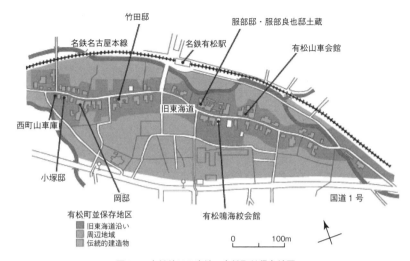

図8-7　有松絞りの産地，有松町並保存地区
出典：有松・鳴海絞会館のウェブ掲載資料（https://shibori-kaikan.com/recomended/town）をもとに作成。

会編，1972）。ただしその後の展開を見ると，生産者による技術開発の努力があり，種々の競争相手がつぎつぎに現れる市場をかいくぐりながら今日まで生き延びてきたことがわかる。現在では絞り製品そのものではなく，絞りが生み出される生産と住まいを兼ねた場所そのものに光が当てられ，見学者や観光客が立ち寄るスポットになっている（図8-7）。名古屋市内でこれほど伝統的な町並みが揃って残されているところは，ほかにはない。都市の中心部ではなく，戦後，名古屋市と合併した郊外の古い街道筋であったことが幸いし，開発の波から逃れることができた。

　さて，有松絞りは以前は鳴海絞りと呼ばれたこともあった。鳴海は有松の西にある東海道の宿場町であり，有松でつくられた絞り製品を宿場客が土産品として買い求めたことから，生産地ではなく販売地の名前で呼ばれてしまった。この絞りが始められたのは，名古屋城築城の折に九州地方から名古屋に来た者が持参していた絞りが有松の竹田庄九郎の目に止まったことがきっかけであった。当時の有松は東海道は通ってはいたが人家はなく，尾張藩は治安上の理由から新村をつくるべく入植を奨励した。一陣，二陣と人が集まり始め，三陣が知多半島の大府方面からやってきた。ただし辺りは丘陵

地性の土地柄で稲作には向かず，別の手立てを考えなければならなかった。竹田庄九郎は絞り製品をつくることを思いつき，尾張藩から特権的に生産する許可を得ることに成功した。神君と崇められた徳川家康の母，於大の方が大府に近い阿久比の出身であったことが，有松に特権的生産を認める背景にあった。

　絞りは世界各地で行われてきた歴史があり，とくに目新しいものではない。綿花を栽培したり糸にして布を織ったりしなくても，出来合いの布を手に入れて他産地で生まれた藍で染めれば一通りの製品にはなる。ポイントはその柄であり，括りといわれる布を糸で縛り上げるその技法しだいで多種多様な絵柄の製品ができる。ひとことでいえばデザインの良し悪しであり，いかにセンスの良い絞り製品を生み出すかに勝負がかかっている。有松では地元以外に伊勢方面から木綿を仕入れ，阿波国から取り寄せた藍を使って染めた。括りの種類は世界全体で100種くらいといわれるが，その9割近くが日本で考案されたことを考えると，いかに有松の人々を中心に技術開発に熱心に取り組まれたかがわかる。有松絞りは，有力な製造販売商人をトップに下請け生産組織を使って生産が行われてきた。有力商人は東海道に面して立派な門構えのある屋敷を築いた。尾張藩は有松の町に対して，特権的生産だけでなく，諸役御免や米，建材の優先的配給も行った。

　こうしたいわば時の権力のもとで優遇されつつ生産に励み，藩財政に寄与するというシステムは，尾張藩の御用窯として陶磁器を生産した瀬戸と似ている。明治維新によって特権的地位が失われ産地が動揺したのも，陶磁器の場合と同じである。衣料品は全国に生産地が多く，自由化された市場の中で存在感を維持するのは並大抵ではない。案の定，有松の絞り産地は低迷の途をたどりはじめ，生産額・出荷額も伸び悩んだ。もともと大きな市場ではないため，大量生産で量を稼ぐことはできない。産地では都市化で後継者や下請け労働力も見出しにくくなり，海外での委託生産を求める動きも出てきた。素材の種類が豊富で多種多様なファッション，デザインの衣料が市場に出回る中，和の伝統を感じさせるシンプルではあるが奥深い味わいのある絞り製品は，独特な分野として残りうる可能性は失われていない。

　現在の町並みは，天明の大火（1784年）後の復興のさいに街道沿いの家を

瓦葺きにし，塗籠造りの防火構造に改めたものである。二階には虫籠窓を設け，腰壁をなまこ壁にするなど，今もその当時の景観を残している。ゆるやかに湾曲した道路に沿って家並みが続く景観には味があり，まち歩きを楽しみながら古い建物を利用した飲食店や土産物屋に立ち寄る観光客も多い。こうした景観の見事さは，地区内の電柱を茶色に塗り，町並みにとけ込むよう配慮されていることからもきている。1984（昭和59）年に建設された有松鳴海絞会館は絞り技法の展示や資料の保存を行っており，隣接する信用金庫は町並みと調和するような建物に建て替えられた。両者は揃って名古屋市都市景観賞を受賞した。1988（昭和63）年には山車会館が建設され，貴重な文化財である山車の常設展示が行われている。江戸時代の町並みの中に近代建築の郵便局もあり，個性ある町並みを形成している。

　有松は2016（平成28）年7月に文部科学大臣から「重要伝統的建造物群保存地区」選定の告示を受けた。重要伝統的建造物群保存地区は2017（平成29）年11月現在，全国に117か所を数えるが，愛知県では有松の5年前に選定された豊田足助地区についで2番目である。ここに至るまでの道のりは長く，指定要件を満たすための整備事業それ自体がそのまま有松に暮らす人々によるまちづくり活動であったといえる（東邦学園大学地域ビジネス研究所編，2005）。きっかけは1972（昭和47）年に発足した「有松・まちづくりの会」準備会の設置であった。格調高い歴史的な家並みの美しさを守りながら，現代的な便利で豊かな生活環境の実現をめざすことが，準備会設立の趣旨とされた。歴史的家並みの保存と現代的な生活環境をともに達成するという，きわめて困難な取り組みが始められた。1970年代は県内外の歴史的町並み地区と連携した運動が展開され，その成果もあって1984（昭和59）年に名古屋市の「町並み保存地区」に指定された。

　まずは市レベルで保存地区の指定を受け，さらにその上で国からのお墨付きを受けるべく，活動が進められた。この頃から名古屋市も市内各所に残る歴史的町並みを保存するという姿勢を明らかにし体制を整えた。この間，地元・有松では中舛竹田家を再生して保存する事業が進められ，2010（平成22）年に完了した。これに合わせて伝建・重伝建推進委員会が設置され，名古屋市の歴史まちづくり推進室と共同で重伝建選定を受けるための活動が始

められた．有松一里塚の再建（2012年），有松東海道無電柱化の竣工（2013年）も進み，町並み・家屋調査が数度にわたって実施された．これらの実績をもとに 2016（平成 28）年 2 月に名古屋市が有松東海道沿いを伝統的建造物群保存地区にしたのを受けて，先に述べたように，7 月には国が「重要伝統的建造物群保存地区」選定を行った．市や国からの指定や選定はひとつの目標であるが，それが達成されていく過程で，ほかではできそうにない歴史的町並みの保存条件が整えられていく．実現した町並みは地元住民はもとより，それ以外の人々にとっても宝物になる．

3．伊勢型紙の伝統を引き継ぎ，さらなる未来へ

　近代より前に始められ，産業革命とはほとんど無関係に生産され続けてきたもので，現在も細々と日々つくられている地場製品が地方には存在する．地場産業とはいいにくい一部の人の手による文字通りの手仕事から生み出される芸術品に近い製品は，しかしながらインターネット普及の時代を迎え，これまでとは違う生産環境におかれている．それは，高度経済成長の時代に慣らされた大量消費の陰で，その存在がほとんど忘れられていたものが，ウェブサイトに製品やその生産工程を詳しく掲載することにより，多くの人々の目の止まるようになって実現した．小売店舗で商品を購入するのが当たり前であった時代，こうした手の混んだ芸術品に近い商品を店頭に並べる余裕はなかった．消費者の目に止まらなければ，いくら良い製品でも購入されることはない．インターネット時代になり，国の内外を問わず，不特定多数の人々に製品の価値が理解してもらえるようになった．店頭に並べる手間もいらず，消費者との距離を気にすることもなく，ただ価値ある製品を生産して販売できる環境が整ってきた．量産品に飽きてきた消費者は，人間が努力と精魂を込めて取り組めばいかに優れたものができるか，そしてそれが意外に簡単に手元に届くことに驚く．

　三重県鈴鹿市といえば，近年はホンダ自動車の生産工場やサーキット場，サーキットランドが有名である．しかし江戸時代は，海岸沿いの港町・白子が伊勢商人の荷物を取り扱う物流拠点として賑わったことで知られている．1619（元和 5）年に津藩から紀州藩へ領地替えが行われたことがきっか

けで，白子から出航する千石船は紀州藩の旗を掲げ江戸へ入ることが許された。その白子では伊勢型紙と呼ばれる型紙づくりが盛んに行われてきた（中田，1970）。当時，武士の裃には型染が用いられていたが，小紋の細分化にともない型を彫る職人と染めを専門とする職人の協同作業で行うのが一般化した。型売り業者は株仲間を組織し，紀州藩の保護を背景に全国各地に型紙を売り歩いたため，全国的に伊勢型紙の名が知られるようになった。記録によれば，1753（宝暦3）年に株仲間として認められた型売業者は総計138人であった。その内訳は，本株として寺家村の型売株大仲間が90人，同じく白子村型売株大仲間が37人で，ほかに枝株として江島村に大仲間が11人いた。1823（文政6）年には大消費地である江戸に出て稼ぎをする出稼株12人が認められているため，伊勢型紙は地元で生産されるだけでなく，他地域にまで出かけて商いをする仕事であったことがわかる。

　明治維新以後は紀州藩の後ろ盾もなくなり，生産を規制する鑑札は無効になった。1902（明治35）年の寺家・白子両村の型売商人は40人であったが，1928（昭和3）年は型彫り職人350戸，型地紙業者20戸，販売業者50戸という記録があることから，復活の兆しがあったことがわかる。さらに1935（昭和10）年には彫刻に従事する者が1,000人にも上ったということから，この頃がピークであったと思われる。戦後は1952（昭和27）年の型紙業198人，うち型地紙20人，彫刻150人からスタートし，1973（昭和48）年の彫刻者179名を経て，1978（昭和53）年には彫刻組合員163名なった。そして1982（昭和57）に「伊勢型紙地紙製造組合」（紙）「日本注染型紙協同組合」(ゆかた)，「伊勢染型紙販売組合」（着物）を統一した「伊勢形紙協同組合」が設立された。現在は13名で活動を行っている。

　業者数は往時とは比べるべくもない。しかし現在では，着物を染めるための用具という枠を超え，日本間の襖，建具，障子などを装飾する型紙や明かり用の型紙なども作られている。用途を広げていけば，住宅建築，照明，置物，和紙，クリアファイルなど，多くの分野への展開が考えられる。模様も基本は日本文化由来であるが，既成概念にとらわれず，あらゆる意匠・デザインを幅広く吸収し，それをもとに日本の文様・文化を型紙によって表現する可能性が追求されている。一目見たら伊勢型紙とわかるくらい差別化のレ

ベルは高い。他に競争相手が見当たらないのは、それだけ伊勢型紙の深い伝統性に裏打ちされた精巧な職人芸の技術水準が高いゆえである。過去に生まれた文化財ではなく、現代社会に息づく日用品の中に継承すべき技術の結晶がはめ込まれているこ

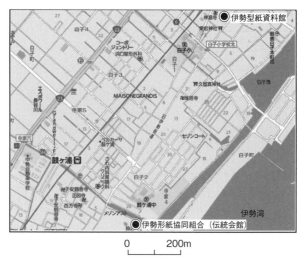

図8-8　鈴鹿市白子にある伊勢型紙資料館、伊勢形紙協同組合の周辺

とに驚くとともに、引き継いでいくに値するものであることを痛感するする。

　図8-8は、伊勢型紙資料館と伊勢形紙協同組合の位置を示したものである。同じ「かたがみ」を表すのに形紙と型紙の両方が使われいることに注意する必要がある。伊勢型紙資料館は、江戸時代末期の建物で白子屈指の型紙問屋であった寺尾斎兵衛家の住宅を修復し、1997（平成9）年に開館した。寺尾家は江戸時代から伊勢型紙の生産から販売までを行い、行商範囲は東北地方から関東一円にまで及んでいた。寺尾家住宅は型紙関係の商家として、また町家建築の代表例として市史跡に指定されている。一方、伊勢形紙協同組合は会員13名によって構成されており、伊勢形紙普及のためにいくつかの事業が行われている。伝統的工芸品産業振興会事業への参加、伝統的ふるさと体験・交流事業、小学校などの教育機関での体験授業を行う教育事業などである。伝統的技術・技法を活かした新商品の開発や地域ブランドへの取り組み、鈴鹿市伝統産業会館の指定管理などの事業もあわせて行われている。

　企業のロゴマークや商品のパッケージ、あるいはイベントのポスターシンボルなど、おびただしい数の「かたち」に取り巻かれているのが現代人である。伊勢型紙は武士の裃の型染めが起源で、その需要が身分制度の廃止でな

くなったあとも，優れたデザイン性で多くの人々を虜にしてきた。自由な社会になってどんなふうにでもデザインができるようになっても，ある種限られた領域の内部でその型を深く追求すれば，新たな需要が見えてくることを伊勢型紙は教えている。限られた伝統性が地域に固有の風土性と深く関わっていることは想像に難くない（宮川，2000）。江戸時代に伊勢型紙は需要を求めて売りに行かれたが，型紙という重さのないデザインであるがゆえに，物資輸送よりも流動性があったと考えられる。特定の場所と結びつく特産品が広い範囲にわたって売られることは珍しくない。しかし，デザインそれ自体が取引の対象となるというきわめて珍しい事例を伊勢型紙はわれわれに示している。

4．結び方からメッセージを読み取る伊賀組紐の世界

　紐の用途は幅広い。離れているものを結びつけて一体化することが基本的な役目であるが，問題はどのように結ぶかである。さまざまな結び方があり，それらに意味があるとしたら，結ばれたパターンはある種のメッセージを発しているといえる。ただ単に合理性を追求するだけなら，時間のかからない簡単な結び方で済まされよう。しかし結び具合に強度を求めたり，見た目の美しさを求めたりするなら，かなり凝った結び方をしなければならない。それはそれで知恵や工夫を必要とするため，結び方の技法や奥義といったものへと発展してく可能性がある。さらに，紐自体の文様や形態に関心が及べば，糸をどのように絡ませて太い紐にするかが問題になる。平面的に織られた布とは違い，紐は立体的な文字通り紐状のかたちをしている。このため，平面ばかりでなく側面をいかに美しく見せるか，さまざまな組み方が考えられる。たかが紐であるが，されど紐でもあり，組紐の世界は意外に奥深い。スマートフォンのストラップのように，最初から結ぶことは目的とせず，ただ装飾として組紐を使うこともある。組紐には，実用と装飾を兼ねたアクセサリーの一種として人々の身の回りで使われてきた歴史がある。

　三重県伊賀市は組紐産地として有名である。この地で組紐が地場産業として歴史的に発展してきたのには，それ相当の理由があったはずである（三重県組紐協同組合記念誌編集部会編，1989）。それを知る手がかりはほとんど残

されていないが，状況証拠的なものはいくつかある。たとえば，1963（昭和38）年に名阪国道の改修工事を行うのに先立って実施された久米山古墳群の発掘調査において，4〜5世紀のものと推察される傍制方格規矩四神鏡に付けられていた紐が発見された。この紐は伊賀地方で発見された古代紐の嚆矢といえるものであった。南北朝時代（1336〜1392年）末期に伊賀で生まれた観世能の観阿弥の衣装や面などに組紐が用いられていたこともわかっている。伊賀は忍者の里として有名であるが，忍者が駆使する下げ緒七術に紐が使われたことも知られている。

　江戸時代に入り藤堂高虎が伊賀に入国して城下町が築かれ，武具の需供体制が確立された。藤堂藩で鎧師を務めた筒井小市郎が甲冑の縅用としての組紐をつくらせたが，その器械の一部が1875（明治8）年に開催された伊賀上野博覧会で，筒井の子孫によって披露された。こうしたことから，伊賀の組紐が産業として行われてきたことがわかる。ただし武家社会制度の崩壊にともない，武具・装具類を中心とする鎧師，打紐師，刀鍛冶師などは需要先を失い，産業としての組紐は衰微することになる。幸いこれらの技法・技術は，伝承された天神祭の楼車の模型や人形などに残された。こうした土壌のうえに，1902（明治35）年に広沢徳三郎が東京で習得した組紐技術を持ち帰り，故郷の上野市上林で江戸組紐の糸組工場を設立した。広沢は伊賀組紐復活の中興の祖といわれている。やがて伊賀の風土に適した組紐技術から生まれる帯締めや羽織紐は，全国生産額の大半を占めるまでになった。その特徴は，絹糸を主に金属糸などを組み糸として使い，高台・丸台・角台・綾竹台など伝統的な組台を用いて繊細な美しさの組紐を生み出している点にある。

　一見順調そうに見える伊賀組紐も，他の零細地場産地と同様，種々の課題を抱えている（喜多，1983）。後継者が確保できないという人材難に加え，韓国産の組紐が市場に出回るようになり価格競争で劣勢な立場に立たされるようになった点も懸念材料である。そうした中，伝統技術の継承を図るために1976（昭和51）年に国から伝統的工芸品の指定を受けたことは，伊賀ブランドの向上に役に立った。伊賀組紐は手組みが基本であるが，労働力不足を補うためには伝統技術をベースとした製紐機による生産もやむを得ない。組紐づくりの技術開発は止むことなく，これからも続けられていく。

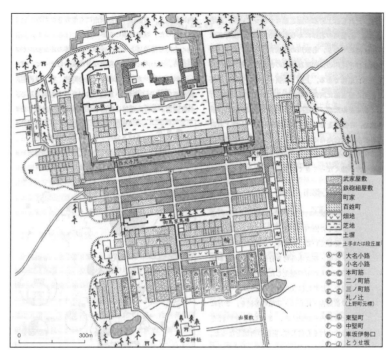

図8-9　江戸時代初期の伊賀上野城下町
出典：日本地誌研究所編，1976，p.346をもとに作成。

　図8-9は，伊賀組紐の伝統が育まれた江戸時代初期の城下町絵図である。藤堂高虎は海抜約170mの丘陵の上に本丸を置き，内堀，外堀を構えた。城内の大名小路，小名小路には武家屋敷を配して二の丸として固め，外堀西の高台には西の丸を置いた。当時の主要街道であった大和・伊賀（伊勢）街道を城外の東西に通して本町筋とし，さらにその南に二の町・三の町を並行して配した。本町筋と東堅町は，現在でも中心商店街としての性格をもっている。これらの商人町の南は江戸時代は外輪と呼ばれ，侍あるいは忍が住んだ。さらにその南西側は鉄砲組・足軽の住まいとされ，東側には寺があって全体としての防備を固めた。街路に遠見遮断が施されたのも城下町らしく，近世城下町として政治的・軍事的・経済的機能を備えた典型的な町割り構造であった。現在は丸の内に役所や学校が建っているが，城下町の基本構造はよく残

されており，中心市街地全体が観光資源になっている。組紐の伝統に触れながらの城下町散策は魅力的であり，観光客の足は絶えることがない。

コラム8　衣服に現れるアイデンティティと繊維の未来

　衣食住の衣は人の暮らしに不可欠であり，人は衣をまとわなければ寒さに耐えることができない。身体と外部環境との間にあって人の命を守る役割を果たしている。それが衣である。しかし衣はただそれだけのために存在しているのではない。人のアイデンティティと深く結びつくアイテムでもあり，衣はそれを身にまとう人の属性を外側に向けて発信している。制服はその典型であるが，衣服はその人物の社会における立ち位置を表す。むろんそのことを承知の上で人は制服を着用し，制服に込められた役割を果たそうとする。それゆえ制服から私服に着替えれば，期待される役割遂行の義務から解放される。しかし私服に着替えれば着替えたで，今度は素の自分を表現する媒体として衣服に別の役割が期待される。

　つまり，いかなる衣服をまとっていても，その衣服には固有の用途や役割があるため，身につけている人もそれを意識して行動する。外出時に着る衣服は外で行動するさいに恥ずかしくない機能性とデザイン性を備えたものであろう。客観的な評価はともかく，少なくとも衣服を身につけている本人はそのように意識しているはずである。自宅へ帰れば別の意識がはたらき，他人の視線を気にすることのないリラックスな衣服に着替えようとする。衣服は柔らかい鎧であり，また精神的開放を促すアイテムでもある。こうした機能性とデザイン性を備えた衣服を，資本主義社会では工業生産によって生み出している。それより以前の自給自足の頃は，ありあわせの素材を組み合わせて衣服はつくられた。現代は，無数ともいえるアパレル製品の中から自分のアイデンティティにふさわしい衣服が選ばれ購入される。

　数多くある日用雑貨品の中で，衣服はジェンダー性のつよい商品であるといってよいであろう。似たような商品は靴や鞄などほかにもあるが，男性，女性で身につける衣服は大きく異なる。身体的，生理的差異が基本としてあるが，社会的に了解されている衣服の基準が男性と女性では異なる。これに年齢や世代という属性が加わり，衣服カテゴリーは細分化される。属性はこれだけにとどまらず，気候環境や民族性，宗教性なども加わる。個人の趣味性も考慮すれば，もはや無限に近いカテゴリーが想定できる。こうした多様な衣服カテゴリーやジャンルが

存在する一方，差異から近似・類似の方向へと向かう動きもある。ユニセックスやモノセックス，あるいは均質性や無個性をひとつの価値と見なす動きである。年齢や世代についても，あえて壁を設けず，誰もが身につけられるアパレルデザインの開発が進められている。これには細分化はコスト増につながりやすいため，シンプルさを前面に押し出して売上を伸ばそうという経済的意図が背景にある。

　繊維としての素材は植物，動物，石油，石炭などに由来するため多種多様であるが，紡績で生まれた糸を編んでテキスタイルにする過程はそれほど違わない。ただし編み方は千差万別であり，したがって仕上がった布地の色，柄，風合いにも大きな違いがある。縫製加工はこうして編まれた布地を用いて行われ，これまた無数の特性をもったアパレル製品が生産される。糸状態の川上からアパレル製品の川下まで，繊維産業は多くの生産・流通経路にまたがっている。かつては社会的分業によって業務がこなされ，多くの就業者が繊維産業に従事していた。しかしこうした社会的分業は企業による国際的な労働分業によって置き換えられた。製造小売サービス業と呼ばれるアパレル企業が製品企画から販売までの生産・流通経路を統括し，世界市場で大きなシェアを占めるようになった。この新しいビジネスモデルはグローバル経済の下で同業企業間で共有され，揺るぎないものになったように思われる。ただし，多種多様な人々のアイデンティティをすべてカバーするには，限られた大手の製造小売サービス業だけでは不十分である。隙間を狙って市場に参入する可能性は残されている。

　かつて構造不況産業という烙印を押された繊維産業の中から，技術開発を武器に新たな製品分野を切り開いていった企業が生まれた。炭素性繊維や逆浸透膜などはその一例である。軽量化と構造強化が求められる航空機製造や海水から真水を濾し出す事業など，従来の繊維産業イメージからはかなりかけ離れた位置にある。身体を保護するという既成概念から距離を置き，繊維それ自体に潜む可能性を深く追求した結果が成功に結びついた。長い繊維の歴史の中で，繊維が保温や社会的メッセージ表現のための衣服として利用されてきた歴史は長い。しかし繊維に備わる性質の活用が衣服だけでないことが，技術開発や新製品の登場で明らかになってきた。もはや繊維＝衣という考え方がふさわしくない時代に入ろうとしている。

第9章 城郭・海洋・名水・温泉を生かす都市

第1節 最古の木造天守,海洋観光,伊勢商人で有名な都市

1. 現存する日本最古の木造天守をもつ犬山城

　河川が都市の立地とその後の形成に対して果たした役割は,現在のわれわれが考える以上に重要である。機械的な交通手段が存在しなかった近世以前の時代,舟運が大量の荷物を運ぶのに威力を発揮した。船着き場は荷物の積み降ろしの場であり,働き手やその家族も住んで集落が形成された。橋が架けられない大きな河川の場合は,渡し舟が舟着き場の間を行き来し,人や荷物を運んだ。河川は舟だけでなく,木材を組んだ筏も流すのに利用できたため,上流域で伐採された木材が中流や下流の都市へと運ばれていった。木材以外に有力な建築,家具,用具類用の素材がなかった時代,川を使って運ばれる木材は都市で暮らす人々の生活に欠くことのできない存在であった。河川はまた魚類が生息する空間であり,人々は栄養源を河川に求めた。さらにいえば,河川や河川敷に堆積している石や砂利さえも利用できた。主には建築用の素材としてであるが,現在では考えられないような目的で河川は利用されていた。川を利用する運搬や資源採取がもとで産業が生まれ,それが集落の形成・発展につながった。

　このように河川は,農業や生活のための水利用以外に,多様な使われ方をした。しかし,河川の近くならどこでも集落や都市が立地できたわけではない。何か別の要因が加わることにより,河川近くの場所が選ばれた。愛知県の犬山は木曽川の左岸にあり,有名な犬山扇状地の要の部分つまり扇頂に位置している。ここに半径12kmにも及ぶ扇状地が形成されたのは,犬山の東側に南北方向に連なる愛岐丘陵があり,この丘陵を通り抜けた木曽川が上流から運んできた土砂を西から南にかけて排出し続けたからである。愛岐丘陵は地質年代を通して隆起を継続しており,そこを横断するように木曽川が貫流する。隆起する地盤を河川が侵食し続けて生まれる地形は先行谷と呼ば

れる。木曽川の場合，先行谷を通り抜けると平地であったため，そこに上流からの土砂が堆積していった。地質年代的には古い時代のことであり，海面水準は現在より高く伊勢湾が内陸奥地にまで入り込んでいた時代のことである。木曽川の流れには勢いがある。両側に岩壁が迫る峡谷美を地理学者の志賀重昂が1913（大正2）年に「日本ライン」と命名して以降，犬山はライン下りの終点となった。河川が観光資源となった典型的事例である。

　愛岐丘陵と木曽川，その結果としての犬山扇状地は，犬山に都市としての基盤が築かれるさいに背景要因となった。丘陵と大河は歴史的には国と国を分ける境界として選ばれることが多く，政治的，軍事的に重視された。まして山と川が互いに交差する木曽川の渡河地点ともなれば，この場所を軽視する理由は見つからない。犬山は尾張藩の付家老を命じられた成瀬氏が1617（元和3）年に徳川秀忠から犬山城を拝領し，入城した城下町として知られる。とくに犬山城には全国に12例しかない現存天守のうちのひとつがあり，国宝であることでも有名である。犬山が尾張藩の出先として位置づけられたのは，清洲に尾張国の政治拠点（本城）があり，その支城として犬山城を位置づけた豊臣秀吉の時代にそのルーツがある。すなわち，当時，尾張国は秀吉の甥の秀次の領地であったが，彼は京都で政務を摂るため清洲を留守にせざるを得なかった。このため，秀次の父・三好吉房が清洲で職務を代行しながら犬山城主をも務めたのである。この関係は，名古屋が尾張国の拠点になったあとも続けられた。後年，木曽川は別名「尾張川」と呼ばれるほど尾張藩にとって重要な役割を果たすようになるが，その中継拠点として犬山が担った役割は大きかった。

　犬山の城下町構造の特徴は総構築造にある（山村，2016）。総構とは，武士あるいは武士・町民の居住空間をすべて堀や土塁などで取り囲む構造のことである。規模の違いから簡単には比べられないが，犬山城の本城に当たる名古屋城では総構は築造されなかった。それを実現した成瀬氏は，将軍から直に犬山城を拝領したことに対し，威厳をもたせたかった。1614（元和元）年に「一国一城令」が出されたあとも，名古屋城とは別に成瀬家の城として維持された。明治維新期，濃尾地震を経て現在もなお，成瀬家個人の城として所有されている稀な城である。成瀬氏がこだわった総構は，犬山の地形を

うまく利用してできている（図9-1）。標高54〜60mの長方形の台地（中位面）を南北方向に取り囲むように広がっている。台地の東側は標高が44〜54m、西側は44m以下で低い。西から見ると崖の上の台地上に家屋敷や寺院があり、とくに台地北端の高みに城が建つという、まことに眺望・景観を意識した城下町構造になっている。城下町を南北に走る街路が豊臣時代に生まれ、成瀬氏入城後は東西方向に街路が整

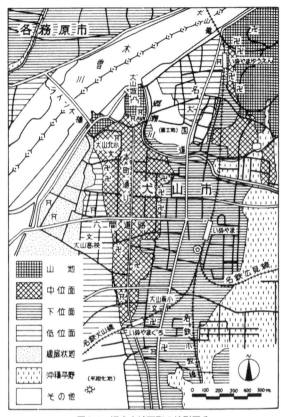

図9-1 旧犬山城下町の地形区分
出典：山本編、1986 をもとに作成。

備されていった。城の南側中央部が町人町で、その両側に武士が住む空間があった。寺は西、東、南の3か所にまとめて建っていた。

　渡河地点としての犬山の機能は、犬山城の北東に位置する内田湊が担っていた。ここは1925（大正14）年に犬山橋が架けられた場所であり、橋が完成したことにより対岸の中山道の宿場町・鵜沼と犬山は道路と鉄道で結ばれた。この橋の建設要望は1894（明治27）年から続けられてきたが、実現まで時間を要した。ひとつの橋を自動車と鉄道が共有する珍しい事例であったが、2000（平成12）年に自動車用の新橋ができ、旧犬山橋は電車専用になった。犬山城下の崖下、木曽川河畔には鵜飼湊があり、ここでは今日まで続く鵜飼

を行う人々が暮らしてきた。旧鵜飼湊の北辺りに1968（昭和43）年，犬山頭首工ライン大橋が建設された。これは木曽川の水を堰き止めて用水路に流すための施設であり，宮田用水，木津用水，羽島用水に向けて水を送っている（小池，2014）。宮田，木津両用水は近世初期に木曽川水害防止のために御囲堤がつくられたため，木曽川から自然の水が来なくなり設けられた。しかし時間とともに土砂堆積や河床低下が進んで取水が困難になったため，頭首工が設けられたのである。ライン大橋は，自動車・鉄道共有の犬山橋が渋滞で混むことが多いため，迂回路としての役目も果たした。

　近世は尾張北東部の政治・商業中心の城下町として発展した犬山は，元禄年間（1688〜1704年）に人口が3,500人を超え，北東に位置する中山道・太田宿の500人を大きく上回っていたことから，その繁栄ぶりが想像される。2016（平成28）年にユネスコの無形文化遺産に指定された伝統の犬山祭は1635（寛永12）年から毎年，開催されている。13台もの山車すべてが三層づくりでからくり人形が舞う構造になっており，その豪華さからいかに町衆に経済的余裕と強い結束力があったかがわかる（犬山市教育委員会編，2005）。近代に入ると封建的規制が撤廃されると同時に，城下町がもっていた特権的地位もなくなってしまった。周辺の諸都市が工業化・都市化で発展していくのに比べ，相対的に伸び悩んだ。旧城下町を貫く本町通を拡幅する事業も，他都市なら実現できたであろう。しかし犬山はそのような選択肢を選ばず，あえて歴史的街並みを残した。代わりに市役所をはじめとする行政施設はことごとく，東側の犬山駅周辺に移転・集結させた。こうした選択は高度経済成長期が終了して歴史的景観が社会的に求められるようになって再評価されるようになった。すでに戦前から名古屋の奥座敷的な観光地として人気のあった犬山では，戦後，鉄道会社が仕掛けた野外博物館・テーマパークなどの観光サービス化が実を結び，国際観光都市として知名度を上げた。名古屋圏にあって歴史と自然の要素がうまく融合した観光都市として犬山は貴重な地位をキープしている。

2．東海道本線開通の頃から続けられてきた蒲郡の海洋観光

　蒲郡，ちょっと読みにくい地名の由来は「明治の合併」といわれる明治初

年の 1876（明治 9）年に蒲形村(がまかた)と西之郡村(にしのこおり)が合併したときにまで遡る。両村から一字ずつとって名付けた合成地名である。さらに「昭和の合併」のときに，蒲郡町，三谷町，塩津村が一緒になって蒲郡市が誕生した。1954（昭和 29）年のことで，それから半世紀後に持ち上がった「平成の合併」では岡崎につくか，豊橋につくか，あるいは蒲郡としていくか議論がなされた。結局，合併は行われなかった。人口 8 万人の小都市として微妙な大きさといえるが，地形条件からいって岡崎，豊橋のいずれかと一緒になるのは現実的でないように思われる。というのも，蒲郡市の北にあって岡崎市に隣接する幸田町でも，岡崎との合併は議論されたが実現しなかった。蒲郡と幸田・岡崎の間には三ヶ根山という山塊があり，流域圏はまったく異なる。豊橋との関係においても，狭い臨海部の回廊によってつながってはいるが，やはり途中に丘陵がある。何よりも豊橋の手前には豊川があり，豊川も巻き込まなければ豊橋とは一緒になれない。豊川と蒲郡はもともと宝飯郡に属していた時代があった。当時，蒲郡は西宝地区と呼ばれていたが，豊川がいち早く宝飯郡から抜けて 1943（昭和 18）年に市制を敷いたという経緯がある。

　このように蒲郡は，西と東そして北の山地・丘陵地に囲まれた一種，閉鎖的な空間をなしている。とくに北側から迫るように延びている山地は三河山地の南端部であり，古来より東西方向の交通を妨げてきた。かろうじて通過できるのは蒲郡の北側の山地を越えていくルートであり，旧東海道はここを通る。いまひとつは先に述べた蒲郡の西側を幸田・岡崎へと抜けるルートである。1886（明治 19）年に開通した東海道本線は，建設しやすいこの南側のルートに沿って建設された。敬遠された北側の旧東海道沿いのルートは，愛知電気鉄道豊橋線（現在は名古屋鉄道の名古屋本線）のルートになった。東海道本線が旧東海道ではなく三河湾沿いの蒲郡を通ることになり，蒲郡は東京，名古屋，大阪方面と結びつくチャンスを得た。三河湾に浮かぶ竹島と陸との間を結ぶ竹島橋（378 m）が 1932（昭和 7）年に完成し，蒲郡の観光地化が始まった。竹島には平安時代に三河国司を務めた藤原俊成が勧請したと伝えられる八百富(やおとみ)神社があり，宗教心に篤い戦前の老若男女にとって信仰の対象であった。陸側の橋の近くにあった老舗旅館が当時，有名な文豪たちにとってお気に入りの場所であったことも，蒲郡の知名度向上に寄与した。さらに，

竹島橋竣工の2年後に，竹島と向かい合う丘陵地上に蒲郡ホテルが建設された。城郭風の建築で，当時の鉄道省国際観光局が国際観光ホテルの建設計画を発表したさい，全国から名乗りをあげた40の候補地の中から横浜，雲仙，大津とともに選ばれた。これもすべて，東海道本線が蒲郡を通ったことが幸いした。

　平坦地に恵まれない蒲郡では水田耕作は向かず，綿作による木綿・織物の生産や果樹栽培が行われてきた。三河は律令時代に都へ高品質の白絹布を納めたと伝えられるほど，絹糸・絹布の産地としての歴史が古い。木綿は8世紀末に崑崙人が幡豆郡天竺村（現在の西尾市）に伝えて以降，三河地方に広まった。江戸時代には産地問屋を経て海運で江戸方面へ送られていった。近代になり，三谷（現・蒲郡市三谷町）の小田時蔵が自宅2階を工場にし，20台の織機を使って生産を行ったのが，蒲郡での織物業の始まりである。やはりここでも東海道本線開通の影響が大きく，全国に三河織物の名が知られるようになった。

　戦後は輸出が急増し，国内では衣類不足が続いたため織物は飛ぶように売れるガチャマン景気に恵まれた。しかし石油ショック以降は長期の繊維不況が続き，業界は新たな活路を見出さなければならなくなった。その努力の結果が今日，ロープ生産で全国一の地位を占めるようになった新たな分野への進出である（柴田，1983）。伝統ある繊維産業は製造業事業所の半分近くを占めており，ロープ以外にインテリア製品・寝装寝具・衣料・資材など多様な製品を生産している。精密機器・輸送用機器・一般機械・電気機器・金属製品・鉄鋼業なども戦前からあるが，近年はその半数近くが自動車関連の製品に関わっている。これは，蒲郡が東三河にあるとはいえ，自動車産業が集積する西三河にも地理的に近いことによる。

　ロープ，テニスやバレーのネット，ラケット用ネットなどは三河湾の漁網から生まれた新製品分野と考えると納得しやすい。自動車関連部品の事業所が多いのは，西三河地方に展開する大手自動車メーカーの関連企業との関連から説明することができる。三河港の一部を構成する蒲郡港から輸出される品目の中でもっとも多いのは，岡崎にある自動車メーカーから出荷される自動車である。対する輸入品の中でもっとも多いのは木材である。三河湾に突

き出るように埋め立てられた工業用地の一角には貯木場があり，東南アジアなどからの輸入材が保管されている。埋立地には木材加工を手がける企業の工場があり，床材，建具，家具，建材などが生産されている。近くには，医療機器の開発・製造・販売を手がけている企業の本社・工場もある。この企業は，レンズ，光学部品フィルター類のコーティング加工および人工視覚システムの開発にも取り組んでおり，地元に対して雇用機会創出の面からも貢献している。

　すでに戦前から観光地として知られてきた蒲郡の魅力は，やはり三河湾に面した海沿いの景観であろう。蒲郡には1960年代後半まで大塚海岸海水浴場があり賑わっていた。しかし，伊勢湾台風，国道23号バイパスの開通，周辺の宅地化などにより海水浴客は減少してしまった。そこで地元有志と蒲郡市が「海の軽井沢構想」を提唱し，1987（昭和62）年に成立した「総合保養地域整備法（通称リゾート法）」を背景に開発が開始された。1991（平成3）年から海浜約120haの埋め立てが始まり，マリーナやウォータースポーツパーク，フェスティバルマーケット，リゾートマンション，戸建別荘の建設が進んだ（岡田，2003）。事業主体は愛知県・蒲郡市・JR東海・トヨタ自動車・ヤマハ発動機などが出資した第3セクターの蒲郡海洋開発である。2001（平成13）年には中部地区最大規模のマリーナ「ラグナマリーナ」が開業，翌年4月にテーマパークの「ラグナシア」，同年5月に「フェスティバルマーケッ

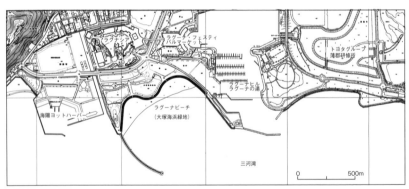

図9-2　蒲郡臨海部の観光施設
出典：蒲郡市のウェブ掲載資料（http://www.city.gmagori.lg.jp/uploaded/attachment/21344.pdf）をもとに作成。

ト」が開業したことで，ラグーナ蒲郡の主要施設が完成した（図9-2）。2006（平成18）年にはリゾート内に全寮制中高一貫校の海陽学園も開校された。しかしその後，業績低迷に陥ったっため，事業は2014（平成26）年8月からHISが設立した株式会社ラグーナテンボスによって引き継がれることになり，施設名称も「ラグーナテンボス」へ変更された。これにより，長崎県佐世保市にあるテーマパーク「ハウステンボス」の姉妹施設となった。

3．名だたる商人集団を輩出した松阪の歴史と街道

　近世以前の日本で活躍した商人集団として有名なのは，大阪商人，近江商人，伊勢商人である。このうち伊勢商人は総称で，伊勢国の北から順に白子港周辺の白子商人，藤堂藩城下町の安濃津商人，松坂城下の松阪商人に分けられる。松阪商人もひとつではなく，松阪城近くのグループと，郊外南側を東西方向に流れる櫛田川の中流域で生まれたグループからなる。松阪城下は，羽柴秀吉の命で近江の日野から南伊勢の領主を命じられた蒲生氏郷(がもううじさと)によって開かれた。氏郷は1584（天正12）年，海寄りの松ヶ島城に入城したが土地が狭く発展性がないと悟り，4年後，南側の四五百森(よいほのもり)に移って城を築いた。松阪は1619（天和5）年から紀州藩の領地となったが，代官預かりで城主がいなかった。このため商人は自由に商いをすることができ，後に多くの商人を輩出することができた。江戸時代を通して江戸で商いをしていた伊勢商人は300軒，そのうち140軒が松阪商人であった。実に4割を占めたが，最初に江戸へ出て商売を始めたのは櫛田川中流域グループであった。ここは現在の多気町丹生(にゅう)で，室町時代から水銀が盛んに採掘され，それを原料として伊勢白粉が生産されていた。水銀から白粉を加工する釜が室町時代の最盛期には83を数えたが，江戸時代になると原料枯渇のため13ほどに減少した。この商人たちは出身地から射和(いさわ)商人と呼ばれたが，そのうちのひとり富山家が1585（天正13）年に北条氏支配の鎌倉に出て商いを始めたのが松阪商人による関東進出の始まりとされる。

　このように松阪商人の始まりは射和商人であるが，幼い頃から織田信長に仕えてきた蒲生氏郷は城下町建設にあたって楽市楽座制度を取り入れたり，伊勢街道を城下に通したりするなど，商業振興によって城下の発展を促した。

日野商人で知られる近江・日野の出身の氏郷は商業振興こそが城下の発展につながるとの思いから，日野や伊勢の大湊，それに松ヶ島からも商人を呼び寄せ，商業都市をつくった。こうした商業振興政策が，松阪城下から有力な商人を輩出させる大きな要因となった。

　ではなぜ，松阪商人がはるばる江戸にまで出て商売をすることになったのであろうか。それを解くカギは大消費地・江戸という都市の成り立ちと松阪木綿との関係にある。徳川家康が江戸に幕府を開き，江戸は政治の中心となったばかりでなく，人口の増加とともに消費の中心にもなった。当初は30万人程度であったが，7割は男性で多くは武士であったため，ものを生産することはなかった。このため各地から食料をはじめとする消費財を江戸へ運び入れる必要があり，主には上方方面から送られた。衣食住のうちの衣は木綿で，これも各産地から江戸へ送られた。当初は絹も使われたが八代将軍・吉宗の倹約令以降，木綿の利用が一般的に普及していった。綿花栽培には温暖な気候と肥料の干鰯が欠かせず，伊勢湾周辺の三河や伊勢の平野部は栽培に適していた。とくに三河は徳川家康の出身地であり，江戸へ家来として赴いた三河武士も多かった。伊勢湾を挟んで交流のあった三河と伊勢の商人は江戸での商売においても，何らかのつながりをもっていた。

　江戸の人口は増加し，最盛期には100万人を超える当時としては世界有数の大都市に発展していった。江戸で求められる木綿の中でも松阪木綿はその縞柄が人気で，柄や色合いも種類が豊富であった。縞はもともと「島渡り」すなわち貿易が語源で，蒲生氏郷が松阪に招いた廻船問屋の角屋家が当時，ベトナムと貿易をしていたことから海外からもたらされた柄ではないかといわれている。それはともかく，松阪一円で織られた松阪木綿は藍を使って先に染めた糸を織った風合いのある織物である。江戸の歌舞伎で縞柄の着物を着ることを「マツサカを着る」と表現するほど松阪木綿は江戸庶民に受け入れられた。

　近世，織物は木綿に限らず絹，麻などを素材として各地で織られた。伊勢神宮に近い松阪には，毎年春と秋の2回，宮で行われる神御衣祭に供えるため，和妙と呼ばれる絹布と荒妙と呼ばれる麻布を古式の作法に則って織る神社がある。これは，5世紀後半頃，大陸から機織りの技術をもって渡来した

技術集団の漢機と呉織が，現在の松阪市東部一帯に住み着いたのが起源と伝えられる。それほどまで古い歴史があり，この地域が古代日本の紡織の中心地であることを物語る。

　江戸で活躍をした松阪商人の経営で特徴的なのは，資本と経営が分けて行われたという点である。これは現代でいえばホールディングを設立し，その下に会社があって活動をするようなもので，ホールディングに当たる本家は松阪にあり，実際の商いは江戸の店にいる支配人が責任をもって取り仕切る。支配人に上り詰めるには，丁稚，手代，番頭を何事もなく経験しなければならなかった。数年おきに松阪へ帰る「登り制度」によって仕事ぶりが本家主人によって評価され，継続就業が決められた。江戸へ奉公に出る丁稚は伊勢地方の農家の二男，三男の中から集められた。松阪商人の松阪は商業資本の所在地だけをいうのではなく，江戸という遠隔地で働く従業員の出身地をも意味した。両者は強い地縁関係によって結ばれていたのである。

　さて，江戸に進出して商いをはじめた商人グループは，現在でも企業活動を続けているものが多い。城下町グループには，三井家，小津家，長谷川家など8つの商人が含まれる。もっとも代表的な存在は江戸に呉服店の越後屋を出店し，三井の基礎をつくった三井高利である。越後屋を名乗ったのは，織田信長に追われて松阪に逃れてきた高利の祖父の名前が三井越後守高安であったことによる。松阪商人は多角経営を戒め，基本的に同じ業種を継続することに専念した。しかし越後屋の場合は「現金掛け値なし」と客に直接販売する「店前売り」で富を築き，両替商も兼業した。金貨，銅貨決済の江戸と銀貨決済の大坂の間で両替が必要であり，三井は江戸のほか大坂，京都にも店をもっていたことが背景にある。近代になり，日本で最初の民間銀行として設立されたのは三井銀行であり，百貨店第一号も三越百貨店である。

　小津家は1653（承応2）年に江戸大伝馬町一丁目に紙店「小津屋」を開業した。都市発展が著しい江戸では，障子や襖の建具用の紙だけでなく武士・町人が日常的に使う紙に対する需要が急増していった。明治以降，洋紙の登場で和紙に対する需要が減少する中，小津家は紡績会社や郵便船会社などの経営に参画し，1899（明治32）年に現在の三重銀行につながる小津銀行，同じく1903（明治36）年には小津細糸紡績所を設立した。同家は現在も紙業

と不動産業を中心に創業以来の場所で脈々と営業を続けている。長谷川家は，1635（寛永12）年に一族の者である布屋市右衛門が日本橋大伝馬町で木綿売買を始めたが，1806年（文化3）年に江戸の店が全焼するなど経営が悪化した。明治以降は経営の立て直しが行われ，ガラスを扱う新業態へと変わった。戦後「マルサン長谷川」に社名を変更し存続するも，2014年（平成26年）に会社は解散した。

一方，櫛田川グループには国分家，竹口家，富山家など8商人が含まれる。このうち国分家（勘兵衛）は元禄年間に江戸へ出て，同郷の呉服店富山家（大黒屋）に勤めた後，暖簾分けされ「大國屋」の屋号で日本橋橋本町（三越の裏の方）において独立開業した。1712（正徳2）年，土浦に醸造所を設立し，地元産の小麦・大豆を原料に醤油を製造し，船に乗せて江戸湊に持ち込んだ。大國屋は後に銚子や土浦の醤油を一手に商う有力な醤油問屋となり，大坂との商いを扱った江戸の問屋仲間「十組問屋」にも名を連ねた。明治以後は専門商社に専念し，食品総合商社としてグループ会社と経営統合して規模を拡大した。竹口家は，伊勢国乳熊郷（現・三重県松坂市中万町）の竹口作兵衛義道が慶安年間（1648〜1652年）に江戸・日本橋に塗物店を営んだのが始まりである。その後，作兵衛勝義（のちに通称を喜左衛門に改めた）が1688（元禄元）年に深川永代橋の近くで味噌醸造を始め，乳熊屋作兵衛門商店とした。これが今日，宮内庁御用達としても知られる「ちくま味噌」の始まりである。初代作兵衛が赤穂浪士の一人大高源吾と俳諧の友であった誼みで，本懐を遂げ泉岳寺へ引き上げる途中，永代橋に差し掛かった一行に甘酒粥を振る舞ったという逸話も残っている。

四五百森に城を築いた蒲生氏郷は，城下に集散する物資を輸送する手段として舟運と街道の整備に取り組んだ（図9-3）。城の北側近くを阪内川が流れており，北東に向かうと伊勢湾に流入する。河口には大口港があった。氏郷は廻船問屋の伊勢商人・角屋七郎次郎忠栄を伊勢の大湊から呼び寄せ，舟運を任せた。角屋は北条氏・織田氏・北畠氏らの御用達を務めたこともある豪商であった。忠栄の父・角屋七郎次郎秀持は，本能寺の変のさい伊賀越えをした徳川家康の危急を救ったことから，国内すべての港へ出入りできる朱印を家康から授けられた。こうした背景もあり，角屋七郎次郎忠栄の次男・七

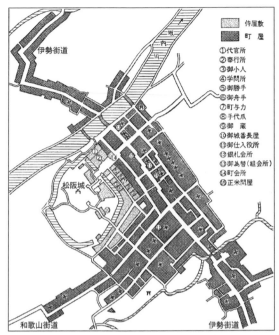

図9-3　1856（安政3）年当時の松阪城下町
出典：日本地誌研究所編，1976，p.294をもとに作成．

郎兵衛は朱印船貿易で富を成し，安南（現在のベトナム）やフェイフォ（現・ホイアン）の日本人街で指導的役割を果たした。のちに紀州藩領となった松阪は領内の米の集散地として機能し，港には米倉も建てられた。参勤交代のさいには三河・吉田と尾張・熱田を結ぶ船が寄港することもあった。

松阪市内を走る5つの街道があった。このうち伊勢街道は四日市日永の追分で東海道から分岐し，伊勢湾沿いを南下し伊勢に至る。その距離はおよそ十八里（約70km）で，ルートは近世にはほぼ固定され，幕府によって脇街道へと整備された。平安時代以前は一般人による参拝がかなわなかった伊勢神宮も，天皇・貴族の権力が衰えると武士・庶民による参宮が一般化した。松阪市街地を通る伊勢街道のうち本町附近には木綿商人が集まっていた。その代表は小津家，三井家であり，魚町には長谷川家があった。小津家の邸宅は現在，松阪商人の館として公開されている。

つぎに大和国と伊勢神宮との間を結ぶ伊勢本街道が松阪の町中を通っていた（松本・古川，2000）。これは参宮本街道，伊勢中街道とも呼ばれた。南北朝以後，伊勢国司であった北畠氏が現在の津市美杉町の多気に館を構え，多くの武士団が居住した。これによって初期城下町が形成され，この街道が利用されるようになった。伊勢参宮者の増大にともない多くの人々がこの街道

を利用した。現在でも旧宿場町に残された道標や常夜燈，古い町並みがかつての姿を伝えている（村林・大西，2013）。松阪市内では下茅原町から小片野町を通り，ここで和歌山街道に合流する。飯南町横野で和歌山街道から分かれ，仁柿(にがき)峠方面を経て津市美杉町多岐へ向かう山がちな街道である。

　3つ目の和歌山街道は，江戸時代に紀州藩の本城と東の領地松阪城を結ぶ街道として使われた。伊勢参宮や熊野詣，吉野詣の巡礼道として，または南紀や伊勢志摩でとれた海産物などを大和地方に運ぶ交易路でもあった。松阪駅から南へ500 mの日野町交差点に伊勢街道との交差がある。この辺りは新町と呼ばれ，飯高川俣谷で栽培された茶の問屋街が軒を並べていた。熊野街道への分岐点となる大黒田町北には，現在でも古い町並みが残されている。

　4つ目の初瀬街道は京・大和方面と伊勢を結ぶ道であり，現在の松阪市六軒から青山峠を越え，名張を経て奈良県の初瀬（長谷）へと至ることからその名がついた。古くは「青山越」「阿保越」，あるいは参宮表街道，参宮北街道とも呼ばれた。古代には大海人(おおあまの)皇子(おうじ)が名張に至った道であり，また斎王が伊勢へと赴いた道でもあった。初瀬街道が伊勢街道から分岐する六軒や青山峠の麓の垣内宿では，多くの参宮客が往来し伊勢音頭が唄われた。

　最後に奈良街道は，松阪市中林町の月本追分で伊勢街道と分かれて雲出川を遡り，川原木造で雲出川を渡る。ここから牧町を経て藤堂久居五万石の陣屋町へと進む。本町の北端で西折すると旅籠町の宿場地区があった。久居をを過ぎると戸木の集落があり，さらに街道を進んでいくと羽野に至る。「伊賀越えならみち」と呼ばれ，古くから開けたルートであるが，藤堂高虎が津へ入城すると，津と上野の間の往来が激しくなり，1887（明治10）年以降，津から上野までは奈良街道となった。

第2節　身近な水から恵みを受けてきた人々の暮らし

1．豊かな水の流れを生活の中に取り込む郡上八幡での暮らし

　人が生きていくのに水は欠かせない存在である。飲料用はもとより生活や産業の各場面で水は有用な資源である。しかし地表上でどこでも水が得られるとは限らない。かりに生活の場の近くで水が得られる場合，どのようなか

たちで手に入るか，それには地域的差異が少なくない。温帯モンスーン気候の島国・日本では，山間地に降った雨が幾筋かの小河川を集めて斜面を下り，やがて平地でその流れの勢いを弱めながら，最後は海へと還っていく。海洋で蒸発した水分が再び山側に降る雨となり，同じことを繰り返す。その軌跡を正確に辿ることはできないが，サイクルはとどまることなく続き，人はそのサイクルの中にあって水を恩恵として生活や産業に取り込んできた。山間部にある都市なら，山肌の各所に湧き水があったり，谷間を水が流れていたりする。それだけ山や谷間が生活の場に近いからであり，低地平野部の都市にはない光景である。水は存在するだけでなく流れていることに意味があり，岩や石にぶつかって飛沫を上げる水の変幻自在さに人は見惚れる。

　岐阜県の中濃にある郡上八幡は長良川と吉田川が合流する場所を中心に都市形成が進んで今日に至っている。その歴史を辿ると，戦国時代末期，1559（永禄2）年に遠藤盛数が東氏を滅ぼし，八幡城を築いたのが城下町としてのはじまりである（「歴史探訪郡上八幡」編集委員会，2001）。しかし歴史はそれ以前からあり，鎌倉時代，1221（承久2）年の承久の変によって鎌倉幕府の御家人であった東胤行が，郡上郡山田荘の新補地頭に任じられている。東氏は阿千葉城・篠脇城（大和町）を築き，将軍家に仕えるとともに郡上郡一帯に勢力を拡めた。戦国時代には美濃の斉藤氏や越前の朝倉氏の侵攻をうけ，城を八幡東殿山へ移した。東氏は代々，五山文学の禅僧を輩出して勅撰和歌集に名を連ねるなど文化に優れていた。とくに東常縁は宗祇への古今伝授で知られており，宗祇水の古蹟が八幡町の名を世に知らせる背景にもなった。

　このように鎌倉以降，東氏が勢力をもってきたが，先に述べたように，戦国末期に遠藤氏に滅ぼされた。遠藤氏は戦国大名として信長・秀吉・家康にしたがって全国を転戦する一方，城下町の礎を築いた。しかしその後，城主は稲葉氏・遠藤氏・井上氏・金森氏へと目まぐるしく変わる。1754（宝暦4）年，金森頼錦の時，幕閣重臣や藩主の改易をもひきおこす4年間にわたる騒動が起きた。宝暦騒動である。「郡上一揆」としても知られるこの騒動が収まったのちに青山氏が郡上八幡に入部し，幕末まで続いた。農民に対する圧政が大騒動にまで発展したことを教訓に，青山氏は士農工商の人心の安定と融和を図るために踊りを奨励した。これが今日まで続く郡上おどりの始まりであ

る（曽我，2016）。

　郡上八幡といえば郡上おどりが有名であるが，忘れてならないのは古今伝授の伝統である。古今伝授とは，「古今和歌集」の解釈を中心に，歌学や関連分野の学説を口伝・切紙・抄物（しょうもの）によって師から弟子へ秘説相承（ひせつそうしょう）の形で伝授することである。鎌倉時代から戦国時代末期まで郡上を統治していた東氏は和歌に優れていた。このため，室町後期の連歌師である宗祇が東氏から古今伝授を受けるため郡上を訪れるほど，この地は文化水準が高かった。とりわけ東氏第9代の常縁は，連歌大成のために古典の真髄を極めようとした宗祇に古今伝授するほど才能に恵まれた人物であった。

　さて，このように郡上おどりや古今伝授の里として以前から知られてきた郡上八幡の都市のイメージを大きく変える動きが1970年代中頃から1980年代にかけて生まれた（渡部，2010）。直接的なきっかけは1985（昭和60）年に郡上八幡が「名水百選」に選ばれたことである。そのもとになったのは1973（昭和48）年から1977（昭和52）年にかけて行われた郡上八幡の水環境調査であった。大学の専門家らが実施したこの調査で郡上八幡の水環境が全国で一番優れていることが明らかになった。調査項目は環境，防火，生活，産業，リクリエーション，まつり，水エネルギー，交通，生物など40以上

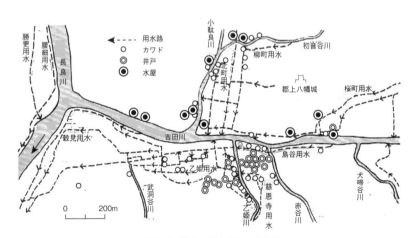

図9-4　郡上八幡中心部の用水網

出典：「旅の空」のウェブ掲載資料（http://tabinosora.info/wp-content/uploads/2017/05/郡上八幡.pdf）をもとに作成。

にもわたる。ただ単に湧水や河川水が豊富なだけでなく，生活の中に独特な水環境システムが残っている点が高く評価された（図9-4）。ところが意外にも，こうした評価に対する住民の反応はいまひとつであった。水との関わりはあまりにも日常的なことであり，その意義の重要性がすぐには理解できなかった。しかしその後，郡上八幡の宗祇水が全国で最初の「名水百選」に選ばれたことで認識が徐々に変化していった。

　当時の環境庁が選定した宗祇水とは，具体的には郡上八幡の街中に通された用水路から吉田川の支流である小駄良川に流れ込む場所の水のことである。この場所は，1471（文明3）年に連歌の宗匠・飯尾宗祇が郡上の領主である東常縁から古今伝授を受けて京へ戻るとき，当時の2大歌人であるふたりが，川のほとりで歌を詠み交わしたところである。もともと由緒正しき史跡として祀られていた。郡上八幡全体の水環境システムを表象するシンボル的な場所として選ばれ，その存在が全国的に知れ渡った。「名水百選」の選定を受け，1985（昭和60）年8月に「全国水環境保全市町村シンポジウム」の初会が郡上八幡で開催された。大都市圏では環境問題がいまだ深刻であった時代，懐かしき故郷の風景の喪失と経済優先の地域開発への疑問に対するひとつの答えが，国による「名水百選」であった。

　環境問題の専門家や国による外部からのはたらきかけに対し，郡上八幡の人々の間で自らの生活環境を見直そうとする動きが芽生えてきた。当時，郡上八幡では下水道が完備されておらず，川に生活雑排水が流れ込んでいた。このため，水質浄化を目的とする浄化実験を実施したり，流し台から生活雑排水を流さないためのペーパーフィルターの無料配布が行われたりした。雑排水を流さないようにするステッカーの配布なども始められた。自動車優先で道路脇の用水路に蓋をするのが一般的であったのを，蓋を開けて水が見えるようにする運動も始まった。特筆すべきは「郡上八幡ポケットパーク構想」がまとまり，ポケットパークづくりがスタートしたことである。ポケットパークとは，潤いや休憩のために街角などを整備して生まれる比較的小規模な公園空間である。この構想には住民も加わり，生活に密着したポケットパーク案が出された。家の横の空き地を提供したい，洗い場を横に広げて小広場にしたい，といった提案が住民から出された。現在は33か所のポケットパー

クが街中の各所にあり，地元民はもとより観光客も利用する場所になっている。

　ポケットパークに水を送る役割を果たしている4つの用水は，吉田川とその支流から取水している。すなわち，北町用水は小駄良川，柳町用水は初音谷川，島谷用水は吉田川，乙姫用水は乙姫川からの取水である。用水は河岸段丘の地形の高低差をうまく利用してつくられている。上水道の普及率が80％近い現在，用水が飲料用に用いられることはほとんどない。植木の水遣り，車や靴あるいは小物の洗い用として利用されることが多い。水路は「セギ板」と呼ばれる板を使い，水位を上げると水が利用しやすい。水は火災時の防火用水や消雪用として利用することもある。水路に蓋をする場合，以前はコンクリート製の蓋が多かったが，近年はアルミ製の開閉式の蓋の利用が一般的である。郡上八幡では，昔から「水舟」という独特の仕組みで水が利用されてきた。これは山の湧き水をパイプなどで各家庭や共同洗い場に引水し，吐水口(とすいこう)のところに木製の箱を取り付けたものである。簡単な仕組みではあるが，飲み水・ゆすぎ水・洗い水と三段階に分けて利用する生活の知恵がそこに現れている。重力の法則にしたがって流れるのがあたりまえの水をいかに合理的に美的に生活の場に取り込んで利用し続けていくか，水への深い愛着を垣間見ることができる。

2．豊かな水を生かして発展してきた大垣の交通と産業

　日本で「水都」と自称あるいは他称している都市は水戸，大阪，松江，柳川など20か所近くあるが，そのうち海から比較的離れた位置にあるものは少ない。多くは海に近く，幾筋かの河川が海に流れ込む河口付近にある。岩手県の平泉は海から遠く，北に衣川，東に北上川，南に太田川が流れており，平泉という名が示すように「瓜割清水(うりわりしょうず)」や「独鈷水(とっこすい)」など水や泉が湧き出ている。岐阜県の大垣市も伊勢湾からは37km も離れた位置にあるにもかかわらず，昔から水都と呼ばれてきた（鈴木，2008）。こちらは市内を15本もの河川が流れており，水都としての客観的条件は申し分ない。ではなぜ，海から遠く離れた内陸の中都市があたかも水に浸かったかのような状態にあるのだろうか。驚くのはその標高の低さであり，大垣市中心部は5〜6mしかな

い。おまけに市の北には揖斐川扇状地の末端に相当する扇端部が広がっており，この辺りの標高は 10 m ほどである。扇状地といえばその中央付近の地表面は水に恵まれないが，扇端部では地中を流れてきた水が集まって湧き出るという構造をもつ。

　大垣の標高が低いこととこの都市が扇状地の端に位置することは，濃尾平野の形成過程によって説明できる。濃尾平野は，傾動地塊と呼ばれる東側が隆起し西側が沈降する地殻運動と，氷河の消長にともなう海水面の変化という 2 つの運動が絡まって形成された。大垣は濃尾平野の北西部にあり，隣接する養老山地を境に大きく沈み込む位置にある。また地球の気温が現在より高かった時期，すなわち氷河が少なかった時期は海面はいまより高く，大垣辺りまで伊勢湾が入り込んでいた。海岸部の北側では山地が侵食された土砂が堆積し扇状地が形成された。扇状地を形成した揖斐川の上流域一帯は年間降水量が 3,000mm を超える多雨地域であり，多量の水を供給している。気温の低下とともに海岸線は遠のいていったが，地殻運動は続いており，地下では水が集まりやすい構造が保たれている。揖斐川の東側には長良川，木曽川の派流も多く，地下の傾斜構造から西側の大垣方面に水が集まりやすい構造になっている。

　こうした大垣周辺の独特の地形構造は，水をいかに利用するか，また水からいかに身を守るかという相反する課題を歴史的に与えてきた。水をうまく活用すれば，舟運で人や荷物を運ぶことができるし，水を多く必要とする産業を興すこともできる。しかしその一方，多すぎる水からうまく逃れなければ生命・財産を脅かす災害に巻き込まれる危険性がある。大垣では各地で自然に湧き出る湧水を河間(がま)と呼んでいる（図 9-5）。水源として利用できる河間の水は水門川に集まり，最後は揖斐川へと流れ下っていく。この水門川の流域に生まれたのが大垣の町である。この地域では古代から続く長い歴史があるが，現在の都市の基礎ともいえる城下町が築かれたのは 16 世紀中頃のことである。大垣城の築城に関する史料は 1543（天文 12）年まで遡ることができ，以後，100 年ほどの年月をかけて平城が築かれた。岐阜城，犬山城，小牧城など山地や台地の上に築かれた近くの城とは地形条件が違っていた点が，大垣城の特徴である。崖や傾斜面で城を守る代わりに河川や堀で防御を固める

図9-5 大垣市における湧き水地点（河間）の分布
出典：大垣・西美濃ポータルのウェブ掲載資料（http://www.ogakikanko.jp/pamphlet/pdf/wakimizu.pdf）をもとに作成。

のがここでは定石であった。大きくは東の揖斐川，西の杭瀬川によって外敵からの攻撃を防ぐ。さらに内側では牛屋川（下流は水門川）の流れを利用して城郭を守る。牛屋川は5筋に分かれており，外堀に相当する2筋は人工的に手を加え直流と屈曲で守りの役目を持たせた。内堀の3筋は斜行し弧を描く自然河川の姿を留めている。戦国期には城主がたびたび変わり，そのつど塁を高くしたり堀を深くしたりするなどして防御態勢が強められた。1585（天正13）年の大震災で城は崩壊したが，その復興過程で天守閣が整備され，城の面目は一新された。

　低い標高の土地が続くため流れは緩慢であるが，伊勢湾に向かって流れる河川は舟運利用にとってまったく好都合であった。このことは，海から遠く離れた大垣が舟運を利用して海側の地域と南北方向で物資交流するうえでとくに意義があった。同時に忘れてならないのは，東西交通における大垣の位置性である。古来より関ヶ原を経由して美濃，尾張，さらに東国方面へ行くのに大垣は重要な位置にあった。関ヶ原の戦いのさい，西軍の石田三成が陣を張り，その後，東軍の拠点になった大垣城は，東西交通の要衝としてその役割を果たしてきた。つまり南北の水上交通と東西の陸上交通，あるいはそ

れらを絡ませた交通の結節点として大垣は位置づけられてきた。このことは近代から現代にかけて鉄道の建設や運行において大垣が重要な位置にあり、国道、高速道路の道路交通でも西濃の拠点として役割を果たしていくことにつながっている。

　さて、近世以前に話を戻すと、揖斐川と中山道が交差する呂久や、揖斐川と牧田川の合流付近に位置する濃州三湊（烏江、栗笠、船付）などが伊勢湾と大垣を結ぶ中継港として繁栄してきた。その後、慶長末期（1615年頃）に水門川を遡上して大垣に至り、ここで美濃路の陸上交通と連絡するルートが開発された。これにより、揖斐川本流を遡行して呂久で中山道とつなぐよりも安定して荷物が輸送できるようになった。1689（元禄2）年、「奥の細道」の旅を大垣で終えた松尾芭蕉は、このルートに沿って桑名まで舟で下り伊勢に向かっている。

　舟運で伊勢湾と連絡できた大垣は、美濃路によって東海道と中山道を結ぶ役割も果たした。美濃路は、中山道の垂井宿で分岐し、大垣、清洲などを経て東海道の熱田宿に至る14里の脇街道である。家康が関ヶ原から凱旋した吉例街道としても知られ、徳川幕府の宿駅伝馬制度以前から多くの利用者があった。鈴鹿越え、木曽川河口の渡し、伊勢湾の海路などがある東海道に比べると遠回りではあるが安全で天候に左右されないため旅人に重宝がられた。濃尾平野の北西にあって水上交通と陸上交通の結節点であった大垣は、伊勢湾、木曽三川、中山道を経由し、さらに琵琶湖、淀川水系を経て行けば太平洋から京、大坂そして瀬戸内海へと通ずるルート上にある。琵琶湖の北端は日本海の敦賀にも近い。つまり大垣は、近江以西と美濃・尾張以東をつなぐ関門・ゲートウエーの役割を果たしてきたといえる。

　舟運利用を前提とする大垣の交通結節点としての重要性は、その前提が維持されていればこそである。相手は河川やその元の降水であり、河川や天候状況が悪化すれば利用に支障が生じ、機能が維持できなくなる。悪影響は交通面だけでなく生活空間にも及ぶため、都市全体の存続を左右しかねない。揖斐川水系の舟運にとって大きな悩みは、土砂堆積によって河川の水深が不足することであった。大垣藩で船役制度が始まった1626（寛永3）年当時は70〜75石積の平田船が使えた。しかし、その後。揖斐川や水門川の堆積が

進んだため，船足が速く小廻りが効き浅瀬でも積み替えが不要な50石以下の鵜飼船へと切り替えられた。藩はしばしば水門川を改修したが堆積を止めることはできず，輸送効率は低下した。美濃路に沿って流れていた船町川も，土砂堆積による航行難に悩まされた。町民からの要請を受けた藩が渇水期には10日ごとに木戸用水の樋門を開くよう命じたという記録も残っている。土砂堆積が進んだ船町川は，1806（文化3）年頃に流路が変えられた。これは西で接続する杭瀬川と水位が違うために起こる洪水の危険性を抑えるためであったと考えられる。

　土砂堆積で問題なのは，堆積が進み過ぎることだけでなく，逆に堆積が進まないことも問題となる。一見すると矛盾しているように思われるが，この矛盾こそが大垣が抱えてきた水都としての課題である。周知のように木曽三川の水郷地域では輪中と呼ばれる土塁を積み上げた堤防によって洪水から身を守ってきた。強固な連続堤が実現する以前，馬の蹄の形をした馬蹄型輪中（尻無堤）、あるいは全周を囲む懸廻堤を築いて自衛した。大垣は複数の輪中が寄せ集められて形成された複合輪中地帯である（大垣市編，2008）。もっとも大きな輪中は，東の揖斐川の外堤と西の杭瀬川の外堤を結ぶように形成された外郭堤である。この大きな輪中の中に7つの小さな輪中がある。歴史的に古いのは北側にある古大垣輪中で，南側には東から順に古宮，西中之江，伝馬，禾森，浅草，今村の6つの輪中がある。これらの輪中では外から水が流入した場合，堤を越えて外へと排水する。流れのある外側では堆積が進むが，輪中の内部では堆積は起こらない。時間とともに外の河川は天井川化するため，輪中の内部では洪水の危険性が高まるという問題が生まれる。

　水の利用や水との闘いは，明治維新後もかたちを変えて続けられていく。明治初期は資本や経験不足のため，中継的商業から新たな企業が生まれることは少なかった。頻繁な水害や濃尾地震もあり企業進出もなかった。しかし，木曽三川の分流で水害の心配がなくなった明治中期以降は，揖斐川電力の登場を契機に紡績工場があいついで進出してきた（西脇，1979）。大垣近郊の金生山で産出する豊富な石灰岩を原料とするカーバイト工業も生まれた。石灰は近世においても利用され，中山道の赤坂湊から舟運で積み出されていた。昭和期に入ると石灰利用の産業化がさらに進み，電力，カーバイトを利用し

てアセチレンから酢酸を合成する工場が生まれた。地元企業が有機肥料の原料生産に励む一方，製糸，紡績，合成繊維など5つの工場や機械製造業が立地した。化学工業や繊維工業に共通するのは，昔と変わらない多雨気候，地質・地形構造をベースとする豊富な水の存在である。その後の日本経済の産業構造の変化でこれらもその影響を受けていくが，変化から新企業，新産業も生まれていった。自然環境と人の営みの関係は，歴史とともにさまざまな現れ方をする。

3．木曽三川の輪中地帯からレジャーランドへ変貌した長島

　全国に長島という地名はたくさんある。形状が長そうな島であれば，自然に長島と呼ばれるようになるのは至って当然であろう。ただし長島は海に浮かぶ島とは限らない。また字は同じ長島でも，「おさしま」と呼ぶところもあるため，注意を要する。三重県には2つの長島があり混同されることがある。県北部の現在は桑名市の一部になっている旧桑名郡長島町と，いまひとつは県南部の北牟婁郡紀北町長島である。両者を区別するために，前者を北勢の長島，後者を南勢の長島と呼ぶことがある。しかし長島をナガシマとかなで表記すれば，間違いなくそれは北の長島をさす。1960年代から始められた温泉開発による一大レジャーランドの建設にともない，その名が観光地として認知されるようになったからである（並木，2003）。このレジャーランドの位置を地図上で確認すると，木曽三川河口附近にある細長い島の最南端にあることがわかる。島の東側を木曽川，西側を揖斐川が流れており，両者に挟まれるように細長く南北方向に延びる島の一番南側である。北に向かうと揖斐川ではなく長良川になるが，東側の木曽川を境に愛知県と向かい合う格好の長島は，文字通り細長い形をした島である。しかしこのようにすらっとした細身の形になったのは100年ほど前のことである。歴史的に見ればごく最近のことであり，それ以前は数多くの島状の輪中が群れをなしてまるで水面に浮かぶ水郷地帯であった。戦国期から近世，近代を経て現代に至る長島の歴史は，一大輪中地帯が一大レジャーランドへと変貌していった歴史でもある。

　長島の一向一揆として歴史的に有名な出来事は，伊勢長島を中心とした

地域で本願寺門徒らが織田信長に対して起こした一揆である（石神，2014）。反信長の石山本願寺を中心とする一向一揆は，1570（元亀元）年9月以後11年間にわたる戦いへと突入したが，長島の願証寺（がんしょうじ）を中心とする一揆も本願寺顕如（けんにょ）の檄（げき）に応じて蜂起した。これによって信長の弟信興（のぶおき）が尾張小木江城に攻められて敗死したため，信長は3度にわたって長島を攻撃した。当初，一揆軍は輪中の地形を生かして善戦したため，信長は北伊勢一帯を平定するにとどまった。1574（天正2）年7月，信長は水陸の大軍をもって長島総攻撃を開始し，一揆方の多数の門徒を殺傷して9月末に勝利した。一向一揆の鎮圧以降，領主は目まぐるしく変わり，関ヶ原の戦いの翌1601（慶長6）年，徳川氏譜代の家臣菅沼定仍（すがぬまさだより）が2万石で入り，長島藩が成立した。その後，一時廃藩になった時期もあったが明治維新まで続き，1871（明治4）年の廃藩置県で長島県となり，さらに安濃津（あのつ）県を経て翌年三重県に編入された。

　政治的には東の尾張と接し，北には美濃が控える伊勢国の中ではもっとも東側の藩として長島は微妙な位置にあった。この微妙な位置は政治的意味より，自然地形的意味においてより重要であった。木曽三川の河口部に干拓地として歴史的に築かれてきた土地は，上流部からの洪水と海側からの高潮の挟み撃ちにあって，非常に脆弱な状態におかれていた。土塁で堤を築く輪中は，苦労して広げた土地を水から守る手段であった。総称して長島輪中と呼ばれたが，実際には葭ヶ須（よしがす）、都羅（とら）、横満蔵（よこまくら）、老松、松蔭という個別輪中の集まりである（伊藤，1976）。すなわち木曽川と揖斐川の河間の河口部に発達した複合輪中であった。長島輪中の近くには，木曽川と鍋田川の河間に木曽岬輪中（加路戸（かろと）、源緑（げんろく）の各輪中），鍋田川と筏川の河間に鍋田輪中（森津、三稲（さんいな）、加稲（かいな）の各輪中）もあった。これら3つは伊勢湾臨海部に近い位置にあるが，輪中はそれらの北にもあり，文字通り国内最大の輪中地帯をなしていた（図9-6）。

　近世から現代にかけて，長島輪中の人々がいかに水との闘いで苦労したかは，1534（天文3）年から1953（昭和28）年までの419年間に64回も水害を受けたことからわかる。これは6, 7年に1回という割合であり，まさに洪水や高潮による常襲被害地帯であった。被害件数は，17世紀が18回，18世紀が13回，19世紀が26回で，近世末から近代にかけて多かった。こ

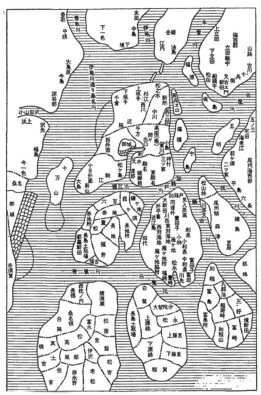

図9-6　江戸時代末期の長島付近の輪中
出典：伊藤，1976，p.140，歴史地理学会のウェブ掲載資料（http://hist-geo.jp/img/archive/018_139.pdf）をもとに作成。

れは年を追うごとに干拓地が広がっていったためである。しかし最大の悲劇は1959（昭和34）年9月26日に襲来した伊勢湾台風によるもので，日本史上3番目に大きな規模であったこの台風による被害は尋常ではなかった。異常潮位のため各地で堤防決壊が起こり，長島町を囲む堤防は15か所で決壊，町の大部分が海水にのまれ，死者380名余の惨状は目を覆うものがあった。災害は相対的結果であり，たとえ洪水や高潮があっても人が住んでいなかったり家屋敷がなかったりすれば被害は生じない。たしかに理屈はそうであるが，そういう理屈を乗り越えて生きられる空間を広げてきたのが人間の歴史である。

　木曽三川下流部に位置する輪中地帯では，近世においても水害に対してあれこれ手が打たれてきた。しかし決め手となる対策事業はなされず，本格的対策は近代まで待たねばならなかった。1887（明治20）年の三川分流を目的とした改修事業の着手がその始まりである。この事業は，ヨハネス・デ・レーケの設計によって実施されたもので，長島町の横満蔵地区が明治の大改修が第一歩を踏み出した記念すべき場所であった。1893（明治26）年に長良川工事が始まって長島輪中の西部にある松ノ木～千倉地内に新堤が構築されたた

め，長良川は新たな流路を流れるようになった。木曽三川下流域における河川改修工事では1754～1755（宝暦4～5）年の薩摩藩士による宝暦治水が有名であるが，これは長島輪中より上流側での事業であり，長島が直接その恩恵に浴することはなかった。明治の大改修により長島輪中では水害が大幅に減少したが，皮肉なことに広域にわたって潰地が発生してしまった。このため，横満蔵の太田松次郎のように長島での生活継続を諦め，他所へ移住した者もいた。彼は北海道移民政策に呼応し，仲間にも移住を勧めたため，1895（明治28）年からの4年間に全部で174世帯が苫前村などの原野へ入植した。当初は苦難の連続であったが開拓は実を結び，苫前町にはふるさと長島をしのんで長島という地名が残された。長島という地名がまたひとつ増えた。

　伊勢湾台風の惨禍による傷跡がまだ癒えない1963（昭和38）年に長島町の最南端で温泉が掘り当てられた。富山市に本社がある天然ガスの掘削を専門とする会社が松蔭新田で堀削を行っていたところ，摂氏60度の温泉が湧出したのである。泉質はアルカリ性単純泉で，湧出量は1日1万トンであった。それ以後，現在につながる長島温泉の開発に手がつけられ，長島スポーツランド，アクアプラザ，輪中の郷 ナガシマスパーランドなどが造成されていった。ナガシマスパーランドはナガシマリゾートの中核施設であり，2002（平成14）年には開発企業と外部の不動産企業が提携して設立したアウトレットモールが加わり，集客数が大幅に増加した。近年，人気を集めているのが系列施設「なばなの里」での大型イルミネーションである（河瀬，2013）。色とりどりの光によるお花畑のオブジェクトが多くの来場者の目を釘付けにしている。

　なばな（菜花）は菜の花や花菜とも呼ばれるアブラナ科の野菜であり，江戸時代には照明などの用途にナタネ油が使われた。現在は若い芽や葉，茎の部分が食用とされる。長島は「なばな」のほかにトマトの新種である「ハウス桃太郎」の先駆的産地としても知られている。大小の輪中群が苦労の末ひとつにまとめられたのも束の間，台風によって大きな被害を受けた水田単作地帯の生産性はこれまで低かった。しかし台風被害から立ち直るための復旧事業とともに進められた農業改善事業とそれに関連する付帯事業により，農地の生産性は高まっていった。それを後押しするようにはたらいたのが，長

島温泉の開発と関連する一連のプロジェクトである。近年，温泉付分譲住宅の造成やサービス業の増加で人口は増える傾向にある。しかし，長島が大河川に挟まれた伊勢湾臨海河口部にあることは昔も今も変わらない。急激な景観変化によって地域住民から水防意識が失われないよう，願うばかりである。

第3節　名門・新興温泉地の歴史的ルーツをたずねる

1．日本の三代名泉・下呂温泉の自然環境と温泉業のはじまり

　火山大国・日本には各地に温泉があるが，「日本三名泉」は有馬温泉（兵庫），草津温泉（群馬），下呂温泉（岐阜）とされる。その根拠は，室町時代の京都で五山といわれた臨済宗の五大寺のひとつ相国寺の詩僧であった万里集九が書き残した詩文集による。この詩文集「梅花無尽蔵」の中に3つの温泉が記載されているのを受けて，江戸時代の儒学者・林羅山が自らの詩文にもこれらの温泉名を残したことに由来する。高名な僧や学者のお墨付きを得て，これら三名泉は温泉を愛する多くの老若男女から支持を得てきた。偶然かどうか，有馬温泉は大阪圏，草津温泉は東京圏，下呂温泉は名古屋圏のいずれも大都市から見て奥座敷に当たるところにある。地域バランスよく「名泉指定」が行われていたことは，幸いであった。

　さて，室町時代にすでに京都の名僧にまでその存在が知られていた下呂温泉とは，いかなる温泉だったのであろうか。まず下呂という蛙の鳴き声を連想する地名であるが，下呂の北に中呂があり，さらに北に上呂があることから，組織的連続性に由来しているのではと思うのは自然であろう。実はいまから1300年も前の律令制の時代，各地に国府が置かれ，それらと都の間を連絡するように幹線道路が整備された。美濃国では垂井に国府があり，東へ向かう東山道を通って信濃方面の国府と連絡していた。美濃国の北には飛騨国があり，ここと連絡するために東山道から分岐する東山道飛騨支路が設けられた。美濃国の菅田（現在の下呂市金山町）と飛騨国の入口に当たる伴有（とまり）の間は距離が74里もあり，30里ごとに駅を設けるという決まりが守れなかった。そこで伴有の下に別の駅，下伴有を設けることになり，元からの駅は上伴有と呼ばれるようになった。そのうちに下伴有は下留となり，読みは「げ

る」が転じて「げろ」下呂になった。温泉地・下呂の名が世に知られる前のことであり、東山道飛騨支路の一駅として下呂はスタートした。

　地図を見るとわかるが、下呂市全域はほとんど山地であり、わずかに南北に流れる飛騨川に沿って市街地が細長く広がっている。飛騨川は御嶽山（標高 3,063m）を源流とし、小坂川、佐見川、馬瀬川などの支流を集めて南下し、最後は美濃太田で木曽川に合流する。飛騨川北の旧小坂町から同じく南の旧金山町までは、昔の郡名・益田と同じ益田川と呼ばれている。飛騨川は深い谷間を流れ下っているが、とくに下呂の中心市街地南にある下呂市三原から飛騨金山までの 26km は、中山七里と呼ばれる険しい山峡である。あまりの険しさのため東山道飛騨支路はここを通ることができず、この部分は東に大きく迂回して通行していた。中山七里という名前は、飛騨高山の領主であった金森長近が天正年間 (1580 年代) に交通の難所であったこの峡谷を通るべく道路改修を行ったさいにつけられたものである。高山藩は川の流れを利用して木材を運び出す川下げのために飛騨川を使っていた。川下げ監視のため飛騨川沿いの街道を整備する必要があった。

　中山七里は、地質学的に濃飛流紋岩と呼ばれる大きな岩体を飛騨川が侵食した峡谷沿いの街道である。この岩体はその名のように美濃東部から飛騨にかけて広がっている。これと接するように美濃の中部から西部にかけて広く分布しているのが、美濃帯堆積岩類といわれる地層である。わざわざ類という字がついているように、この地層は単なる地層や地層群ではなく、主に堆積岩からなる複合岩体（コンプレックス）である。中山七里を下った飛騨川は、この美濃帯堆積岩類を侵食して絶景の渓谷美を生み出した。これが飛水峡であり、国道 41 号や JR 高山本線でこの辺りを通ると、侵食を受けたチャートや砂岩の地形がはるか下の谷底に見え隠れする。ここでは飛騨川は側方へ川幅を広げるのではなく、下方へ削り込むことでこのように深い峡谷を生み出した。美濃帯堆積岩類と濃飛流紋岩というまったく異なる岩体を飛騨川が侵食して生まれた渓谷美を堪能したあと、いよいよ飛騨川河畔に開けた下呂温泉にたどり着く（図 9-7）。

　温泉が生まれる条件は熱源と豊富な水量があることで、暖められたお湯に浸かると疲労回復や病の快癒に効果があるといわれる。下呂温泉の湧出量は、

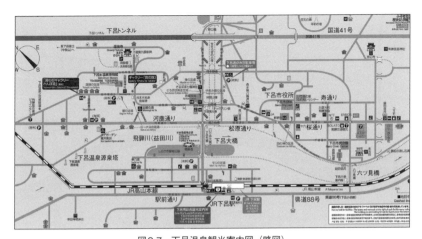

図9-7 下呂温泉観光案内図（略図）
出典：下呂市公式観光サイトのウェブ掲載資料（http://www.city.gero.lg.jp/kankou/node_7779/node_29737/node_29747/node_37091#pdf）をもとに作成。

　毎分1,250リットルで，泉質はアルカリ性単純温泉でpH値は9.3，泉温は56.1度と高温である。お湯は無色透明，無味無臭で，入湯するとほんのりとした硫黄の匂いがする。皮ふの表面がツルツルとした感触があり，滑らかな肌触りの温泉である。浴用の適応症としてリュウマチ性疾患，運動機能障害，神経痛，疲労回復が掲げられているが，古い効能書には梅毒，疥癬，淋病，湿瘡，皮ふ病，婦人病などにも効くとも書かれている。温泉はもともと病気治療を目的に開かれることが多く，下呂の場合も温泉を発見した村人は薬効目当てに源泉を見つけた。その経緯は白鷺伝説として地元に残されているが，益田川の湯ヶ渕辺りで一羽の白鷺が舞い降りたところに薬師如来像があり，透き通ったお湯がこんこんと湧き出していたという。薬師如来は医療を専らに司る仏であり，温泉との結びつきが強い。薬師如来像は再興された醫王霊山 温泉寺で祀られている。

　益田川の近くで温泉が発見されたというのは後世のもので，これより古い時代に温泉は別の場所ですでに発見されていた。その時期は延喜年間（901～923年）とも天暦年間（947～957年）ともされるが，場所は下呂中心部から3kmほど東にある湯ヶ峰山の頂上付近である。湯ヶ峰山は火山性の山で，火山から噴出した溶岩がゆっくり固まると密度が細かく硬いガラス質の岩石

第9章　城郭・海洋・名水・温泉を生かす都市

になるため，縄文時代には矢じりなど石器の材料として用いられた。このガラス質の岩石は「下呂石」と呼ばれ，湯ヶ峰の麓からは石器作りの工房跡も出土している。下呂石を利用した石器は長野県や新潟県でも発見されており，古代の流通ルートを通って遠くまで運ばれたと考えられる（山本，1992）。湯ヶ峰山頂付近で温泉が発見されてから300年余りが経った1265（文永2）年にそれまで湯ヶ峰の頂上近くの湯窪に湧出していた温泉が止まり，泉脈が益田川の川原に移った。源泉が東から西に移動したきっかけは13世紀中頃の地震と考えられているが，はっきりしたことはわかっていない。しかし，新旧の源泉は濃飛流紋岩の上を南東から北西にかけて延びる阿寺断層の上に位置している（安江・廣内，2004）。13世紀の大きな地震の震源地は阿寺断層の北部側にあったと推定されている。美濃東部から飛騨にかけて動いてきた断層活動こそ，下呂温泉の湯脈の元ともいえる熱源なのである。

　水は資源であるが，あまりにも普通に存在し，待っていれば空から降ってくるため，あまり資源という意識はない。しかし同じ水でも温泉の水は特別であり，どこでもいくらでも手に入るというものではない。そこで権利という考え方が生まれ，貴重な温泉を何らかの決まりにしたがって分配する方向に向かう。江戸時代の下呂温泉がまさにそれで，特定人物にのみ温泉の利用が認められた（森川，2012）。それでも当初はそれほど厳格ではなく，村全体で温泉を利用するという感じであった。温泉の効能を聞きつけて下呂を訪れる湯治客相手に温泉以外の飲食，娯楽，物売りなどの商売が行われ，村の農業収入を補った。湯治客の滞在日数は，七日ひとまわりと言われたように長期滞在が多かった。天明年間（1781～1789年）から天保年間（1830～1843年）にかけて年間26,000人～30,000人もの湯治客が訪れ大いに賑わった。湯治客は冬と春は少なく，4月から9月にかけて多かった。湯治客による温泉利用が多くなればなるほど温泉のもつ経済的評価が高まり，やがて利益重視の温泉経営へと移行した。

　下呂温泉では湯屋仲間という組織が結成され，温泉営業の持ち株に応じて一定の湯番日数が割り当てられるようになった。株が持てるのは自分の家屋敷と田畑を持ち年貢を納めている百姓に限られたため，小作人や次男，三男は最初から権利がなかった。営業ができる湯番の割当ては，所有する田畑の

広さに応じて決められた（森川，2012）。たとえば，湯之島に属する幸田区の石高は31石で，湯之島村全体の石高150石の2割強を占めていたため，湯番日数も年間日数の2割強の75日が割り当てられた。温泉は川の中の砂地にあるため，2尺間四方の湯壷を掘って回りを板で囲い，3〜5尺ほどの深さを保って入湯した。下呂温泉の一番の泣き所は，温泉が川の中にあるという点だった。水量が多くなければよいが，一旦洪水が起こって川の流れが変わると今までの温泉場所が見えなくなってしまう。実際，1836〜1837（天保7〜8）年に連続して起こった洪水のあと，失われた温泉の場所を探したが見つからず，以後，30年間は温泉営業ができなかった。現代では想像できない，不安定な温泉経営であった。

2．ロープウエイとセットで観光客を引きつける湯の山温泉

　湯の山温泉は，榊原温泉とともに三重県を代表する温泉である。年間178万人（2016年）もの観光客が訪れているのは，温泉だけでなく背後に控える御在所ロープウエイ目当ての利用客が含まれているからであろう。ただしロープウエイの利用者数はこのところ50万人台にとどまっており，1990（平成2）年頃の半分ほどである。1959（昭和34）年に開業したロープウエイは湯の山温泉駅と山上公園駅の間約2.1kmを結んでおり，両駅の標高差は約780mもある。標高1,212mの御在所岳のある鈴鹿山脈は断層山脈であり，三重県側から見た山容は切り立っており山稜のかたちも良い。御在所岳を含む鈴鹿セブンマウンテンの山容は，滋賀県側から見たイメージとは異なる。花崗岩質の御在所岳には長い年月の侵食作用を受けて生まれた巨岩・奇石がいたるところにあり，観光客の目を引きつける。1858（安政5）年に植物学者の伊藤圭介らが植物調査のために登頂したという記録があり，当時は菰野山と呼ばれていた。御在所岳周辺は太平洋側と日本海側の植物が混在する貴重なエリアであり，学術的にも興味深い場所である。1950（昭和25）年に第5回国民体育大会が愛知県で開催されたさい，わざわざ県外にある御在所岳の岩登りコースで山岳競技が行われた。これがきっかけで御在所岳の名が全国的に知られるようになり，9年後のロープウエイ開業に結びついた。

　かつて菰野山と呼ばれた御在所岳は，四日市の西隣の菰野町にある。湯の

山温泉も同じ町内にあり，両者は主要観光スポットとして菰野町の観光産業の中で大きなウエートを占めている。ちなみに湯の山温泉の宿泊入込客数は年間18万人（2016年）ほどであり，町全体の4分の3を占める。菰野という少し読みにくい地名は，かつてこの地域一帯にイネ科の多年草である真菰が群生していたことによる。かつては真菰を使っていたが現在では藁を使って編んでつくるむしろのことを菰という。清酒の入った樽を菰で包んだ菰樽は祝い事に欠かせない縁起物である。菰野町の市街地は三滝川と金渓川に挟まれた細長い傾斜地の上にある。この辺りは古代の郷里制のもとでは「伊勢国三重郡葦田郷」の中の薦野と呼ばれ，伊勢神宮の神領地であった。郷名の葦田も薦野も類似の地名で，2つの川に挟まれた細長い氾濫原一帯にマコモが生い茂っていたと思われる。長い間，顧みられなくなっていたマコモも近年，見直されるようになり，マコモを使った製品開発に取り組む事業所が11も町内に現れた。ある製麺業者は，マコモの葉やマコモタケの粉末を麺に練り込み，手延べ麺として商品化し販売にこぎつけた。

　さて，菰野町の観光を背負って立つ湯の山温泉には標高300～400mのところにホテル・旅館があり，源泉の湯元から湧き出る温泉が旅館・ホテルへと配分されている（図9-8）。湯元には元正天皇の養老年間（715～724年）に，夢のお告げによって湯を発見したとされる浄薫上人の碑が建っている。左手に御堂があり，湯元の守護仏として薬師如来が安置されている。薬師如来は医薬を司る仏であり，温泉地とは縁が深い。湯元から200m南側には，1686年（貞享3）年に菰野藩主の土方雄豊が薬師堂を建立して再興した三嶽寺がある。この寺は，かつては鈴鹿山脈の国見岳にあったが，織田信長が比叡山

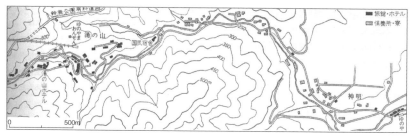

図9-8　湯の山温泉の観光施設（1960年代）
出典：日本地誌研究所編，1976, p.317をもとに作成。

焼き討ちを行う3年前の1568（永禄11）年に信長の命を受けた滝川一益の軍勢が押し寄せ消失させた寺である。当時，三嶽寺には数百人もの僧兵がおり，滝川軍に対して勇敢に戦ったものの多くの堂宇はことごとく兵火により灰燼に帰してしまった。江戸期に入り，徳川家康から伊勢・近江国内に1万2,000石の所領を与えられた土方雄氏（ひじかたかつうじ）が菰野に陣屋を構え，菰野藩が立藩された。第2代藩主・土方雄高（ひじかたかつたか）は陣屋と城下町を建設し，商工業者を招いて東町・河原町を新設する一方，藩の体制を整備して藩政の基礎を固めた。1686（貞享3）年に，湯の山の住人壺屋権七が菰野藩3代目の藩主土方雄豊（ひじかたかつとよ）に対して，廃れていた温泉の復興を願い出た。これを受けて雄豊は幕府に復興の願いを出し老中の許しを得た。

　菰野藩主と幕府からの許しを得た壺屋権七は温泉の復興を企画し，湯壺・浴場を整えることに尽力した。その結果，1687（貞享4）年4月に杉屋，泉屋，藤屋，菊屋，吉文字屋，松屋，山形屋，壺屋の以上8軒からなる湯宿が揃った。江戸末期に著された伊勢国に関する郷土誌『勢陽五鈴遺響（せいようごれいいきょう）』によれば，当時の伊勢国には菰野の湯の山温泉と一志郡の榊原温泉しかなかった。北伊勢唯一の温泉として湯の山温泉は多くの湯治客や行楽客を集めた。しかし時代情勢は変わり，天明の大飢饉（1782〜1788年），寛政の改革（1787〜1793年）による奢侈の禁止，男女混浴の禁制など，幕府や藩による倹約令が厳しくなった。このため，湯の山温泉を訪れる湯治客や行楽客は次第に少なくなっていった。客足が減って商いが成り立たなくなり湯宿も4軒にまで減ってしまったことを記した文書が，庄屋肝煎9人の連名で菰野藩に提出された。残った4軒の湯宿の主人である菊屋幸助，杉屋喜三郎，吉文字屋武衛門，橘屋半兵衛も菰野三郷の村役人へ同様の文書を提出した。

　こうして近世に再興した湯の山温泉も，最後は火の消えたような状態になり，再び休止に追い込まれた。しかし近代になると状況は一転し，再度，注目を浴びる出来事が待っていた。1877（明治10）年に，西南戦争に従軍して負傷した傷病兵の臨時療養所が湯の山に設置されたのである。療養を終えて出身地に帰っていった傷病兵が湯の山の景勝と温泉の効果を宣伝したためか，次第に来遊者も増加して活気を取り戻すようになった。ただし交通の便は以前と変わらず悪く，1880（明治13）年になってようやく湯の山〜栃谷間

の道路の大改修が行われた。1901（明治34）年頃には四日市〜菰野間を馬車が通るようになり，四日市〜新明橋間では人力車が利用できるようになった。温泉下の神明橋から湯の山温泉の間を駕篭で運ぶサービスも生まれ，湯の山温泉への交通は改善された。しかしそれでも四日市方面から湯の山温泉へは長い傾斜道を行かねばならず，アクセスは十分とはいえなかった。1913（大正2）年に四日市鉄道株式会社が四日市〜湯の山間を軽便鉄道で開通させたのは画期的であった（笠井，2007）。1916（大正5）年には香雲橋までの道路改修が進んだため，1921（大正10）年に四日市〜湯の山間にバスが開通した。明治期に比べ湯の山温泉への交通の便はさらに一層よくなった。

　湯の山温泉は，2018（平成30）年に開湯1,300年を迎えた。718（養老2）年に浄薫上人によって温泉が発見されたことを根拠とする記念の年であり，多くのイベントが計画された。御在所ロープウエイでは，3代目となる新型ゴンドラがお目見えした。これまでの36両のうち10両を入れ替え，眺めがより見渡せるように窓は大きくなり，床面には眼下の景色が楽しめるよう小窓が2つ設けられた。山上の展望レストランも全面リニューアルされ，ロープウエイ乗り場前にはアウトドアショップも新設された。さらに湯の山温泉街がある湯の山地区と国道477号（旧鈴鹿スカイライン）を結ぶ橋が8月に完成し，記念行事に花を添えた。橋の名は「湯の山かもしか大橋」で，これは御在所岳に生息している「かもしか」が地域のシンボルとされてきたことによる。地元・三重県を含め20都道府県から寄せられた467件の応募の中から選ばれた。9月には湯の山温泉の復興に寄与した藩主土方雄豊の記念祭や「ガストロノミーウォーキング」と称した地元産の食材でつくった料理を楽しみながら歩くユニークなイベントも実施された。ここ湯の山温泉では，幾度もの試練を経ながら，温泉と眺望を活かしたまちづくりが歴史的に続けられてきた（鵜崎，1987）。

3．近世，尾州廻船業で栄えた南知多の歴史と温泉郷の発展

　2017（平成29）年7月31日，愛知県知多郡南知多町大字内海に所在する内田佐七家の土地・家屋が国の重要文化財に指定された。指定名称は「旧内田家住宅」であり，知多半島では最初の指定である。旧内田家住宅は，1869（明

治2）年頃に建築された内田佐七の家と，その新家で1872（明治5）年頃に建てられた内田佐平二の家からなる。いずれの土地・家屋も所有者から南知多町に寄贈され，町が保存整備事業に取り組んできた。両家を合わせた敷地面積は3,636.2㎡（佐七家2,764.9㎡，佐平二家871.3㎡），建物の延床面積は1,178.1㎡（佐七家892.2㎡，佐平二家285.9㎡）で，このうち内田佐七家の敷地1,730.95㎡および家屋建築面積767.5㎡（9棟）が，今回，重要文化財指定の対象となった。指定理由はやや長いが，廻船業で隆盛した内海地区を代表する廻船主の住宅であり，主屋の周囲に多数の附属屋が建ち並び，豪壮な屋敷構えを構成していること。主屋に接続する座敷は上質につくられており，廻船主たちが「戎構（えびすこう）」という寄合を開いていたことを伝えていること。さらに，主屋の平面形式や附属建物の構成などに廻船主の住宅としての特徴がよく現れており，明治初期に成立した屋敷構えをほぼ完全に留め，太平洋側で希少な廻船主の住宅として高い価値を有すること，などである。

　日本の渚百選に指定されている南知多町内海の千鳥ヶ浜から500mも離れていない丘の麓に建つ旧内田家住宅は，江戸時代後期から明治時代にかけて活躍した尾州廻船の隆盛と富の蓄積を象徴している（図9-9）。いまは夏の海水浴，温泉，イチゴ狩り・みかん狩り，フィールドアスレチックなどの観光で賑わいを見せる内海は，かつては廻船業で大いに栄えたところである。現在の南知多町は1961（昭和36）年に内海町，豊浜町，師崎町（もろざき），篠島村，日間賀村が合併して生まれた。このうち内海，豊浜がやや大きく現在の人口はともに4,000人ほどであるが，半島南端に近い小さな浜辺の集落であることは昔も今も変わらない。愛知用水のような灌漑用水のなかった時代，限られた背後の耕地をいくら耕しても十分な収入を得ることはできなかった。いきおい目は水平線の向こう側に向けられ，船を使って稼ぎをする生業が生まれた。鉄道や高速道路が発達した現代から見れば，半島端は経済的チャンスに恵まれない土地のように思われる。しかし陸上交通が未発達であったがゆえに，海の上を自由に移動できる廻船業は経済的チャンスを引き寄せることができたのである。

　尾張国の知多半島を拠点として活躍した尾州廻船には，地元の知多半島にはほとんど立ち寄らず主に上方・中部・江戸方面を直接結んで活動した買積

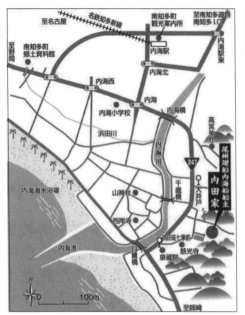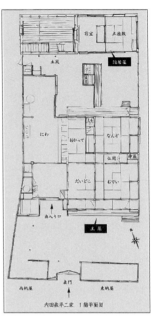

図9-9　南知多町の重要文化財・旧内田家（尾州廻船内海船船主）住宅
出典：左図＝南知多町観光協会のウェブ掲載資料（http://minamichita-kk.com/wp/wp-content/uploads/20180131135029.pdf）をもとに作成。
右図＝南知多町のウェブ掲載資料（http://www.town.minamichita.lg.jp/main/syakyou/uchidake/leaflet2017.pdf）をもとに作成。

み中心の廻船集団と，知多半島の産業と密接に結びつき特産物の運賃積みを中心とする廻船集団の2つのタイプがあった。内海船は前者のタイプに属しており，内海を中心に現在の南知多町内の各所に船主がいた（丸山,2008）。19世紀には酒を積んで上方と江戸の間を往来した樽廻船とほぼ同数の廻船を有し，尾州廻船中の最大勢力であった。有力な船主として，内海には先に紹介した内田家のほかに前野家，中村家，日比家，角家が，また中洲浦には大岩家，天野家などがあった。中洲浦は内海の南で，豊浜に近い港集落である。内海船は兵庫方面で西国産の米や松前産の魚肥を，伊勢湾岸で伊勢・濃尾・三河産の米を，さらに江戸・神奈川で九十九里産の魚肥や東北・関東産の大豆をそれぞれ買い付けて積み込んだ。そしてそれらのうち，米は江戸・神奈川方面に，魚肥・大豆は伊勢湾方面に運んで売った。魚肥の使用開始は戦国時代と推定されるが，近世に入ると木綿・菜種の栽培に適した即効性の高い

干鰯などが急速に普及したため，綿作が盛んな伊勢湾方面ではとくに需要が多かった。

　このように，積荷を自己荷物として買い取り，輸送先でそれを売却して利益をあげる形態を買積みという。買積みは，地域間の物価水準に違いがあれば大きな利益が得られる。とくに飢饉や戦乱などがあれば，大きな利益獲得のチャンスとなる。しかし，逆に読みを間違えれば大損害を被ることもある。買積みは荷主と船主が同じであるため，難破事故に遭えば損害は船体と積荷の両方に及ぶため膨大なものになる。ただ運賃収入だけを目的に廻船業を営んだ菱垣船や樽廻船とは異なり，内海船はハイリスク・ハイリターンの営業形態を選んだ。リスクを背負いながら廻船業に勤しんだ内海船の船持ちは，他国の商人に対抗したり仲間内の秩序を保ったりするため「戎講」という組織を結成した。講は，各地の物価の情報交換や仲買商人との交渉窓口の役目を担った。先に述べた旧内田家住宅にも戎講を開催した部屋があった（麓，2013）。戎講に加入していた船は，1816（文化13）年には87艘であったが，1827（文政10）年には110艘に増えた。以後，約80〜90艘の間で推移し，1867（慶応3）年には73艘であったことが記録に残されている。

　こうして栄えた内海船も，1873（明治6）年には大型船（500石積み以上）が37艘を数えるだけとなった。1887（明治20）年に日本型船の新造が禁止になったのを受けて，内海には内海帆走船会社が設立され，西洋型帆船2艘で営業を行った。しかし遭難事故による経営不振で1895（明治28）年には解散に追い込まれた。豊浜・師崎に残った3艘も1908（明治41）年に廃船となり，南知多の浦から千石船の姿は消えた。廻船業は廃業しても，蓄えた資力を元手に別の分野へ進出する事業者もいた。たとえば内田家は，1907年（明治40年）に名古屋にあった堀川銀行を買収し，内海町に移転させ内海銀行とした。当時，堀川銀行は名古屋銀行（東海銀行の前身の一つ）に営業を譲渡した後であり営業実態はなかった。買収当時の資本金は10万円で，頭取は内田七郎兵衛であった。内田七郎兵衛は酒造業にも乗り出し，内田家の持ち船であった「富吉丸」にちなんで酒銘「富よし」を販売するようになった。

　近代以降，かつて尾州廻船で栄えた知多半島の漁業集落は新たな社会経済

環境の中で,進むべき道を模索しなければならなくなった。背後の農地は限られており,戦後,愛知用水が通水して灌漑条件は改善された。三方を海洋に囲まれた温暖な気候でみかんやイチゴなどの栽培条件には恵まれている(山岡,1981)。しかし知多半島北部で進んだ工業化や住宅地開発の動きは,大都市から距離の遠い半島南部には及ばなかった。決め手になるのは海洋,海浜の資源であり,観光客をいかに引き入れて海の魅力を武器に収入を得るかである。しかし観光は水物であり,生活スタイルや価値観の変化に応じて絶えず変わらなければ長続きしない。1988(昭和63)年に地下1,300mまでボーリングを掘り進めた結果,豊富な湯量が湧き出てきたことは,観光による活性化を後押しする南知多にとっては幸いであった。配湯を受けて各旅館街は,従来から形成されていたリゾート地から一大温泉郷へと発展できる可能性を得た。その後,独自でボーリングを試み,自家源泉を持つ宿も現れるようになった。温泉には化石成分が含まれており効能も高く,源泉をそのまま使う宿もある。知多半島道路の4車線化や南知多道路の延長などにより,オールシーズン型観光地への条件も整いつつある。廻船業の歴史と海洋・海浜資源を融合させた魅力ある半島地域へと発展していくことが望まれる。

コラム9 「水の惑星」における「水商売」の諸相

　水商売とは,景気の善し悪し,変わりやすい天候,客の気まぐれで収入が安定しない危うい商売のことをいう。必ずしもスナックや居酒屋など酒類を客に出して稼ぐ商売だけをいうのではない。ポイントは水であり,流れ行く水のようにどこに向かうのかわからない不安定さを言い表している。重力の法則にしたがって流れることは頭では理解していても,どこが高くてどこが低いのか簡単にはわからない。知っているのは当の水だけであり,水に聞くよりほかにない。しかしそれでは手遅れで,事前に高低差を調べておき,いざとなったら水が低い方へ流れるように誘導する。もともと川の流れは水が自ら流れる道を切り開き,それを後追いするように人間が堤防を築いて確かなものにした。いわば自然と人間の共同作業の結果である。この作業をあらかじめ計画し,必要なところに必要なだけ水

が流れるようにしたのが生活用水であり灌漑用水である。工業化や郊外化で水需要が増加すると，遠隔地の水源から用水路を通して工場や家庭にも水が送られるようになった。なかには分水嶺を越え，流域をまたいで水を送る事例さえある。

　ダムや溜池に貯められた水は穏やかな表情をしている。どこへ行くかわからない不安定きわまりない流水と比べるとまるで優等生のようである。しかし一見静寂に見える水面の下では，対流などによって水は動いている。たとえば冬の寒さで表面温度が下がると，冷たくなった水は底の暖かい水と場所を入れ替わる。発電のためにダムから水を流したり，田植え時期に溜池から水を流したりすれば，水位は当然下がる。やがて上流部から新たに水が流入したり雨がまとまって降ったりすることで，ダムや溜池の水嵩は増し何事もなかったかのように水位はもとに戻る。ダムや溜池から放たれた水は発電や農産物の生育に役立ち，自らの役割を全うする。最終的には海にまで到達するか，あるいは途中で蒸発して気体としての水に戻るであろう。どこが始まりでどこが終わりか見当もつかない水循環の中に，人々の暮らしがある。

　水商売という言葉には，水が主成分の酒やアルコールを客にふるまって対価を得るという稼業の意味はない。しかし実際には水がなければ成り立たない経済活動は多く，むしろほとんどの経済活動は水利用を前提として行われている。それらの経済活動は地球上に存在する水にアクセスし，液体，個体，気体，いずれかの特性を有用な財やサービスの提供に結びつけている。多くは液体としての水利用であるが，同じ液体でも温度の違い，流れる速さの違い，水質の違いなどが利用の仕方を左右する。利用の仕方として，温泉，舟運，飲料などがすぐに思い浮かぶ。自然状態のまま，あるいは人工的に手を加えたりして，水から経済的価値を取り出す。

　個体としての利用は限られるが，氷による保冷，氷の彫刻，氷上のスポーツなどがある。まだ冷蔵庫のなかった時代，冬場に降った雪を氷室に入れて年を越し，夏までもたせて大切に取り出した氷を高級料亭などに売る商売があった。通常ではありえない水の状態を知恵を絞って保持し，季節のずれをビジネスに生かす稼業であった。気体すなわち水蒸気の利用は，産業革命時の蒸気機関の発明を契機に始められた。ワットが発明した蒸気機関の当初の目的は，石炭採掘場の地下水を汲み上げる動力を得るためであった。水の力を利用して水の位置を換える，まさに水によって水を制するための発明であった。その後，ガソリンエンジンも登場するが，水蒸気としての水利用は石炭火力発電や原子力発電にも受け継がれている。非常に息の長い利用である。最新の動きは燃料電池車であり，水を分解して得た水素を酸素と結びつけるときに生まれる電気を利用して走る。水の分解と

結合の間に電気エネルギーを絡ませる，古くて新しい利用である。
　このように水を利用する経済的活動は無数にある。日常生活の場では，液体，個体，気体の状態で移り変わる水が人々の気持ちを和ませる。とくに四季の移り変わりを演出する環境媒体として水が果たす役割は大きい。川も溜池も水がなければ，ただの野原や窪地にすぎない。谷間の渓谷美や海岸の奇岩，浜辺の砂丘も，流れる川や波の力がなければ生まれない。およそ地球上に現われているほとんどすべての景観は，水の力が作用して生まれたものである。なかには水に恵まれないこと，すなわち乾燥気候であることが原因で，砂漠のような景観を生み出している地域もある。そのような乾燥地域であっても，地中深くには水が存在する可能性がある。近年は海水から真水を取り出すプラントを乾燥地域に持ち込んでビジネスとして成功している事例もある。いずれにしても，「水の惑星」という表現がけっして大袈裟でない地球上で生活できていることに対して，あらためて感謝したくなる。

第10章　政治・宗教の視点から見る都市空間

第1節　県庁所在都市における県庁と市役所の位置関係

1．明治維新後の新時代を体現する愛知県庁・名古屋市役所の場所と建物

　2018（平成30）年は明治維新150年ということで、維新をめぐる議論が各地で行われた。評価はさまざまであるが、政治体制が大きく変わり行政を司る機関の形態と立地に変化が生じたことは確かである。近世を通して政治・行政・司法を兼ねた中枢機関が城郭を構えて都市の中に立地していた。それが体制変化とともに用を成さなくなり、別の用途に転用されたり打ち壊されたりした。時代が変わり、あらゆるものがこれまでとは違うスタイルを求めるようになった。地方においても、古い時代を思い起こさせる城郭スタイルではなく、文明開化をイメージしやすい建物が行政機関としてふさわしいとされた。領主や重臣たちの身の安全を優先した防御機能で固められた厳（いかめ）しい建物はもう必要ない。防御重視の城郭は、慎重に地形を読みながら建造されてきた。崖に縁取られた台地の上や河川沿いは、城郭建設に適した地形条件を備えていた。しかしこうした条件は新しい時代には不必要である。とはいえ、政治・行政を司る役所としての威厳は保たねばならず、新時代の要請との間でいかにバランスをとるか、各地の行政機関は知恵を絞った。

　1872（明治5）年11月、尾張の愛知県（旧名古屋県）と三河の額田県が合併し、新たに愛知県が誕生した。県庁は名古屋に置かれることになったが、その庁舎は尾張藩が1869（明治2）年から藩庁として使っていた建物を引き継いだものであった。ただし尾張藩は1870（明治3）年に名古屋藩、翌年には名古屋県と名称を変えたため、旧名古屋県の庁舎を引き継いだというのがより正確である。このように名称は目まぐるしく変わったが庁舎の位置は変わらず、名古屋城内にあった竹腰邸が藩庁そして県庁として使われた。竹腰家は成瀬家とともに幕末まで尾張藩の附家老を務めた家柄であった。1868（明治元）年に新政府から独立の藩として美濃今尾藩を与えられたため、名古屋城内の

邸宅を引き払い今尾に移転していた。維新当時，新たに県が設けられたところでは，かつての城内や陣屋内にあった藩庁をそのまま県庁として使用するのが一般的であったため，愛知県もそれに倣った。なお旧竹腰邸は，現在の愛知県警察本部が建つ敷地の北半分であったと推測されている。

　旧竹腰邸を間借り同然に県庁として使用していたのも束の間，名古屋城三の丸が名古屋鎮台の兵隊増員にともない急遽，陸軍省に引き渡されることになった。鎮台とは，明治初期，政府が地方に配置した常備陸軍のことであり，1873（明治6）年の時点で，仙台，東京，名古屋，大阪，広島，熊本に鎮台が置かれた。このため県庁は名古屋城内にはおれず，1874（明治7）年に東本願寺別院内に仮移転することになった。東本願寺別院は大須の南にあり，名古屋城からかなり離れたところに移転したことになる。しかしここはあくまで仮の庁舎であり，3年後に今度は広小路通の終点（栄町筋の突き当たり）の南久屋町に正式の県庁舎を建てて移転した。広小路通は当時の名古屋では東西のメインストリートであり，通りの西の端を延長した所に武豊線の名護屋（のちに名古屋）駅が設けられることになっていたため，県庁は駅に向かって正面つまり西向きに建てられた。県庁の左側には県会議事堂，右には警察部の建物が建てられた。愛知県庁が広小路通の東の終点に建設されたことにより，その辺り一帯は官庁街の雰囲気を漂わせるようになった。こうした動きを強めたのが名古屋市役所の立地である。1878（明治11）年に郡区町村編制法の実施によって生まれた名古屋区がその10年後に市制を施いて名古屋市になり，新庁舎を栄町交差点の南西角に置いたからである。愛知県庁と向かい合うようなかたちであり，名古屋商法会議所（のちの商工会議所）も近くに設けられた。

　こうして2つの役所は，名古屋城の外の碁盤割の東端に並んで建つことになった。ところがこれらの役所にとって，ここは安住の地ではなかった。明治30年代に中央本線が名古屋駅を起点として建設されることになり，西の名古屋駅に対して東に千種駅を設けることになった。このことが愛知県庁をさらに移動させる要因になる。なぜなら，愛知県庁が東の端に建って行く手を遮っていた広小路通を東に向けて延長し，新設予定の千種駅と連絡する計画が立てられたからである。移転を迫られた愛知県庁は，現在地の北東寄り

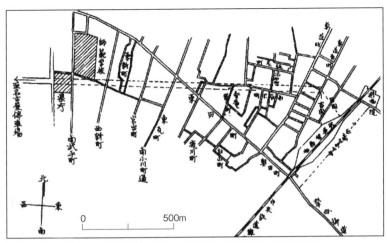

図10-1 名古屋中心部東の東部道路（新栄町通）改修計画図
出典：名古屋市建設局編，1957の付図を一部改正．

の七曲町の旧第一師範学校跡地に1900（明治33）年に移転した。翌年には県会議事堂も県庁舎の西隣に新築された。県庁舎，議事堂ともに木造2階建ての瓦屋根を載せた和風建築であり，新設の大道路に面して本門を構え，官公庁の代表的建築物として県民の注目を浴びた。図10-1は，名古屋市中心部から中央本線千種駅まで延長された東部道路の改修計画図を示したものである。栄交差点正面に県庁のあったことがわかる。一方，名古屋市役所は1907（明治40）年に火災に遭い，現在の中区役所のある場所に新築移転した。こうして2つの役所は再度，場所を変えることになったが，遠いところへの移転ではなく官庁街の特徴は維持された。

　このように現在，愛知県芸術文化センターや名古屋市中区役所のある栄の中心部一帯は，明治中期以降，官庁街であった。ところが，愛知県や名古屋市に関連する施設があるとはいえ，今現在この一帯に官庁街の雰囲気が感じられないのは，昭和初期に県と市の役所が名古屋城の三の丸に新築移転したからである。最初に移転したのは名古屋市役所で，これは昭和天皇御大典事業として建設され，1933（昭和8）年9月6日に竣工した。外観デザインは，近代的なビルに和風の瓦屋根を載せた「日本趣味を基調とする近世式」とされるものであった。総数559通の一般公募の中から西春日井郡豊山村（現在

の豊山町）出身の建築家・平林金吾の案が採用された。外観の特徴として印象的なのは，中央にそびえる高さ53.5mの時計塔である。二層の屋根を配した塔の頂上には四方にらみの鯱が載せられており，名古屋城との調和を意識したデザインである。この時計塔と鯱は，名古屋のイメージを鮮明に打ち出したいという平林のこだわりによる。当時の市庁舎としては突出した規模を誇っており，地元特産のタイルを駆使した壁面が独創的な意匠を創り出している。建物内部では伝統的な意匠を巧みに織り交ぜた点に特徴があり，西洋的な建築様式に日本的な要素を取り入れた昭和初期の記念的庁舎建築として評価が高い。2014（平成26）年12月に隣接する愛知県庁本庁舎とともに，国の重要文化財に指定された。

　名古屋市役所の名古屋城内入りから5年遅れたが，1938（昭和13）年に愛知県庁も昭和天皇御大典の記念事業として名古屋市役所の南隣に建設された。西村好時と渡辺仁の基本設計をもとに，工事顧問の佐野利器・土屋純一の指導を受けながら愛知県総務部営繕課が実施設計を行った（瀬口，2014）。頂部に名古屋城大天守風の屋根を載せた帝冠様式の意匠が特徴的である。横に並ぶ名古屋市役所も帝冠様式であり，この時期にほかの県庁でも同様な様式が盛んに取り入れられたことを考えると，これは時代的風潮の反映といえる。外観は，建物上端を瓦屋根とする三層構成であり，1階を石張，2階以上は黄褐色テラコッタ張，6階は白色タイル張としている。正面6階に切妻屋根を，背後の屋上階に入母屋屋根を載せ，城郭風の重厚な正面を造り出している。構造は，鉄骨鉄筋コンクリート造，地上6階，地下1階，塔屋1階である。平面形状は日の字型で，建築面積4,665.99㎡，延床面積28,314.48㎡，高さ39.79m，重量は約73,400トンである。県と市の本庁舎が隣り合って建っているケースは珍しく，広大な城内敷地を残した尾張藩のかつての威光を見る思いがする。

2．郊外化をリードした岐阜県庁の市街地中心部からの転出

　1871（明治4）年の廃藩置県とその後の府県統合により，笠松県など9つの県が合併して誕生した岐阜県は当初，もと笠松陣屋であった旧笠松県庁舎（羽島郡笠松町）を庁舎として使用した。しかし合併によって県民や管理する

土地が増大して職員数も増えたため、新庁舎を建設することが課題となった。そこでまず、1873 (明治6) 年3月に厚見郡今泉村 (現・岐阜市西野町) にある本願寺別院を借り受け、仮庁舎として移転した。仮庁舎への移転と同時に岐阜市司町に新しい庁舎の建設が始められ、翌年の6月に新庁舎は完成した。司町という地名は新築された2代目県庁舎の完成にともなってつけられたものであり、庁舎の南側に38戸の官庁街が設けられた。司町になる前は今泉村字八ツ寺地内と呼ばれ、近世までの市街地・岐阜町の南郊外に当たる場所であった。県庁舎の完成後、郵便局、裁判所、警察署、新聞社などが建ち並び、先に述べたように官庁街らしくなった。2代目の岐阜県庁舎は、木造平屋建て瓦葺きの建物で、正面玄関の妻壁には菊の紋章が掲げられていた。その後この庁舎は1891 (明治24) 年の濃尾地震や台風などの被害に遭いながらも、修繕を繰り返し使用された。建設当初にあった洋風の門は濃尾地震によって倒壊したため、その後、冠木門形式で再建された。

　県庁と対で設けられることが多い県会議事堂は、岐阜県の場合、司町に岐阜県庁が竣工したのち、通りを挟んだ南側に建設された。しかしこの建物は仮の県会議事堂という位置づけで、1901 (明治34) 年からは岐阜県物産館の2階を県会議事堂として使うことになった。岐阜県物産館はこの年に開催された第5回東海農区連合共進会の本館として建設された華麗でモダンな建物であった。岐阜県物産館を建設するまえから共進会が終わったあと会場跡をどうするか議論する中で、建物の1階は常設の物産館として使い、2階を県会議事堂とすることになった。建物の正面入口の門には、地元・西濃で産する大理石が使用された。第5回東海農区連合共進会に関する史料によれば、会場は岐阜市大字今泉西都賀佐町で本館の建坪は316坪であった。今泉村は1889 (明治22) 年に岐阜市が市制を施行したときに市域に併合された村で、現在は市街地中心部である。県会議事堂はその後、1924 (大正13) 年に県庁舎が司町で建て替えられたとき、県庁舎と一体的に建設された。ところがその後、1951 (昭和26) 年に県庁舎の建物とは分かれ、県庁舎の南隣に新たに建設されることになる。この間の経緯はいささか目まぐるしいが、岐阜県では明治期から昭和戦前期までの約半世紀、県庁舎と県会議事堂は付かず離れずの関係にあったことがわかる。

都市の中で県庁舎がどこにあるかが問題になるのは、県庁舎だけでなくそれに関連する施設が一緒になった行政地区が、空間構造の中で重要な位置を占めることが多いからである。とりわけ人口規模がそれほど大きくない地方の県庁所在都市にあっては、県庁舎を核とする官庁街の存在感は大きい。官庁街で就業する人口も相対的に多いため、都市経済に及ぼす政治空間の意義は無視できない。岐阜県では高度経済成長が始まる頃、近代まで都心部にあった県庁が都市の郊外に移転した。近くにあった市役所はそのまま残ったが、県庁が脱都心化したことにより、県行政に関わる団体や組織も市街地中心部から、ほとんど何もなかった郊外の田園地帯へ立地移動した。県庁が県全域との地理的位置関係を考慮してその場所が決められるなら納得がいく。しかし県庁をもつ都市（県庁所在都市）の立場からすれば、県庁が都市の中心部から姿を消してしまうのは、都市構造の点から問題なしとはしない。県庁が近世あるいは近代までの歴史的な都市中心部から離れてあるという事例は全国的に見て多くない。岐阜県の場合、どのような事情があったのであろうか。それを考える前に、まず3代目の県庁舎について触れておく。

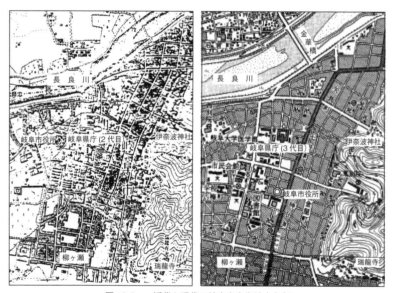

図10-2　近代と現代の岐阜市市街地中心部
出典：左＝2万分の1地形図「岐阜」明治24年測図、右＝2万5000分の1地形図「北方」「岐阜」平成6年修正。

2代目の岐阜県庁舎は，1874（明治7）年に竣工して以来，関連する行政機関を引き寄せながら，行政地区の形成を促すはたらきをしてきた（図10-2）。1919（大正8）年には，岐阜市役所が県庁舎の南側近くに建設された。市役所は1889（明治22）年に当時の今泉西野町に立地したのが最初であるため，県庁に引っ張られて市街地南側に新築移転したことになる。2代目の県庁舎は，築後半世紀の時間が経過した1924（大正13）年に，同じ場所に建て替えられることになった（柳田・清水，2013）。鉄筋コンクリート造り地上3階建てで，県会議事堂を併設した建物である。新庁舎は南側からアプローチする設計で，正面から見るとは中央部がやや高い山型で東西に長い建物であった。玄関から建物奥に向かって進むと県会議事堂ゾーンに至るが，県会議事堂へは北側の専用玄関から入るのが正式であった。新装なったこの3代目県庁舎は，行政地区における中核施設としての性格を一層強めた。とくに大きかったのは，近くにあった監獄所が1925（大正14）年に転出したため，その跡地に裁判所，検察庁，公会堂，中警察署が移転してきたことである。こうして行政機関の集積が進み官庁街の体裁が整ってきた岐阜県・岐阜市であったが，昭和期の後半，他の県では見られない県庁の脱都心が起こった。

　3代目県庁が転出したのは1966（昭和41）年のことで，それまでの50年間，県庁は岐阜市中心部の官庁街の核としてその役割を担ってきた。4代目となる新たな県庁は，3代目から5kmも離れた岐阜市南西部の郊外で，周囲は水田地帯であった。時代的には高度経済成長期で，工業化や都市化がモータリゼーションの波に乗って郊外へ郊外へと広がっていった頃である。当時，工場や大学がスペースを求めて郊外に出ていく事例は珍しくなかった。しかし，県庁が中心市街地から遠く離れて出ていく事例はほとんどなかった。そのような状況下で岐阜県庁が郊外に転出していった理由として，岐阜が戦国期の山城をもつ旧城下町ではあったが近世は城のない商都であったことと，岐阜市・岐阜県の地形条件・地勢条件を挙げることができる。

　最初の理由についてであるが，愛知，三重，静岡，富山，石川，福井など岐阜に近い近隣他県の県庁所在地はいずれも，近世は城下町であった。これらの県では，維新直後は仮庁舎など場所が定まらない事例もあったが，最終的にはかつて城郭のあった敷地内に県庁舎が建てられた。ところが岐阜県の

場合，岐阜は戦国期までは城下町であったが江戸期は商都として栄えた。かつての城も山城で他県の平城とは異なっていた。近隣他県でも維新によって城は廃城になったが，旧城郭は近代以降も行政中心にふさわしい場所と考えられた。これが磁力としてはたらき，県庁を旧城郭の中やその近くに止め置く力として作用した。ところが岐阜にはそのような磁力はなく，歴史的中心から離れることにそれほど抵抗がなかったのではないか。もっとも近年の例として，石川県では長らく金沢城内にあった県庁が，2003（平成15）年に北西5kmの場所に新築移転された。40年ほど遅れて岐阜県の事例を踏襲したといえる。

　いまひとつ考えられる理由は，地形条件と都市構造との関係である。明治初期に県庁誘致で大垣に勝った岐阜は，戦国期の城下町から近世の商都，そして近代以降の政治・経済都市へと発展する過程で，市街地は北から南へと広がっていった（山村，2013）。これは長良川が形成した緩やかな扇状地の上方から下方への広がり方にほぼ一致している。市街地の東側には金華山をはじめとする丘陵地があり，北側は長良川によって移動が限られている。こうした広がり方に制約のある発展は，南側にある城下町兼中山道宿場町の加納との合併によって新たな動きを見せる。北の商都と南の旧城下町兼宿場町が一緒になったことにより，岐阜の市街地は南方に広がった。都市発展の方向性で，扇状地末端から平野へとつながる市南部が郊外化を誘引するはたらきをした。

　こうした岐阜市自体の地形条件に加えて，岐阜県の地勢条件についても考える必要がある。これは岐阜県に限らないが，平野部の都市地域と山地・山岳の多い農村地域からなる県では，2つの地域の政治・経済的な利害関係の調整に労力を要する。県の当局者は両地域のバランスをとることに腐心し，県庁所在地・岐阜の都市構造に関わる余裕を十分持ち合わせていなかった。岐阜市の都市構造は基本的に市の権限の及ぶところであり，県としては県全体のことを考え，あえて郊外に出ることを優先させたのではないか。岐阜県庁が岐阜市郊外に移転して以降，関連施設の移転が続き，一帯は行政機関だけでなく商業・サービス業も集積立地して大きく変貌した。結果オーライとして了とすべきかもしれないが，「県都・岐阜」の市街地空洞化が，その後

問題にされるようになった事実は否定できない。いずれにしても，歴史的な市街地中心部にとどまる根拠の薄い県庁が率先して郊外化をリードした珍しい事例を岐阜県に見ることができる。

3．人口が県内最大でない県庁所在都市・津にある三重県庁と津市役所

　県庁所在都市に関するクイズでよく出題されるものの中に，県庁所在都市の人口数がその県の中で一番でない県はどこか，というのがある。正解は，福島，群馬，静岡，三重，山口の5県である。このことは逆に，全国47の都道府県のほとんどは，県庁（あるいは都庁，府庁）所在都市が人口数では最大都市であり，行政機関がいかに人口集積に関わっているかを物語る。日本は首都が国内で人口がもっとも多い大都市にある中央集権国家であり，地方においてもそのミニ版として県庁をはじめとする行政機関が人口集積に寄与している。上述した5つの例外県で，県庁所在都市の人口が相対的に多くない理由は一様ではない。平成の大合併でいくぶん状況は変わったが，合併前，県庁所在都市の人口が県内最大都市の人口の半分程度であったのは，三重県の津と山口県の山口だけである。今回の合併で津は四日市の89.5％まで，山口は下関の74.8％まで肉薄するようになった。しかし以前，津の人口は16万人，四日市は30万人で，両都市の間に鈴鹿，松阪があった。同様に山口は14万人，下関は25万人で，こちらも2都市の間に宇部，周南があった。つまり津も山口も県庁所在都市でありながら，人口集積に関しては他の中都市の後塵を拝していた。ようやく平成の大合併で県庁所在都市としての格を上げたように思われるが，トップとの間にはまだ開きがある。

　かつて県庁所在都市の中で人口が最小の16万人であったのが，上述した三重県の津である。上述した5県の県庁所在都市は北に偏っている福島を除けば，おおむね県域の中央付近にある。この点では津は責め立てられる筋合いはなく，仮に北勢の四日市に県庁があったら南勢はもとより中勢からも文句が出るかも知れない。近世は天領で港もあり，近代以降に進められた港湾整備と軍需工業化，そして戦後は石油コンビナートの形成で四日市は発展してきた。対する津は中世までは安濃津（あのつ）として知られ，室町時代末に成立した日本最古の海洋法規集である『廻船式目（かいせんしきもく）』に記載されている三津七湊（さんしんしちそう）のうち

の三津のひとつであった（伊藤, 1997）。ところが1498（明応7）年8月の明応の大地震・津波によって安濃津は壊滅的な被害を受けて廃れてしまった。かつて栄えた場所が特定できないほど大きな災害を被ったあとしばらく時間が経ち，1608（慶長13）年に伊予国今治から伊賀・伊勢国へ藤堂高虎が入封したのを契機に，津に城下町が築かれていった。

　徳川家康が一外様大名にすぎなかった高虎を伊賀・伊勢の地に置いたのは，そこが東海の政治・軍事を考える上で重要な位置にあったからである。三津七湊の時代から評価は変わっていなかった。高虎が入封した当時の津の町には関ヶ原の戦の傷痕が残っており，500軒ほどの粗末な家が建っていたにすぎなかった。高虎は，以前の城主であった富田氏の居城を中心に本格的な都市計画を実施した。城を中心に武士を住まわせ，町人たちを呼び集め城下町をつくりあげていった。その結果，津の町は富田氏の頃に比べて3倍近くにも広がった。都市発展の振興策として，伊勢街道が城下町の中を通るように変えたことが大きかった。のちに，「伊勢は津でもつ津は伊勢でもつ」といわれるほど，城下町ではあるが宿場町としても大きく賑わう都市へと発展していった。

　明治維新以降の三重県の成立過程と県庁の位置については，かなり複雑な経緯がある（表10-1）。まず，1871（明治4）年11月に第1次統合が行われ，現三重県域の北半分が安濃津県，南半分が度会県とされた。このときの県庁

表10-1　三重県における廃藩置県

国	1876年 第2次統合	1871年 第1次統合	1871年 廃藩置県	1869年 藩	藩主	藩庁	石高（万石）
伊勢国	三重県	安濃津県	長島県	長島藩	増山正同	長島城	2
			桑名県	桑名藩	松平定教	桑名城	6
			菰野県	菰野藩	土方雄永	菰野陣屋	1.1
			亀山県	亀山藩	石川成之	伊勢亀山城	6
			神戸県	神戸藩	本多忠貫	神戸城	1.5
			津県	津藩	藤堂高猷	安濃津城	27.09
		度会県	久居県	久居藩	藤堂高邦	久居陣屋	5.3
			度会県	度会府	慶応4.7.6　新設		
志摩国			鳥羽県	鳥羽藩	稲垣長敬	鳥羽城	3

出典：イーエヌ・プランニングのウェブ掲載資料（http://fukuoka-enplan.com/blog/2016/12/16/歴史を紐解く（廃藩置県）-%E3%80%80三重県編／）をもとに作成．

舎は，安濃津県が津の旧本陣（大門町平民進伴左衛門宅）から翌年は旧客屋（大門町の来賓館舎）へ，度会県は旧度会県の県庁であった。ただしこのときの旧度会県とは，1869(明治2)年7月にそれまでの度会府が改称されて県になったものである。これは，明治新政府が1868（慶応4＝明治元）年に打ち出した「府・藩・県三治制」の設置による。このときの度会県は，南勢を中心に北勢にも分散する神領・旧幕府直轄領や没収された旧桑名藩領によって構成されており，第1次統合で成立する度会県とは別のものである。旧度会県の庁舎は，1870（明治3）年6月に山田岩淵町（現・伊勢市岩淵町）にあった。

　安濃津県の県庁が津に定まったのも束の間，1872（明治5）年3月に県庁は三重郡四日市に場所を移され，県名も郡名に因んで三重県に改められた。県庁舎として四日市の旧陣屋が当てられた。この陣屋は旧幕府の信楽代官が所管していた建物であり，1869（明治2）年以降は旧度会県の支庁として使われていた。現在，四日市市立中部西小学校が建っている場所である。こうして津から四日市に県庁は移されたが，四日市時代はわずか1年間で，翌年，県庁は再び津に戻る。理由は旧陣屋の敷地が狭いということもあったが，それよりも第1次統合で新たに生まれた度会県との合併話が浮上してきたためである。津に戻された県庁は旧津城内の旧津藩学校有造館に場所を定めた。県名は三重県のままで変更されなかった。しかし県庁舎とされた有造館では師範学校の設立が計画されたので長くは使えなくなった。このため，1876(明治9)年に度会県と合併したのを契機に，1879年（明治12）年に安濃郡下部田村，すなわち現在津市内にある県庁前公園（現・JAグリーン公園）に三重県庁が建設された（図10-3）。県庁本館は東京の築地ホテル館に似たハイカラな建築物であったことから，落成当時は地方より弁当持参で見物に来る客が多かったという。玄関を中心とする左右対称の建物構造とベランダを2層巡らす構造は，当時の内務省庁舎に倣ったものである。建材は海路で東京から四日市港に運ばれ，さらに津へ送られた。1879年（明治12）年に完成し，1964年（昭和39）年まで使われた三重県庁舎の本庁舎は国の重要文化財に指定され，現在は愛知県犬山市の博物館明治村に移築・保存されている（近藤，1997）。

　明治10年代から80年以上にわたって使われた三重県の県庁舎はその本館

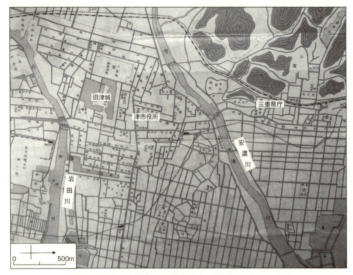

図10-3　津市中心部の三重県庁と津市役所（1931年）

が重要文化財に指定され，明治村で保存されるほど高く評価された建物であった。1964（昭和39）年以降は，そのやや北側に新しく庁舎が建設され，元の跡地は公園になった。この間，三重県庁は四日市方面からの旧伊勢街道が安濃川を渡る手前の川北の丘の上に建ち続けてきた。一方，県庁所在都市の顔ともいうべき市役所は，1889（明治22）年に市制が施行されたとき津市大門町の53番屋敷にあった。ここにあった建物を借りて業務が行われた。大門は近世から近代を経て現在に至るまで商業活動が盛んに行われてきた地域である。1901（明治34）年には三重県を代表する百五銀行が53番屋敷に本店を置いて開業している。市役所がここで業務を行ったのは一時的で，4か月後に市役所は津市西町（北丸之内）に移された。旧伊勢街道を挟んで大門町とは反対の西側であり，安濃川よりはむしろ岩田川に近い旧津城の一角である。

　こうして市役所は城内に移動したが，その後再び大門に戻り1979（昭和54）年まで旧伊勢街道の東側にあった。この間，市役所は敗戦直前の1945（昭和20）年7月に米軍機による空襲で市街地中心部の建物と同様，大きな被害

を受けた。このため，戦後まもない一時期は三重県庁の施設を使って業務が行われるということもあった（南部・小野寺，2017）。三重県庁が現在の場所へ移転した15年後，津市役所は再度，旧津城の西側，西丸之内に新築移転された。現在，この地区一帯には地方法務局，警察署，津図書館などの公共施設が集まっている。この地区と県庁のある地区は安濃川を挟んで南北の関係にあり，距離も1.2kmほど離れている。こうした点から考えると，三重県の場合，市と県の庁舎はやや離れた関係にあるように思われる。愛知県のように隣り合う関係でもなく，岐阜県のように遠く離れた関係でもない。あえていえば両者の中間にあり，付かず離れずの関係にある。近世を通して，幕府，大名，旗本，神社など多様な勢力が群居した伊勢地方にあって，津藩はそのうちのひとつに過ぎなかった。その城跡に県庁を建てるという選択肢は考えにくく，津市が市役所をそこに建てることで政治拠点を継承したといえる。

第2節　美濃，尾張，三河，伊勢の国府の場所の意義

1．美濃国府が置かれた東西交通の要衝・垂井の今昔

　本州中央部で太平洋側と日本海側の間をできるだけ短い距離で結ぶ場合，伊勢湾に面する桑名と敦賀湾の敦賀を結ぶルートが考えられる。実際，測ってみると道路距離で130kmほどである。桑名は揖斐川の河口にあり，舟運で遡上すれば大垣辺りまで行くことができた。そこで大垣〜敦賀間を測ると77kmしかない。大阪圏でも大阪〜舞鶴間なら118km，京都〜舞鶴間なら102kmであるが，大垣〜敦賀間には勝てない。古代，都のあった畿内から東国あるいは北国へ向けて逃亡しようとする者がいた場合，この短く狭いルート上のどこかに関所を設ければ捕らえられる可能性が高かった。実際，672（天武元）年に起こった壬申の乱のおり，都での争いが拡大する恐れがあった。そこでこれを教訓に，3つの関所が設けられた（森・門脇編，1996）。北から順に北陸道の愛発の関，東山道の不破の関，東海道の鈴鹿の関のいわゆる三関である。このうち不破の関は現在の不破郡関ヶ原町にあり，畿内から東国へ向かう者を厳しく取り締まった。不破の関跡には，壬申の乱のおりに大海人皇子が兜をかけたとされる兜掛石も遺されている。なお不破という地名は，

狭い山間を通り抜け広い野に出るときの風の音に由来するといわれる。伊吹山と鈴鹿山脈に挟まれた喉仏のような場所に立つと，確かに隙間風が吹いているような気がする。冬場，滋賀県側からこの狭い風の通り道を通って岐阜県側へ雪がもたらされる。周囲を山に囲まれているため日本海側の雪が届くはずのない濃尾平野へ雪が吹き込むのは，唯一ここからである。

　不破の関のある関ヶ原は，戦国末期に雌雄を決すべく天下分け目の合戦が繰り広げられた場所である。その関ヶ原の東隣の垂井に，8世紀に国府が置かれた。垂井は不破や関ヶ原とともに東山道に沿っており，美濃国を治める役所の場所にふさわしいとされた。国府は畿内にある都とできるだけ短い距離で結ばれる場所で，しかも地方を管理するのに好都合な位置を選んで設けられた（中村，1996）。美濃国府の所在地については長らく不明であったが，垂井町教育委員会による発掘調査によって判明した。その場所は，東海道本線垂井駅の北西1kmのところにある御旅神社の南側である。小高い丘で西側を大滝川が流れている。発掘調査の結果によれば，国府の中心である政庁跡は東西約67m，南北約73mで四角形に区画されていた（垂井町教育委員会編，1996）。その内部からは正殿，正殿前の細長い建物の西脇殿，東脇殿の3棟の建物跡が見つかった。どの建物も当初は掘立柱建物であったが，奈良時代後半頃，礎石建物へと改築された。政庁跡の南側には幅約18mの朱雀路があり，東側には美濃国府の実務機能を担ったと考えられる建物群（東方官衙地区）もあった。また貴重な遺物として，硯，墨書土器，緑釉陶器，巡方（役人のベルトにつけられた飾り）など出土した。こうした調査結果から，美濃国の政治情勢を考える上で重要な遺跡であることが明らかになり，2006（平成18）年に政庁域とその周辺部は国の史跡に指定された。

　以上が国府跡の調査結果であるが，国府の近くに建立されるのが普通の国分寺が，国府から東へ約2kmの青野（現・大垣市青野町）にあることは以前から知られていた。創建は737（天平9）年と伝えられる。また国分尼寺は国府と国分寺の中間附近（現・垂井町平尾）にあったことも，跡地の発掘調査によって明らかになっている（垂井町教育委員会編，2010）。これらを地図で確認すると，西から順に国府，国分尼寺，国分寺がほぼ一直線上に並んでおり，東山道を行く人はこれらの建物が建ち並ぶ姿を目にしながら旅をしたで

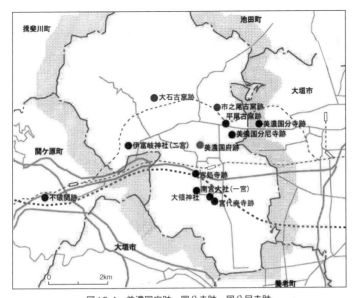

図10-4 美濃国府跡，国分寺跡，国分尼寺跡
出典：垂井町教育委員会のウェブ掲載資料（http://www.tarui-bunkazai.jp/download/houkokusho/美濃国府跡.pdf）をもとに作成。

あろうと思われる（図10-4）。美濃国の一宮に当たる南宮大社は，東西に流れる相川を挟んで国府跡と反対側にある。同じく二宮は伊富岐神社で，これは国府跡の西約 2.6kmにある。南に南宮山（標高419m），北西に伊吹山（標高 1,377m）をそれぞれ控える美濃国一宮，二宮，それに国府が三角形を描くようなかたちで位置している。三角形の中央を東西方向に，かつては東山道，中山道，現在は国道21号，東海道本線，東海道新幹線が通っており，この地が不破の関の東の延長部分に当たっていることが確認できる。

国府の機能は200年ほどの間続いたと考えられている。鎌倉時代に起こった承久の乱（1221年）のおり，幕府軍が垂井とその西隣の野上の両宿に陣営したとされる。南北朝期には，鎌倉中期頃から戦国期にわたって垂井周辺を治めた長屋氏のもとに北朝の後光厳天皇が行在している。後光厳天皇は在位中，南朝軍の攻撃を受けると近江や美濃に避難することがあったからである。また1440（永享12）年，結城氏朝が関東官領の上杉憲実に対抗し，第4代鎌倉公方であった足利持氏の遺子春王，安王を奉じて下総の結城城で戦った

311
第10章 政治・宗教の視点から見る都市空間

結城合戦があった。そのさい、結城城は落ちて氏朝は自殺したが、翌年、春王、安王も捕えられ、垂井宿の金蓮寺で命を落とした。関ヶ原の戦い（1600年）においては現在の垂井町域も戦場になり、南宮神社をはじめ多くの村々が戦火に焼かれた。江戸時代の垂井町内は多数の領主によって分割され、北部は室町期に勢力を誇った岩手氏に代わり竹中氏をはじめとする中小の旗本領や尾張藩などの入り組んだ支配地になった。南部は主に幕府領となり、江戸後期には大垣藩預かり地となっている。

　垂井は中山道の宿場として知られるが、分岐する美濃路の起点でもあったため西美濃の交通の要衝であった（日下、1985）。垂井宿を通る街道は、将軍上洛の往復、姫君の輿入れ、大名行列、朝鮮通信使などに利用された。人の往来だけでなく、人力・馬力による物資輸送も盛んに行われた。荷車が普及するのは幕末になってからである。江戸時代の交通関係遺跡として、現在も国指定史跡の垂井一里塚や町指定天然記念物である美濃路の松並木が残っている。近代になり、1873（明治6）年に中山道は国道一等道路、美濃路は国道二等道路となった。道幅は江戸時代と変わらず約7ｍで、美濃路の松並木や宿場の町並みなどが保存されてきた。都市間を結ぶ交通には大きな変化があり、1883（明治16）年に長浜〜関ヶ原間の鉄道が開通、翌年には関ヶ原〜垂井〜大垣間が開業した。さらに、1888（明治21）年には東海道本線全線の新橋〜神戸間が開通し、その後の日清・日露戦争のさいには兵員等の輸送で大きな役割を果たすようになった。特筆されるのは、東海道本線下りの垂井と関ヶ原の間は急勾配であったため、当初は補助機関車を必要とする区間だったという点である。このため1944（昭和19）年には、垂井町の北側を大きく迂回する東海道本線下り迂回路が設けられた。1964（昭和39）年には東海道新幹線が垂井町内を通ることになるが、これは名古屋から三重県・奈良県方面へ直進するルート案が変更され関ヶ原ルートを通ることになったためである。鉄道以外では、大正期頃から道路を県道へ編入する動きが増え、昭和後期の高度経済成長期とともに車社会が到来した。とくに国道21号の交通量が増え、昼間12時間交通量は1953（昭和28）年の253台が19年後の1972（昭和47）年には6,090台に増えた。高速道路が通っていない垂井町では、国道21号は現在でも交通量の一番多い道路である。

2. 尾張国府のあった稲沢が交通機能を十分生かせなかった経緯

　律令時代に各地方に置かれた国府の位置を現代の感覚で考えると違和感を覚えることがある。たとえば前項で取り上げた美濃国の国府はかなり西に偏った位置にあり，ここから美濃国全域に目が届いたとは想像しにくい。現代の岐阜県南部，あるいは少なくとも近世の美濃国の広がりを前提とするなら，もっと東寄りにあってもよいのではないかと思われる。しかしそのように思うのは，古代から中世，近世，近代を経て現代へと時間をかけて地域が発展していった結果を知っているからであり，やはりその当時の時代状況の中で考えるべきものであろう。

　それでは美濃国の南にある尾張国の国府の場合はどうであろうか。尾張国の国府は，現在の稲沢市内を走る名鉄名古屋本線の国府宮駅の近くにあったことが考古学的調査の結果，明らかになっている（稲沢市教育委員会編,1989）（図10-5）。ただし，正確な場所は特定できておらず候補地が2か所ある。2つの候補地はそれほど離れているわけではなく，当初あった場所から別の場所へ移動したあと，再び元の場所に戻ったのではないかと考える人もいる。

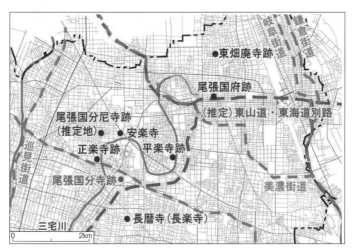

図10-5　尾張国府跡，国分寺跡，国分尼寺跡
出典：稲沢市のウェブ掲載資料（http://www.city.inazawa.aichi.jp/ka_annai/syougai/pub/0-2.pdf）をもとに作成。

天下の奇祭「はだか祭」で有名な国府宮神社が尾張総社，すなわちこの地域一帯の神社の総本山であることから，国府のあったとされるこの場所が宗教的に重要なところであったことは間違いない。しかし，この稲沢（古くは稲葉）の地がその後も社会的，経済的意味において尾張地方の中心地であり続けることはなかった。同じことは美濃国の国府があった垂井についてもいえる。大垣，岐阜などが勃興していったからである。尾張の場合，中世以降，政治や経済の中心は移り変わり，最終的に名古屋がその地位を獲得して現在に至っている。

　律令時代の国府やそれが支配・管理の対象とした都市や集落の歴史的発展のありさまを見るとき，街道の盛衰はその手がかりを与える。舟運も手がかりとなるため，川の流れや浜辺などにも目を配るべきであろう。一般に都市や集落を互いに結びつける交通路は，血液を流す血管のようなはたらきをする。しかも，ただ流すだけでなく養分を組織から受け取り，別の組織へ送り込む役割も果たす。これによって血管につながる組織は維持される。都市や集落も同じで，人やモノがたえず交通路上を流れていないと維持できない。生理的にコントロールされている血管や血液とは異なり，交通路の場合は，人間が行う社会，経済活動あるいは政治活動によって新しい血管に相当する別の交通路が生まれたり，逆にいままでの交通路が細くなって衰退したりする。いまこれを尾張国の国府があった稲沢とその周辺について考えると，交通路の新旧交代によってその後の地域に盛衰があったのではないかと思われる。もともと稲沢市の西部には美濃路という街道が通っていた（日下監修，2018）。現在も地域の生活道路として利用されているが，メインストリートとしての地位はない。近世に東海道と中山道が整備されると，両者を結ぶ脇往還としての地位が与えられた。しかしあくまで脇役的な役回りである。稲沢市内の主な宿場は稲葉宿で，ここには本陣や脇本陣も置かれた。美濃路という名称から明らかなように，この街道は名古屋から西美濃すなわち中山道との分岐点に当たる垂井まで，ほぼ直線状に走っていた。

　美濃路は近世になって突然，開かれたのではない。すでに古代において美濃国の国府と尾張国の国府を連絡するルートとしてその素地が開かれていた。その後，先に述べたように，東海道と中山道を連絡する役割を果たすよ

うになった。稲葉と美濃路の起点である名古屋の間には清洲がある。清洲は名古屋に城が移される以前，名古屋城を上回る規模の総構えの城下町を誇った（千田編，2012）。しかし，清洲越しという政治的決断によって廃城となり，その後は衰退の道を辿っていく。稲葉と大垣の間には，萩原，起，墨俣という宿場があった。萩原は北東方面にある一宮から距離的に近く，自らの勢力を大きくすることができなかった。木曽川の渡河地点に当たる起は橋のなかった時代，渡船客で大いに賑わった。木曽川の舟運は湊町でもある起の発展を支えた（八橋，1976）。しかし木曽川に道路橋が建設されたり，武豊線すなわちのちの東海道本線が一宮〜加納（のちに岐阜）間に開通したりして，起はそれまでの機能をなくした。長良川の渡河地点であった墨俣についても，同じようなことがいえる。結局，美濃路に沿うかつての宿場町は近世から近代にかけて続々と生まれていった新しい道路や鉄道とは縁が薄く，勢いを失った。新たに生まれた交通路は，近世以降に発展した商業都市や城下町が多くの交通需要を生み出したため，必然的に設けられた。名古屋，一宮，岐阜をほぼ直線で結ぶ岐阜街道（御鮨街道）と，これを下敷きとする東海道本線，名鉄名古屋本線，国道21号が地域の基本軸となった。

　近世に尾張一円の城下町としての地位を確立した名古屋が，近代になってもその地位を維持できたのは，名古屋を起終点とする基本的な交通インフラが近代以降も大きく変わらなかったからである（林，2000b）。尾張の北に位置する美濃との関係では尾張藩の領地でもあった岐阜が県庁所在地となり，何を差し置いても名古屋〜一宮〜加納（岐阜）間の交通路は充実させる必要があった。このことは，東海道本線に加えて名古屋鉄道が岐阜を拠点とする美濃電気軌道を買収し名岐鉄道として名古屋〜岐阜間を結んだことからも明らかである。しかし地図を見ればすぐわかるように，名古屋と大垣の間の東海道本線は，岐阜を経由することでかなり大回りなコースになっている。名古屋・大垣間の最短ルートは美濃路ルートである。このルートは美濃と尾張の国府を最短で結ぶルートであり，また興味深いことに，東海道新幹線のルートでもある。ただし大垣には新幹線の駅はなく，起に比較的近い岐阜羽島に駅が設けられた。新幹線駅を岐阜に設けるのは距離的観点からさすがにそれは無理であり，せめて政治的調整として岐阜羽島駅が設けられたという経緯

がある。

　まだ正確な位置が判明していないとはいえ尾張国の国府があった稲沢では，旧街道や主要国道などの交通路が市内を通っている。市域の中央付近をかなり長い距離にわたって東海道新幹線さえ走っている。いまは役割を終えたが，かつて稲沢には国鉄の広大な貨物操作場があった。新幹線や操作場など交通関連施設のために広いスペースを提供する割には，稲沢はそれらを十分に生かしきれなかった。国府宮の近くにある尾張国の国府跡を示す碑を見ながら，その後，稲沢が辿った歴史を振り返ってみる。

3．東西三河の境界付近に置かれた三河国府，国分寺，国分尼寺

　律令時代に各地に設けられた国府に由来する地名は数多く存在する。そのまま国府とするもののほかに，国府宮（こうのみや），国府津（こうづ），国府台（こうのだい）のように国府をもとにつけられた地名もある。さらに府中などの地名もその中に含めれば，東京，広島の府中市のように市名にまでなった地名さえある。国府の読みの大半は「こくふ」であるが，まれに「こう」と読む場合がある。三河国の国府所在地である国府（こう）がまさしくそれで，地名辞典によれば，愛知県南東部，豊川市中西部の旧町域で 1894（明治 27）年に町制を施行し，1943（昭和 18）年に豊川町，牛久保町，八幡村と合体して豊川市となった，とある。地名の由来は三河国の国衙（国府の中の役所）がこの地に置かれたことである。隣接地の八幡には国指定史跡の三河国分寺跡と三河国分尼寺跡，および八幡宮（本殿は国指定重要文化財）がある（図 10-6）。国府の三点セットともいうべき役所，国分寺，国分尼寺が一列方向に配されており，律令時代には豊川市西部が政治・宗教の拠点であったことがわかる（林，2000d）。愛知県東部の三河では，中央付近で山地が海岸付近にまでせり出すように広がっているため，自ずと西と東に分かれやすい。東側は古来より穂国といって独立性のある性格をもっている。東西をとりまとめ三河国として国司が政務を執る場所として選ばれたのは，豊川市西部の台地上であった。ここから旧東海道を通って西へ進めば，なだらかな山を越えて西三河の中心地・岡崎に至る。国府の位置は東三河であるが，西三河との境にも近い微妙な位置取りと見なすことができる。むしろ重要なのは海上からのアクセスであり，国府の南 2km に位置す

る御津が伊勢湾を経由して畿内と三河国府を連絡する中継機能を果たしていた。実際,豊川市御津町下佐脇字御所には,702（大宝2）年に持統天皇が伊勢から船で御津の湊に着き,三河に行幸したさいの御行在所と伝えられる遺跡ある。

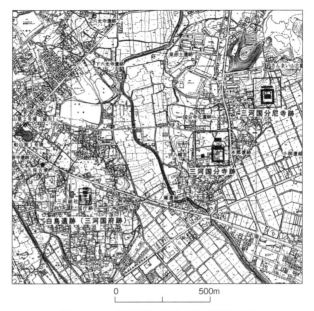

図10-6　三河国府跡,国分寺跡,国分尼寺跡
出典：豊川市教育委員会のウェブ掲載資料（http://www.city.toyokawa.lg.jp/saijibunka/rekishi/hakkutsu/moridogennseusiryou.files/39.PDF）をもとに作成。

さて,三河国の国府は,1991（平成3）年から13回にわたって行われた発掘調査の結果,ほぼ全容が明らかになった（桜ヶ丘ミュージアム編,2001）。8世紀の半ばから10世紀の中頃まで間,この地に三河国府の国衙があり,少なくとも3回は建て替えが行われたことも判明した。国衙の構造は,前殿,正殿,後殿を南北直線状に配し,東西に脇殿を置くという典型的な国庁の建物様式であった。当初は瓦葺きの掘立柱建物であったが,これは第1期,2期であり,第3期になると礎石建物になった。第1期は8世紀後半から9世紀前半,第2期は9世紀後半まで,第3期は10世紀中頃までと推察される。三河国府に隣接して三河国総社があり,南北朝期の棟札に総社五八社大明神宮と記されている。鳥居,拝所,本殿の建物はいずれも立派で,これと比べると国府跡に現在,建っているが無住の曹源寺の保存状態は良好とはいえない。三点セットを構成する三河国分寺についても,近年,活発に発掘作業が実施され,ほぼ全体の姿が明らかになった（豊川市教育委員会,2010）。金堂,講堂を南北に配し,金堂の南に回廊を巡らす

317
第10章　政治・宗教の視点から見る都市空間

一方,回廊の西には塔が置かれていた。国分寺の北東近くにある国分尼寺も,1967 (昭和42) 年から愛知県によって本格的調査が実施され,あとを引き継いだ豊川市教育委員会による調査も1998 (平成10) 年に終了した。それを受けて,1999 (平成11年) から付近一帯を史跡公園に整備する事業が始められた。

　三河国の国府は,西三河から山地を越えて東三河に入ったすぐの場所にある。この山地を不破の関のあった関ヶ原一帯になぞらえるなら,美濃国の国府があった垂井と似た位置関係にあったといえる。畿内から東国方面を見て山を越えたところに役所を置くという発想である。ただし三河国の場合は山の手前の西三河も政治的な対象地域に含まれる。いずれにしても,三河国府の東側には豊川がつくった広い平野が広がっている。この平野を支配するために,中世から近世にかけてさまざまな勢力がぶつかりあった。豊川には城下町は築かれなかったが,吉田 (現・豊橋) 藩の支城として牛久保城が市内にあった。牛久保城は1529 (享禄2) 年に宝飯郡の牧野城主であった牧野成時 (古白) の子,成勝が築城したと伝えられる。その後も牧野氏が城主を勤めたが,徳川家康の関東移封にしたがい1590年 (天正18) 年に牧野康成は上野国勢多郡大胡に移動した。その後,吉田城の支城になった牛久保城は,関ヶ原の戦い後は天領となった。城郭の一部が代官所になるなどして機能したが,1700 (元禄13) 年についに廃城となった。

　江戸期を通じて豊川には,先に述べた吉田藩以外に,西大平藩,新城藩の領地,寺社領,旗本領が置かれ,三河の天領を管理する代官所・赤坂陣屋も設置された。こうして地域全体が分割支配される一方,東海道の宿場である赤坂宿や御油宿は大いに賑わった。一説によれば,近隣の大規模な岡崎宿等に対抗するため旅籠が多くの飯盛女を雇用したことが,歓楽街として栄えた理由であるという。今も残る市指定建造物の旅籠大橋屋や,国の天然記念物になっている御油の松並木から往時の姿が偲ばれる。4軒の本陣があった御油宿は追分宿でもあり,東海道から分岐した脇街道の姫街道 (本坂道) を東へ向かえば豊川稲荷に至る。豊川稲荷は稲荷と呼ばれるが,実際は寺院である (松山,1997)。曹洞宗の円福山妙厳寺のことで,祀られた鎮守稲荷社が信仰を集めて繁栄したため,豊川稲荷と呼ばれるようになった。現在の豊川

市はその門前町としての性格ももっている。

　暴れ川で知られる豊川を挟んで豊川市は川向うの豊橋市と向かい合ってきた。人口規模では18.2万と37.5万人で1：2の違いがあるが，両市は双子都市のような関係を保ちながら発展してきた。暴れ川をいかに抑え込んでコントロールするかは両市にとって長年の課題であった。しかしそれも，豊川用水の完成で解決された（豊川用水研究会編，1975）。用水路は両市はもとより南は渥美半島の先まで，西は豊川市を越えて蒲郡方面にまで達している。豊橋市が渥美半島全域を背後圏に収めているのに対し，豊川市は豊川上流部から飯田方面へとつながる交通路のゲートウエー的な位置にある。これに加えて，旧東海道に沿う国道1号や名鉄名古屋本線で岡崎方面とつながり，海沿いではJR東海道本線や国道25号で蒲郡方面と連絡している。東海道新幹線もこの海沿いの回廊を走り抜けている。西側や北側から豊橋平野への入口あるいは出口として豊川市は位置づけられる。新幹線の駅こそないが，東名高速道路のインターチェンジは豊川にある。豊川，豊橋両市はその地理的位置を生かしてそれぞれゲートウエー機能を果たしてきた。かつては個別に機能してきた港も，蒲郡や田原を含め三河港としてのアイデンティティをもつようになった。三河国の国府から始まった歴史は，新しい要素を加えながら続いていく。

4．畿内と東海を結ぶ回廊上にあった伊勢国府，国分寺，国分尼寺

　古代の律令時代，全国には70ほどの国があり，それぞれの国はいくつかの郡によって構成されていた。郡はいくつかの郷に分かれ，郷はさらに里に分かれるという階層的な集落構造が成り立っていた。国の中にある郡の数には地域性があり，愛知県の尾張国と三河国はともに8つの郡によって構成されたが，三重県の伊賀は4郡しかなかった。ところが同じ三重県内でも伊勢国には13もの郡があり，これをひとつの国府で管理するのは大変だったであろう。岐阜県も美濃国には奈良時代に14，平安時代には18も郡があり，状況は伊勢国と似ていた。その伊勢国の国府は当初，現在の鈴鹿市国府町にあったと考えられてきた。地名から判断しても間違いなく，また伊勢総社と伝えられる三宅神社や長ノ城、西ノ城戸といった地名が国府町内にあったこ

図 10-7　伊勢国府跡，国分寺跡などの分布
出典：鈴鹿市のウェブ掲載資料（https://sitereports.nabunken.go.jp/ja/19398）をもとに作成。

とも手がかりとされた。このため，1956（昭和31）年に考古学的な発掘調査が行われ，その結果にもとづき一辺が8町の長さの正方形状の国府が存在していたという結論が得られた。ところが，この調査とほぼ同じ頃，国府町の北3.5kmに位置する鈴鹿市広瀬町の長者屋敷遺跡におびただしい量の古代瓦が散布していることがわかった。そこで1957（昭和32）年に長者屋敷遺跡の発掘調査が行われた。その結果によると，長者屋敷遺跡は奈良時代の国府跡であり，平安時代になって先に調査が行われた国府町の遺跡跡へ国府が移されたのではないかと考えられるようになった。後日，鈴鹿市があらためて長者屋敷遺跡を調査したところ，政庁やその他の官衙の存在が確認でき，奈良時代中頃から後半にかけての伊勢国府跡であることが最終的に確認された（鈴鹿市・鈴鹿市考古博物館編，2016）（図10-7）。

　伊勢国は，延喜式に記される国の四等級のうちの最上位である大国に当たっている。さらには伊勢神宮の祭神に仕える未婚の皇女または王女である斎宮を出したり，鈴鹿関など特別な役所を有したりしていた。発掘結果から推測される政庁の格式の高さは当時の伊勢国が置かれていた状況をよく物語っている。国府の中心的な施設である政庁は，東西600m・南北800mに

及ぶ遺跡の南端で確認された。政庁は国府の中でももっとも格式の高い施設であり、中央政府から派遣された国司を中心に儀式や饗宴や政務の一部が行われた。伊勢国府の政庁（伊勢国庁）は、正殿、後殿、脇殿、軒廊（こんろう）などからなり、周囲には東西約 80m、南北約 110m の築地塀がめぐらされていた。政庁の建物はすべて瓦葺礎石建物で、ほぼ正方位に揃えられ、柱間には 12 尺あるいは 10 尺などの完数尺（端数の付かない尺数）が用いられていた。正殿・後殿・脇殿の基壇は 1m ほどの高まりとして現在も残っている。地表に痕跡を留めることが少ない国府遺構としては、全国的にも貴重な例といえる。基壇は異なる土砂を交互に叩き締めた版築工法によって造られていた。

　美濃、尾張、三河では国府の近くに国分寺と国分尼寺が建てられていた。ところが伊勢の場合は、国府と国分寺・国分尼寺の距離は離れており、二寺は鈴鹿川沿いではあるが奈良時代に建てられた国府から 7km ほど下流部に位置している。場所は現在の鈴鹿市国分町で、鈴鹿川左岸の標高 43 ｍの段丘上である。鈴鹿川中流部に当たる国分・高岡一帯には弥生以降の遺跡が集中しており、古くから人々が生活していた地域である。境谷遺跡や中尾山遺跡は弥生時代中期以降の竪穴住居跡であり、方形周溝墓等の遺構も確認されている。寺田山古墳群や富士山古墳群も鈴鹿川左岸丘陵部に築かれた。壬申の乱（672 年）のおり、大海人皇子一行が鈴鹿郡家から三重郡家へ向かう途中に休息したと伝えられる「川曲の坂下」も近くにある。なお郡家（ぐうけ）とは、律令体制下における郡の役所のことである。近世に鈴鹿川沿いを通る道が東海道として整備されるはるか以前から、このルートは畿内と東海を結ぶ主要交通路として利用されてきた。

　伊勢国分寺は 1922（大正 11）年に国指定史跡として認められたが、公有地が一部にすぎなかったため現状破壊も進んでしまった。このため 1988（昭和 63）年から鈴鹿市教育委員会が保存を目的に発掘調査を実施してきた（鈴鹿市考古博物館編、2009）。これまでの調査により、国分寺は東西約 178 ｍ、南北約 184 ｍのほぼ正方形の築地に囲まれた寺域であったことが確認された。寺域の西方では、四方に庇を付けた四面庇の掘っ建て柱建物跡や、建築時の宿舎と考えられる竪穴住居跡なども発見された。また鈴鹿市考古博物館の建設にともなう発掘調査では、寺域の南側一帯（狐塚遺跡）から多くの建

物跡が見つかった。これらは古代の郡役所である河曲郡衙(かわわぐんが)の正倉と考えられる。発掘調査の進行と同時に史跡全面の公有化が実施され，開発・破壊による危険を避けることができた。金堂跡と推定される内部の調査も実施された。寺院の存続時期は出土遺物から 8 世紀後半〜 10 世紀前半と推定されている。

　国分寺の東側に並ぶようにして位置する国分尼寺跡地の大半は，国分町の人々が生活している集落地である。1988（昭和 63）年とその翌年に行われた調査で寺域の北限の溝と考えられる遺構が見つかった（鈴鹿市教育委員会編，1992）。国分寺前の土塁との位置関係から，国分尼寺の寺域は南北が約 160 m 程度であったと考えられる。この長さが国分町の集落の現在の地割りとほぼ一致していることは興味深い。出土した瓦と土器から 8 世紀後半〜 10 世紀後半の間，国分尼寺は存続していたと推測される。国分尼寺に付随する南浦廃寺の調査では，川原寺系の白鳳期の瓦が多数見つかった。これにより，瓦の包含層から東西約 95 m，南北約 110 m の寺域であったと推定される。なお，飛鳥にかつてあった川原寺で使われた瓦は，8 枚の花びらのそれぞれを 2 つに分けた形式の複雑なデザインに特徴があり，瓦文様の主流となった。

　伊勢の国府と国分寺，国分尼寺が置かれた鈴鹿川流域は，伊勢湾沿岸から畿内へ向かうのに最適なところである。三重県の主な集落は伊勢湾岸沿いに列をなすように分布しているが，ここから畿内へ向かうには鈴鹿山脈が移動を邪魔している。鈴鹿川の谷はそうした障壁を緩和するはたらきをしており，必然的に川沿いにルートが開かれた。鈴鹿川の河口は北勢部の主要都市である四日市と，中勢部の中心である津の間に位置する。畿内から見れば，北勢に対しても中勢に対しても睨みがきかせられるのが鈴鹿川の中流域である。逆にここを通れば北勢，中勢のどちらからでも畿内方面へ行くことができる。こうした地理的配置の重要性は，古代も現代もあまり変わっていない。実際，旧東海道は国道 1 号として現在，利用されている。2008（平成 20）年に路線延長して完成した新名神高速道路は，亀山ジャンクションで四日市・名古屋方面の東名阪道と，津・松阪方面の伊勢道とつながっている。このつながり方も，基本的には伊勢湾岸沿いの南北交通路と，湾岸と畿内を鈴鹿山脈越えで結ぶ東西交通路を T 字形につないだものである。そのように考えると，伊勢・三重県が畿内と東海の中間にあって両地域をどのように結びつけてき

たか，これまでの長い歴史が教えているように思われる。

第3節　伊勢神宮，熱田神宮，津島神社の歴史と宗教空間

1．伊勢神宮が特別な神社になった背景としての神社経営戦略

　全国には数多くの神社があるが，伊勢神宮ほど特別扱いされている神社はないであろう。大都市にあって正月の参詣はもとより年間を通して多数の老若男女を集めている有名神社ならまだしも，三重県の南の端に近いところにある伊勢神宮がなぜ格式高い神社として敬われてきたのか，疑問に思う人も多いのではないだろうか。ちなみに 2017～18（平成 29～30）年度の神社参拝者数の全国ランキングを見ると，第1位は神宮（内宮），第2位は神田神社（神田明神），第3位が明治神宮である。第1位の神宮とは伊勢神宮のことであり，神宮というだけで伊勢神宮のこととわからせる，この辺りにも何やら特別らしさが現われている。周知のように伊勢神宮には内宮と外宮があり，もう一方の神社（外宮）はランキングでは第5位である。ベストテンのうち伊勢神宮の2社と第9位の鹿島神宮以外はすべて大都市にある神社である。大都市の神社が人口の多い大都市圏をベースとしているのに対し，伊勢神宮は全国区の神社といってよいであろう。ではなぜ，伊勢神宮は全国区の神社なのか，それはいつ頃からそのようになったのか，調べてみる価値はある。

　伊勢神宮の鎮座は5～6世紀頃といわれ，大化の改新ののち，神宮に神部(かんべ)と神田(しんでん)が与えられ，そこからの神税によって遷宮や祭事の費用が賄われた（曽根，1955）。神部とは，神社に所属し租・庸・調の租税を神社に納めた家のことである。10世紀以降，荘園制が進んで律令体制が解体し始めると，神税の徴収が困難になった。こうした状況は伊勢神宮も同じであり，伊勢神宮は私領と引き換えに神宮内の役職を与えたり，特別税を課したりして収入を補おうとした。なお私領とは，古代や中世において地方官人や有力農民などの個人が所有していた土地のことである。これに加えて，伊勢神宮は下級神官であった権禰宜(ごんねぎ)層に土地を開墾させ，新たに開かれた土地を御厨(みくりや)や御薗(みその)と呼んで神宮の荘園とした。もともと御厨や御薗は，各地の特産物を税として神宮に納めるさせる代わりに神税を免除した特別の神部のことを意味した。

御厨や御薗を自ら切り開いた権禰宜層はそこでの実権を握ったが，これによって伊勢神宮の経済基盤が強まることはなかった。神宮と権禰宜層の思惑の間にはみぞがあったからである。

そこで伊勢神宮は，式年遷宮の費用と労働力を公領と荘園に賦課・徴収する役夫工米（やくぶくまい）という制度を導入することにした（久保田，1972）。実際に地方へ出向いて役夫工米を取り立てるのは権禰宜層であり，彼らは国の役人と一緒になって役夫工米を徴収した。権禰宜層は，荘園に認められた不輸（無税の特権）と不入（立ち入り拒否権）を無視し，摂関家の荘園からも取り立てを行った。権禰宜層による全国的な取り立て行動が，伊勢神宮の存在感と威厳を広めるのに貢献したことは間違いない。権禰宜層はまた在地の領主たちと個人的につきあうことで，伊勢神宮に対する信仰心を植え付けた。このように，伊勢神宮が全国的規模で知られるようになった背景には，自らの経済基盤を強めるために，伊勢神宮が権禰宜層を全国各地に派遣して徴税を行わせたことがあった。しかしこれは伊勢神宮の草創期のことであり，これだけで神宮が特別な存在になったことを説明するには不十分である。

伊勢神宮が広く民衆の間で参拝の対象となるには，まだかなりの時間を要した。平安時代は貴族とその伴の者しか参宮しなかったが，鎌倉時代になると僧侶や武士が参宮するようになった。さらに室町時代に入ると農民層の中からも参宮する者が現れてきたが，それは畿内とその周辺など伊勢神宮から比較的近い地域に限られていた。現在とは違い交通や宿泊の設備は不十分で，なおかつ旅に出かけられるだけの所得も十分でなかった時代，参宮できる者はおのずと限られた。やがて室町幕府の勢いが弱まるのにともない，伊勢神宮の経済を支えてきた役夫工米制も維持が困難になってきた。そこで伊勢神宮は一計を案じ，国家守護神である神宮に参宮するのは当然という思想を広めることで参宮者を増やそうとした。さらに，御師（おんし）と呼ばれるようになった権禰宜を全国に送り込み，農民層を相手に個人的な関係を結んで祈祷をする代わりに初穂料（はつほりょう）（米）や神楽料（かぐらりょう）（現金）を受け取らせた（木村,1999）。御師は，信仰を通して特別な関係を結んだ農民（これを檀家という）が伊勢講で参宮すると，自ら経営する宿に宿泊させて収入を得た。

江戸時代になると旅に出る条件が改善された。街道や旅籠屋の整備が進む

一方，産業の発展で農民の暮らしぶりも向上してきたからである。しかし身分制度は依然として厳しく，所得のある成人男性の移動は許されても，女性，若者，子供，使用人などが他国へ旅することはそれほど簡単ではなかった。しかし伊勢神宮への参宮は例外で，単調で息苦しい日常生活から一時的に逃れるために，伊勢参りを半ば口実に家を離れることは珍しくなかった。とくに抜け参りという正式でない参宮を大目に見る習慣があった。これは妻，子，使用人などお金も暇もない人々が半ば夜逃げ同然の姿で伊勢参りの旅に出ることで，途中で手伝いをしたり物乞いになったりすることもあった。有名な御蔭参りは，これが集団化したような現象である（田村,1987）。江戸時代に御蔭参りは5回も起こり，短期間に多数の民衆が群集心理に導かれて伊勢神宮に向かった。途中で土地の有力者だけでなく沿道住民も参詣者を手助けしたのは，社会に対する不満を参宮というかたちで表現しようとする名もない大衆に対し同調する気分があったためである。

　一転して明治期になると国家が神社に介入し，国家守護の象徴的役割を神社に担わせようとした。全国の神社の格式を国が統一的に決めたが，伊勢神宮は最高位に位置づけられた。神社の財政的基盤も国が保証する体制になったため，ある意味で律令体制時の神社と国の関係に逆戻りしたといえる。伊勢神宮の経時的基盤を支えるために努力してきた御師の役目は不要となり，役目を失った御師は伊勢に戻って旅館業を始め，集団での参詣の仕方も変わった（石川，2017）。国家神道の時代は息苦しかったが，敗戦を機に神社は再び大衆のもとに戻された。しかし戦前の国家神道のイメージは簡単には拭えず，参宮者数は簡単には増えなかった。その後，高度経済成長を経て国民の所得も増え精神的余裕も生まれた。再び神社参りをする人が増えたが，今度は観光旅行のパッケージに組み込まれるようになった。

　伊勢神宮へお参りするという人々の気持ちは，基本的にこれまでとは変わっていない。しかし，伊勢神宮への移動手段として鉄道利用が主流であったのが，モータリゼーションの普及で自動車利用へ移行した点は大きな変化である。これにより，鉄道（近鉄山田線）利用が便利な外宮から自動車駐車に有利な内宮へと移行する動きも見られるようになった（図10-8）。加えておかげ横丁などをてこにまちづくりの動きが現れ，観光行動にも変化が起

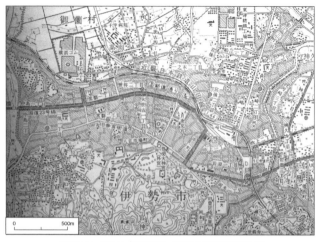

図10-8 1972（昭和47）年当時の伊勢市中心部
出典：日本地誌研究所編，1976，p.365をもとに作成。

こっている（伊藤，2002）。宮川，瀬田川，五十鈴川のデルタ上には，全国あるいは世界の各地から伊勢神宮を訪れる1,000万人を超える人々を受け入れるための各種サービス施設が分布している。それらの中には，今日的観光が広まる以前からの歴史をもつものが少なくない。宗教的聖地としての地位を確立していく裏側で経営的・戦略的動機がはたらいていたことは，意外である。式年遷宮というイベントを繰り返すことで人々の気持ちを引き寄せるシステムを遠い昔にこの地に埋め込んだ経営戦略には脱帽するしかない。

2．湊，市場，宿場，駅舎，軍需工場などを見守ってきた熱田神宮

「尾張名古屋は城でもつ」と昔から唄われてきたが，城下町・名古屋へ出入りする主要な口がかつて5つあった。「名古屋五口」がそれで，北西方向の枇杷島口から時計回りに，北方向の志水口，北東方向の大曽根口，南東方向の三河口，そして南方向の熱田口である。最後の熱田口は東海道五十三次の熱田宿から名古屋の城下へ入ったり，逆に名古屋から出たりする玄関のような役割を果たした。ほかの四口がいずれも街道による出入口であったのに対し，熱田口は街道といっても東海道，佐屋街道との連絡口であり，東はと

もかく西は海上を船で行く航路に通ずる出入口であった。いわゆる七里の渡しが桑名宿との間にあり，西から来る場合は熱田湊で下船したあと，名古屋に向かった（日下，1997）。東からの場合は，そのまま熱田口を経て城下へと入っていった。近世，熱田を治めたのは尾張藩の熱田奉行であった。名古屋城下と熱田は距離的に離れており，城下町の一部を構成するというようなことはなかった。しかし，名古屋城下にとって熱田は経済的になくてはならない存在であり，それゆえ両者を結ぶ熱田街道や堀川は重要な役割を果たした。とくに堀川は，江戸や大坂とは違い，海から遠い名古屋城下へ海側から生活物資や産業物資を送り届ける役割を担ったため，とりわけ重要であった。

　熱田から名古屋城下へ送られた代表的なものとして，魚介類と木材を挙げることができる。名古屋の人々が海の幸にありつこうとするなら，熱田の魚市場で取引された魚介類を当てにするしかなかった。七里の渡しの船着き場の北側の大瀬子に魚市場があり，伊勢湾をはじめ近海で獲れた魚が市場に持ち込まれた。現在の名古屋市営中央卸売市場・日比野市場（本場）のルーツはこの熱田魚市場である。日比野市場のすぐ南側に現在は名古屋国際会議場，別名センチュリーホールが建っている。ここは，近世から近代にかけて熱田木材市場があった場所である。尾張藩は現在の長野県木曽地方にも領地をもっており，木曽川を使って筏に組んだ木材を運んだ。木曽川中流の犬山から河口の桑名を経て熱田の白鳥貯木場まで運ばれた木材は，ここにあった市場で取引された（林，2016c）。堀川は木材を運ぶのにも便利で，運河沿いには木材加工をする小屋掛けの建物が軒を連ねた。現在の堀川沿いにもその面影が残っており，水路の果たした役割の重要性が偲ばれる。鉄骨やプラスチックなどのない木材があらゆるものの素材であった時代，木材でつくられた家具や仏壇などは堀川沿いで生産された。

　熱田の湊は木材や魚介類だけでなく，先にも述べたように，渡し船によって人の移動にも関わった。30km近い距離をわざわざ船で渡ったのは木曽，長良，揖斐の木曽三川の流れが河口付近で集まっているからである。駿府や遠江の河川のように河口が互いに離れていれば，個別に川を舟や蓮台で渡ったであろう。木曽三川の河口が集まっているのは，濃尾平野の基盤が東高西低で傾く運動を古来より続けてきたからである。濃尾傾動地塊と呼ばれるこの

運動のため河口部が一か所に収斂している。当時は大小の中洲が河口附近にたくさんあったため，それらを渡船で結ぶより，熱田と桑名の間を一度に船で行った方が効率的であった。満潮時は陸側に近いコースをとれるが，潮が引くと海側の遠いコースを行かねばならなかった。なかには海上渡船を嫌う人もおり，その場合は熱田と当時の木曽川（佐屋川）河畔の佐屋まで佐屋街道を徒歩で移動した。三代将軍家光が上洛したとき佐屋街道を使ったため，それ以降，佐屋街道はよく利用された。

　海上渡船にしろ街道利用にしろ，熱田は交通の要衝として大いに賑わい，最盛期には250軒もの旅籠があった。もちろん東海道随一の多さである。このほか西国大名が参勤交代のさいに宿泊する本陣や御殿などもあった。熱田の交通の要衝としての性格は近代以降も継承されていくが，そのかたちはやや複雑である。陸上側では街道が近代的な道路となり，新たに鉄道が熱田を通るようになった。最初は明治政府が当初計画した中山道鉄道を建設するために，建設資材を輸送する目的で建設した武豊線の熱田駅開設である（石川・石川，2005）。まもなく方針が変更されて武豊線の一部は東海道本線となり，熱田駅の位置も北に移動する。当初は旧東海道との連絡を優先して駅を決めたが，のちには熱田神宮，新堀川との関係を考えて駅を移転させた。七里の渡しは熱田から弥富へ向かう前ケ須街道（のちの国道1号）が開通したことで，完全に役目を終えた。より重要なのは，熱田湊の改修という名目で行われた名古屋港の建設である。名古屋港は熱田湊から南へ4km も離れたところに築かれたため，熱田は名古屋港とは堀川によってかろうじて結ばれることになった（林，2017b）。名古屋市は熱田より南側に生まれた港湾を市域に含めるため，当時の知多郡熱田町を吸収合併した。これにより，名実ともに熱田は名古屋の一部になった。

　名古屋港の出現により，熱田は陸地の中に封じ込められてしまった。しかし堀川と精進川が熱田で合流する状況に変化はなく，合流後は名古屋港に流れ出るため名古屋港から工業原料を運び込んで生産を行うことができた。その名古屋港が開港する3年前の1904（明治37）年11月，東京砲兵工廠熱田製造所が，熱田神宮東側の精進川沿いに設けられた。設立目的は，日露戦争用の武器弾薬を東京と大阪の陸軍造兵所で製造するだけでは不十分だった

図10-9　熱田神宮とその周辺（1915年当時）
出典：松岡利助　著作・発行「名古屋市全図」（大正4年）をもとに作成。

からである。長年の懸案であった精進川の改修がこれをきっかけに進み，改修時の浚渫土砂は製造所敷地の造成にも利用された。名古屋港の開港後は1911（明治44）年に新堀川として生まれ変わった水路沿いで工業化が進み，熱田から千種，大曽根に至る当時の市街地東部が工業地域へと変貌していった。とくに熱田周辺に軍需工場が多く立地したことが，太平洋戦争末期にアメリカ軍から激しい空襲を受ける結果を招いた（福原，2015）。熱田空襲として長く記憶されることになる大きな犠牲のうえに，戦後の工業化が熱田の旧軍需工場でも始まった。とくに新堀川沿いは大企業の工場が多く，名古屋の製造業発展に大いに寄与した。しかしそれも，大都市における新規工場の立地抑制政策のもとで工場の市外流出が進み，跡地は神宮東公園や住宅団地などへと変わっていった。

　古代尾張氏は熱田周辺を勢力下においていた。その拠点を象徴する男夫山古墳は直径が150mもある東海地方随一の前方後円墳である（三渡，1983）。男夫山古墳の南東500mには三種の神器のうち草薙の剣が安置されていると伝えられる熱田神宮がある。尾張国の中では一宮の真清田神社，二宮の大縣

神社についで格式の高い三宮として多くの人々から信心を集めてきた。織田信長は桶狭間の戦いに臨み，熱田神宮で戦勝祈願をしたという。尾張三宮とはいえ，熱田神宮の知名度と存在感は名古屋周辺では随一である。その神宮周辺で，古代から現代に至るまで，多くの出来事が起こった。熱田ほど歴史の中で登場する頻度の多いところはほかにない。基本的には伊勢湾と濃尾平野を結びつける結節点であり，畿内や東国からの動きを受け止めて名古屋に伝える中継地点のような役割を果たしてきた。南北あるいは東西の接点としての機能は，名古屋港や名古屋駅の出現で弱められていった感がある。しかし宗教的聖地としての雰囲気は依然として消えておらず，人々の心をなお惹きつける力を失っていない。

3．陸封された津島神社の旧湊町と廃川化した低地の今後

　標高の低い平野部を流れる河川は，普段はほとんど流れる様子がわからないくらいゆったりとした速さで流れている。しかし一旦，上流部で大雨が降ると水かさが増し，下流部では水害の恐れが高まる。増水で勢いを増した河川が氾濫し，これまでの河道とはまったく別のところを流れることさえある。人が住んでいなければ，河川は自然の法則にしたがって勝手に流路網をつくっていく。しかし一旦，人が住み着いて集落や都市が生まれると，生命や財産を脅かす恐れのある河川は人間にとって管理の対象となる。自然の法則をうまく活用して川の流れを誘導し，洪水が起きないように管理するだけでなく，川を移動手段として利用しようとさえする。まさに河川と人間との知恵比べであり，両者の力のバランスがどのように維持されてきたか，あるいはできなかったか，この辺りを明らかにすることが，河川と人間の関係に関する歴史的研究に求められる。

　海抜ゼロメートル以下の地域が国内でもっとも広いのは濃尾平野である。濃尾傾動地塊と呼ばれる東高西低の構造的運動が根底にあり，そこを流れる木曽，長良，揖斐の木曽三川は西に傾きながら最後は南に向かって伊勢湾に流入する。それだけなら海抜ゼロメートル以下の地域は生まれない。木曽三川が上流部から運搬し排出した土砂は河口付近で堵積され，平地が広がっていく。しかしここで人の手が加わり，平地を人為的に広げるために干拓事業

が歴史的に行われるようになった（伊藤，1981）。海側に堤防を築き海水を排出して生まれた土地を農地として利用しようという事業である。主に行われたのは近世で，干拓地の拡大にともない海岸線は海側へ前進していった。海抜ゼロメートルは海岸線の位置であるため，それより内陸側は河川や人の手による土砂の堆積がなければ，ゼロメートル以下のままである。自然や人間活動による地盤沈下が加われば，海抜高度はさらに低くなる。近世尾張の海岸部では干拓事業が盛んに行われた。むろん土地を広げ米をはじめとする農産物の収量を増やして暮らしを豊かにするためである。各地から多くの人々が新たに生まれた新田地域に入植したが，そこが排水条件の良くない低湿地帯であり，台風による高潮被害の想定地域であることを覚悟しての入植であった。

愛知県津島市役所は伊勢湾の海岸部から 15km ほど内陸に移動したところに位置するが，それでも海抜高度は－1mである。北東方向に移動して隣り合うあま市役所へ行っても海抜高度は0mしかなく，周辺一帯は非常に低平な平野であることがわかる。干拓は津島より南の蟹江辺りから伊勢湾に向けて進められたため，津島の海抜高度がゼロメートルに満たないということは，地盤沈下の影響が考えられる（多田・井関，1989）。実際，市役所のある場所の海抜高度は現時点においてもわずかながら下がり続けており，時間を長くとって考えれば，かなりの沈下量になる。現在の津島市は濃尾平野の中にあり，陸地によって閉じ込められた状態にある。ところが歴史を遡ると，中世・鎌倉の頃の津島は天王川河畔の湊町ですぐ南に伊勢湾の海岸線があり，尾張と伊勢の間を結ぶ中継地として栄えていた（山村，2004）。当時の天王川は西側を流れる佐屋川と合流して伊勢湾に流れ込んでいたため，伊勢方面から来れば津島のほかに佐屋川を遡って木曽川流域へも向かうことができた。

天王川を挟んで津島の集落の向かい側にある津島神社は，昔から多くの信仰を集めてきた（伊藤・杉野，2001）。牛頭天王を祀る津島神社がいかに有力な神社であるかは，たとえ伊勢神宮を参拝しても「津島かけねば片詣り」といわれたことからもわかる。牛頭天王社としては「西の八坂神社に対して東は津島神社」と並び称されるほど有名で，全国に 3,000 余あるといわれる「天王社」の総本社でもある。多くの武将が天下取りを争っていた時代，信長や

秀吉など名をあげた武将とのつながりも強く，多数の寺院が集まる門前町として大いに栄えた。ところが，1586（天正14）年に生じた木曽川の流路変更によって津島の湊町・門前町としての条件は悪化した。1610（慶長15）年に行われた御囲堤の築造によって上流からの水量が少なくなったことが，湊の弱体化に拍車をかけた。さらに，1758（天明5）年に天王橋に堤を築いて上流部の水を日光川の新流路に流す事業が行われた結果，天王川には水が来なくなってしまった。現在，津島市街地中心部に残る天王池は，かつての天王川の下流部が入江状態になり，さらに下部の流路がなくなった結果，池になったものである。

　河川は相対的に低く連続する帯状の地形の上を水が流れていて，はじめて河川と呼べる。水が流れなければ河川とはいえない。濃尾平野のように海抜高度の低い地域では，洪水時に自然に流路が変わったり，人間の都合で流れ方が変えられたりすることが珍しくない。水が流れなくなった旧河川の跡地すなわち廃川地は各地にあるが，のちの土地利用変化により廃川地であることは忘れられてしまっている。津島の近くではとくに佐屋川の廃川化が大きかった（高橋, 2014）。これは木曽三川下流部の治水事業に関わるもので，以前は合流していた木曽川と長良川を切り離すため，間に堤防を築く工事が行われた。そのさい，木曽川の川幅を広げるために田畑を削る一方，佐屋川を廃川化して流れを木曽川に移す工事も実施された。佐屋川は木曽川の派川でもあったため，洪水対策の観点から木曽川本流の一本にまとめた方が安全と考えられた。この計画は，明治政府がオランダから招聘した水利技師・ヨハネス・デ・レーケによるものである。廃川地になった旧佐屋川の上を現在は幅10mほどの海部幹線水路が走っており，それを除けば，旧河道と河川敷は田畑や新興住宅，工場・道路などで埋め尽くされている（図10-10）。かつてここを木曽川の派川が流れ，舟があれば簡単に伊勢湾へ出られたことを思い起こすようなものは見られない。

　津島駅は名古屋駅の西およそ15kmの位置にある。この距離は名古屋駅とその東方の地下鉄藤が丘駅の距離と同じくらいである。それほど名古屋から遠くないにもかかわらず，都市化や工業化は相対的に進んでいない。こうした傾向は津島に限らず，濃尾平野，この場合は尾張平野の西側一帯に共通し

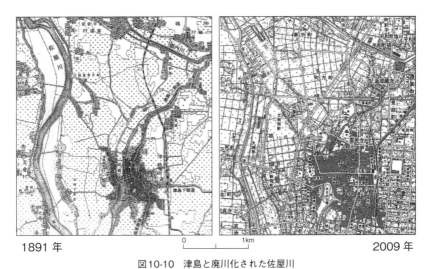

図10-10　津島と廃川化された佐屋川
出典：「明治24年地形図」「平成21年地形図」，一宮歩友会のウェブ掲載資料（http://www.geocities.jp/jk2unj/nisiowarip10w.htm#ti）をもとに作成。

ている。先にも述べたように，津島周辺では海抜ゼロメートル前後の低地が広がっている。かつては伊勢湾の海岸線に近かったため，尾張国の西の玄関として発展してきた歴史をもつ。しかしながら，こうした歴史は低地農村地域としての歴史であり，高度経済成長期に臨海埋立地や内陸造成地で進んだ工業化や都市化がこの地域に強く及ぶことはなかった。背景には，地盤沈下の進む低地や干拓地で自治体の規模も小さく，まとまった力が発揮できなかったという事情もあったように思われる。平成の市町村合併はここでも進んだが，津島市はその流れの蚊帳の外にあった。数多くの歴史的遺産に恵まれた津島が自らの魅力を発掘して磨きをかけ，秘められた底力が発揮できるよう願わずにはいられない。

コラム10　神社，役所の立地と住民とのつながり

　全国に神社はおよそ8万あるといわれる。寺は7万7千であるからいい勝負かもしれない。急増著しいコンビニは5万5千であるため神社や寺はそれを上回っており，歴史の長い宗教空間がいかに広いかを物語る。ただし，いくら数が多いからといっても，コンビニを毎日利用する人の数と比較すると，神社や寺が引き寄せている人の数は問題にならない。参拝者や参詣者の数は多くないが，これらの宗教施設にはそれぞれ固有の役割があり，人々の日々の暮らしと結びついている。日本におけるコンビニの歴史は長く見積もってもおよそ半世紀である。それと比べると神社や寺の歴史は何倍，何十倍も長く，いかに日本人の歴史とともに歩みを刻んできたかがわかる。コンビニの数より多いという数字の裏には，積み重ねられてきた歴史的時間の長さがある。開店したかと思ったのも束の間，つぎに行ったときにはすでに閉店して撤退していたコンビニとは異なり，神社や寺が一夜のうちになくなることは考えられない。むろん後継者が見つからず神社や寺が廃止されることはなくはない。しかしそれはゆっくり時間をかけて行われる。

　伝統や歴史的時間のもつ永続性は，神社や寺に備わる特性のひとつである。これを立地の側面から見ると，神社は人々の生活空間に比較的近いところに設けられ，歴史を重ねてきた。祭りや季節ごとの行事で人々は神社に集まり，ここを拠点に御輿を担いで町中を練り歩くなどの習慣は，各地で歴史的に受け継がれてきた。一方，寺はたとえば城下町の設計段階で寺町地区が割り当てられるなど，政策的に一か所に集められることがあった。すべての寺がその対象になったわけではないが，寺町という地名がわざわざ付けられるほど，まとまった空間が生まれる素地があった。人々の生活空間の近くにあった神社は，祭りのときの派手な衣装や飲酒行動に現れるように，娯楽の機会を提供する空間でもあった。神を祀るという厳かな施設ではあるが，その神に見守られながら生きていることに感謝する気持ちを祭りの参加者は共有していた。街中に華やかな活気を呼び起こす仕掛けが神社には用意されており，氏子集団がその実戦部隊として祭りを盛り上げる役割を果たした。

　神社の数の多さに比べると，役所の数は多くない。それでもかつては小さな町役場や村役場が各地に存在していた。しかし明治，昭和，平成の合併を繰り返すたびに役場の数は減り，今日に至っている。町や村の数は減り，その分，市の数は増えた。廃藩置県以降，都道府県の数は変わることなく現在に至っている。こ

のため各都道府県は，数は減ったが面積は逆に広くなった下位の自治体を従えるという構図が生まれた。自治体の規模を大きくしているのは，やがて県を廃して道州制を導入する布石と見る見方がある。市町村ばかり合併させて，都道府県の合併に手を付けないのは不公平という考え方にも一理ある。

　市町村合併に役所の統廃合はつきものである。どの役所を廃してどこに機能を集めるか，またその場所をどこにするか，侃々諤々の議論を経て新たな自治体が発足する。新庁舎の立地を決める統一的なルールはない。役所を行政サービスの供給拠点と見なせば，住民からのアクセスの良さが立地点選びの決め手になる。しかしすべての住民に対してアクセスを公平に保証することは不可能であり，どこかに妥協点を見出すほかない。新庁舎を設ける場合，大きくは現住所で建て替えるか，あるいはそこを離れて周辺に移動して建設するかの2つが考えられる。こうした決定は自治体住民の総意で行われるべきであるが，決定段階ではその時代の社会経済的状況が影響を与える。自治体の都市構造にも深く関係している。とくに有力産業が見当たらない地方都市では，役所それ自体が雇用面で少なからぬウエートをもっている。新庁舎が都市構造やまちづくりの行方に影響を及ぼす可能性があるため，立地選定には慎重さが求められる。

　立地選定は役所に限らず一般の店舗やサービス施設においても行われる。しかしその重要度において役所が担うウエートの大きさに比べれば小さい。生活や仕事上の手続きで役所に出かける機会が少なからずあることを考えると，役所が近くにあることは喜ばしい。しかしそれ以上に，役所は地域アイデンティティの拠点のひとつと受け止められている。神社とは別の意味で地域の人々が集まって触れ合う場所として欠かせない施設である。地縁組織に縛られやすい神社に比べると，役所は形式的にしろ住民すべてが結びつきうる施設である。市町村合併のさいに役所の統廃合や新設位置が大きな問題になるのは，アクセスの良さ云々だけではない。役所を失くした人々が味わう喪失感は，想像以上に大きなものである。

引用文献

愛知用水公団編（1961）：『愛知用水その建設の全貌』愛知用水公団。
青木美智男（1997）：『近世尾張の海村と海運』（歴史科学叢書）校倉書房。
秋山正美（2000）：『仏事・仏具ハンドブック』雄山閣出版。
阿部成治（2001）：『大型店とドイツのまちづくり－中心市街地活性化と広域調整』学芸出版社。
荒井良雄・箸本健二編（2007）：『流通空間の再構築』古今書院。
有松しぼり編集委員会編（1972）『有松しぼり』有松絞技術保存振興会。
安藤萬寿男（1988）：「木曽三川低地部（輪中地域　の人々の生活」『地学雑誌』第97巻　第2号　pp.91-106。
安藤善之・佐藤　努・渡辺　隆・大場孝信（1991）：「多治見市小名田地区の瀬戸層群に産するカオリン鉱物について」『粘土科学：日本粘土学会誌』第31巻　第3号　pp.150-160。
池畠恵治（1982）：「量産と創造の調和を求めて－陶磁器デザイナー」『エコノミスト』第60巻　第6号　pp.66-73。
池町要四郎（1992）：「瀬戸線の開業」『鉄道と電気技術』　第3巻　第1号　pp.54-56。
石井里枝（2018）：「戦前期日本における羊毛工業の展開と企業・産地の発展」『國学院大學紀要』第5号　pp.1-19。
石井里枝・神頭広好（2016）：『日本におけるアウトレットモールの空間分析』愛知大学経営総合科学研究所。
石神教親（2014）：「長島一向一揆」再考」『織豊期研究』　第16号　pp.18-32。
石川勝也・石川恭子（2015）：「JR武豊線の鉄道遺産（3）（中部の産業遺産）」『産業遺産研究』　第12号　pp.90-96。
石川達也（2017）：「御師制度廃止後の伊勢神宮崇敬団体に関する一考察」『埼玉大学紀要. 教養学部』　第52巻　第2号　pp.1-13。
井尻昭夫・江藤茂博・大崎紘一・松本健太郎編（2016）：『ショッピングモールと地域－地域社会と現代文化』（シリーズ・21世紀の地域〈3〉）ナカニシヤ出版。
市田　圭（2009）：「愛知県常滑市の近代産業景観にみられる色彩の継承」『名古屋地理』第22号　pp.16-18。
井出策夫編（2002）：『産業集積の地域研究』大明堂。
伊藤　章編（2001）：『ポストモダン都市ニューヨーク-グローバリゼーション・情報化・世界都市』松柏社。
伊藤重信（1976）：「長島輪中地域の水害と新田開発の歴史地理」『歴史地理学紀要』　第18号　pp.139-158。
伊藤重信（1981）：「濃尾平野干拓新田開発序説」『東海地理』　第4号　pp.1-2。
伊藤裕偉（1997）：「中世の港湾都市・安濃津に関する覚書」『ふびと』　第49号　pp.1-22。
伊藤元重（2002）：「老舗・赤福が創ったおかげ横丁－伊勢の伝統で日本人の新しい生活感を呼び起こした（流通ビッグバンの旗手たち〔8〕）『Voice』　通号300　pp.190-199

伊藤良吉・杉野　丞（2001）:「津島信仰と津島神社」『愛知県史研究』　第5号。
稲沢市教育委員会編（1989）:『稲沢市文化財調査報告〈34〉』　稲沢市教育委員会。
犬山市教育委員会編（2005）:『犬山祭総合調査報告書』　犬山市教育委員会。
井上和人（2004）:『古代都城制条里制の実証的研究』　學生社。
岩坂和幸（2008）:「岐阜のアパレル縫製業の現状と課題」『岐阜経済大学論集』　第42巻　第2号　pp.17-36。
岩崎公弥（1984）:「近世西三河地域における木綿流通の地域的展開」『歴史地理学紀要』第26号　pp.15-32。
岩田修二（2018）:『統合自然地理学』　東京大学出版会。
鵜崎　博（1987）:「湯の山温泉と御在所岳・菰野－地域住民の創意と工夫で魅力ある町づくりを推進（三重のまち・むら）」『HRI report』　第4号　pp.22-23。
浦山益郎・坂本紳二朗（2006）:「地場産業とまちづくり（産業観光）－愛知県常滑市のやきもの散歩道地区」『都市計画』　第55巻　第4号　pp.29-32。
大垣市編（2008）:『大垣市史〈輪中編〉』　大垣市。
太田三郎著（1973）:『中山道-美濃十六宿』　大衆書房。
大野正道（2012）:『中小企業法制と競争・調整の原理－中小企業法と大規模小売店舗立地規制』　同友館。
大森一宏（2008）:『森村市左衛門-通商立国日本の担い手』（評伝・日本の経済思想）　日本経済評論社。
岡田俊裕（2002）:『地理学史－人物と論争』　古今書院。
岡田安生（2003）:「マリンリゾート「ラグーナ蒲郡」について」『Report leisure』　第590号　pp.1-27。
荻久保嘉章（2017）:「地場産業生成・発展の契機－岐阜アパレル産地の事例－」『中小企業季報』第10号　pp.1-11。
奥野一生（2003）:『日本のテーマパーク研究』（ソフィア叢書）　竹林館。
奥野一生（2018）:『観光地域学』（新・ソフィア叢書〈No.1〉）　竹林館。
折口　透（1997）:『自動車の世紀』（岩波新書）　岩波書店。
折戸厚子（2007）:「産業観光施設の紹介 INAXライブミュージアム（愛知県常滑市）」『CREC』第159号　pp.55-62。
貝塚爽平（2011）:『東京の自然史』（講談社学術文庫）　講談社。
鏡味明克（1998）:「木曽三川河口地域の方言意識」『愛知学院大学文学部紀要 : 愛知学院大学論叢』　第28号　pp.89-96。
笠井雅直（2007）:「湯の山温泉と四日市鉄道－戦前における地域開発の担い手と運動に関する事例研究」『名古屋学院大学論集. 社会科学篇』　第43巻　第3号　pp.15～41。
柏田　悟（2001）:「宿場探検・東海道第三十八宿　岡崎宿（開道400年記念特集・東海道五十三次を歩く）」『歴史と旅』　第28巻　第4号　pp.64-67。
加藤武夫（1953）:「美濃赤坂の金生山とその石灰石工業」『地理学』　第7号　pp.50-53。
金行信輔（2018）:『写真のなかの江戸－絵図と古地図で読み解く20の都市風景』ユウブックス。

亀山嘉大（2006）:『集積の経済と都市の成長・衰退』大学教育出版。
川浦康次（1970）:「天保後期における尾西綿織物業と他領商人」『徳川林政史研究所研究紀要』通号昭和44年度　pp.243-259
河瀬正毅（2013）:「なばなの里2011 ウィンターイルミネーション「日本の四季」（特集資料海外でも評価された日本の照明デザイン2012）」　第97巻　第1号　pp.20-24
姜　健栄（2012）:『李朝陶磁と陶工たち』朱鳥社。
菊地俊夫編（2004）:『風景の世界-風景の見方・読み方・考え方』（めぐろシティカレッジ叢書）　二宮書店。
喜多捷二（1983）:「新たな展開の方向を模索する伊賀の組紐産地」『信用組合』　第30巻　第10号　pp.54-55。
岐阜県産業経済研究センター（1998）:『飛騨家具の現状と課題について−飛騨家具研究会報告』　岐阜県産業経済研究センター。
岐阜県シンクタンク（1979）:『低成長時代における中小企業の発展方向と地域振興-飛騨地域における木工家具製造業に関する研究』　岐阜県シンクタンク。
木村和弘（2017）:『棚田の保全と整備』　農林統計出版。
木村晴彦（1999）:「伊勢神宮御師のお札配り」『かわら』　第50号。
金田章裕（2015）:『タウンシップ−土地計画の伝播と変容』（叢書・地球発見〈15〉）　ナカニシヤ出版。
日下英之（1985）:『美濃路−熱田宿から垂井宿まで』（愛知選書〈1〉）　愛知県郷土資料刊行会。
日下英之（1997）:「東海道七里の渡し（水上の道）」『歴史と旅』　第24巻　第8号　pp.266-269。
日下英之監修（2018）:『街道今昔 美濃路をゆく』（爽BOOKS−東海の街道〈1〉）　風媒社。
久保田　収（1972）:「大神宮役夫工米（式年遷宮と文学）」『神道史研究』　第20巻　第5・6号　pp.141-158。
熊田喜三男（2013）:「世界の陶磁器と国際陶磁器フェスティバル：国際陶磁展美濃を例として」『名古屋外国語大学現代国際学部紀要』　第9号　pp.49-98。
桑原　徹（1975）:「濃尾傾動盆地の発生と地下の第四系」『愛知県地盤沈下研究報告書』所収　愛知県環境部。
桑原　徹（1988）:「第四系　東海地域　濃尾平野地域」　日本の地質編集委員会編　『日本の地質5　中部地方II』　所収　共立出版社。
小池義夫（2014）「コミュニティ・サロン Cover History：表紙写真由来 歴史ロマンに思いを馳せ：宮田用水と木津用水の分岐点：愛知県犬山市」『水土の知：農業農村工学会誌』　第82巻　第10号　pp.835-836。
こどもくらぶ（2015）:『世界遺産になった和紙〈1〉世界にほこる日本の和紙−「和紙」とその文化的背景を考えよう!』　新日本出版社。
小林克弘著（1999）:『ニューヨーク-摩天楼都市の建築を辿る』（建築巡礼〈44〉）　丸善。
小山冨士夫（2006）:『勝利と酒盃・漁陶紀行−小山冨士夫随筆集』（講談社文芸文庫）　講談社。
近藤尚夫（1997）:「ペンキの木目塗-明治村・三重県庁舎」『塗装と塗料』　通号564　pp.58-

60。

坂口香代子（2009）「美濃和紙あかりアート展－秋の夜長にうだつの上がる町並みで繰り広げられる「美濃和紙とあかり」の競演」『中部圏研究：調査季報』 第168号 pp.81-93。

桜ヶ丘ミュージアム編（2001）：『三河国府展-土に埋もれた古代の役所』 桜ヶ丘ミュージアム。

佐々木千佳・芳賀京子編（2010）：『都市を描く-東西文化にみる地図と景観図』 東北大学出版会。

佐藤俊雄（1998）：『マーケティング地理学』 同文舘出版。

沢田　清（1985）：「都心についての一考察」『地理学の社会化　清水馨八郎教授退官記念論文集』 千葉大学教育学部地理学研究室編　大明堂　所収。

塩見治人・梅原浩次郎編（2013）：『名古屋経済圏のグローバル化対応－産業と雇用における問題性』 晃洋書房。

示車右甫（2015）：『瀬戸焼磁祖 加藤民吉、天草を往く』 花乱社。

柴田四郎（1983）：「統計風土記-15-愛知県・蒲郡市-二つの顔にとまどいも-繊維ロープ生産日本一」『エコノミスト』 第6巻 第29号 pp.68-75。

嶋津隆文（2018）：『近藤寿市郎伝－豊川用水と東三河百年を構想した男』 公職研。

条里制・古代都市研究会編（2015）：『古代の都市と条里』 吉川弘文館。

末田智樹解説（2018）：『新版 店史概要 松坂屋』（社史で見る日本経済史〈第97巻〉） ゆまに書房。

杉崎　章・村田正雄（1988）：『常滑窯（とこなめがま）－その歴史と民俗』 名著出版。

洲崎　清（1987）：『JIT（ジャスト・イン・タイム）革命の衝撃-世界の経営システムを変えるトヨタ生産方式』 ダイヤモンド社。

鈴鹿市教育委員会編（1992）：『伊勢国分寺跡-尼寺跡推定地の調査』 鈴鹿市教育委員会。

鈴鹿市考古博物館編（2009）：『伊勢国分寺跡〈7〉』 鈴鹿市考古博物館。

鈴鹿市・鈴鹿市考古博物館編（2016）：『伊勢国府跡〈18〉』 鈴鹿市。

鈴木　治（2008）：「水循環レポート 都市の水面を訪ねて（23）水都大垣、誇るべき天与の噴井」『水循環：貯留と浸透』 第70号 pp.43-49。

須藤定久（2000）：「東海地方の窯業原料'99」『地質ニュース』 第552号 pp.23-29。

須藤定久・有田正史（2007）：「砂と砂浜の地域誌（13）　知多半島の砂と砂浜－都市化で変わる浜，鋳物砂の里を訪ねて－」『地質ニュース』 第639号 pp.37-49。

須藤定久・内藤一樹（2000）：「東濃の陶磁器産業と原料資源」『地質ニュース』 第553号 pp.33-41。

関谷次博（2017）：「地域の商業の歴史におけるアウトレットの影響：岐阜県土岐市の事例から」『神戸学院経済学論集』 第49巻 第3号 pp.175-186。

瀬口哲夫（2014）：「日本趣味を基調とした近世式建築と佐野利器／帝冠様式再考」『建築の研究』 第226号 pp.7-13。

千田嘉博編（2012）：『天下人の城-信長から秀吉・家康へ』 風媒社。

荘　浩介（2006）：「えびすビルプロジェクト（名古屋市錦2丁目長者町）－空きビルをファッションとベンチャーのメッカに」『日経研月報』 第331号 pp.50-54。

曽我孝司（2016）：『郡上踊りと白鳥踊り−白山麓の盆踊り』 雄山閣。
曽根研三（1955）：『伊勢神宮の史的研究〈下編（鎮座編）〉』 曽根研三。
高木　厳・藤井登美夫（1997）：「地球環境のダイナミズムと地域環境を見る−愛岐丘陵と美濃加茂盆地を中心に」『名古屋地理』 第10号　pp.27-30。
高嶋広夫（1996）：『実践陶磁器の科学-焼き物の未来のために』　内田老鶴圃。
高橋幸仁（2014）：「佐屋川の廃川化をめぐる考察から思いついたこと」『東海地理』 第50号　pp.19〜20。
高浜市やきものの里かわら美術館編（2010）：『三州瓦と高浜いま・むかし』高浜市やきものの里かわら美術館。
高山市制五十周年・金森公領国四百年記念行事推進協議会編（1986）：『飛騨　金森史』 金森公顕彰会。
竹内　清（2018）：「安城が原の開発に向けた先人たちの苦闘：明治用水開削まで（小特集 明治150年と農業土木）」『水土の知：農業農村工学会誌　第86巻　第9号　pp.783-787。
竹中克行編（2015）：『人文地理学への招待』 ミネルヴァ書房。
多治見市役所都市計画課編（2003）：「都市の再生 オリベストリート構想のまちづくり−全国初のまちづくりのための都市計画道路見直し事例 」『新都市』　第57巻　第7号　pp.48-53。
多田文男・井関弘太郎（1989）：「濃尾平野の地形構造と地盤沈下」『駒澤地理』 通号25　pp.1〜35。
舘沢貢次（1994）：『流通業はこう変わる−ダイエー・中内功の「規制撤廃」「価格破壊」で21世紀の流通再編を読む』 ぱる出版。
谷口功著（2012）：『位置情報の基本と技術−仕組みが見える ゼロからわかる』 翔泳社。
田村貞雄（1987）：『ええじゃないか始まる』 青木書店。
垂井町教育委員会編（1996）：『美濃国府跡発掘調査報告〈1〉』 垂井町教育委員会。
垂井町教育委員会編（2010）：『美濃国分尼寺跡発掘調査報告』 垂井町教育委員会。
坪井利弘（2014）：『日本の瓦屋根』 オーム社。
伝統的工芸品産業振興協会（2007）：『伝統的工芸品産地調査診断事業報告書〈平成18年度 三河仏壇〉』 伝統的工芸品産業振興協会。
東邦学園大学地域ビジネス研究所編（2005）：『有松・鳴海絞りと有松のまちづくり』（地域ビジネス研究叢書） 唯学書房。
戸田　香・堀　文子・谷利美希・大塚俊幸（2016）：「高蔵寺ニュータウンにおける高齢者の居住継続の課題：住居類型の違いが及ぼす影響について」『日本都市学会年報』 第50巻　pp.171-177。
十名直喜（2008）：『現代産業に生きる技−「型」と創造のダイナミズム』 勁草書房。
飛田健彦（2016）：『百貨店とは』 国書刊行会。
都丸泰助・窪田暁子・遠藤宏一編（1987）：『トヨタと地域社会-現代企業都市生活論』 大月書店。
豊川市教育委員会編（2010）：『三河国分寺跡〈2〉』 豊川市教育委員会。
豊川用水研究会編（1975）：『豊川用水史』 水資源開発公団中部支社。

豊田市総務部編（1982）:『豊田市と自動車工業』 豊田市。
内藤幹夫（1979）:「濃尾平野・青木川自然堤防の形成過程」『地理学報告』 第48巻 pp.48-56。
内藤一機・須藤定久（2000）:「東海地方の鉱物資源」『地質ニュース』 第546号 pp.31-32。
中井正幸（2001）:「国史跡となった昼飯大塚古墳」『郷土研究』 第87号。
中川昌治・白水晴雄（1986）:「天草陶石中の粘土鉱物について」『鉱物学雑誌』第7号 pp.61-67。
中川　雅（2006）:「文化と出会い、森に憩う「ノリタケの森」（特集 地域魅力としての博物館）」『観光』 第474号 p.33-35。
長坂一昭（2006）:「石都岡崎の石工業発達について－三つの考察」『岡崎地方史研究会研究紀要』 第34号
中島淳一（2018）:『日本列島の下では何が起きているのか－列島誕生から地震・火山噴火のメカニズムまで』 講談社。
中須　正・神長　唯（1990）:「伊勢湾台風災害と地球環境問題－流木被害と環境社会システム－」『防災科学技術研究所研究報告』 第75号 pp.41-50。
中田四郎編（1970）:『伊勢型紙の歴史』 伊勢型紙の歴史刊行会。
仲野泰裕（1991）:「御庭焼と御用窯について」『愛知県陶磁資料館研究紀要』 第10号 pp.56-65。
仲松盛信（2008）:「歴史と自然、眺望景観を背景に ふるさとの顔づくりモデル土地区画整理事業」『区画整理』 第51巻 第4号 pp.65-67。
中村　精（1983）:「名古屋合板工業史」『アカデミア 経済経営学編』 第80号 pp.97-139。
中村太一（1996）:『日本古代国家と計画道路』 吉川弘文館。
中村　豊（2004）:『メンタルマップの現象学』 古今書院。
名古屋港管理組合編（1976）:『木材港と木材コンビナート』 名古屋港管理組合。
名古屋港管理組合編（1985）:『名古屋港木材取扱施設調査』 名古屋港管理組合。
名古屋市編（1955）:『大正昭和名古屋市史』 第9巻　地理編　名古屋市。
名古屋市編（1959）:『名古屋城史』 名古屋市。
名古屋市計画局編（1987）:『名古屋市都市景観基本計画』 名古屋都市整備公社。
名古屋市建設局編（1957）:『名古屋都市計画史　上巻』 名古屋市。
名古屋市住宅局まちづくり企画部編（2011）:『名古屋市歴史まちづくり戦略』 名古屋市。
名古屋地下鉄振興株式会社30年史編纂委員会編（1988）:『名古屋地下鉄振興株式会社30年史』 名古屋地下鉄振興30年史編纂委員会。
名古屋鉄道編（1994）:『名古屋鉄道百年史』名古屋鉄道株式会社。
名古屋仏壇商協同組合（1977）:『名古屋仏壇－"名古屋仏壇の沿革"と組合の歩み』 名古屋仏壇商協同組合。
名古屋木材街建設促進協議会編（1983）:『西部木材港』 名古屋木材街建設促進協議会。
名畑　恵（2015）:「名古屋市中区長者町の「まちの再編」の実践：NPO法人まちの縁側育くみ隊の活動を基盤として」『東海社会学会年報』 第7号 pp.121-126。
並木厚憲（2003）:「Business Report TDLだけじゃない！レジャー勝ち組「長島温泉」の戦略」

『週刊東洋経済』 2003.8.9・16合併特大号　pp.50-53。

成瀬　洋（1985）：「河成堆積平野の種々相-濃尾平野」貝塚爽平・成瀬　洋・太田陽子著『日本の平野と海岸』所収　岩波書店

南部亜佐美・小野寺一成（2017）：「津市中心部における都市構造の変遷に関する研究」『紀要（三重短期大学生活科学研究会）』第65号　pp.1-8。

西枇杷島町史編纂委員会編（1964）：『西枇杷島町史』西枇杷島町。

西脇健治郎（1979）：「水都大垣－城下町から近代工業都市へ」『東海地理』第1号　pp.4-7。

新田　剛（2011）：「伊勢国府の成立（特輯 古代国府の成立をめぐる諸問題（上））」『古代文化』第63巻　第3号　pp.402-408。

丹辺宣彦・岡村徹也・山口博史編（2014）：『豊田とトヨタ－産業グローバル化先進地域の現在』東信堂。

日本気象学会地球環境問題委員会編（2011）：『地球温暖化-そのメカニズムと不確実性』朝倉書店。

日本国有鉄道編（1969）：『日本国有鉄道百年史〈第1巻〉』日本国有鉄道。

日本セラミックス協会編（2005）：『セラミックス辞典』第2版　普及版　丸善。

日本地誌研究所編（1969）：『日本地誌〈第12巻〉』二宮書店。

日本地誌研究所編（1976）：『日本地誌〈第13巻〉』二宮書店。

丹羽栄治（1971）：「犬山扇状地における養蚕業地域の変容」『地理学報告』第36・37号　pp.82-87。

根岸秀行（2012）：「戦後引揚者集団と住宅開発－岐阜駅前ハルピン街再考」『郷土研究・岐阜：岐阜県郷土資料研究協議会会報』第117号

根田克彦（2016）：『まちづくりのための中心市街地活性化－イギリスと日本の実証研究』（地域づくり叢書〈5〉）古今書院。

橋口勝利（2014）：「近代中京圏における紡績業の事業展開と合併：奥田正香と尾勢連合」『關西大學經濟論集』第64巻　第1号　pp.47-68。

長谷川善一（2014）：「陶磁器・原料のリデザイン：最近の技術動向とともに」『Industrial art news+ 産業工芸研究』第44号　pp.1-8。

林　淳一（2000a）：「明和4年の矢作川洪水と安城市域－国役普請訴願を中心に」『安城市史だより』2000a　第8号。

林　上（1991）：『都市地域構造の形成と変化』（現代都市地理学〈2〉）大明堂。

林　上（1997）：「近代初期名古屋における交通体系と都市構造」『情報文化研究』第5号　pp.173-197。

林　上（1999）：『カナダ経済の発展と地域』大明堂。

林　上（2000b）：『近代都市の交通と地域発展』大明堂。

林　上（2000c）：「近代名古屋における電鉄事業の地域的展開」『情報文化研究』第12号　pp.53-80。

林　上（2002）：「近現代における名古屋駅とその周辺の都市構造的発展」『情報文化研究』第15号　pp.185-205。

林　上（2007）：『都市交通地域論』原書房。

林　　上（2009）：「国際見本市への出展やデザイン開発を重視した陶磁器の地域ブランド形成」『日本都市学会年報』　第43号　pp.11-17。

林　　上（2010）：「資源循環型陶磁器生産システムの構築と社会経済的意義」『人文学部研究論集』　第23号　pp.1-22。

林　　上（2012a）：『現代都市地理学』　原書房。

林　　上（2012b）：「大都市主要鉄道駅の進化・発展と都市構造の変化：名古屋駅を事例として」『日本都市学会年報』　第46号　pp.33-42。

林　　上（2013）：「中心地理論・関門概念による都心空間構造の把握」『人文学部研究論集』　第29号　pp.21-50。

林　　上（2014）：「自動車生産・販売のグローバル化にともなう愛知県内諸港の自動車輸出・輸入の変化」『港湾経済研究：日本港湾経済学会年報』　第53号　pp.61-79。

林　　上（2015a）：『都市サービス空間の地理学』　原書房。

林　　上（2015b）：「愛知、岐阜の県境をまたぐ下街道沿いの歴史的資源を生かした地域活動」『日本都市学会年報』　第49巻　pp.33-42。

林　　上（2015c）：「木材貿易の動向と港湾における木材取扱地区の変化：名古屋港の場合」『港湾経済研究：日本港湾経済学会年報』　第54号　pp.13-25。

林　　上（2015d）：「伊勢湾内諸港における自動車の輸出・輸入業務」『人文学部研究論集』　第33号　pp.1-22。

林　　上（2016a）：『名古屋圏の都市地理学』　風媒社。

林　　上（2016b）：「名古屋港における木材の移入・輸入と木材取扱地区の歴史的推移」『港湾研究』　第38号　pp.39-72。

林　　上（2016c）：「名古屋港の木材取扱地区の歴史的変化と企業の立地動向」『人文学部研究論集』　第35号　pp.1-25。

林　　上（2017a）：『都市と港湾の地理学』　風媒社。

林　　上（2017b）：「名古屋港の事例を中心とする経済構造, 港湾設備, 交通基盤から見た港湾・背後圏の歴史的発展過程」『日本都市学会年報』　pp.49-58。

林　　上編（2018）：『飛騨高山-地域の産業・社会・文化の歴史を読み解く』　風媒社。

林　　上・伊藤義和（1976）：「愛知県一宮都市圏における中心地の地域構造」『人文地理』　第28巻　第6号　pp.589-620。

林　　弘之（2000d）：「文化財レポート　三河国府跡とその周辺の調査」『日本歴史』　第628号　pp.106-114。

春山成子・大矢雅彦（1986）：「地形分類を基礎とした庄内川, 矢作川の河成平野の比較研究」『地理学評論』Ser. A　第59巻　第10号　pp.571-588。

飛騨木工連合会編（2012）：『飛騨の家具ものがたり－歴史と伝統が生みだす匠の技』　飛騨木工連合会。

平井芳男（2005）：「城下町刈谷の形成とその後」『かりや：郷土研究誌』　第26号。

福原　稔（2015）：「熱田大空襲」『きりん』　第19号。

藤澤良祐（2005）：『瀬戸窯跡群-歴史を刻む日本の代表的窯跡群』（日本の遺跡〈5〉）　同成社。

藤田佳久（1995）：「豊川下流域における霞堤の成立条件およびその改廃と土地利用－豊川・

霞堤の研究-1-」『愛知大学綜合郷土研究所紀要』 第40号 pp.91-121。
藤塚吉浩（2017）：『ジェントリフィケーション』 古今書院。
麓　和善（2013）：『南知多町指定文化財尾州廻船内海船船主内田佐七家保存修理工事報告書』 南知多町教育委員会。
牧野内猛（1988）：「第四系 東海地域 概説」 日本の地質編集委員会編 『日本の地質5 中部地方Ⅱ』 所収 共立出版社。
町田　貞・太田陽子・田中真吾・白井哲之（1962）：「矢作川下流地域の地形発達史」『地理学評論』 第35巻 第10号 pp.505-524。
松沢　勲（1968）：「本州中部における傾動運動について:特に濃尾傾動地塊の構造発展」『地質学雑誌』 第72巻 第2号 pp.61-71。
松原　宏編（2013）：『現代の立地論』古今書院。
松原義継（1966）：「名古屋の臨海工業地域」 伊藤郷平監修『愛知県の地理』 光文館。
松原義継（1995）：「美濃の堤防は，尾張御囲堤より3尺低かるべしの世評は，信憑性があるのか」『名古屋地理』 第8号 pp.1-3。
松本勝邦・古川和典（2000）：「松阪市・参宮街道沿いの町並構成と境界構造」『明治大学科学技術研究所紀要』 第39巻 第13号 pp.115-127。
松山雅要（1997）：『豊川稲荷の成立と門前の発展-豊川・妙嚴寺鎮守』 松山雅要。
丸山専治（2008）：「近世物流の担い手・千石船（弁才船）の活躍と衰退-尾州廻船・内海船を中心にして」『郷土研究誌みなみ』 第85号。
三重県組紐協同組合記念誌編集部会編（1989）：『伊賀くみひも伝承の譜』 三重県組紐協同組合。
水内俊雄編（2004）：『空間の社会地理』（シリーズ人文地理学〈5〉） 朝倉書店。
水谷盛光（1969）：「名古屋城下町碁盤割造成尺度考抄:町割は「田舎間,1丁60間正々方々」ではない」『人文地理』 第21巻 第3号 pp.297-310。
満岡忠成（1989）：『信楽・伊賀』（日本陶磁大系〈8〉） 平凡社。
美濃市郷土史編集委員会編（1964）：『美濃市の歴史－郷土読本－』 美濃市小中学校校長会。
美濃手すき和紙協同組合編（2008）：『技を伝える-美濃和紙職人の今』 美濃手すき和紙協同組合。
宮川泰夫（1995）：「風土文化の革新と三州瓦産地の変容」『比較社会文化:九州大学大学院比較社会文化学府紀要』 第1号 pp.29-48。
宮川泰夫（2000）：「伊勢型紙工芸産地の変容-中間財工芸の変容と風土文化の革新」『比較社会文化:九州大学大学院比較社会文化学府紀要』 第6号 pp.1-28。
三渡俊一郎（1983）：「名古屋市熱田白鳥・断夫山古墳の前後関係について」『古代学研究』 通号99 pp.26-34。
村林　守・大西正基（2013）：「松阪の空間の履歴とまちづくり：「城のある町」を生かして」『三重中京大学地域社会研究所報』 第25号 pp.123-174。
室田　武（1985）：「水車利用の経済性評価の試み－岐阜県瑞浪市の事例研究を中心として」『経済学研究』 第26号 pp.197-240。
名鉄百貨店社史編纂室編（1985）：『30年の歩み－名鉄百貨店開店30周年記念社史』名鉄百

貨店。

本山卓彦・永田宏二（1988）：『接着剤』（新素材活用シリーズ）　工業調査会。

森　浩一・門脇禎二編（1996）：『壬申の乱－大海人皇子から天武天皇へ』　大巧社。

森川敏育（2012）：「下呂温泉の歴史的発展過程について」『桜花学園大学人文学部研究紀要』　第14号　pp.57-76。

安江健一・廣内大助（2004）：「阿寺断層帯下呂断層の第四紀における断層活動と河谷変化」『活断層研究』　通号24　pp.85-93。

柳田良造・清水隆宏（2013）「文化としての岐阜の都市空間に関する研究（その4）旧岐阜県庁舎の建設過程・設計者・意匠」『岐阜市立女子短期大学研究紀要』　第63号　pp.53-60。

八橋倫子（1976）：「起宿の歴史地理学的研究」『新地理』　第24巻　第1号　pp.13-32。

山岡藤市（1981）：「農漁業と観光の町－愛知県知多郡南知多町」『農林水産省広報』　第12巻　第5号　pp.60-62。

山形万里子（1983）：「尾張藩陶器専売制度と美濃焼物の流通-取締役西浦円治を中心に」『駿台史學』　第59号　pp.1-34。

山田　壽夫（2013）：「国産材時代のために　外材との競争に敗れた　自給率は一時18パーセントまで低下」『グリーン・パワー』　第411号　p.16。

大和里美（2014）：「名古屋・長者町のまちづくりと価値創造」『日本都市学会年報』　第48巻　pp.31-40。

山村亜希（2004）：「中世津島の景観とその変遷」『愛知県立大学文学部論集,日本文化学科編』　第53号　pp.1-28。

山村亜希（2013）：「岐阜城下町の空間構造と材木町」『愛知県立大学日本文化学部論集．歴史文化学科編』　第5号　pp.1-28。

山村亜希（2016）：「犬山城下町の空間構造とその形成過程」『地域と環境』　第14号　pp.1-23。

山本耕一（1986）：『美人の町・犬山』　沢田造景研究所。

山本　悟（2017）：『山のきもち-森林業が「ほっとする社会」をつくる』　第2版　東京農業大学出版会。

山本直人（1992）：「文時代の下呂石の交易」『名古屋大学文学部研究論集』　通号113　pp.83-104。

吉岡康暢監・宮内正勝（2001）：『陶磁器の世界』（文化財探訪クラブ〈10〉）　山川出版社。

「歴史探訪郡上八幡」編集委員会（2001）：『郡上八幡－歴史探訪』再版　八幡町教育委員会。

渡部一二（2018）：『水の恵みを受けるまちづくり－郡上八幡の水縁空間』鹿島出版会。

Alonso, W. (1964)： *Location and Land Use: toward a General Theory of Land Rent.* Harvard University Press, Cambridge, Mass.　折下　功訳（1966）：『立地と土地利用：地価の一般理論について』朝倉書店。

Berry, B. J.L. (1959)：Ribbon developments in the urban business pattern. *Annals, Association of American Geographers,* Vol.49, pp.145-155.

Berry, B. J. L. and Parr, J. B. (1988)：*Market Centers and Retail Location: Theory and Applications.* Prentice Hall, Englewood Cliffs.　奥野隆史・鈴木安昭・西岡久雄訳（1972）:『小売立地の理論と応用』　大明堂.

Bird, J. (1977)：*Centrality and Cities.* Routledge and Kegan Paul, London.

Carter, H. (1977)：*The Study of Urban Geography.* Edward Arnold, London.

Christaller, W. (1933)：*Die zentralen Orte in Süddeutschland: eine ökonomisch-geographische Untersuchung über die Gesetzmäßigkeit der Verbreitung und Entwicklung der Siedlungen mit städtischen Funktionen.* Gustav Fischer, Jena.　江沢譲爾訳（1971）:『都市の立地と発展』大明堂。

Davies R. L. (1972)：Structural models of retail distribution: analogies with settlement and urban land-use theories. *Trans Inst Br Geogr.* Vol.63, pp.59-82.

Harris, C. D. and Ullman, E. L. (1945)：The Nature of Cities. *The Annals of the American Academy of Political and Social Science,* No.242, pp.7-17.

Hayter, R. and Patchell, J. (2011)：*Economic Geography: An Institutional Approach.* Oxford University Press, Oxford.

Horwood, E.M. and Boyce, R. (1959)：*Studies of the Central Business District and Urban Freeway Development.* University of Washington Press, Seattle.

Hoyt, H. (1939)：*The Structure and Growth of Residential Neighborhoods in American Cities.* Federal Housing Administration, Washington.

Lösch, A. (1943)：*Die räumliche Ordnung der Wirtschaft: eine Untersuchung über Standort, Wirtschaftsgebiete und internationalen Handel.* Gustav Fischer, Jena.　篠原泰三訳（1968）:『経済立地論』　大明堂。

McNair, M.P. (1958)：Significant trends and developments in the post-war period, in A.B. Smith (Ed.), *Competitive Distribution in Free High-Level Economy and its Implications for the University.* University of Pittsburgh Press, Pittsburgh.

Pacione, M. (2009)：*Urban Geography: A Global Perspective.* 3rd edition. Routledge, London.

Park, R. E., Burgess, E. W., and McKenzie, R. D. (1925)：*The city.* The University of Chicago Press, Chicago, Illinois.　大道安次郎・倉田和四生訳（1972）:『都市－人間生態学とコミュニティ論』　鹿島出版会。

Parr, J. B. (1978)：Models of the central place system: a more general approach. *Urban Studies,* Vol.15, pp.35-49.

Thünen, J.H. von (1826)：*Der Isolierte Staat in Beziehung auf Landwirtschaft und Nationalokonomie.* Gustav Fisher, Jena.　近藤康男訳(1974):『近藤康男著作集：第1巻・チウネン孤立国の研究；チウネン孤立国』　農村漁村文化協会。

Weber, A. (1909)：*Über Standort der Industrien, Reine Theorie des Standorts.* Erster Teil, Tubingen.　江沢譲爾監修・日本産業構造研究所訳（1966）:『工業立地論』　大明堂。

図表一覧

第1章	図1-1	3方向からの衛星電波をもとに現在地を知る仕組み
	図1-2	わかりやすく移動しやすい地域とそうでない地域
	図1-3	まち歩きのためのイラスト地図（多治見市本町のオリベストリート）
	図1-4	丘陵地を造成して実施された土地区画整理事業（豊田市五ヶ丘）
	図1-5	土地区画整理事業の実施前と実施後の比較（中央本線神領駅前付近）
	図1-6	岡崎市中心部を東西に通る旧東海道の二十七曲り
	図1-7	ニューヨーク・マンハッタン島の道路網とブロードウェイ（1900年）
	図1-8	藤原京と札幌の条坊制
	図1-9	タウンシップ・アンド・レンジシステムの仕組み
	図1-10	カナダ西部におけるタウンシップ制の実施
	図1-11	北アメリカのフランス系農民による土地区画（1796年）
	図1-12	名古屋五口と旧街道
	図1-13	ニューヨーク・グリニッチビレッジの道路パーン
	図1-14	名古屋大曽根交差点付近の道路パターン
	図1-15	平安京の条坊制
	図1-16	名古屋城下の碁盤割
	図1-17	町家割のパターン
	図1-18	条坊制と条里制の比較
	図1-19	過疎化が進んでいる地域（2017年）
	図1-20	自動車・鉄道による名古屋中央への到達範囲圏（2011年）
	図1-21	名古屋市における市街地の発展過程
	表1-1	集積にともなう経済（メリット）
第2章	図2-1	都市におけるかたちの事例
	図2-2	伊勢国府跡（鈴鹿市）
	図2-3	都市景観の社会性と都市景観の読み解き
	図2-4	自然環境，人文活動，都市立地・発展の関係
	図2-5	近世・刈谷藩の城下町絵図
	図2-6	近代・名古屋における工業の新規立地過程
	図2-7	近代・名古屋市内の商店街分布（1930年代）
	図2-8	春日井市・高蔵寺ニュータウンの空き家・空き地
	図2-9	枇杷島市場への青果物出荷圏
	図2-10	地理学における主要概念の推移
	図2-11	小河川と崖による旧市街地と新市街地の地形的境界（春日井市）

第3章	図3-1	平野とその周辺の地形（第四紀層）
	図3-2	矢田川累層堆積期（鮮新統中〜後期）の古地理（想像図）
	図3-3	伊勢湾周辺における海面変化状況
	図3-4	尾張傾動地塊の模式図
	図3-5	濃尾平野の地形
	図3-6	近世前期（1600年代）までの河道と現在の河道
	図3-7	木曽三川中流域の地形
	図3-8	東海地方の活断層（部分）
	図3-9	稲沢市中心部における河川の蛇行と自然堤防
	図3-10	衣浦湾・境川周辺の活断層分布
	図3-11	西三河西部地域の地形面区分
	図3-12	高位海水面当時の西三河（想像図）
	図3-13	豊川の流路変遷
	図3-14	豊川流域と豊川用水の供給区域
	図3-15	知多半島の地形と地質
	図3-16	渥美半島の地形
	図3-17	岐阜県の地域区分
	図3-18	岐阜県の道路網（県土1700km骨格幹線ネットワーク構想）
	図3-19	岐阜県南西部の輪中分布
	図3-20	庄内川中・上流（土岐川）流域に相当する東濃西部
	図3-21	木曽三川河口部附近の県境
	図3-22	関西風アクセントと名古屋風アクセントの境界
	図3-23	北勢地域の地形概要
	図3-24	三重県の旧街道
	図3-25	志摩半島リアス海岸の海成段丘
	表3-1	愛知県における廃藩置県
	表3-2	岐阜県における廃藩置県
第4章	図4-1	扇形モデルを例証するアメリカ諸都市の地価分布
	図4-2	名古屋〜多治見間の下街道と中央線建設計画ルート（1894年頃）
	図4-3	中心地モデルの空間原理
	図4-4	都市に対する地理学的アプローチの推移
	図4-5	モータリゼーションとともに変化した市街地
	図4-6	名古屋高速道路案内地図
	図4-7	名古屋圏内の主なアウトレットモール
	図4-8	豊田市における工場の分布
	図4-9	自動車ディーラーの分布（名古屋東部郊外）
	図4-10	三河港における自動車の輸出・輸入取扱（メーカー・ディーラー別）
第5章	図5-1	既成市街地の東縁ルートを走る中央本線

	図5-2	武豊線から東海道本線へと移行していった頃の鉄道
	図5-3	開業当時の名古屋駅周辺（略図）
	図5-4	関西鉄道愛知駅とその周辺（明治39年頃）
	図5-5	名古屋鉄道から名古屋市へ譲渡された市内路線（大正11年8月）
	図5-6	店舗立地と消費者の関係の類型
	図5-7	都心部（CBD）のコア＝フレーム・モデル
	図5-8	大須の古着店分布
	図5-9	明治20年代の名古屋中心部
	図5-10	小売業の参入・発展・停滞を説明する車輪の理論
	図5-11	紡績工場などの跡地に立地したショッピングセンター
第6章	図6-1	資源循環型陶磁器生産・流通・回収システムの構成
	図6-2	瀬戸市周辺の窯業原料産地と窯業関係の工場
	図6-3	瀬戸市中心部の珪砂・粘土採掘場と陶磁器関連施設
	図6-4	復元された東海湖と周辺の地質分布
	図6-5	美濃焼産地の盆地と窯業原料産地・窯業関係事業所
	図6-6	多治見市市之倉町のオリベストリートとさかずき美術館
	図6-7	常滑焼産地内の製陶工場・陶器関連小売・サービス
	図6-8	高浜市・碧南市における瓦生産事業所と窯業機械メーカーの分布
	図6-9	ノリタケグループの国内拠点
第7章	図7-1	名古屋市内の製材・製函工場と貯木場（1933年）
	図7-2	江戸末期・飛騨川下麻生の綱場の風景と位置
	図7-3	名古屋港内の貯木場（1950年代）
	図7-4	名古屋港西部地区に計画された木材港と木材工業団地
	図7-5	浅野吉次郎による日本初のロータリー第1号機
	図7-6	名古屋市における製材工場などの分布（1928年）
	図7-7	金森氏築城当時の上有知古地図
	図7-8	江戸時代における飛騨地方からの木材輸送経路
	図7-9	有名デザイナー設計の椅子
	表7-1	木製家具産業の産地別生産状況（2014年）
第8章	図8-1	西三河における木綿仲買仲間組の分布と木綿取引の経路（1890年代末）
	図8-2	尾西地域における織物工場の分布（1880年代）
	図8-3	岐阜駅前繊維問屋街（1951年）
	図8-4	東洋紡績の名古屋分工場と尾張分工場（1915年当時）
	図8-5	イッセン（一宮染色）の煙突の所属をめぐる時間の流れ
	図8-6	名古屋・長者町地区での再開発ビル建設予定

	図8-7	有松絞りの産地，有松町並保存地区
	図8-8	鈴鹿市白子にある伊勢型紙資料館，伊勢形紙協同組合の周辺
	図8-9	江戸時代初期の伊賀上野城下町
	表8-1	明治期名古屋財界のグループ構成企業
第9章	図9-1	旧犬山城下町の地形区分
	図9-2	蒲郡臨海部の観光施設
	図9-3	1856（安政3）年当時の松阪城下町
	図9-4	郡上八幡中心部の用水網
	図9-5	大垣市における湧き水地点（河間）の分布
	図9-6	江戸時代末期の長島付近の輪中
	図9-7	下呂温泉観光案内図（略図）
	図9-8	湯の山温泉の観光施設（1960年代）
	図9-9	南知多町の重要文化財・旧内田家（尾州廻船内海船船主）住宅
第10章	図10-1	名古屋中心部東の東部道路（新栄町通）改修計画図
	図10-2	近代と現代の岐阜市市街地中心部
	図10-3	津市中心部の三重県庁と津市役所（1931年）
	図10-4	美濃国府跡，国分寺跡，国分尼寺跡
	図10-5	尾張国府跡，国分寺跡，国分尼寺跡
	図10-6	三河国府跡，国分寺跡，国分尼寺跡
	図10-7	伊勢国府跡，国分寺跡などの分布
	図10-8	1972（昭和47）年当時の伊勢市中心部
	図10-9	熱田神宮とその周辺（1915年当時）
	図10-10	津島と廃川化された佐屋川
	表10-1	三重県における廃藩置県

事項索引

あ
愛知電気鉄道　262
アウグスト・レッシュ　121
浅野吉次郎　208, 209
熱田空襲　329
熱田奉行　327
安濃津商人　265
天草陶石　171, 172
尼崎紡績　239, 240
漢機　267
有田焼　170, 173, 178
有松絞り　246-248
アルフレッド・ウェーバー　121
アルフレッド・ノーベル　208

い
飯尾宗祇　273
伊賀焼　178, 183
射和商人　265
伊勢白粉　265
伊勢型紙　250-253
伊勢講　324
伊勢商人　250, 258, 265, 268
伊勢湾台風　203, 204, 264, 281, 282
一位一刀彫　219
一宮紡績　239
一向一揆　279, 280
一国一城令　259
一般階層モデル　122
いとう呉服店　158, 159
伊藤伝七　235
伊奈製陶　192
INAX　192
揖斐川電力　240, 278
燻瓦　189
伊万里焼　173, 178
イマニュエル・ノーベル　208

う
ウイリアム・アロンゾ　123
ウィリアム・クーパー　34

卯建　215
内田家住宅　290, 291, 293
内海銀行　293
内海帆走船会社　293
内海船　292, 293
海の軽井沢構想　264
瓜割清水　274

え
エスチャリー　83
枝村　214
越後屋　267
越前紙　214
戎講　293
延喜式　227, 320

お
近江商人　265
大海人皇子　270, 309, 321
大岡越前守　188
大垣電力　240
大倉陶園　192
大阪商人　265
大阪紡績　235, 237, 241, 242
おかげ横丁　325
御蔭参り　325
奥田正香　237
御蔵会所　173
桶狭間の戦い　330
織田信長　97, 231, 265, 267, 280, 288, 330
小津銀行　267
御船蔵　201
オリエンタル中村　159
卸商業団地　173
尾張傾動地塊　73
尾張巡行記　62
尾張弁　104
尾張紡績　235-237, 241
御師　324, 325
温暖化ガス　71

か
カール・F・ベンツ　124

概念革命	63		干拓事業	111, 330, 331
海運業	92, 93		カンドゥーラ	234
海軍燃料廠	108		間氷期	71, 72
海食棚	110		神部	323
海水準	72, 74		神御衣祭	266
海成段丘	110		関門	142, 144, 147-150, 277
廻船式目	305			
廻船問屋	266, 268		**き**	
海面変化	70, 72		企業サービス	164, 165
蛙目粘土	172		企業城下町	133
河岸段丘	66, 78, 88, 89, 274		気候変動	33, 64
柿右衛門窯	170		技術革新	127, 139, 160-162, 190
河況係数	87, 89		機能美	48
神楽料	324		木節粘土	172
懸廻堤	278		岐阜乗合自動車	159
花崗岩	85-89, 168, 172, 176-178, 287		岐阜ファッション産業連合会	232
笠松陣屋	300		郷里制	288
笠間焼	178		清洲越し	28, 235, 315
河床面	74		距離の科学	39
ガス糸紡績会社	239		切妻屋根	300
霞堤	89, 90		近在派	235-237
糟谷縫右衛門	227		近隣商業地	153
河川交通	118, 201			
過疎化	33, 34		**く**	
価値の地理学	121		宮殿	213
角屋家	266		宮殿御坊造	212
加藤景正	171, 179		郡上一揆	271
加藤民吉	171, 173, 174		口分田	31
金森長近	214, 215, 284		蔵元制度	173, 174
金森頼錦	271		繰綿問屋	229
株仲間	251		グローバル化	58, 194, 221, 233
鎌倉幕府	271		黒壁	186
蒲生氏郷	265		桑名紡績	241
唐津物	173			
樺太材	202		**け**	
苧麻	227, 228		硅砂	172
川湊	143, 197, 214		経済成長	43, 57-59, 100, 133, 162, 180, 182, 195, 218, 219, 232, 250, 261, 302, 303, 312, 325, 333
雁皮	214			
環境問題	65, 71, 196, 273			
観光地理学	169		経済地理学	118, 122, 169
関西鉄道	148		経済立地	64, 122
関西府県連合共進会	44, 158		経済立地論	122
関西弁	104		傾斜構造	275
乾燥気候	234, 296		下呂石	286

研究学園都市	181	古陶磁窯	170
建築周期	67	碁盤割	28, 29, 298
建築制限	59	小山富士夫	170
県庁所在都市	6, 297, 302, 305, 308	御用窯	172, 173, 248
犬頭白糸	227	近藤友右衛門	237
顕如	280	権禰宜層	323, 324
絹綿交織	229		

こ

高架式高速道路	127-129
郊外ニュータウン	60
公害問題	127
工業団地	12, 175, 205, 206
工業地理学	168
工業立地論	65, 122
洪積台地	107, 227
楮	213, 214
高速道路	36, 40, 97, 100, 105, 126-129, 244, 277, 291, 312, 319, 322
耕地整理事業	13
交通インフラ	14, 40, 125, 315
交通原理	118-120
高度経済成長	43, 57-59, 100, 133, 162, 180, 182, 218, 219, 232, 250, 261, 302, 303, 312, 325, 333
高度情報社会	8
後背湿地	80
港湾都市	136
ゴーストタウン	33, 34
古今和歌集	272
国衙	316, 317
国際観光都市	261
国土インフラ	145
国分家	268
国分寺	68, 80, 82, 187, 310, 311, 313, 316-322
国分尼寺	82, 187, 310, 311, 313, 316, 317-319, 321, 322
後光厳天皇	311
古今伝授	271-273
五山文学	271
牛頭天王	331
古生層	88
ゴットリーブ・ダイムラー	124

さ

サービス経済化	58, 64, 164
斎王	270
斎宮	320
西国大名	328
作兵衛勝義	268
薩摩藩士	282
佐野利器	300
砂漠化	33
三角江	83
三角州	43, 74
三角測量	7
桟瓦	187
産業革命	34, 35, 42, 63, 71, 250, 295
産業観光	169, 182, 223
産業構造	33, 42, 58, 64, 101, 109, 123, 126, 142, 175, 181, 211, 220, 234, 279
産業集積	70, 117
参勤交代	269, 328
参宮表街道	270
三州瓦	187-190
三津七湊	47, 305, 306
産地問屋街	11
桟留縞	229
三波系結晶片岩	88

し

GPSシステム	8
JR東海	150, 264, 319
J.フロントリテイリング	159
ジェンダー	60, 68, 156, 256
ジェントリフィケーション	156, 157
塩焼き瓦	189
志賀重昂	259
市街地空洞化	304
四角形格子状	9-13, 16-19, 24, 27

信楽焼	178		142, 170, 190, 215, 258, 268, 275-278, 295, 309, 314, 315
時間距離	36, 37, 39	集荷圏	118
時間・空間の短縮	36, 37, 40	集積の経済	32, 37, 135
磁器	168, 170-176, 178, 185, 190, 191	重要伝統的建造物群保存地区	249, 250
資源循環型陶磁器	169	集落景観	12
資源問題	140	宿場町	97, 231, 247, 260, 270, 304, 306, 315
寺社地	14	須弥山	211
市場経済	43	須弥檀	211
市場原理	119, 120	循環型社会	181
私設鉄道	142	商館貿易	191
自然再生エネルギー	140	城郭	3, 5, 39, 47, 54, 68, 86, 187, 224, 258, 263, 276, 297, 300, 303, 304, 318
自然地理学	51, 168		
自然堤防	80, 81, 86, 89, 100, 227, 228		
持続可能性	60, 169		
持続的発展	139	城下町	14, 24, 25, 28, 34, 39, 54, 97, 99, 102, 105, 107, 133, 150, 158, 197, 199, 200, 212, 214, 231, 243, 254-256, 259-261, 265, 267, 269, 271, 275, 289, 303, 304, 306, 315, 318, 326, 327, 334
実質賃金水準	156		
持統天皇	317		
自動運転システム	140, 141		
自動車街	136		
自動車交通	127, 128, 141, 201		
自動車産業	126, 131, 132, 134, 180, 263		
自動車販売店	135	城下町絵図	255
自動車文化	129, 130	蒸気船	36
自動織機	132, 133	承久の変	271
自動操縦	126	商業地理学	169
芝浦製作所	238	浄薫上人	288, 290
地場産業	2, 11, 85, 92, 101, 168, 170, 179, 187, 193, 223, 246, 250, 253	商圏	32, 119, 120, 155, 156, 161, 211, 233
		少子高齢化	34, 58, 157
地盤沈下	331, 333	焼成窯	185
渋沢栄一	235, 237	正倉院文書	214, 227
持佛堂	211	浄土真宗	212
仕法窯	178	庄八家	213
四面町	29	小藩分立政策	82
社会サービス	133	条坊制	9, 16, 19, 20, 24, 28, 30, 31
社会生態	64	聖武天皇	211
社会制度	53, 254	縄文海進	75, 79
社会集団	34, 56, 114, 115	縄文時代	73, 286
ジャスコ	242	条里制	9, 16, 22, 23, 30, 31
ジャストインタイム	134	ショッピングモール	161, 186
車輪の理論	160, 161	ジョン・B・ダンロップ	124
十一屋呉服店	159	白子商人	265
舟運	14, 39, 44, 54, 97, 102, 105,	新古典派経済学	54, 122

壬申の乱	309, 321		宋代	170
神田	154, 323		ゾーニング	67
新田開発	14		染付磁器	171
人文主義	64		梳毛	231

す

水質汚濁	65
水都	274, 278
水簸	172, 178
菅沼定仍	280
ストリートビュー	45
スパニッシュ瓦	189
墨清太郎	231

せ

政治原理	119, 120
西南戦争	289
世界都市	58
セギ板	274
石州半紙	214
石炭窯	175
石油ショック	57, 58, 60, 122, 124, 134, 139, 156, 159, 206, 219, 221, 233, 263
セクターモデル	114, 116
石灰窒素	99
摂津紡績	239, 240
瀬戸電気鉄道	174
瀬戸物	172, 173
瀬戸焼	177, 179, 182, 183
繊維卸売業	100, 231, 244
繊維問屋街	231, 232, 243-245
先行谷	258, 259
扇状地	9, 24, 43, 66, 74-80, 87, 89, 98, 258, 259, 275, 304
センター商業地	154-157
扇端	75, 76, 79, 80, 275
遷都	34
前方後円墳	44, 329

そ

総構築造	259
宗祇	271-273
総合保養地域整備法	264

た

第一国立銀行	235
第一師範学校	299
大規模小売店舗法	161
大規模製造小売サービス業	234
大國屋	268
台地	2, 9, 11, 15, 25, 43, 46, 66, 70, 84-87, 91, 92, 94, 98, 100, 106-109, 111, 143, 146, 147, 227, 260, 275, 297, 316
大都市圏	36, 58-60, 72, 114, 117, 131, 152, 182, 273, 323
第二次世界大戦	24, 36, 54, 57, 62, 122, 231, 238
大日本紡績	238-240
太平洋戦争	202, 215, 329
タイムズスクエア	18
第4次全国開発計画	181
タウンシップ制	9, 20-23
タウンシップ・アンド・レンジシステム	9, 21
高木仁右衛門	212
多核心モデル	115
滝川一益	289
瀧兵右衛門	237
竹腰邸	297, 298
竹田庄九郎	247, 248
脱工業化	64, 123
棚田	11
谷底平野	74, 79, 106, 107
多品種少量生産	182
樽廻船	292, 293
断層運動	74, 83, 87
断層山脈	287

ち

地域経済学	122
地域産業	196
地域地区制	67
地殻変動	70

地球温暖化	60, 64, 71, 139	陶石	167, 168, 171, 172, 176
地形学	73, 74	藤堂高虎	254, 255, 270, 306
地質学	50, 284	藤堂藩	254, 265
知多海運	145, 188	東南海地震	242
中央構造線	85, 87, 88, 93, 109	東洋陶器	192
中心機能	119, 120	東洋紡績	234, 237, 238, 241, 242
沖積世	74	トーブ	234, 235
沖積平野	43, 74, 107	土岐氏	214
朝鮮通信使	312	徳川家康	24, 87, 97, 200, 212, 214, 248, 266, 268, 289, 306, 318
町人地	14		
勅撰和歌集	271	徳川幕府	82, 226, 277
貯木場	112, 197, 198, 201-206, 264, 327	徳川秀忠	259
		特殊商業地	154, 156
沈降海岸	110	十組問屋	268
鎮台	146, 298	常滑焼	183, 185
		土佐紙	214
つ		外様派	235-237
津島紡績	237, 241	都市計画家	34, 48
綱場	199, 200, 225	都市圏	36, 39, 40, 58-60, 72, 100, 113, 114, 117, 127, 131, 152, 162, 182, 273, 323
艶金興業株式会社	231		
		都市郊外	15, 60, 131, 134, 136
て		都市構造	4, 5, 54, 55, 66, 67, 114, 115, 131, 132, 142, 147, 151, 157, 162, 163, 302, 304, 335
帝冠様式	300		
帝室林野管理局	203		
テーマパーク	131, 193, 225, 261, 264, 265	都市構造モデル	114
デパートメント宣言	157	都市図	52-54, 56, 63, 66
寺町	212, 334	都市プラン	17
テレビ塔	68	都市立地	42, 43, 52, 64, 83, 118
天智天皇	199	都心回帰	157, 245
天王社	331	土地区画整理事業	12-16
天武天皇	211	土地区画制度	9, 21, 23
天領	94, 107, 305, 318	土着派	235-237
		独鈷水	274
と		ドミニオン・ランドサーベイシステム	21
東海銀行	293	トヨタ自動車	132-134, 138, 139, 264
東京オリンピック	127	豊臣秀吉	87, 97, 167, 199, 259
東京証券取引所	235		
撓曲線	107	**な**	
東西冷戦	54, 222	名古屋官材木材組合	201
陶磁器産業	86, 181	名古屋銀行	236, 293
陶磁器試験場	181	名古屋港管理組合	204, 205
陶磁器まつり	168	名古屋五口	24-26, 326
道州制	335	名古屋七宝	236
同心円モデル	115, 116		

名古屋商法会議所	158, 298		波佐見焼	178
名古屋商人	179		羽柴秀吉	265
名古屋倉庫	147, 236		はだか祭	314
名古屋鉄道	117, 149, 159, 262, 315		初穂料	324
名古屋仏壇	210-212		馬蹄型輪中	278
名古屋紡績	235-237, 241		バブル経済	58, 156, 157, 161, 180, 206, 221
名古屋三越	159		万国博覧会	191, 236
鳴海絞り	247		万古焼	183

に

西浦家	179
日米構造協議	161
ニチボー	239
日露戦争	142, 202, 239, 240, 312, 328
日清戦争	239
日本ガイシ	192, 193
日本碍子	192
日本缶詰	203
日本書紀	211
日本陶器合名会社	191
日本特殊陶業	192, 193
日本紡績	239
二面町	29

ぬ

抜け参り	325
塗籠造り	249

の

濃尾地震	215, 230, 259, 278, 301
濃飛流紋岩	284, 286
ノベルティ	172, 175
登り制度	267
ノリタケ	190, 192, 193

は

パーソントリップ	36
廃川化	330, 332, 333
廃川地	332
廃藩置県	81, 82, 90, 94, 99, 201, 231, 280, 300, 306, 334
ハウス桃太郎	282
白色硬質磁器	191
白鳳期	322

ひ

菱垣船	293
東日本大震災	111
樋口好古	62
久居陣屋	107, 306
尾州廻船	290-293
秘説相承	272
飛騨春慶	219
飛騨デザイン憲章	223
氷室	295
百五銀行	308
氷河期	19, 71
氷河性海水面変化	72, 74
平田船	277
平林金吾	300
檜皮葺	187

ふ

ファーストネイチャー	43
ファインセラミックス	167
ファッション工房 GIFU	234
フィリピンプレート	78
フェスティバルマーケット	264
フォーディズム	122, 125
フォッサマグナ	78
フォン・チュウネン	123
複合輪中	278, 280
福沢諭吉	191
福島左衛門太夫正則	200
副都心	153
伏流水	76, 98
武家地	14
武家屋敷	39, 55, 188, 255
富国強兵政策	145

藤原俊成	262	三重紡績	235, 237-239, 241, 242
双子都市	319	三河仏壇	210-213
不動産市場	35	御厨	323, 324
プラザ合意	221	MIZUNAMI	182
フランス瓦	189	みずなみ焼	182
ブランド戦略	223	水舟	274
振袖火事	188	御薗	323, 324
古田織部	11, 182	三井銀行	267
ブロードウェイ	17-19	三井高利	267
		三越百貨店	267
		三椏	213
		湊町	47, 315, 330-332

へ

平成の大合併	32, 95, 305
ヘンリー・フォード	124

美濃帯堆積岩類	284
美濃電気軌道	150, 315
美濃焼	11, 169, 170, 175, 177-183, 223
美濃和紙	102, 213-216, 223
美濃和紙あかりアート展	216
民芸運動	178

ほ

縫製加工	51, 226, 232-234, 257
宝暦騒動	271
宝暦治水	282
ホーマー・ホイト	115
ポケットパーク	273, 274
ポストフォーディズム	122
ポストモダニズム	58, 122, 124, 153
細川紙	214
北海道材	202
堀川銀行	293
本瓦葺	187
本業焼	171, 173
ホンダ	139, 250
ボンマルシェ	157
本美濃紙	214

む

虫籠窓	249
村松彦七	236

め

明応の大地震・津波	306
名岐鉄道	159, 315
明治維新	173, 201, 215, 229, 235, 248, 251, 259, 278, 280, 297, 306
明治天皇	142
名鉄百貨店	159
名鉄丸栄百貨店	159
メルサ栄本店	159

ま

マサ化	85
益子焼	178
まちづくり憲章	245
町並み保存地区	249
松尾芭蕉	277
松方正義	236
松坂屋	159, 160
丸栄百貨店	159
マンハッタンスペース	16, 19, 24

も

木材加工業	197, 209, 211
木材港	197, 198, 205, 206
木材工業団地	205, 206
モダニズム	58, 122, 124, 153
森村市左衛門	191
森村組	173, 191
モリムラブラザーズ	191

み

三重銀行	267

や
焼き物まつり	168
薬師如来	285, 288
役夫工米	324
山車	249, 261
ヤマハ発動機	264
弥生時代	73, 321

ゆ
結城合戦	312
結城縞	229
ユーラシアプレート	78
ユニチカ	239

よ
窯業	167, 168, 170, 172, 173, 175, 180-183, 185, 186, 189-191
養蚕	76, 98
熔成燐肥	99
吉田禄在	146, 147
四日市鉄道	290
ヨハネス・デ・レーケ	281, 332

ら
楽市楽座制度	265
ラグーン	111
ランドマーク	44, 68, 69

り
リアス海岸	109-111
リーマンショック	133, 134, 139
陸軍造兵所	328
立地論研究	122, 123
律令制	283
リボン商業地	154-157
流紋岩	88, 284, 286
領家花崗岩	85
領家変成岩	88
臨済宗	283

れ
冷戦体制	58
レッシュモデル	122

ろ
ロータリーレース	208, 209
ロードプライシング	141
六古窯	170, 171
ロワイエ法	161

わ
脇往還	314
ワルター・クリスタラー	118

地名索引

あ

愛岐丘陵	3, 76-78, 96, 97, 117, 258, 259
愛知県芸術文化センター	299
愛知用水	92, 93, 291, 294
逢妻川	83
阿保越	270
青山越	270
青山峠	270
赤石山脈	93
赤坂宿	318
赤坂湊	278
赤津	173
安芸	200
阿木川	98, 101
秋葉原	154
朝明川	106
葦田郷	288
飛鳥	322
足助	249
熱田魚市場	327
熱田街道	25, 327
熱田口	25, 326, 327
熱田神宮	6, 13, 146, 147, 323, 326, 328-330
熱田台地	25, 143, 146
熱田貯木場	203
熱田湊	145, 197, 327, 328
熱田木材市場	327
渥美	82, 90, 92, 93, 319
厚見郡	301
阿寺断層	286
安濃川	308, 309
安濃津	47, 265, 280, 305-307
油ヶ淵	190
あま市	97, 331
天草	171, 172
愛発の関	309
有田駅	178
有馬温泉	283
有松鳴海絞会館	249
阿波国	248
安城	84
安八町	73

い

イーストリバー	17, 18
飯高川	270
飯田街道	25, 143
飯南町	270
伊賀上野	107, 254, 255
伊賀街道	107
筏川	199, 280
意匠研究所	181
五十鈴川	326
泉山	168, 171
伊勢 (市)	105, 107, 109, 214, 242, 248, 250, 255, 266-268, 306, 307, 317
伊勢街道	107, 265, 269, 270, 306, 308
伊勢形紙協同組合	251, 252
伊勢型紙資料館	252
伊勢神宮	6, 105, 266, 269, 288, 320, 323-326, 331
伊勢中街道	269
伊勢国	46, 47, 91, 103-105, 107, 265, 268, 269, 280, 288, 289, 306, 319-321
伊勢平野	70
伊勢本街道	107, 269
伊勢湾	72-74, 86, 91, 93, 103, 104, 106, 107, 109, 112, 145, 183, 199, 200, 203, 204, 227, 259, 264, 266, 268, 269, 274-277, 280-283, 292, 293, 309, 317, 322, 327, 330-333
板取川	102
一宮	25, 76, 80, 83, 105, 124, 145, 159, 229, 230, 232, 238, 239, 311, 315, 329, 333
一志郡	289
糸魚川	78
糸貫川	93
稲沢	73, 80, 313, 314, 316
稲葉	97, 271, 314, 315
員弁川	106

犬山（市）	75-77, 79, 98, 103, 258-261, 307, 327	大黒田町	270
犬山城	81, 258, 259, 260, 275	大坂（大阪）	15, 36, 93, 108, 127, 138, 145, 148, 151, 157-159, 172, 173, 179, 201, 214, 216, 230, 238, 262, 267, 268, 277, 298, 309, 327, 328
犬山扇状地	75, 76, 79, 80, 87, 258, 259		
揖斐川	73, 74, 76, 77, 79, 94, 95, 98-100, 104, 105, 108, 109, 240, 275-280, 309		
		大阪圏	59, 105, 107, 108, 138, 241, 283, 309
揖斐川扇状地	275		
伊吹山	310, 311	大阪湾	72
今池	153	大須	153-155, 212, 298
今泉村	301	大曽根	26, 153, 174, 326, 329
岩田川	308	大曽根口	25, 326
		太田川	274
う		大滝川	310
牛久保町	316	太田宿	261
牛屋川	276	大津	153, 158, 159, 263
内田湊	260	大塚海岸海水浴場	264
内津川	78	大伝馬町	267, 268
内海	277, 290-293	青野町	310
鵜沼	260	大浜	91, 227
宇部	305	大府	147, 148, 247, 248
梅田	151	大湊	266, 268
雲仙	263	大矢田	214
		大山内川	109
え		御囲堤	81, 98, 261, 332
越前	170, 188, 214, 271	岡崎	14, 15, 25, 44, 81-83, 85, 86, 105, 139, 147, 158, 177, 178, 212, 213, 262, 263, 316, 318, 319
江戸	15, 87, 173, 179, 188, 189, 216, 227, 254, 263, 266-268, 291, 292		
		岡崎城	44, 87
恵那	79, 96, 100, 101	岡崎平野	70, 83, 91, 105, 107
恵那山	96	小片野町	270
エリー運河	19	緒川	91, 147
エリー湖	19	荻原	227
遠州灘	110	小倉山城	214
円城寺湊	199	起	315
		小坂川	284
お		御鮨街道	315
近江	145, 148, 187, 214, 265, 266, 277, 289, 311	小駄良川	273, 274
		乙川	14, 44, 85
近江長浜	145, 148	乙姫川	274
大垣	44, 73, 79, 93-95, 98, 99, 100, 145, 148, 231, 240, 274, 275-278, 304, 309, 310, 312, 314, 315	尾張一宮	80
		尾張藩	1, 62, 82, 90, 91, 98, 99, 158, 173, 174, 179, 197-199, 200, 201, 208, 212, 215, 231,
大口町	75		

	237, 247, 248, 259, 297, 300, 312, 315, 327	木曽谷	102, 198, 199, 202
		北上川	274
御嶽山	225, 284	北町用水	274
オンタリオ湖	19	北牟婁郡	279
		木戸用水	278
か		衣浦港	145
海津	79	衣浦湾	53, 54, 83, 84, 91, 188
海陽学園	265	紀の川	87, 109
各務原	79, 93, 95, 100	岐阜	73, 77, 79, 95, 99, 100, 102, 103, 150, 158, 159, 231-234, 243, 301, 303, 304, 314, 315
笠松	94, 97, 199, 300		
春日井	8, 14, 25, 59, 66, 77, 79, 117, 125, 299		
		岐阜駅	231, 232, 234
神奈川	292	岐阜街道	315
カナダ	21, 22, 23, 136	岐阜県物産館	301
金山町	283, 284	岐阜城	97, 275
可児	77, 79, 103	岐阜繊維卸センター	233
蟹江	331	岐阜繊維問屋町連合会	232
加納	97, 100, 145, 231, 304, 315	岐阜羽島	233, 315
加納藩	102	紀北町	279
蒲形村	262	京都	19, 24, 98, 128, 145, 151, 158, 170, 173, 174, 179, 211, 214, 243, 259, 267, 283, 309
窯神神社	171		
鎌倉	187, 199, 265, 311		
蒲郡	93, 138, 261, 262, 263, 264, 265, 319	京町	30
		吉良	227
上伴有	283	金華山	97, 231, 304
上前津	154	金渓川	288
亀崎	91, 158	金生山	99, 278
加茂	77, 79, 82, 102	近鉄山田線	325
唐津	173		
刈谷	53, 54, 84, 133	**く**	
刈谷藩	53, 54	杭瀬川	276, 278
川辺町	199	草津温泉	283
かわら美術館	189, 190	櫛田川	265, 268
関西本線	148, 149, 240	九十九里	292
		郡上八幡	102, 270, 271-274
き		九谷	170
紀伊半島	90	国見岳	288
木曽街道	25	熊野灘	109, 110, 111
木曽川	74, 75-79, 81, 83, 92, 94-98, 100-105, 109, 197-199, 201, 225, 236, 258-261, 275, 277, 279, 280, 284, 315, 327, 328, 331, 332	雲出川	270
		グリニッチビレッジ	26
		黒川	153
		黒野	73
		桑名	79, 97, 103-108, 199, 214, 241, 277, 279, 309, 327, 328
岐蘇山道	199		

桑名藩	107, 307		佐屋川	328, 331-333
			三ヶ根山	82, 83, 262
け			参宮北街道	270
下呂	102, 283-286		参宮本街道	269
下呂温泉	283-287		三波川	88
こ			**し**	
五井山	82		塩津村	262
高蔵寺	59, 77, 78		塩役運河	241
高蔵寺ニュータウン	59		信楽	170, 178, 307
幸田町	262		静岡	78, 83, 85, 93, 139, 191, 217, 303, 305
国府津	316		下街道	25, 26, 102, 117
江南	75, 76, 79, 236		設楽	82, 87
国府台	316		枝下用水	90
国府宮	80, 313, 314, 316		七里の渡し	104, 105, 327, 328
国府宮神社	314		品川	145
国分町	321, 322		篠島村	291
国府	3, 6, 46, 47, 80, 82, 187, 283, 309-311, 313-322		渋谷	151
湖西	93		島谷用水	274
御在所岳	287, 290		島根	214
御在所ロープウエイ	287, 290		志摩半島	109, 110
木津用水	261		志水口	25, 326
小牧	117		下麻生	199, 200
小牧城	275		下茅原町	270
薦野	288		下伴有	283
菰野藩	107, 288, 289, 306		下関	121, 305
菰野町	287, 288		周南	305
御油宿	318		巡検道	107
挙母	81, 84, 85, 87, 132, 133		庄川	217
衣川	274		精進川	44, 328, 329
挙母面	84, 85		正倉院	208, 214, 227
			庄内川	74, 77-79, 83, 87, 94, 100, 101, 112, 117, 177, 179
さ			白子	250-252, 265
サーキットランド	250		白鳥	198, 200-202, 212, 225, 327
境川	54, 83, 84, 91, 109, 227		白鳥貯木場	201, 202, 327
さかえやデパート	159		白鳥庭園	225
榊原温泉	287, 289		白鳥木材市場	212
さかずき美術館	183		シンガポール	233
笹島街道	146		新川	91, 190
札幌	17, 19, 20, 24, 128, 244		神宮	107, 159, 323, 324
猿投山	76, 96, 176, 177		新宿	151
佐見川	284		新城	87, 88, 318
佐屋街道	105, 326, 328			

神通川	217
新橋	142, 146, 260, 312
神保町	154
新堀川	44, 55, 198, 209, 328, 329
新名神高速道路	322
陣屋町	270
神領	13, 14, 288, 307

す

水門川	275-278
陶彦神社	171
菅生川	44
菅田	283
鈴鹿	46, 106, 139, 250, 252, 277, 287, 305, 309, 319-322
鈴鹿川	46, 47, 321, 322
鈴鹿山脈	107, 109, 178, 287, 288, 310, 322
鈴鹿市考古博物館	320, 321
墨俣	315
駿府	327

せ

西遠	83, 93
西濃	94-98, 100-102, 234, 240, 277, 301
関ヶ原	97, 98, 104, 240, 276, 277, 280, 306, 309, 310, 312, 318
関市	79
膳所	145
瀬田川	326
瀬戸	5, 25, 26, 86, 91, 117, 167, 170-180, 182, 183, 188-190, 248, 277
瀬戸街道	25, 26
仙台	128, 244, 298
センチュリーホール	327
セントレア	186, 187
千里ニュータウン	59

そ

祖父江	73

た

大王崎	110
第三師団	175
大門町	307, 308
高浜	84, 91, 188-190
高浜川	190
高峰山	92
高山本線	102, 201, 202, 217, 284
多気町	265
竹島	262, 263
武豊	91, 145, 147, 150
武豊港	145
武豊線	55, 100, 144-148, 150, 231, 298, 315, 328
多治見	10, 11, 26, 77-79, 100, 103, 117, 143, 179, 181-183
多治見盆地	179
田原	81, 138, 319
田原地区	138
多摩ニュータウン	59
玉野渓谷	77
太夫堀	200
垂井	73, 100, 283, 309-312, 314, 318
垂井宿	277, 312
段戸山	87
丹波立杭	170

ち

千種	143, 144, 298, 299, 329
乳熊郷	268
知多郡	81, 90, 290, 328
知多半島	84, 90-92, 113, 145, 183, 186, 188, 247, 290-294
千鳥ヶ浜	291
中央西線	116, 143
中央自動車道	97, 98, 101
中央本線	13, 14, 26, 55, 59, 97, 98, 101, 102, 116, 143, 144, 148, 149, 174, 201, 202, 298, 299
中京圏	36
中濃	94-98, 100-103, 217, 271
中万町	268
長者町	243, 245, 246
長者町繊維問屋街	243, 244
中部国際空港	186

朝鮮	50, 142, 148, 167, 168, 171, 226, 312		181, 182
		東名高速道路	40, 319
知立	84	遠江	327
		土岐	78, 79, 100, 101, 103, 179, 181-183, 214
つ			
津	47, 106, 107, 108, 269, 270, 305-309, 322	土岐川	101, 179, 181, 182
		土岐盆地	179
司町	301	栃谷	289
津島神社	6, 323, 330, 331	苫前村	282
津藩	107, 250, 306, 307, 309	伴有	283
津保川	102	富洲原	241
鶴岡	243	富田駅	240
敦賀	148, 277, 309	豊川	82, 87-90, 93, 105, 262, 316-319
鶴舞公園	44, 154		
		豊川稲荷	105, 318
て		豊川町	316
デトロイト	124	豊川用水	89, 90, 92, 93, 319
寺家	251	豊田	12, 76, 83-87, 132, 133, 134, 138, 139, 180, 249
天竺村	263		
天王川	331, 332	豊橋	81, 82, 87, 92, 93, 97, 105, 138, 147, 262, 318, 319
伝馬町	30, 236, 243, 267, 268		
		豊橋港	93, 138
と		豊橋平野	70, 82, 105, 319
東海環状自動車道	97, 181	豊浜町	291
東海湖	71, 86, 107, 176, 177, 183	豊平川	24
東海道	14, 40, 105, 108, 145-148, 241, 246-248, 250, 262, 269, 277, 309, 314-316, 318, 319, 321, 322, 326, 328	豊山村	299
		な	
		中川運河	56, 210
東海道新幹線	36, 40, 100, 233, 311, 312, 315, 316, 319	長島	104, 236, 279-283
		ナガシマスパーランド	282
		長島藩	280
東海道本線	36, 40, 54-56, 97, 99, 116, 146, 148, 149, 231, 261-263, 310-312, 315, 319, 328	長島輪中	280, 281, 282
		中洲浦	292
		中山道	97, 98, 101, 102, 145-149, 231, 260, 261, 277, 278, 304, 311, 312, 314, 328
東京	36, 40, 93, 98, 127, 138, 145, 151, 154, 157, 158, 172, 174, 189, 191, 216, 221, 230, 235, 254, 262, 298, 307, 316, 328		
		中津川	79, 97, 98, 101, 199
		長野	82, 83, 102, 212, 286, 327
東京圏	59, 108, 138, 283	長浜	145, 148, 312
東京砲兵工廠熱田製造所	328	中林町	270
東京湾	72	中山七里	284
東山道	283, 309, 310, 311	長良川	73, 74, 77, 79, 94, 95, 97, 100, 102-105, 214, 231, 271, 275,
東山道飛騨支路	283, 284		
東濃	94-98, 100-103, 176, 177, 179,		

	279, 281, 282, 304, 315, 332		263
名古屋	2, 24-26, 28, 30, 36, 38, 40, 44, 54-56, 59, 70, 73, 79, 81-83, 93, 97, 99, 100, 102, 103, 105, 116, 117, 127, 138, 143-151, 153, 154, 158-160, 173-175, 179, 181, 182, 186, 191, 193, 197, 198, 200-203, 209, 212, 229, 235, 238, 241, 243-247, 249, 250, 261, 2662, 293, 297-300, 312, 314, 315, 322, 326-330	西春日井郡	299
		錦織	199
		西之郡村	262
		西三河	70, 82, 83, 85-87, 89, 91, 96, 138, 139, 176, 227, 228, 263, 316, 318
		日光川	332
		日本橋	268
		日本ライン	259
		丹生	265
		ニューアムステルダム	18
名古屋駅	55, 143, 144, 147-151, 159, 160, 238, 243, 245, 246, 298, 300, 302	ニューヨーク	16-20, 26, 191
		丹羽郡	75, 235
名古屋圏	1-3, 36, 59, 70, 74, 75, 81, 104, 105, 107, 108, 130, 138, 139, 149, 151, 161, 162, 183, 193, 227, 229, 239, 241, 243, 244, 261, 283	**ぬ**	
		額田	82
		額田県	81, 90, 297
		布引山地	107
名古屋県	81, 82, 90, 297	**の**	
名古屋港	55, 112, 113, 139, 145, 172, 174, 197, 198, 201-206, 209, 328-330	濃州道	108
		則武新町	191
名古屋国際会議場	327	**は**	
名古屋市営中央卸売市場	327	ハウステンボス	265
名古屋城	28, 29, 81, 146, 158, 175, 212, 235, 243, 247, 259, 297, 298-300, 315, 327	萩原	315
		葉栗郡	236
		羽島	95, 100, 232, 233, 300, 315
名古屋台地	25, 143, 147	羽島用水	261
名古屋鎮台	298	幡豆	82, 226, 227, 263
七曲町	299	幡豆郡	227, 263
なばなの里	282	旅籠町	270
名張	107, 270	八王子	149
鍋田川	199, 280	初瀬街道	107, 270
鍋田輪中	280	初音谷川	274
奈良街道	270	ハドソン川	17-19
南宮山	311	羽野	270
南宮大社	311	パリ	24, 157, 191, 208, 236
南勢	108, 109, 279, 305, 307	半田	91, 186
南宋	171	**ひ**	
に		比叡山	288
西尾	81, 83, 87, 105, 186, 226, 227,	稗田川	190

東紀州	108-110	碧海台地	84, 87, 91, 107
東三河	70, 82, 83, 87, 90, 93, 138, 263, 316, 318	碧南	84, 189, 190
		ベトナム	266, 269
東名阪道	322	ベルリン	24
尾西	228-231, 233		
飛水峡	284	**ほ**	
備前	170	宝飯	82, 262, 318
飛騨金山	284	星ヶ丘	153
飛騨川	94, 95, 98, 102, 197-200, 217, 284	仏ノ山峠	178
		穂国	82, 87, 316
飛騨高山	5, 216, 217, 218-223, 284	堀川	44, 55, 174, 198, 200, 201, 203, 205, 209, 212, 237, 238, 293, 327-329
日永	269		
日野町	270		
日比野市場	327	香港	233
日間賀村	291	本町通	146, 153, 159, 212, 243, 261
平泉	274		
広小路	143, 146, 150, 151, 158, 159, 243, 245, 298	**ま**	
		舞鶴	309
広島	200, 243, 298, 316	牧田川	277
広瀬町	46, 320	牧町	270
琵琶湖	145, 277	正木	236
枇杷島口	25, 326	益田川	284, 285, 286
枇杷島市場	62	真清田神社	80, 105, 229, 329
		馬瀬川	217, 284
ふ		松ヶ島城	265
フィリピン	78, 206	松阪	106-108, 265-270, 305, 322
フィレンツェ	233	松阪藩	107
深川	268	松原用水	93
福山	243, 318	松前	292
藤が丘	153, 332	満州	232
伏見	243, 245, 246	マンハッタン島	17-20
藤原京	19, 20		
扶桑町	75, 76	**み**	
府中	316	三井寺	187
船町川	278	三重郡	241, 288, 307, 321
不破郡	73, 309	三河口	25, 326
不破の関	309-311, 318	三河国	81, 82, 227, 262, 316-319
フランクフルト	182	三河高原	82
フランス	20, 23, 44, 50, 157, 161, 189, 194, 233, 236	三河湾	14, 82, 83, 86, 92, 93, 227, 262-264
		三国山	177
へ		水窪川	85
平安京	17, 27, 28, 30	美杉町	269, 270
平坂	227	水島	139

瑞浪	78, 79, 100, 179, 181, 182		師崎町	291
瑞浪盆地	179			
水野川	179		**や**	
三滝川	288		八百津	199
三野	93		八百富神社	262
御津	317		八事	153
南大津通	153, 158, 159		矢田川	72, 74
南知多町	290-292		弥富	98, 103, 104, 328
南知多道路	294		柳橋	159
南寺町	212		矢作川	14, 44, 83-87, 89, 90, 105, 177, 188, 212, 227
南久屋町	298			
南牟婁郡	109		藪原	199
美濃(市、町)	79, 102, 214-216		山田荘	271
美濃太田	98, 102, 284			
美濃街道	25		**ゆ**	
美濃加茂	77, 79, 102		湯ヶ渕	285
美濃坂本	101		湯の山	289, 290
美濃路	277, 278, 312, 314, 315		湯の山温泉	287-290
宮川	109, 188, 190, 253, 326		弓張山系	83
宮宿	105			
宮田村	236		**よ**	
宮田用水	261		四五百森	265, 268
三谷町	262, 263		養老	100, 109, 275, 288, 290
みよし	84		養老山地	73, 74, 77, 78, 104, 106, 109, 275
三好面	85			
			横浜港	138, 191
む			吉田	81, 105, 146, 147, 269, 318
牟呂用水	93		吉田川	271, 273, 274
			吉田藩	81, 105, 318
め			吉野川	87
明治神宮	323		四日市港	139, 241, 307
明治村	307, 308		淀川	277
明治用水	84, 90			
名神高速道路	100, 322		**ら**	
名鉄瀬戸線	26		ラグーナテンボス	265
名鉄名古屋本線	313, 315, 319		ラグナマリーナ	264
名阪国道	254			
			ろ	
も			ロンドン	24
本巣	76, 100			
元屋敷窯跡	183		**わ**	
モロク川	19		度会県	306, 307
森村	173, 191			
守山丘陵	78			

【著者略歴】
林　上（はやし・のぼる）
1947年　岐阜県生まれ
名古屋大学大学院文学研究科史学地理学専攻
　博士課程修了　文学博士（名古屋大学）
　名古屋大学名誉教授
現在　中部大学大学院国際人間学研究科
歴史学・地理学専攻　人文学部　特任教授

〈主著〉
『中心地理論研究』『都市の空間システムと立地』『都市地域構造の形成と変化』『経済発展と都市構造の再編』『カナダ経済の発展と地域』『近代都市の交通と地域発展』（以上，大明堂）
『都市経済地理学』『現代都市地域論』『現代カナダの都市地域構造』『都市サービス地域論』『都市交通地域論』『社会経済地域論』『現代経済地域論』『現代社会の経済地理学』『現代都市地理学』『都市と経済の地理学』『都市サービス空間の地理学』（以上，原書房）
『名古屋圏の都市地理学』『都市と港湾の地理学』（以上，風媒社）

〈編著〉
『東海地方の情報と社会』（共編）（名古屋大学出版会）『高度情報化の進展と地域社会』（大明堂）『現代都市地域の構造再編』（原書房）『飛騨高山―地域の産業・社会・文化の歴史を読み解く―』（風媒社）

装幀・澤口　環

名古屋圏の都市を読み解く

2019年4月26日　第1刷発行
　　　　　（定価はカバーに表示してあります）

著　者　　林　　上

発行者　　山口　章

発行所　　名古屋市中区大須1丁目16-29　風媒社
　　　　振替 00880-5-5616　電話 052-218-7808
　　　　http://www.fubaisha.com/

乱丁本・落丁本はお取り替えいたします。　＊印刷・製本／モリモト印刷
ISBN978-4-8331-4141-3